U0165911

公民道家的可能

鄧育仁、林明照、賴錫三、鍾振宇
吳澤玫、羅名珍、李志桓、廖昱瑋、李雨鍾—著

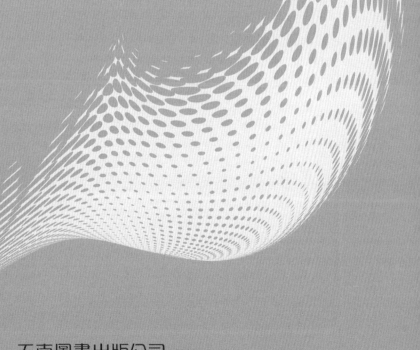

五南圖書出版公司 印行

序

林明照、賴錫三

　　呈現在讀者眼前的這本《公民道家的可能》學術專書，展現道家哲學領域的學者，與當代政治哲學領域學者的深入對話。鄧育仁教授提出的公民哲學，深刻地反思了深度歧見等當代社會難解的核心問題，嘗試從故事地位、重新框束問題等途徑來進行深入反思。《公民哲學》也同時引入儒學的視角，從儒學兼聽、天下為公、惻隱之心等思想，來闡論公民哲學所重視的面向。整體而言，鄧育仁教授的公民哲學，不僅是在當代政治哲學中開展出新的論述空間，同時也是一個開放性的平臺，以公民哲學為視角，邀請不同的哲學理論與公民哲學進行對話，而後展開一個新的理論面貌。此本學術專書，正是以公民哲學為平臺，引入道家哲學後的深入對話，而展現出所謂公民道家的可能面貌。

　　本書所含蘊的公民哲學與道家哲學的對話，是鄧育仁教授與學界多位朋友經過一連串的閱讀、討論與辨析而逐步展現的。這個討論與探索過程，首先是以讀書會的形式，深入閱讀鄧育仁教授《公民哲學》的書稿，並引入道家哲學的視角來做深入的激盪。讀書會共進行了三次，前兩次由臺大哲學系主辦，分別於2020年8月29日，以及同年11月21日在臺大水源校區哲學系館進行。第三次讀書會則是在林遠澤教授及政大華人文化主體性研究中心的支持下，於2021年3月6日在政大井塘樓舉行。在這幾次讀書會中，鄧育仁教授以開放的心態，以其公民哲學的脈絡，回應了學者從道家哲學面向提出的反思；同時，道家學者也在公民哲學的核心論題中，挖掘了道家哲學對於當代政治哲學，甚至當代公民社會的諸般議題，能有所

(4) 公民道家的可能

啟發、引導的層面。而在歷經三次深入閱讀、討論後，最後在2021年6月
26日，由臺大哲學系與政大華人文化主體性研究中心共同舉辦了「公民道
家的可能：公民哲學與道家哲學的對話」學術工作坊。此場工作坊共有11
位學者圍繞公民哲學與道家哲學的對話一主題發表論文，雖因疫情關係會
議以線上形式進行，但作為幾次讀書會後總結性的成果討論，對話更具系
統性，也為公民道家此一論域打開了發展的可能。本書所收錄的文章，即
是發表在此次工作坊的相關論文，正是公民哲學與道家哲學嘗試對話的初
步成果，也是所謂公民道家論述可能面貌的首次展現，敬請讀者們評閱及
指正。

CONTENTS
目 次

第一部分

公民哲學與道家哲學的對話

公民道家與深度歧見——以《莊子》的〈齊物論〉和〈人間世〉為思考

賴錫三

中山大學中文系特聘教授

本文主要接續鄧育仁先生的「公民哲學」之論述取徑與問題意識，尤其以「深度歧見」與「故事調節」為角度，嘗試擇取《莊子》做為與其深度對話的在地實踐智慧。一者，從《莊子》〈天下〉篇諸子百家的思想多元與言辯爭鳴的共構現象，描述莊子如何提出批判性的觀察。二者，從〈齊物論〉挖掘思想資源，提供我們思考面對民主時代「深度歧見」之困境，如何不掉入「終極解決」的陷阱，改以「調節框架」的「不解解之」之另類思考，將多元衝突轉化為多元共生。三者，本文將續以〈人間世〉的故事敘事為例，看《莊子》如何調節儒家的「道德政治」為「轉化政治」，以期提供一種以「調節」取代「審判」的「公民道家」之案例。

一、當代民主危機下的深度歧見：從鄧育仁「公民哲學」的問題意識出發

任何古代經典的實踐智慧，若不滿足於歷史考掘之博物館學研究，想發揮「通古今之變」的跨時空潛力，就必須嘗試對當代人說話。簡單說，古典必須在古今視域之間，進行語境交織的對話嘗試，才有機會證明古典不隨時間流逝而過時，它仍可在當代多元文化、多元思想、多元語境的眾

聲喧譁中，提供歷久彌新的參考價值。然古典價值沒有必然保障，它必須在古今視域的詮釋活動中，被我們持續開採與挖掘，以提供可被價值重估的機會。例如歸爲道家經典的《老子》、《莊子》，因應中國先秦時代的文化危機、價值危機、規範危機（所謂「周文疲弊」、「禮崩樂壞」、「天下大亂」），其回應天下治亂問題的思考藥方，是否只具思想史、學術史的意義？還是依然能對當代處境（例如臺灣當前民主憲政的公民時代）的某類關鍵課題，提供回應藥方？本文將嘗試以「通古今之變」的思想接枝實驗，讓在地的古典實踐智慧，在當代新視域、新語境中，成爲多元資源的一環，並有機會再被價值重估。

每一時代的現象與問題都繁複龐雜，不免橫看成嶺側成峰。而以民主憲政爲架構的臺灣當代處境，其政治、經濟、社會、教育……等等問題，繁雜交織、環扣並聯，本文只能擇取一個特殊切口，來做爲「通古今之變」的對話起點。本文擇取的切入角度，是鄧育仁在《公民哲學》這本新作中對民主憲政、公民時代所提供的核心診斷。用庖丁解牛的譬喻來說，入口決定了理路，而如何找到下刀入口，以提供以簡御繁的理路，可謂關鍵。本文將承接鄧育仁對當前民主憲政時代的核心診斷：亦即良好的民主發展自然會走向多元並生的現象，然而多元既是民主時代制度保障下的果實，但多元並生也無可避免地帶來價值衝突的難題，甚至導致價值之間的「深度歧見」。而他進一步指出，近乎無法溝通、難以對話的「深度歧見」，同時也隱含著民主自毀的陷阱。簡言之，鄧育仁覺察到當前民主時代一個難解悖論：民主憲政催生並保障了多元，但多元本身卻無法消除深度歧見。一旦消除了深度歧見，就幾乎會將民主倒轉爲威權。換言之，無法終極解決卻具有腐蝕民主根基的深度歧見，是鄧先生對民主時代核心困境的診斷，而他的《公民哲學》則嘗試找出另類藥方。

我嘗試用病毒與治療的隱喻，將鄧育仁對民主多元的深度歧見之診斷，重新描述如下。在筆者看來，鄧先生指出了一個悖論事實：從威權到民主，雖走出威權時代「不必溝通」的寡頭狀態（思想強制爲一元），從

而打開眾聲喧譁的多元活力（思想解放爲多元）。看似前景一片大好的民主時代，鄧先生卻從中診斷出一種民主新型病毒，他稱之爲難以溝通的「深度歧見」。這個弔詭在於，告別了「不必溝通」的威權舊病毒，民主時代才起步向前沒多久，卻又演化出了讓人舉步維艱的民主新病毒。鄧先生認爲這是民主時代最困難的核心問題之一，而他的《公民哲學》之提出，一者呼籲正面承認深度歧見，而非視而不見這種新型病毒。二者主張「調節」而不是「解決」深度歧見，因爲殺死深度歧見幾乎等於殺死民主自體，因而宜與病毒和平共生，甚至藉由病毒而演化出更好的溝通與調節能力。

　　本文承接鄧育仁對民主時代的「深度歧見」之核心診斷，也認同他所提供的「調節而非解決」的特殊處方，但在本文的論述過程，會將這種與病毒共生，藉病毒演化的方子，稱爲「不解解之」的「弔詭藥方」。本文尤其嘗試從《莊子》的思維方式，順鄧育仁的診斷與藥方而「接著講」，不僅將弔詭藥方視爲當前民主時代的一味藥，也要嘗試將「弔詭藥方」詮解爲「通古今之變」而歷久彌新的藥方。以期能在近乎不可溝通處（骨節交錯之糾結：「族」），打開「以無厚入有間」的調解可能性。順著庖丁解牛的譬喻來說，我們將因循鄧育仁對深度歧見的診斷，做爲入口處，試著描述《莊子》如何以「無厚入有間」的遊刃變化，來深化他所描述的「調節（非解決）」之道。[1]希望藉由鄧先生所描述的民主處境（多元問

1　以「庖丁解牛」的故事來說，面對容易動筋傷骨的相刃相靡之處（即近乎不可溝通處），要如何回
　　應骨肉交錯、動兩傷的「族」結（每至於族，吾見其難爲，怵然爲戒，視爲止，行爲遲），便是
　　要有把「無厚」之刃，而能因循對方的情感與認知之位置（即牛體的內部結構），也就是「依乎天
　　理」，而這「天理」乃是透過體認對方之不同情境而朗現的（牛體的不同部位呈現出不同之紋理脈
　　絡）。它要求你手上這把刀，必須放開單邊鋒利的自我中心性，你才能嘗試去揣摩不同對象、差異
　　處境的細微變化，並由此嘗試將自我與他者的相刃相靡的對立關係，調節轉化出「無厚入有間」的
　　互動空間。換言之，「無厚入有間」的遊刃隱喻，既描述了「自我中心」的調節（變薄），也描述
　　了「雙向關係」的調節（遊化）。

題）、民主危機（深度歧見），順勢將《莊子》的古典思想資產編織到民主時代的公民脈絡中，以期提供一種古今辯證、弔詭兩行的思想藥方之初步實驗。

本文想要積極對話的問題意識，主要從鄧育仁所謂「民主政治、市場經濟、多元社會」的現代公民生活處境出發，面對多元價值、多元情勢、多元問題、多元紛爭的前提下，積極思考如何在溝通困難、歧見難解的相互承認底下，仍能相信多元價值、調節歧見，並維持良善發展的公民共同體。然在正式進入本文核心討論之前，首先對鄧育仁所描述的「公民哲學」之核心特質，進行基本而簡要的觀察與描繪，以提供讀者掌握本文的討論脈絡與對話背景。

首先，鄧育仁自覺意識當前民主憲政時代，不再是古典時期的「形上學」年代，沒有一種觀點可獨斷宣稱自己擁有絕對優越的超然自明性，任何觀點都必須落在公民身分的平等對話基礎上。尤其當民主政體的運作愈良好，會自然地呈現出生機多元的社會。然而價值多元的美好，也同時出現多元紛歧的溝通難題。換言之，多元美好與多元紛爭，是一體並生的詭譎現象。如何在豐富多元中承擔多元爭議的時代難題，以進行雙向調節並打開對話空間，是鄧先生所謂「哲學作為一種公民事業」的「公民哲學」之核心目標。可以說，他嘗試對「第一哲學」進行「公民哲學」脈絡的定位。其「第一哲學」，既非古典時期的形上學，也不是啟蒙時期的知識論，而是民主憲政時代擁有公民身分的「公民哲學」（政治哲學成為第一哲學）。需提醒的是，他的「公民哲學」主要不放在政經制度面的技術討論上，也不放在以理性對公共事務的批判與評論上，而是將核心放在可能導致「民主自毀」而不得不面對的深度歧見上。[2]

---

[2] 對鄧育仁而言：「民主自毀與深度歧見是一而一、二而一的問題。」《公民哲學》，〈第三章 公平正義〉（臺北：臺大出版中心，2021），頁104。另外，他區分幾個範疇，並由此反顯其公民哲學的差異位置：「公民報導（citizens report）側重對公共事務的即時報導，以及簡明、犀利且到

　　其次，鄧育仁在處理深度歧見的解方上，具有解放理性（或理性解放）的轉向，他並不奉行啟蒙時代來，以理性做為絕對客觀、普遍有效的終極解藥。他以雷科夫（George Lakoff）的「新啟蒙」來對照於「啟蒙」時代的「共通理性」，以及羅爾斯（John Rawls）「後啟蒙」的「理性優先（理性雖有限制仍然為本）」，並轉而強調心智多樣性與多元平等性。從筆者看來，這裡有個理性解放的哲學轉向，亦即西方主流哲學長期以來，找尋根本、建構基礎的「奠基性思維」（不管是形上學的奠基，或知識論的奠基），被轉向為心智多元性、維度多面性的「水平性思維」。所謂「奠基性思維」，即相信有通向真理的優位方法和終極答案，可做終極基礎而值得追尋。然而「水平性思維」則嘗試從形上思維、基礎思維解脫出來，承認觀點背後都難免有觀者的認知維度與故事立場（鄧先生喜用「故事情境」來給予生動描述）。由於沒有任何觀點，可逕自宣稱擁有沒有立場、絕對客觀的超越性，因此也就沒有任何立場可理所當然地成為衡量不同立場的唯一準繩。尤其當我們連結故事情境與觀點肌理時，自然必須承認觀點的變化性、動態性，以及立場的多維度、多元性。對此，觀點之間便被重新描述為：「動態互動，相互交織」的平等共生現象，因此他邀請我們展開故事聆聽而參與「故事交換」，而不要只停留在「理論競爭」。如此看來，他所謂「第一哲學」的「第一」，也不意味絕對超然的第一優位性，反是要求帶著故事（擁有暫時立場）的公民，須以平常心面對觀點歧異的公民生活，以此為起點來展開面對歧見、調節歧見的公民哲學之實踐。[3]在筆者看來，他所謂的公民哲學不再只是理論工作，而是具

位的公共評論，而公共哲學（public philosophy）側重對時局時勢重要的議題與事件，提出深入淺出、適合公眾閱讀的哲學分析與評論，那麼公民哲學（civic philosophy）則側重在調節深度歧見的問題，以及在合宜條件的設定下，重新設定並反思基本與重要的哲學議題。」《公民哲學》，頁113。當然這幾個不同的公共概念與範疇，是可以相互合作的。

[3]　鄧育仁這種多元並生、歧見難解的描述，或許會被質疑帶有「相對主義」傾向。但他很明確表示不讚同相對主義，雖然未明顯看到他如何辯護，但若用心揣摩他所謂「非理論競爭」之邀請，應可理

有實踐意味,並帶有「我與你,你與我」相互轉化的公民修養意味。

　　鄧育仁對故事情境的深描與故事地位的重視,乍見似乎怪異,這其實和他長期以來研究隱喻思維、重視關係情境,嘗試在理性論證的說理方式以外,再加入「融情於理,融理於情」的「情理」思維之方法論調整,有著密切關係。[4]而當他在闡述人生意義和價值,需透過故事情節的敘述來展開時,他時而取用了儒學「相人偶(仁)」來說明故事總是在你我關係境遇中,彼此參與著對方的故事,才能展開色彩豐富的人生圖像。[5]而每段人生故事的內涵,都具有被聆聽、被珍重的價值,不宜用高高在上的理性論證對它們輕視與裁判。當然鄧先生也會強調從故事地位走向公民地位的必要性,也就是「公民地位更講究理念、原則、制度與公共性。」的另一面向,[6]儘管如此,他所謂的「理念、原則、制度、公共性」,卻不是抹消差異、忽視情感的「抽象之公」,而是放在尊重情感地位、面對多元差異的前提下,不斷進行「調節」而獲致的「天下爲公」。

　　雖然鄧育仁未對「天下爲公」的「公」之內涵,給予嚴格的明確定義,但可以看出他主要是透過民主憲政機制下的「自由平等、互惠合作、

解他非但不想陷溺在深度歧見而束手無策,多元困境反而成為他邀請「調節之道」的起點。可見,相對主義無能走向他的調節之道,而他的調節之道則嘗試走出相對主義的困境。

[4]　例如他在《公民儒學》中對《孟子》使用情理的隱喻思維與問題重設,而非理性論證之辯論方式,給予了充分的理解與展示。參見鄧育仁:《公民儒學》,〈貳、故事思考裡的儒學傳承:情理與重設法則〉(臺北:臺大出版中心,2015年),頁85-114。

[5]　可以注意的是,鄧育仁將故事地位與儒學的「相人偶」之「仁」連在一塊,顯示其主要吸收「相偶論」儒學資源(而非本體論儒學)的思考方式。理由很簡單,相偶論儒學是一種「非形上學」的關係性思考,因此更容易相應於「後形上學」時代的當前公民處境。鄧育仁:《公民哲學》,〈導言:從故事地位到公民哲學〉,頁v。我們也可從鄧先生自己引述的儒學資源人物(如清儒阮元、韓儒丁若鏞),看到這一點。尤其他強調將人放在相互捲入的故事情節,將人放在關係情境的故事脈絡來描述,可以見出他更採用相偶論的儒學資源。對此可參見鄧育仁:《公民哲學》,〈第三章　公平正義〉,頁101-102。不過鄧先生也表示,若理學家個人以體用論之信念而能引動社會實踐之動能,亦值得保留與尊重。

[6]　鄧育仁:《公民哲學》,〈導言:從故事地位到公民哲學〉,頁vi。

公平合理」，來充實他所謂「天下為公」的公民身分的規範性想像。如我所說，最令筆者感興趣的是：他如何期許「天下為公」在民主憲政的實踐脈絡下，包括多元美好與多元紛爭的弔詭局勢中，承認深度歧見卻不導致共同體的崩解，而仍能維持「天下為公」的良性運作，所提出的「不解解之」的調節藥方。所謂的「不解」，乃是不想要終極性地解決「多元（衝突）問題」，因為終極性的解決也代表著多元生機的結束，間接意味著威權或統一的意識型態再臨。既然如此，又要如何理解「不解解之」？它還是一種好的「解決」方式嗎？問題的關鍵或許在於，我前面所提的「病毒隱喻」及「弔詭藥方」，另類思維下所開啟的另類解方：與病毒共生，藉病毒演化。用鄧先生的概念來說，則是要從「解決」的思維，轉化為「調節」的思維。對此，他特別提出想用「調節」藥方來取代終極「審判」：

> 調節的初步不是說服，而是聆聽。「調」意味接觸、交會、融會。「節」則意指節制，意味著彼此都要節制自己不要一意用自己的框架去套住對方的觀點、想法與感覺。在多元困境的脈絡裡，更必須提醒自己的是，人常在不自覺中就用上自己的框架去硬套他者的觀點、想法與感覺，而且，有時即使在別人明白提示不要硬套中，還否認自己有這種硬套的作法。本文提出「哲學作為一種公民事業」的公民哲學，它的起手式是正視深度歧見下多元的困境，並以多元困境作為檢驗哲學反思裡問題設定、觀念探索與問題處理的試金石。[7]

「調＝節」，在鄧先生的描述中，成為了一種思想的來回雙向運動。它建立在人際之間、觀點之間的相互承認、接觸溝通、交織融會的必要性上，

7　鄧育仁：《公民哲學》，〈導言：從故事地位到公民哲學〉，頁vi。

同時也要求觀點擁有者，必須反躬自省觀點的限制，並在自我節制下，敞開傾聽他者，理解差異的開放性。鄧育仁顯然認為多元歧見（甚至深度歧見）是「天下為公」的公民時代之必然現象，倘若不希望多元墮化歧見紛陳的「天下大亂」，那就必須要求公民具有「調＝節」（自節與互調）的素養，甚至修養。如此才不致於只用自己的觀點去「審判」他人，而加深歧見的心理情結，終而導致無法對話的深度歧見：

> 容我借用聖經的話語：不要「審判」。審判是上帝的權柄。面對陷入多元困境中的良善價值觀點，不要用審判的態度去評定優劣等級，要點在更深刻的理解與視域調整，以及調節契機的發掘與探索。回到公民視角來說，深度歧見的多元紛爭意味著一種理論的困境。我們所面對的，不是問題沒有答案，而是有太多答案，答案背後則有太多理論可供選擇，而這些理論在具體的問題情境中卻互不相容、彼此衝突。本文需要發掘一種不是只再做出一套理論的方式來回應深度歧見的多元紛爭。[8]

　　筆者十分同意鄧育仁上述的態度與觀察：問題不是沒有答案，而是答案各有其理，卻仍然互相差異，甚至衝突的「理論困境」。而且這種「理論困境」，不再能經由一種理論的提出而獲得終極解決。這種「理論困境」，要求被徹底承認。[9]因為這種困境有種弔詭性，一旦被解決就代表離開或失去多元價值的活力。換言之，這種「困境」本身必須被允許被保

---

[8]　鄧育仁：《公民哲學》，〈導言：從故事地位到公民哲學〉，頁viii。

[9]　如鄧育仁言：「在民主社會裡，多元的問題不是要被解決掉的對象，而是要被調節的情勢。」《公民哲學》，〈第一章　新啟蒙〉，頁7。鄧先生雖受雷科夫「新啟蒙」觀點的「心智多樣性」所啟發，但仍強調他不像雷科夫那樣想要釜底抽薪地解決多元困境。

留，但又不能只停留在「困境」之中。必須跳開「你對我錯」的單向道思考，不再以「唯一答案」來尋求「終極解決」，而是轉換成「不解解之」的調節之道，或者以「重新設問」（重設問題框架）來打破僵局，重啟新視野、打開新間隙。「審判」意味著想要終極解決，但它經常換來了更深的偏見與僵局。「調節」則意味放開終極解決的偏執，改以「不解解之」來變化視角、敞開新局。「不解解之」的放開與讓開，弔詭地發揮了讓對立僵持的滯礙局面，打開了兩行互轉的新局勢。

最後，鄧育仁對公民哲學的描述，一再主張在地實踐智慧的參與必要性。這對臺灣菁英長期襲用西方現代政治、教育……等等新式制度的「拿來主義」，[10] 具有提醒與調整的平衡作用。鄧育仁個人向來重視在地實踐智慧的自覺參與，他在《公民儒學》的研究中，特別著意開發的是在地實踐智慧傳統中的儒學資源，儒學已經被他編織到當前民主憲政的公民哲學論述中，這既轉化了儒學專業研究社群的論述脈絡，也讓儒學成為參與當代公民論述而可被價值重估的新資產。本文極為認同「在地實踐智慧的重視與參與」這一主張與嘗試，這種努力會讓華人所嘗試實踐的公民生活，不只停留在西方制度性的沿用與學習，它還要更為積極地促使傳統經典、在地智慧，有機會在「通古今之變」、「通中西之變」的思想對話與交織演化，調節出更適合在地風格的公民生活，也可能對西方式的公民生活提供反饋的跨文化思想資源。[11]

10　鄧育仁指出，做為新興民主國家的臺灣，不同於羅爾斯身處深厚民主傳承的美國，因此在有著相當大差距的文化差異事實下，不宜直接援用其「政治觀點」來套用在臺灣的政治現實處境上，他質疑這種帶有「拿來主義」的運用，容易造成得其形無其實的後果。他強調：「在實踐中反省如何由傳統接軌民主，特別是如何汲取傳統菁華，以融入現代民主生活脈絡，是我們必須面對的深度問題。……我們不能只由歐美民主傳承範圍內所謂調節出來的政治觀點，來處理臺灣民主進程所牽連捲入的問題。」鄧育仁：《公民哲學》，〈第三章　公平正義〉，頁89。

11　如鄧育仁指出：「我們需要從故事地位走向公民地位。這個走向，需要一個承接傳統菁華的過程。在本文裡，這個過程表現在把生活中傳承裡的實踐智慧，特別是本於經典文本、經過歷史考驗而且已在生活脈絡中塑造我們生活樣態的實踐智慧，融會到理論對話以及重新框束思考角度與提問方式

　　鄧育仁雖主要以儒學做為他對在地實踐智慧的擇取與運用，但這並非意味排除了其他在地實踐智慧的可能性。事實上，他也強調《公民哲學》一書，除了《論語》、《孟子》、《周易》、《傳習錄》、《貞觀之治》等儒學資源的運用外，也提及了《墨子》、《莊子》的實踐智慧。而我個人尤其認為，《莊子》〈齊物論〉對「儒墨是非」的兩行思維，〈人間世〉以故事情節來重設政治實踐框架，可以充實鄧育仁所謂「調節之道」（非理論競爭，更非觀點鬥爭）的在地實踐智慧以參考。[12]本文將試以〈齊物論〉和〈人間世〉為資源，接著鄧育仁而繼續說，嘗試從深度歧見的困境到如何打開深度對話的間隙，提供《莊子》以「不解解之」的調節方案。

二、〈天下〉篇的「天下各得一偏以自好」：歧見的普遍現象與深度歧見的診斷

　　鄧育仁的「公民哲學」，一方面珍視多元價值的民主成就，另一方面憂心深度歧見可能帶來民主自毀。可以說，他把握到民主時代的內部弔詭性：民主多元與深度歧見的必然共在性，無法完全消除，也不可訴諸「外部」的權力、機制、立場，來終極解決民主自毀的困境，只能在徹底肯認

的工作裡。這樣做，不只是理論思考的要求與嘗試，也是為了讓工作成果有機會落地生根並成為我們生活裡的公民智慧。」鄧育仁：《公民哲學》，〈導言：從故事地位到公民哲學〉，頁v-vi。

[12] 鄧育仁曾嘗試運用《莊子》資源，雖未將《莊子》當作回應深度歧見之重要資源，但仍有小規模的善巧運用。例如他在第五章第一節「《莊子》大地與走路的譬喻」，引入《莊子》來介入第四章Dworkin（德沃金）對「宏觀／微觀」、「應然／實然」的討論。尤其將《莊子》「大地／行走」之譬喻，連結「無知／知」、「命之行（接受氣化流行之莫可奈何）／事之變（安時淡然於選擇該選擇）」的辯證關係，放入當代對「自由意志／選擇責任」是否可能，如何可行的辯證討論中，很有通古今之變的跨文化興味。而就本文立場言，如何更深入來整合〈齊物論〉「儒墨是非」所觸及的「深度歧見」？及「真君真宰」所旁及的自由意志之批判反省？還有待值得深思廣議。參見《公民哲學》「《莊子》大地與走路的譬喻」，頁153-156。

歧見的內部性之中，藉由所謂「調節」之道來嘗試轉化。[13]有關鄧育仁的深度歧見與調節之道，本文第三節將透過《莊子》〈齊物論〉來加以對話與深化。而在這第二節的討論中，則想先透過《莊子》〈天下〉篇，來說明「歧見乃是人類存在的基本事實」。儘管在人類歷史的發展過程中，直到公民時代才將多元思維與多元價值的肯定，給具體落實在民主憲政制度下擁有政治位置的公民身分來加以守護，但這不意味多元思想的追求與深度歧見的困境，只有出現在當今公民時代。從某角度來觀察，人類歷史的某些階段，不曾缺乏短暫的多元思想與深度歧見，只是在前現代那種政治、宗教的強大體制下，很容易退回「以一御多」的中心管控，使得多元思想的百花齊放，或被視為規範的失序、價值的混亂，或者很快退回了一元統治。儘管如此，在人類歷史中，一元與多元的辯證現象，未曾間斷。

　　對於人類歷史短暫出現卻流露出思想自由創造的黃金年代，俄國思想家巴赫金（Mikhail Bakhtin）曾使用多音複調（polyphony）、眾聲喧譁（heteroglossia）等概念，來描述「文化轉型」時代的多元創造性。在筆者看來，《莊子》身處的先秦戰國年代，就是典型反映出所謂「文化轉型」的時代特性。因此我先透過巴赫金的文化轉型觀點，描述先秦諸子百家思想爭鳴的文化創造現象，再進一步闡述〈天下〉篇對「百家爭鳴」與「深度歧見」的反省，以便接榫第三節〈齊物論〉對「儒墨是非」的批判，進而說明《莊子》如何提出：調節無窮是非的「兩行」之道。

　　周初一統天下的王權政治，從春秋的禮崩樂壞到戰國的群雄並起，原先被王官體制所控制的價值體系與思想潛能，已逐漸失去官方名制的主導權，在政治、軍事多方衝突與競爭下，原本王官學的知識機構、價值系統，隨之沒落而引發處士橫議、百家爭鳴。簡單說，原先官方正統思想的

---

[13] 鄧育仁對「調節」有一基本說明：「調節的起步不是說服，而是聆聽。『調』意謂接觸、交會、融會。『節』則意指節制，意謂著彼此都要節制自己不要一意用自己的框架去套住對方的觀點、想法與感覺。」鄧育仁：《公民哲學》，〈導言：從故事地位到公民哲學〉，頁vi。

統一狀態，由於控制與過濾的機制失效，各種思想言論噴湧而出。它反映出一種弔詭現象：天下大亂的周文疲弊，也正是諸子思想的黃金年代；一統崩解既是混亂失序的危機，也是思想創造的生機。周代王官學的沒落，諸子百家言的興起，一落一興，相即並生，似乎不純是歷史偶然，也反映出政治與學術的弔詭邏輯：一統天下和一統思想，彼此間經常互相增強控制力道，然而一旦政治權力失去強制力，思想言論的統御也將隨之鬆散，進而引發眾聲喧譁的思想擴散。而當思想遠離中心一統而向外擴散時，原先秩序的穩定系統，會因中心遭到瓦解而漸趨離散崩潰。但政治與學術失去了權力的控制，同時成為了醞釀思想活力的極佳土壤。觀察戰國時期天下大亂（王官學壟斷知識的沒落），與諸子百家思想繁盛（民間講學的知識流動），正可從「政治一元」與「思想多元」的辯證消長來加以觀察。[14]

巴赫金提出文化轉型的特殊時代這一角度，提供我們觀察這種學術與政治的一多辯證現象。或者說，「一化為多」的文化思想之增生演化現象。以其對文化轉型的特殊年代之描述，例如西方中世紀的神學崩解乃至文藝復興現象（或者本文描述的周文的禮崩樂壞到戰國諸子的百家爭鳴），都是反映出政治與思想的重大轉型階段。在激烈轉型、革故鼎新之際，原先被尊奉為正統秩序的中心性規範（可來自政治或宗教，或兩者合作），或者正典的思想價值主張（如中世紀的神學傳統，如周王朝的官學傳統），逐漸失去「由上而下」、「由中心到四方」的絕對支配性、單向主導性。於是先前被有形控制、無形壓抑的各種思想潛能，在同一性思維的集體規訓漸趨鬆散後，非同一性的思想實驗，得以演化生長。巴赫金的文化轉型，正是為了描述人類歷史發展曾出現過的思想多元的活力現象，尤其當「以一御多」的政治、宗教威權框架拿開後，文化與思想離開了盆

---

[14] 筆者曾有專文描述先秦子學與王官學之間的辯證意義：〈大陸新子學與臺灣新莊子學的合觀對話——「學術政治、道統解放、現代性回應」〉，《思想》第35期（2018年05月），頁1-41。

栽的限制，重回廣大土壤而獲得前所未有的養分，於是自然而然地百花齊放，開啟了文化創造的嶄新階段。巴赫金將這種階段的「破壞性創造」，用狂歡節、豐年祭等等特殊節慶氛圍中，充滿著流動的身體與流動的話語，來比擬與描述。它們經常顛覆先前的政治宗教規範，以期將官方正統的壓迫機制與思想規訓給崩解，並從中解放多元活力的歡暢。由於對身體和言論的規訓與控制，經常是官方進行「同一性」馴服的重要手段，因此如何轉化出「非同一」的流動身體與流動話語，便成為巴赫金描述文化轉型狂歡現象的兩大重點。[15]底下我將以最簡約的方式介紹巴赫金多音複調、眾聲喧譁的文化轉型觀點，並用它來觀察《莊子》〈天下〉篇如何思考：「諸子百家各得一察焉以自好」的混亂危機與多元轉機的一體性。

　　有關巴赫金的多音複調的來源，最初源自他對杜斯妥也夫斯基（Fyodor Dostoevsky）的小說研究。巴赫金洞察杜氏小說敘事中的人物性格，迥異一般作者傾向於統一性，甚至同一性的主體敘事，而杜氏小說中的角色則具有複雜的變化性格，人物的主體狀態呈現「主體化」的非同一性變化，人格尤其經常呈現自我與他人之間的混雜對話現象。換言之，杜斯妥也夫斯基筆下的人物，其自我呈現內在多元性的多音現象。自我不再是單聲部的一統狀態，而是在人我關係、自他網絡的變動境遇中，呈現交換與對話的複雜性與不穩定。主體找不到一個不變的實體內核，反而一再呈現語言之流的變化現象。巴赫金從杜氏小說中的敘事研究，從語言主體的交互關係而發展出他對文化轉型的多音複調與對話理論（dialogism）。逐漸提煉出不管是個人主體或文化主體（自我現象或文化現象），都沒有封閉自足、獨立自存的本質同一性。事實上，自我和文化的所謂「主體

---

[15] 筆者過去已曾將《莊子》的多元差異語言觀、流動身體觀，和巴赫金的文化轉型理論、狂歡理論進行跨文化對話，參見：〈《莊子》的雅俗顛覆與文化更新——以流動身體和流動話語為中心〉，《道家型知識分子論：《莊子》的權力批判與文化更新》（臺北：五南圖書出版，2021年），頁209-270。

性」，都只能在自他交換的動態關係與時間歷程中來觀察。因此，眞正的主體性便意味著：你中有我、我中有你的「複數」狀態。除非主體被刻意控制在政治威權、宗教教條、社會規訓，等等強制性的意識型態盆栽中，否則主體的生成變化總會朝向非同一性而演化。而任何政治或宗教手段的情境控制，雖能產生或長或短的穩固壓制作用，但人類歷史在某些階段總會衝破連續性的穩固控制，以破壞性創造來打斷連續，展開異質性跳躍，重而醞釀文化轉型。所謂「轉型」意指文化劇烈變動，同時遭遇危機與轉機的戲戲性時刻。「危機」表現出原先政治與宗教所鞏固的文化體系產生動亂甚至崩解，而「轉機」表現在大規模釋放了百家爭鳴、眾聲喧譁的社會活力。於是新思想、新方案、新行動，猶如狂歡節慶那般，狂放不羈且層出不窮。

巴赫金曾以文化轉型特徵的具體案例來證成其觀點，如西方文化發展階段的希臘羅馬、文藝復興，以及十九、二十世紀等階段，都是他特別關注的幾個文化轉型期。他認爲這幾個文化階段都具有「斷裂與突破」的文化創造現象，都可用來說明多音複調與多元創新的轉型邏輯。其研究在在顯示任何文化類型（不管東與西），任何時代階段（不管古與今），文化若想維持自我轉型與更新的創造活力，便需要撞擊原先過於穩定的封閉性結構，以便讓原先權力鞏固的穩定結構被打開，讓異質性滋生流動起來。換言之，文化轉型時期的思想（暫時性）無政府狀態，讓話語的流動被催生出來，而暫時失序則提供了醞釀新秩序的土壤。巴赫金的文化轉型理論，提供了我們思考文化轉型期的經驗，並嘗試將「非─結構」的創新流動，帶入「結構」的穩定模式中，以辯證思考「結構」（規範的固定性）與「非─結構」（混雜的流動性）的「兩行」運動。[16]文化穩定期的思想

---

[16] 巴赫金的文化批判與解放，目的在於讓單一固化走向多元流動，讓道統中心走向平等對話，讓文化的同一性貧乏轉型為文化的豐富性混雜。不管就個人主體或文化主體的演變，巴赫金皆主張差異、多元、流變，才能創造有活力的生長環境。巴赫金發現到「非結構」的狂歡狀態，或者說是結構性

話語狀態，很容易從差異走向一統，長久以往，便逐漸會讓多元活力消聲匿跡，而墮入超穩定結構的同一性重複。而每次文化轉型期的暫時失序與思想多元的並生現象，便反映出大規模破壞與大規模創造，交織並生的戲劇性現象。可以說，人類文明似乎一直在拆毀與重建的兩極擺盪中，進行文化辯證的戲劇命運。

　　《莊子》一書的背景，正是周文疲弊、禮崩樂壞的百家爭鳴年代。時值天下大一統秩序失效的戰亂之世，也是文化要求大規模重建的轉型階段。當周代統一天下的官方話語權逐漸遭受挑戰，終而土崩瓦解之際，政治文化處境也走向了離心化、解構化的「天下大亂」。〈天下〉篇曾如是描述：

> **百家之學**時或稱而道之。**天下大亂**，賢聖不明，道德不一，天下多得一察焉以自好。譬如耳目鼻口，皆有所明，不能相通。猶百家眾技也，皆有所長，時有所用。雖然，不該不遍，一曲之士也。判天地之美，析萬物之理，察古人之全，寡能備於天地之美，稱神明之容。是故內聖外王之道，闇而不明，鬱而不發，天下之人各為其所欲焉以自為方。悲夫！百家往而不反，必不合矣。後世之學者，不幸不見天地之純，古人之大體，道術將為天下裂。[17]

上面這段話，是〈天下〉篇在進入評點各家學說之前的開場白。從這段

的暫時離散混沌狀態，具有打破既統一又同一的穩定結構之「破壞創造力」。它顛覆既定結構的封閉系統，同時也促成了新價值、新話語的交換與創生。由此一來，其文化轉型理論的變化邏輯，便走向了「結構」與「非結構」的弔詭辯證。相關論述可參見：巴赫金（Mikhail Bakhtin）著，李兆林、夏忠憲譯：《拉伯雷研究》（石家莊：河北教育出版社，1998年）。

17　〔清〕郭慶藩輯：《莊子集釋》，〈天下〉，（臺北：河洛圖書公司，1974年），頁1067-1069。

〈天下〉篇的名言中，我們首先看到「天下大亂」這一概念，反映出戰國時代的客觀局勢：不管就政治（諸侯僭位）、軍事（諸國爭戰）、學術（官學沒落），都不再是原先周天子封建制度所能維持的狀態。「天下」由「治」向「亂」，甚至「大亂」。而且《莊子》明確點出：「天下大亂」和「百家之學」的並生現象。最值得關注的是，〈天下〉篇如何看待「天下大亂」和「百家之學」？歷來流行一種觀點，認為《莊子》的隱逸思想在於回歸「道一」的形上本源，認為百家言論的是非爭鳴，正是讓「道一」分裂，往而不返的墮落關鍵。持這種主張者大都傾向認為《莊子》否定語言，主張沉默無言而冥契於「道一」，才是《莊子》的逍遙歸宿所在。倘若如此，〈天下〉篇將否定百家之學的多元現象，因為它反映了「道術將為天下裂」的混亂與支離之錯誤走向。持這種觀點者，或許看到〈天下〉篇所謂「百家往而不反」、「道術將為天下裂」等描述，再加上《莊子》時而出現對是非言論的質疑，兩種印象疊合起來，便容易得出：《莊子》肯認「道一」，反對「百家」的印象。但我認為這既是對《莊子》的淺薄理解，[18]也是對〈天下〉篇的片面解讀。問題是，我們又該如何理解〈天下〉篇：「百家往而不反」、「道術將為天下裂」，等批判內涵呢？

　　思想史名家余英時在《論天人之際——中國古代思想起源試探》一

---

[18] 《莊子》對語言的批判，在於批判語言的封常化，造成語言變成了「成心」、「偏見」的寄生，而《莊子》批判語言不但不是要取消語言，反而要走向語言的活化與妙用。就像《莊子》主張變化之道，同樣地，只有不膠定的流變之言（「卮言」），方能成為「言無言，終日言而盡道」的「道言」。換言之，《莊子》批判語言的「是非化」，正是為了重啟語言的靈活妙用。這也是為何〈天下〉篇的莊周要自述其思想與三言的微妙關係：「古之道術有在於是者。莊周聞其風而悅之。以謬悠之說，荒唐之言，無端崖之辭，時恣縱而不儻，不以觭見之也。」郭慶藩輯：《莊子集釋》，〈天下〉，頁1098。筆者有多篇討論《莊子》的語言觀，已足推翻視《莊子》為語言否定論者的淺薄之見。這些文章分別收入底下幾本拙著中：《莊子靈光的當代詮釋》（臺北：五南圖書出版，2020年）；《當代新道家：多音複調與視域融合》（臺北：五南圖書出版，2021年）；《道家的倫理關懷與養生哲學》（臺北：五南圖書出版，2021年）。

書，喜用「軸心時代」（Axial Period）這一概念，來描述先秦諸子百家的興起，在中國文明發展史上所具有的「哲學突破」（philosophical breakthrough）之軸心意義。他接受了韋伯（Max Weber）、帕森斯（Talcott Parsons）、雅斯培（Karl Jaspers）等社會學家、哲學家，超越單一中心觀點下的歷史演進說，平等看待人類四大文明多元並起現象，接受「軸心突破」這一跨文化現象，並強調軸心時代的思想創發，爾後幾乎都成為四大文明後續發展的思想軸心與原型母胎。軸心時代的思想內涵，不但決定往後四大文明體系（中國、印度、以色列、希臘）的精神氣質，更對該文明的歷史發展起了決定性的規範作用。用伊利亞德（Mircea Eliade）「永恆回歸」（Eternal Recurrence）的概念來說，軸心時代的哲學突破之思想內涵，成為了四大文明面對思想危機時期，可以「永恆回歸」地成為被「價值重估」的思想資源。[19] 而當余英時用「軸心突破」來定位先秦諸子的劃時代意義時，也特別用〈天下〉篇的「裂」，來呼應軸心時代的「突破」（breakthrough）意義，也提及《莊子》對他使用這一概念的啟發：

> 我決定將「突破」這一概念應用在先秦諸子起源上，還有更深一層的背景。《莊子》〈天下〉篇說：「天下大亂，賢聖不明，道德不一。天下多得一察焉以自好。譬如耳目鼻口，皆有所明，不能相通。猶百家眾技也，皆有所長，時有所用。雖然，不該不遍，一曲之士也。判天地之美，析萬物之理，察古人之全。寡能備於天地之美，稱神明之容。是故內聖外王之道，暗而不明，郁而不發，天下之人各為其所欲焉以自為方。悲夫！百家往而不反，必不合矣！后世之學者，不幸不見天地之純，

---

[19] 余英時：《論天人之際：中國古代思想起源試探》（臺北：聯經出版公司，2014年），頁10-13。

古人之大體。道術將爲天下裂。」這一段話主要是説上
古原有一個渾然一體的「道」，但由於『天下大亂，聖
賢不明』之故，竟失去了它的統一性。於是「百家」競
起，都想對「道」有所發明，然而卻又陷入「見樹不見
林」的困境，各家所得僅止於「一曲」，互不相通，
「道」做爲一個整體因此更破「裂」而不可復「合」
了。……如果我的推測不算大錯，那麼我們可以斷定：
莊子不但是中國軸心時代的開創者之一，參與了那場提
升精神的大躍動，而且當時便抓住了軸心突破的歷史意
義。[20]

余英時認爲：《莊子》早已抓住軸心突破的歷史意義，並可視爲中國軸心
時代開創者。這一主張多少表示了〈天下〉篇積極肯定「百家之學」興起
的正面意義。可以說，余先生將「道術將爲天下裂」隱含的批判性或負面
意味，轉向「軸心突破」（哲學突破）的正面向度去解讀，因此他高唱
《莊子》是先秦諸子第一個掌握軸心時代意義的開創者。本文雖部分同意
余英時觀點，但認爲必須處理〈天下〉篇文獻的曖昧兩可性。至少必須進
一步處理：《莊子》對「百家之學」分裂道術的批判向度，如何能和百家
爭鳴的軸心突破之肯定向度，同時並存？簡單說，假使〈天下〉篇所謂
「道術未裂」、「天地之純」、「古人大體」，被簡單化地理解爲回歸冥
契無言的「道一」（或「太一」）境界，而在這種形上本源的神聖（甚至
神祕）狀態中，任何分別與語言活動，理應被視爲分裂「道一」的歧出與
異化，那麼《莊子》又如何眞能肯定「百家之學」的多元意義？筆者這樣
提問，主要因爲余英時《論天人之際》一書對《莊子》的理解，就有朝向

---

[20]　余英時：《論天人之際：中國古代思想起源試探》，頁13-15。

彼岸式（方外）的神祕主義解讀傾向，[21]而他似乎未曾意識到這種解莊進路，是否會和他將《莊子》視為中國軸心時代開創者，產生矛盾違和感？問題關鍵在於，將《莊子》解讀為朝向彼岸式的方外逍遙或形上追求，既片面簡化了《莊子》，也不合乎〈天下〉篇莊周自述「既與天地遊，亦與世俗處」的「即天即人」之圓通性格。[22]換言之，唯有善解〈天下〉篇對「道術將為天下裂」的批判內涵，我們才較能理解《莊子》對「天下大亂」與「百家之學」的雙重批判，以及它從中轉化出的通達解方。

　　首先，〈天下〉篇對「百家眾技」的批評，若能和〈齊物論〉對「儒墨是非」的批評，合併觀察，將可更精準解讀其意涵（第三節將由此推進一解）。細讀〈天下〉篇「道術將為天下裂」的前文後脈，真正批判重點是放在百家眾技「各得一察焉以自好」。亦即以一察之好的自家觀點來「自是非他」，造成了自我封閉、自說自話的「是其所非而非其所是」。換言之，百家之學個個成了「一曲之士」，大家憑藉自好立場來擁護自家觀點，卻只相信自家的一察為「是」，完全視他人觀點為「非」。百家人士在「批判他人」觀點之時，很少反身進行「自我批判」：自己的一察一見，是否也同時受限於立場？是否也未察他人之察、未見他人之見？「得其一偏以自好」的所謂「百家之學」，在《莊子》看來，更像是各說各話

---

[21] 余英時：《論天人之際：中國古代思想起源試探》：「莊子的『方外』則很可以解釋為形上意義的終極實在。在某些情況下，『道』的觀念和『天』相通，所指的同是軸心突破以後那個獨立的超越世界。這個超越世界也可以稱之為『彼世』（"The Other World"），與現實世界（即「此世」"This World"）互相照映。」，頁133。余先生雖然偶爾亦提及《莊子》似乎不完全否定世間，但他的詮釋主軸仍然往方外的超越界來理解《莊子》的道，他一方面將《莊子》視為佛教傳入中國前，中國本土最具方外超越性的思想，另一方又將《莊子》和新柏拉圖的神祕主義做類比。

[22] 筆者曾有多篇文章，討論《莊子》「即天即人」的天人關係：〈《莊子》「天人不相勝」的自然觀——神話與啟蒙之間的跨文化對話〉，《清華學報》，46.3，新竹：2016.09，頁405-456；〈《莊子》身體技藝中的天理與物性〉，《諸子學刊》17輯（2018年12月），頁92-111。另外，還有即將刊出的〈《莊子》「天、人、物」三緯交織的人像〉，以及〈參究《莊子》的天人之際——弔詭兩行與共生雙贏〉。

的雜音，它們缺少樂音調頻、協奏合鳴的自覺與意願。〈天下〉篇用了身體譬喻（象徵社會共通體），來描述百家各自爲政的離亂狀態，所謂「譬如耳目鼻口，皆有所明，不能相通。」試想，當我們的耳、目、口、鼻，各自聰明卻互不協調、毫不合作時，那麼我們的身體活動將會如何？是否將如中風般或人格分裂般，因無法協調合作而導致身體失能。〈天下〉篇的這個身體譬喻，絕不在於否定身體各種器官，自然會有位置不同、功能不同的多元事實，然而一旦「皆有所明，不能相通」，則明顯會有各吹各調、此疆彼界的「不通」危機。它暗示我們，當周代封建制度的王官學失去它「以一御多」的思想管控性之後，百家爭鳴的諸子現象，表面看雖然萌生了思想多元的豐富性，但是多元不是沒有代價的，甚至可能同時帶來了新危機。它的「代價」除了相對較爲混亂外（對比於周文秩序的一統），更深處的「危機」在於，當諸子「各得一察焉以自好」，而掉入深度歧見而難以溝通對話時，生活共同體便有嚴重失能的自毀危機。

在筆者看來，以「道術將爲天下裂」來批判「百家之學」，用意不在反對諸子百家的多元豐富性，而在高度質疑諸子們是否眞能領受「多元思想」所帶來的：「即挑戰即創造」、「即危機即轉機」的弔詭意義。在《莊子》看來，從王官學的「一統」，到諸子學的「爭鳴」，是兩個不同思想學術範式的轉移，它們各自擁有不同的危機。雖然百家學明顯具有多元思想創發的新活力，但是它同時帶來「以自爲方」、「不能相通」的深度歧見之新挑戰。對於《莊子》而言，當王官學崩解之際，諸子各自擁有發言權後，似乎都急於宣揚「一察自好」、「批判他人」而忙於爭奪話語權。「百家眾技」，雖然「皆有所長」，但當「矛」宣稱天下無敵（東方不敗），「盾」也宣稱無敵天下（獨孤求敗），兩強相遇的結果，必然造成「以是其所非而非其所是」的相互矛盾、彼此折損。

若諸子思想停在「一察自好」、「以自爲方」的一曲狀態，雖能各自提出治理時代的見解（一曲之見），而有其特定意義（各有所明），但由於未能自我反思而進行「自我批判」，以容納差異性觀點，並進行開放

性交流對話（不能相通），這在《莊子》看來，不是掉入「是其所非而非其所是」的偏蔽，就是掉入「知也者爭之器」的「儒墨是非」之理論競爭（而有墮化爲「意識型態之爭」的危險）。換言之，「皆有所長，各有所用」的「一曲之士」，由於看事情過於自我中心（故不能該），對自我知見又以偏概全（故不能遍），未能善於傾聽多元差異的觀點，未能促進自我觀點的移位與擴大。如此一來，雖徒有思想多元之表象，卻未有多元交流之實情。才剛剛離開王官學一統天下之病，現在卻又掉入天下大亂之害。然《莊子》〈天下〉篇的立場，絕非要退回思想統一的王官時代，也不是要退回形上本源的神祕境界，而是要重新思考：如何在百家之學思想多元的新歷史階段，面對思想多元帶來觀點歧異的溝通難題？正如它運用身體這個活的隱喻（古人大體），所暗示的道理：既要保持耳目口鼻的差異多元（皆有明），也要促成協商合作的運作機能（能相通）。否則器官各自爲政，會導致身體失能。同樣道理，人人一曲、各唱各調，也將導致天下擴大混亂、社會難以運作。

　　對《莊子》而言，諸子百家的眾聲喧譁，不可停留在「皆有所明，而不能相通」的表面繁華，而應承擔「多元與歧見」並生爲一的新挑戰，並進而促成諸子思想之間的「兩行（共生）」對話。用巴赫金的概念來說，眾聲喧譁並不是任憑封閉性的主體去單獨自我宣示，而是促使「互爲主體」能在關係情境間，繼續多元對話的演化生長。簡言之，本來百家爭鳴的各有所長、皆有所明，同時也是挑戰各家思想如何走出一偏自好、一曲自彈的機遇。但《莊子》所觀察到的百家學卻掉入了潛藏未覺的「各自爲方」，諸家自以爲可超越他人而提出總結時代的唯一眞理，結果從自家觀點來審判他人，不同觀點又互相審判對方爲異端，從此道統與異端互相審判，鬥爭不休、歧見日深。

　　換言之，百家之學幾乎以爲自家的是非標準，可以終極性解決天下是非。例如《墨子》因爲擔憂「一人一義，十人十義，百人百義」的思想差異，會帶來獎懲標準不一、規範秩序的紊亂，進而主張「壹同天下之

義」（或「同一天下之義」）。[23] 又如《孟子》擔心「詖辭知其所蔽，淫辭知其所陷，邪辭知其所離，遁辭知其所窮。生於其心，害於其政；發於其政，害於其事。」因而再三強調「予豈好辯哉？不得已也」，[24] 進而想要建立自身價值標準的道統源流。墨子的「尚同」或孟子「道統」，強度和內涵雖不盡相同，但它們的建構與主張，都很難不把異於我的差異觀點視為禍害或異端。[25] 從〈天下〉篇的診斷看來，諸子之間一旦掉入這種正道（我是）與異端（彼非）的二元死決，就會錯過雙方觀點的「兩行」交換，阻礙了通達彼此、轉化你我的溝通機會。〈天下〉、〈齊物論〉所批評的「百家各得一偏以自好」，正是這種表面看似多元豐富，骨子裡卻堅執「各自為方」的「一察」、「一偏」之危機。正是這種不能反省一偏一曲的觀點限制，卻硬將個人一察自好的己見，推擴為普遍而絕對的真理，才造成了百家思想掉入「判天地之美，析萬物之理」的支離破碎。換言之，諸子各家並未克服「喜同惡異」的立場主義：「世俗之人，皆喜人之同乎己而惡人之異於己也。同於己而欲之，異於己而不欲者。」[26]

---

[23] 出自《墨子‧尚同》。墨子為平齊是非的統一語言之尚同觀點，參見〔清〕孫詒讓撰：《墨子閒詁》（北京：中華書局，2001年），頁74-98。

[24] 孟子雖沒有統一思想與言論的主張，但他對所謂異端的排斥性也極強烈：「我亦欲正人心，息邪說，距詖行，放淫辭，以承三聖者；豈好辯哉？予不得已也。能言距楊墨者，聖人之徒也。」《孟子‧滕文公下》，〔宋〕朱熹著：《四書章句集注》（臺北：大安出版社，2007年），頁379。

[25] 鄧育仁也注意到在中國政治歷史的發展過程，多元觀點總和亂局連在一起，因此提出的解決之道經常以建立共同價值觀及是非標準為政策：「可以確定的，在長遠的歷史歲月裡，包括墨子的時代，以及『罷黜百家，獨尊儒術』的漢家天下在內，建立共同的價值觀及是非標準以解決爭端，很早就成為主流的政策方向。……一直到民主制度被廣泛接受之前，多元觀點與亂局的連結就是這樣被認定，而且解除亂局的主流方案是建立在共同的價值觀及是非標準。」鄧育仁：《公民哲學》，〈第三章　公平正義〉，頁76。本文要強調的是，《莊子》正是尚同價值、統一言論的反對者、批判者，它非但不屬「同一性」思維潮流，反而要逆流地走向「非同一性」的多元思想。有關《莊子》的「非同一性」思維，參見拙文：〈他者關懷與差異倫理——〈德充符〉對醜惡的文學書寫〉，《道家的倫理關懷與養生哲學》（臺北：五南圖書出版，2021年），頁145-218。

[26] 郭慶藩輯：《莊子集釋》，〈在宥〉，頁392。

而從「喜人之同乎己而惡人之異於己」一語可知，《莊子》間接指出：觀點（或意見）的同異背後，經常潛藏情感或情緒的喜惡偏好。換言之，歧見背後經常潛藏著情意性感受混雜其中，而使得歧見難以透過表層的理性溝通就獲得化解，有時甚至會因為情意性的好惡甚深，讓歧見墮化成深度歧見之正（善）／邪（惡）對決。於是掉入了「自是非他」的單向批判，無法進行「因是因非」的雙向批判（批判的批判）。如此一來，就很難將「立場分歧」轉為「兩行共生」的弔詭溝通（第三節將進一步討論）。

　　眾所周知，〈天下〉篇是評點先秦學術流派的恢宏大作，既為來者保留了各家學派思想的核心文獻，更為我們理解戰國學術提供了深刻觀察（其中包括：「墨翟、禽滑釐」、「宋鈃、尹文」、「彭蒙、田駢、慎到」、「關尹、老聃」、「惠施」，還有「莊周」自述）。合理推論，倘若《莊子》的立場純粹在於回歸不可言說的神祕太一，那麼它不可能花費如此龐大工夫，去爬梳諸子各家繁複龐雜、差異甚大的眾多觀點；相反地，我認為〈天下〉篇所謂「道術將為天下裂」，非但不要取消百家言而返回無言之道，反而主張諸子各家不可停留在「以自為方」的一偏一曲狀態，而應反求諸己設法「通達」於他人想法。如此才比較能理解，為何〈天下〉這篇恢宏深刻之作，幾乎用了五分之四的篇幅在描述、評點、反省各家學說。而且，〈天下〉篇的作者立場，並未宣稱自己擁有終極解決百家歧見的絕對優位性，但從它對諸子各家深刻而同情的評述與反省中，則可視為面對歧見乃至遭遇深度歧見時，如何尋求互相理解的以身作則。為進一步證實並深化我對〈天下〉篇的解讀，底下將透過第三節和第四節來落實上述主張。

三、〈齊物論〉的弔詭兩行之修養：從「深度歧見」到「深度轉化」

　　本文在第一節曾指出，鄧育仁對當前民主危機的深度歧見之思考，非常強調在地實踐智慧的參與。他主要援用的在地實踐智慧，雖以儒學為

主，但也強調在地實踐智慧的多元可能性。雖然他個人的：「重點是在援用儒學以尋求一種在多元情勢中調節多元問題的實踐智慧。如果有人能合宜恰當地援用莊子學說的薪傳智慧，我想，是可以展現有別於儒學實踐智慧在多元情勢中調節多元問題的風格。這種莊學援用，也能拓展本文的觀點。依此類推，如果有人能從佛學，特別是人間佛教的傳承，展現有別於儒學實踐智慧與莊學薪傳智慧在多元情勢中調節多元問題的風格，那也是拓展本文觀點的方式。本文的論述止於儒學的實踐智慧，不表示本文認為只有儒學才能調節多元的問題。畢竟，在我們所處的多元時代裡，無論儒學、莊學、佛學，以及其他各種主義思想，都是多元觀點中的環節。」[27]

因此本文第三節，就選擇《莊子》（尤其〈齊物論〉）作為在地實踐的參與對象，來做為擴充鄧育仁對深度歧見與問題調節的運用案例，希望接續他的公民哲學觀點，讓《莊子》進入公民時代的問題意識來參與對話。而為能和《公民哲學》的核心觀點，產生進一步的對話關聯性，本節將以註腳方式將其觀點織入合宜脈絡，希望藉此來連結並擴充其觀點。

1. 「儒墨是非」的深度歧見：觀點即盲點

首先，我們來看〈齊物論〉對「知」的描述：「觀點」（知）必然內在於觀點者的認知框架（名、言）之中，而稍一不慎，很容易形成立場主義的自是非他現象。亦即人畢竟是一種語言主體的存在狀態，而語言框架經常決定了我們建立是非標準的預設：

> 夫言非吹也。言者有言，其所言者特未定也。果有言邪？其未嘗有言邪？其以為異於鷇音，亦有辯乎，其無

---

[27] 鄧育仁：《公民哲學》，〈第一章　新啟蒙〉，頁33。鄧先生《公民哲學》的最後定本，已加深對《莊子》的吸收與對話，最明顯者是其書最後一章，已經再加入最後一節「道行之而成，物謂之而然」，將深度歧見與《莊子》〈齊物論〉進行了相當有趣的勾連對話了。

辯乎？道惡乎隱而有眞僞？言惡乎隱而有是非？道惡乎
往而不存？言惡乎存而不可？道隱於小成，言隱於榮
華。故有儒、墨之是非，以是其所非，而非其所是。欲
是其所非而非其所是，則莫若以明。[28]

「夫言非吹也，言者有言，其所言者特未定也。」這句話可能有幾個意
涵：首先它肯認了「人」是一種語言主體（「言者」）的存在；其次，
「言者」既無所逃於語言活動，而且言說者的言說現象，乃「意有所指」
（「有言」），不會只是純然空氣吹拂現象而已（「言非吹也」）；再
則，言說者所表達的意指則「特未定也」，它並未指涉任何絕對的「本
質」或終極的「眞理」（未定），反而顯示出特殊觀看事物的特定角度
（特）所組構的特定圖像。[29]「特未定」這句話很關鍵，這也是〈齊物
論〉展開「是非物論」的基本出發點。如果人們的表意活動必然連結著言
說者的特定脈絡，沒有人可完全跳開視域角度而宣稱他能掌握並表達出絕
對的客觀眞理，那麼這種帶有個人「特殊」印記（以鄧育仁的概念說，也
就是觀點離不開個人的故事脈絡），而且「未定」的觀點表達，我們要如
何來看待？它是否眞能確傳意指（「果有言邪」）？還是未能確傳意指
（「未嘗有言邪」）？它和鳥鳴現象有所區別（別異於鷇音）？還是沒大
區別（無辨於鷇音）？而在針對「言者」雖「有言」卻「特未定」現象，
〈齊物論〉透過自我設問而打開開放性問題後，緊接著指出更爲關鍵性的
洞察：「道惡乎隱而有眞僞？言惡乎隱而有是非？道惡乎往而不存？言惡
乎存而不可？道隱於小成，言隱於榮華。」

---

[28] 郭慶藩輯：《莊子集釋》，〈齊物論〉，頁63。

[29] 鄧育仁亦特別指出雷科夫非常著重認知框架背後的話語作用，因為經：「由話語所喚起，能左右事
實認定、價值取捨與行動方向的框架力量……雷科夫要提醒的是，話語喚起框架，即使你用『別
想』、『不是』的否定語式，但否定框架仍是一種喚起框架的方式，閱聽眾已經開始用你希望他們
不要用的框架思考問題、衡量情況了。」鄧育仁：《公民哲學》，〈第一章　新啟蒙〉，頁8。

　　它指出了「道」和「言」從「未隱」到「隱」的坎陷轉折：當「道」和「言」處在開顯（「未隱」）狀態時，「道」原本可以遍行遍在一切不同脈絡中來顯示（「惡乎往而不存」），「言」原本也可以隨說隨可於當下脈絡來運用（「惡乎存而不可」）。可是一旦「道」被特別規定給固定而隱蔽了（「隱」），反而才會產生內於道（道之真）和外於道（道之偽）的真偽對立。類似情形，當「言」被固定執著在特定表述為一曲之見、一端之言時（「隱」），同時也就產生「此是」、「彼非」的是非對立。可惜的是，大多數人都自我封限在相對狹窄的特定單行道路上（「小成」），遺忘了條條大路通羅馬（道路並行而不悖）的「道行之而成」（道路是不斷被行走出來的）與「惡乎往而不存」（而如何行走則充滿無窮可能性）。這就像多數人大都封閉在獨眼視角而「自是非他」，卻遺忘了人各有見、言各有當的「物謂之而然」（物名是被約定俗成出來的）與「惡乎存而不可」（名言的框架運用是可以調整變化的）。然而人一旦太固執於特定觀看視域、特定論述框架，便很容易迷戀在自己的所見所言（「愛之所以成」），而造成對其他可能的視域和言論的不見與排斥（「道之所以虧」）。這裡的「愛之所以成」之「愛」，暗示我們：觀點意見的背後，通常挾雜著情感的喜好甚至偏執（所謂「愛」）。而正是這著深層的偏愛之執，讓我們的「心」成為「成心」，失去從不同角度遊觀「道」的其他可能性。因此這樣的「偏愛」，反而造成了「道虧」。順此「道之所以虧，愛之所以成」的小器（限於定形）、小成（限於定見），大家各自以為是的結果，差異的思想立場和不同的言論主張，幾乎難以避免「儒墨之是非，以是其所非而非其所是」的立場鬥爭（用鄧育仁概念，「儒墨是非」類於「理論競爭」）。[30]

---

[30] 如果我們類比於鄧育仁（沿著雷科夫）對美國政治話語的認知分析，先秦「儒」「墨」之間的是非之爭，其結構（而非其內涵）可類比於他所謂「共和黨」與「民主黨」的是非之爭。也就是兩種從相當不同甚至對立情境觀看並建立的對比認知圖像，而且自己的「見」之肯認（或「是」），正建

　　〈齊物論〉進而指出，造成「儒墨是非」（理論競爭）的「眞／偽」、「是／非」、「成／毀」，等等二元爭鬥的關鍵原因在於：人人都很難避免以「成心」爲師（自師其成心）。換言之，「儒墨之是非」的「是非」，乃是意指儒家和墨家各自「隨其成心而師之」，被「以是其所非而非其所是」的「自是非他」給遮蔽，結果都「自以爲最賢」，卻也都困在單行道上，而遺忘了並行不悖的互通之道。儒家立場主義者通常會認爲自家所言爲「是（全是）」，墨家立場主義者也以自家所言爲「是（全是）」。反過來，儒家認爲墨家之言毫不足取（全非）」，墨家則認爲儒家之言全然無用（全非）。而各以己見爲師的結果，很容易導致全然相非的惡果：我肯定的正是你否定的，你否定的正是我肯定的。如此一來，一種觀點上升（或墮化）爲主義，而觀點與觀點之間的差異，則墮化爲主義和主義的對決，於是立場主義變成難以溝通、毫不對話的兩條平行線（近乎「深度歧見」）。《莊子》用心良苦地告訴我們，與其固塞不通地「成心」自用，掉入「欲是其所非而非其所是」的「全是」與「全非」之死決惡鬥（而想以自家主義來終極解決不同觀點），倒不如「莫如以明」地好好反觀自省：你我觀點是否都潛藏著未覺察的「成心」框架（framing），[31]以便照鑑明察各自成心，而重新思考如何轉化「儒墨是

立在對方的「不見」（或「不是」）之排除。因此觀看點的差異常被誤當成真理之爭（如道統與異端之爭）。用鄧先生的概念說，「儒墨是非」不只是「意見相左」，而屬於「深度歧見」。其對「深度歧見」和「意見相左」的區分，可參見《公民哲學》，〈第四章　二分格局〉，頁117。

[31] 以《莊子》而言，觀點必然內在於觀者的觀看位置與脈絡，它稱之爲「一偏之知」。這種「偏知」大體類似於鄧育仁所謂的認知「框架」或「框束」。鄧先生受雷科夫啟發而運用「框架」（framing）或「框束」（框架加束縛）一概念，嘗試分析美國不同政治立場背後的認知框架，以期揭露各種政治言說在認知框架束縛下的深度歧見之艱難。他如此定位「框架」：「當『框架』作動詞用時，它指如何把組織、秩序帶入問題情境，以建立一種看待問題的特定角度與方式，包括如何觀察、描述、思考、推理，以及如何形成對於問題情境一種直觀的把握。這種看待問題的特定角度與方式，對認知過程有著程度不一的約束作用。……當我們把認知框架如何如何的動態過程，用『起點／過程／結果』的完形型態來掌握其結果的特點時，作爲名詞作用的認知『框架』，就適合

非」的調節之道。可以說，「成心」是一種自我固化、不再通變的單向批判他人，而「以明」則是逆向反省自我的「成心爲師」，於是展開〈人間世〉所謂「存諸己」的「批判的批判」之自我轉化，以重新敞開「虛而待物，兩行共生」的溝通契機。

2. 觀點連環相生、共在於世的基本事實

　　〈齊物論〉對「儒墨是非」帶來的歧見（乃至深度歧見）之反省，雖然反映出諸子百家學的紛歧與爭鋒，但它不必只是對某特定時代境遇的描述，更像是人做爲「言者」（屬語言主體），脫離不了發言位置與認知框架，卻容易掉入立場主義（一偏知見）的普遍現象：任何人都不免於有自身的觀點立場，也都不能免於與相異立場共同存在的「彼是」對偶現象（或儒家或墨家，或左派或右派，或美國民主黨或美國共和黨，或經濟發展或環境保護，或現代或後現代，或形上學或反形上學等等）。然而面對「咸其自取，使其自己」的吹萬不同的差異事物，如果無法採取單一全知觀點做爲絕對威權來「尙同」、「君宰」各種差異性觀點，又不想要掉入「全是」與「全非」的「儒墨是非」之惡性循環，那麼究竟要如何回應無所不在的是非歧見呢？〈齊物論〉嘗試提出「莫若以明」的解方。問題是，究竟「以明」洞察了什麼？它如何能夠解開「是非連環」？或者可進

用來指稱這種完形型態。認知框架的競爭與衝突，就是這種完形型態的競爭與衝突。當這種完形型態在人的認知系統裡成爲一種穩定的結構，例如在不假思索時就自然用上，或者認知者總是在第一時間通過它來形成對於問題情境特定的看待方式，本文就用『認知模式』（cognitive model）來稱謂這種相對穩定的認知結構。」鄧育仁：《公民哲學》，〈第一章：新啓蒙〉，頁3。而以《莊子》來說，「框架」經常將我們的「認知」（心）給予組織、規範的同時，也容易造成「有所見即有所不見」的「向內固定」與「向外排除」的特性，以形成認識圖像的自我完形化。然《莊子》以「成心」來批判這種「框架」的僵化與反控，讓我們的「心」成爲堵塞的「有蓬之心」，而不再「虛而待物」。換言之，「虛心」不是完成反對或取消認識活動的「框架」，而是要避免認知「框架」的動態歷程（動詞作用），墮化成爲靜動固著化的認知模式，並形成一種不必反思的直覺。簡言之，認知模式成爲了意識型態的同一性思維。

一步問，「是非連環」到底可以解？還是不必解？這便涉及了〈齊物論〉
對「彼是方生之說」的連環關係之分析：

> 物無非彼，物無非是。自彼則不見，自知則知之。故
> 曰：彼出於是，是亦因彼。彼是，方生之說也。雖然，
> 方生方死，方死方生；方可方不可，方不可方可；因是
> 因非，因非因是。是以聖人不由，而照之于天，亦因是
> 也。是亦彼也，彼亦是也。彼亦一是非，此亦一是非。
> 果且有彼是乎哉？果且無彼是乎哉？彼是莫得其偶，謂
> 之道樞。樞始得其環中，以應無窮。是亦一無窮，非亦
> 一無窮也。故曰：莫若以明。[32]

〈齊物論〉要我們慎思明察，藏身在「儒墨是非」的「是非對立」底
下，有個「是非連環」的底層結構（亦即「是非對立」不離於「是非連
環」）。每一種物議或物論（即每種是非主張），無一不牽涉到觀點者所
站立的彼方（那個視域、那個脈絡）或此方（這個視域、這個脈絡）之指
示位置。換言之，「物無非彼，物無非是」的「彼」與「是」（或「彼」
與「此」）的不同觀看位置，預告了「言者有言」的判斷內涵。因為看到
這樣的圖像或那樣圖像，關聯到觀看者到底是「立於此」，還是「立於
彼」。而根據觀點內容（是非主張），必定內在於境遇特質（位於彼或位
於此），我們每一次的是非宣稱與判斷，必然也都脫離不了立場者的特定
脈絡，並且也只能經由這種特定脈絡（位於此），才能組構出此一合宜的
視域圖像（此之是）。一旦離開了此一視域脈絡（離此到彼），而改從彼
一脈絡來觀看（以彼觀之），那麼原先組構出的合宜圖像（舊是）便難以
浮現，甚至被不同角度所顯現的新圖像（新是）給掩蓋，因而不再被理

---

[32] 郭慶藩輯：《莊子集釋》，〈齊物論〉，頁66。

解，甚至被排除了意義而變成了「彼非」。這種你與我皆只站在各自「這裡（此是）」，而將不同於「這裡」的「那裡」當成「彼非」狀態，正是源自於「自師成心」而把一種暫時位置想像成全知位置，所造成僵固的立場主義之偏蔽。殊不知，我眼中的道理（此是），也可能只是對方眼中的無理（彼非）。然而大家習慣「自師成心」地把自我位置（此是）絕對化，一步步讓觀點差異，墮化成為「自彼則不見，自知則知之」的深度歧見。於是「彼與此」（你與我）都看不見對方所看見的（互不相見），都各自陷溺在「自是」、「自見」的一偏之是和獨眼之明。[33]

我看不見你所看見的圖像，你也看不見我所看見的圖像，彼與此都無視於對方之所見（自彼則不見），雙方其實都只擁有各自受限在單點視角的自知自明（自知則知之），但彼此兩邊卻都堅持自己看到了全部真相。其實自以為「此」的自知自明，因無法位於「彼」而看見「彼是」之圖像，因此「此是」之「開顯」，乃是以「彼非」之「隱沒」做為代價。如此一來，你我各自單一脈絡的「是」之暫時開顯，同時也代表著其他可能性脈絡的「眾是」被遺忘被隱沒。然而「成心」讓我們偏執於一偏之見的「此是」（以此為是，以自為是），看似有了「自是」的小成就，卻產生無法與其他差異立場進行溝通對話（相互通達）的大遺憾。換言之，「成心為師」所造成的立場封閉性和是非絕對化，將造成你與我產生「自彼則不見」的「深度歧見」。換言之，「莫若以明」不但不停留在這種單邊之

---

[33] 鄧育仁曾如下描述民主多元的深度歧見，在本文看來，它一樣適於用來當作〈齊物論〉「儒墨是非」，尤其對「自彼者不見，自知則知之」的註腳：「有些你認為重要的問題別人不覺得有何問題，有些你認為重要的理由別人卻無法把它當作理由來斟酌，有些你認為無可置疑的證據卻在別人眼中毫無證據效力；反之亦然。這種深深的歧見通常發生在基本觀點衝突的問題情境裡。大家都知道有問題，但彼此看問題的角度及設定問題的方式十分不同，以致所看到的問題、可以有的證據和理由，以及解決問題的方向乃至具體方案，落差巨大。有時彼此甚至不知道已經落入這種情況，而在努力說服別人當中只『看到』對方的無知，或視而不見、聽而不聞的顢頇態度。」鄧育仁：《公民哲學》，〈第三章 公平正義〉，頁79。

明，反而要反省「自師成心」的一偏之見、獨眼之明，所帶來的深度歧見之雙方大盲點，從而展開雙向批判或批判的批判，這種雙向批判想要帶出雙向疏通，以打開重新對話的餘地，這才是「以明」的用意。

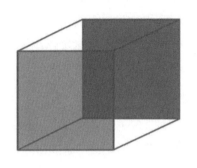

鴨子？兔子？

　　鄧育仁以左邊雷科夫曾使用過的內克方塊（Necker cube）來解釋，完型認知心理學所發現的：一種視覺（觀看立場）成套呈現「逆反相悖」現象（所謂「相互壓制、贏者全拿」），當你的觀看焦點浮現出左下方的淺色方塊時（簡稱「左坐方塊」），同時也就看不見右上方的深色方塊（簡稱「右仰方塊」），同樣道理，當你看見右仰方塊的同時，左坐方塊也就不會顯現。這種「一顯一隱」（即顯即隱）的視覺認知現象，鄧先生用它來說明特定觀點「即見即不見」的「逆反相悖」之經驗事實：「視覺神經網絡的研究成果告訴我們，在這種無意識的認知過程裡，實現左坐模式的神經網與實現右仰模式的神經網，以相互壓制、贏者全拿的方式，處理當下的視覺訊息。最後全拿者就成為你視覺經驗中不是左坐就是右仰，但不會看起來同時像是左坐又宛如右仰的內克方塊。」[34]

---

[34] 鄧育仁：《公民哲學》，〈第一章　新啟蒙〉，頁18。其實我們也可以使用右邊的「兔？鴨？」圖型，來說明類似的「逆反相悖」現象。而〈齊物論〉所描述的「故有儒墨之是非，以是所非而非其所是」，大體就在描述這種「相互壓制、贏者全拿」的「一偏之見」：或者只見左方之鴨而不見右方之兔，或者只見右方之兔而不見左方之鴨。筆者過去也曾以「兔？鴨？」圖型，來解釋《莊子》有關「遊觀（或遊戲）」的視點轉換，參見：〈童真遊戲與倫理呼喚——《莊子》的視點轉換與遊

　　而鄧育仁更以內克方塊的「左坐方塊」和「右仰方塊」的逆反相悖
關係，來「暫時性」說明美國共和黨和民主黨雖然都一致宣稱擁護自由理
念，但卻各自具體取捨出「嚴父模式」與「親情模式」這兩種「逆反相
悖」的政策內涵。他將內克方塊論證稱之爲「雷科夫臆測」，並企圖對其
進行批判修正。簡言之，他認爲由於雷科夫把民主黨的親情模式當成「眞
正的」美國精神，因此在「非此即彼」的內克方塊圖的論述策略中，反映
出一種「急切扭轉」、「徹底解決」的焦慮，因此掉入了敵我二分的政治
激情中。而鄧育仁的「調節」策略則想要逃出「相互壓制、贏者全拿」
的「逆反相悖」之陷阱。我們也可以說，〈齊物論〉所描述的「儒墨是
非」，也和先秦的「天下大亂」之政治拯救激情密切相關，因此很容易掉
入正統與異端的「逆反相悖」之陷阱。而《莊子》不是要把「儒墨是非」
的現象給理論化，而是要思考如何將「逆反相悖（全贏或全輸）」轉化爲
「兩行共生（雙方皆贏）」。底下將逐步說明何謂「兩行共生」的調節轉
化或弔詭溝通之道。[35]

　　相對於「隨其成心而師之」而造成「自」與「彼」不相見又相非的
「深度歧見」之惡質現象，《莊子》提出觀點的相互連環關係，來重新描
述原先觀點對立排斥的「儒墨是非」。〈齊物論〉指出，如果我們觀察的
更爲深入，將會發現：原先被視爲絕對對立而相互排斥的彼／是立場，具
有著「彼出於是，是亦因彼」的內在連環關係。舉例來說，例如美／醜，
大／小，死／生，善／惡……等等看似排斥的二元對立概念，其實任何一
端的肯定（是），正好是建立在另一端的對比（非）基礎上才得以成立。
換言之，任何一端皆不足自本自根、自足自立地成其自己，任何一端都是

　　戲轉化〉，《道家的倫理關懷與養生哲學》（臺北：五南圖書出版，2021年），頁291-336。

[35] 鄧育仁運用儒學傳承的「兼聽則明」與「調節情勢」，來試圖超越雷科夫自陷「方克圖二元陷
阱」，以期走向非二元的「中道調節」之可能性。本文認爲〈齊物論〉的「環中」與「兩行」，可
能比他所簡單提及的「兼聽則明」，具有更完整論述脈絡，可以嘗試說明深度歧見的調節之道。這
也是本文想要接著說的用意之一。

藉由與對方的差異才建立了自己。被肯定的此方實不真能離開被否定的彼方；反之，被否定的彼方也不真離於被肯定的此方。彼方與此方（「彼」與「是」），都不能獨立依靠「單方」而自我維持，反而必得依靠「相對照又相關聯」的雙向連環關係，才得以暫時成立單邊的特定觀點。[36]對於這種是非連環關係，〈齊物論〉將它描述為「彼是方生之說」。

　　「彼是方生」之「方」，並非「單方」而是「雙方」，所以完整的描述乃是：「方生方死，方死方生。方可方不可，方不可方可。因是因非，因非因是。……是亦彼也，彼亦是也。彼亦一是非，此亦一是非。」例如一般人誤以為生死兩隔而產生「好生惡死」的偏取，其實死生雙方正是同時成立的連環關係：一邊的生成（花開清香）同時暗示著另一邊的共在（花落汙泥）；反之亦然。此即所謂「方生方死，方死方生」的連環關係。「肯定」（可）與「否定」（不可），也是同時含具「方可方不可，方不可方可」的雙方連環之共構關係。使用翹翹板的現象來比擬，「生與死」、「可與不可」，就像翹翹板一方升上的同時必有另一方落下，而一方落下也同時促成了另一方的上升。雖然上升與落下看似兩極對立，其實上升（此）和落下（彼）共同完成了連環運動的遊戲邏輯。一旦雙方想要完全否定對方的存在（單邊勝出），那麼翹翹板的遊戲便會滯礙難行（一邊勝出之有限遊戲），因此最佳策略是如何保持遊戲的無窮進行（兩邊不相勝而成為無限遊戲）。換言之，連環關係的新描述，隱含著如何從「儒墨是非」的單邊爭勝，轉變為互相轉化、彼此豐富的「雙邊皆贏」之兩行遊戲。[37]

---

[36] 《莊子》這種「是非連環」的「因是」洞察，似已間接暗示出：觀點（是非）總是不離「複數型態（因是因非，因非因是）」，沒有任何單一觀點擁有超然獨立的權柄（自以為全是）。用漢蘭鄂蘭的觀念來說，「因是」必蘊含著「人的複數性」，而「為是」則帶有遺忘「人的複數性」之獨我論傾向。參見Hanna Arendt, The Life of Mind, New York: Harcourt Brace Jovanovich, 1978,p187.

[37] 對於這種轉化「理論競爭」為「相互調節」的雙邊效益，鄧育仁有個言簡意賅的描述：「在跨文化理解對方時，用理解對方的觀點回過頭來檢視自己，是理解自己也是同步為自己更深入理解對方的

3. 超越「爲是」的理論競爭，走向「因是」的調節共生

　　〈齊物論〉正是以「彼是方生」的翹翹板雙向連環運動，來重新調整「自彼則不見」的「儒墨是非」。用觀點相互連環的雙向通達，來破除「欲是其所非而非其所是」的觀點互斥之單向偏執。對此，〈齊物論〉建議我們應將「爲是」轉換爲「因是」態度：「爲是不用而寓諸庸」，此之謂「以明」。因爲「爲是」傾向於「自彼則不見」（自以爲是）的單向獨眼立場。而「因是」則傾向於：「因是因非，因非因是」的雙方連環相因之兩行共生。「因是」意指著：在因循著「是」之脈絡的同時，也能通達連環於「非」之脈絡，而在因循連環於「非」之脈絡的同時，也會連環通達於「是」之脈絡。換言之，「因是」乃連環於「因是因非」（「是亦彼也」），「因非」乃連環於「因非因是」（「彼亦是也」）。正是這種「是」與「非」雙方連環不斷的脈絡互轉，才使「彼」不再純粹被視爲「非」，反而必然呈現出「因非因是」。同理，「此」也不再純粹被視「是」，反而必然呈現出「因是因非」。這便是所謂「彼亦一是非，此亦一是非。」換言之，「彼之非」的完整連環結構乃是：「彼」乃不離於「因非因是」之連環，故謂之「彼亦一是非」。而「此」乃不離於「因是因非」之連環，故亦謂之「此亦一是非」。如此一來，「彼」與「此」，皆乃連環「相因」，故而「相即」不離。兩者皆同時含具著「是」與「非」於一身，連環相扣而周行不殆。對此，乃有所謂「是亦一無窮，非亦一無窮」的「環中」轉化之可言。

　　「是以聖人不由，而照之以於天，亦因是也。」其中的「不由」，就是指智者不願再掉入「儒墨是非」（「自以爲是」）的二元鬥爭，不願再任由「自彼則不見」的獨眼「爲是」立場去進行「是其所非而非其所是」的爭辯，而改從「照之以天」、「莫若以明」的雙向連環之「因是」

　　方式；而且，由己方觀點出發去改善對方觀點，其實總也是改革己方觀點的契機與作法。」鄧育仁：《公民哲學》，〈第一章　新啟蒙〉，頁7。

立場，去回應「因是因非，因非因是……是亦彼也，彼亦是也。彼亦一
是非，此亦一是非」的兩行周轉。若明智者能因循於「因是因非，因非
因是」，能周轉於「是亦彼也，彼亦是也」的反觀自照，那麼「彼」與
「是」就會鬆解先前二元惡鬥的魔咒，改換成相互溝通、交互轉化、雙贏
遊戲、周轉不息的脈絡更新運動。此即所謂：「彼是莫得其偶，謂之道
樞。樞始得其環中，以應無窮。是亦一無窮，非亦一無窮也。故曰莫若以
明。」正是這種雙因、雙向之連環來回的周轉運動，使得「彼」與「是」
的關係，處於非硬二元、非死對頭的「莫得其偶，謂之道樞」之周轉狀
態。〈齊物論〉運用了位置圓環之中（「環中」）的樞紐（道樞），來描
述這種周轉不息的無窮運動：

　　如上述輻輪圖片所示，「道樞」以其「環中」之「中道」與「空虛」
狀態，能令原本帶有高度張力的雙邊對峙之輻條，不停住在兩極反向拉扯
的惡性對抗，反而能藉由中軸支點來將「作用力」（此）與「反作用力」
（彼）給過渡到對方，而調節成推動彼此的內部性弔詭力量。如此透過環
中的「相因」（相互因循）轉環，彼與此（彼與是）的力量關係，到底是
兩相對立的彼是狀態（果且有彼是乎哉）？還是連環協作的彼是狀態（果
且無彼是乎哉）？關鍵就在於，我們是否能善用「彼是莫得其偶，謂之道
樞」的中軸樞紐。倘能活用中空軸心來做為雙邊轉介的樞紐，「彼」與
「是」便能處於「既頡抗又協作」的弔詭兩行之轉化運動。正是「空虛」
樞紐的不偏「彼」端，也不偏於「是」端的「兩行調中」狀態，促成了

「彼是」雙方的弔詭力量「周行不殆」地「以應無窮」。從此以後，「儒墨是非」不再終結於任一方觀點所主張的「爲是」，反而進入「因是」不同觀點的無窮對話與無盡轉化。任何一方（「此」）的觀點，都可能以未知的方式成就了另一方（「彼」）的觀點，因爲觀點與觀點之間是在連環相因的轉化運動中，不可能停在單邊單點而自我終結與終成。而環中樞紐的「以應無窮」，並不是以「無是無非」的絕對超然而終結了是非，反而必得處於是非兩行的輪轉之中，以其空虛特性來促成觀點的相互過渡與連環重構。如此無窮轉化的道樞環中，便成爲了「是亦一無窮，非亦一無窮」的無窮對話與轉化契機。

　　然而〈齊物論〉的道樞、環中，究竟隱喻了什麼？答案已呼之欲出：如果說「成心」造就了「儒墨是非」的一偏之見與二元對偶，那麼「虛心」便是能夠「得其環中」的樞紐。「虛心」使人不住一端、不固己見，才能回應「是亦一無窮，非亦一無窮」的無窮是非之連環轉化。對於虛心而能「應而不藏」地回應不同情境，「因是因非」於不同脈絡而周轉通達又不離於「環中」，〈齊物論〉順著「朝三暮四」的反諷，提出「和之以是非而休乎天鈞，是之謂兩行」的見解：

> 勞神明爲一而不知其同也，謂之朝三。何謂朝三？狙公賦芧，曰：「朝三而暮四」，眾狙皆怒。曰：「然則朝四而暮三」，眾狙皆悅。名實未虧而喜怒爲用，亦因是也。是以聖人和之以是非而休乎天鈞，是之謂「兩行」。[38]

「勞神明爲一而不知其同也」，猶如「儒墨是非」過於「自師其心」於一偏之見，強行以一時脈絡的「爲是」，而欲將其推擴爲普遍化的「全

---

[38] 郭慶藩輯：《莊子集釋》，〈齊物論〉，頁70。

是」。對於這種「自彼則不見」的片面化狀態，〈齊物論〉反諷以猴子般自師成心而短視近利，硬以「朝四暮三」之「是」，否定「朝三暮四」之「非」，不能轉個角度、換個脈絡來「自虛其心」地想想：「朝三暮四」和「朝四暮三」，可能差別未必那麼大（「名實未虧」），只是各在早晚不同時空脈絡下的立場與心境之「日夜之相代」而已。事實上，人隨著時空情境的轉變，感受與想法也經常隨之轉變。一味「固而不化」地「喜怒為用」，掉入用「朝四暮三」鬥爭「朝三暮四」，豈不讓自己身陷「好惡內傷其身」而太耗損。狙公則暗示出明智者「不用喜怒」、「不用為是」，改採「因是因非」地順隨當下日常情境的變化（「寓諸庸」）而調節出相應之道，如此才可能通達於是非兩行的溝通與周轉。[39] 由此觀之，「猴子」，可比擬為固而不化的成心自師之人。「朝三暮四」和「朝四暮三」，可比擬本為觀點差異卻墮化為深度歧見。而「狙公」，約可比擬為「不做審判」而善於調節問題框架、更新問題脈絡的哲人修養。而「喜怒為用」與「朝三暮四」的同時顯現，也再度告訴我們，觀點（是非）和情感（喜怒），經常是難分難解的。而我們每個人在日常生活情境中，多少總不免落入「喜怒為用」的猴般境遇，而狙公角色則暗示我們如何「莫若以明」地讓「朝三暮四」和「朝四暮三」的觀點差異，可以「因是因非，因非因是」地「兩行」轉動。

　　而天鈞（或天均）與環中、道樞，大體屬陶均圓環塑陶造物的隱喻

---

[39] 鄧育仁在反駁道德心理學家葛林（主張效益主義）所提出的「兩難困境」，曾以儒學資源回應：「遇到這種兩難的情況，儒學總要求我們設法調節那造成兩難的情勢，化解兩難的格局，而不是以兩難的格局為起點，計算預期的效益。要設法調節情勢，就必須把眼光放到比起轉轍器難題所呈現的事件敘述更細緻的故事情節，嘗試去發掘、偵測得以改變兩難情勢的轉機所在。這意味著儒學一開始就不會接受轉轍器難題的問題設定的方式。」鄧育仁：《公民哲學》，〈第二章　公民與部民〉，頁61。筆者初步印象，鄧先生雖善用儒學資源，但並未提出儒學思想與調整兩難的紮實文獻根據。而本文認為〈齊物論〉的論述，可視為調節「儒家」（道德主義）和「墨家」（實效主義）的兩難困境，並轉化出新調節空間，嘗試新問題設定。例如在「朝三暮四」和「朝四暮三」之間，狙公便能避開喜怒為用，而調節出新對話脈絡而重啟契機。

意像群，那是兩手環抱兩端泥土而圍繞中空旋轉的調節技藝。在其合宜的動態調節過程中，左手與右手，作用力與反作用力，乃同時「因左因右，因右因左」（「因作用力因反作用力」），兩邊力量相反又相成地同時進行（「和之以是非」）。彼方的力量與此方的力量，必須隨著周轉不息的中空之調節運動，保持了它們「既頡抗又助成」的弔詭兩行（「是之謂兩行」），否則便會因為力量調節的失衡而造形失敗，無法善用「矛盾又統一」的圓環力量來促進最大的創造性。換言之，天鈞是一個無窮運轉的創造形像與運動隱喻，而「和以是非」與「休乎天鈞」的「和」與「休」，並不是取消了是非的「和」，也不是停止了轉化的「休」，反而只有在「是非兩行」的「和而不同」之差異力量下，在「因是因非」的「休而不息」之連環活動下，「天鈞」才能在「彼是莫得其偶」的道樞環中「以應無窮」，從而走向「振於無竟」、「寓諸無竟」的永未完成（象徵意義轉喻之無盡藏）。從這個意義來看，環中的兩行道樞，根本不求終極性地解決對立與差異，而是以「不解解之」的不斷調節方式，讓差異的雙方（或多元多方），產生「你推動我，我推動你」的圓轉共生。弔詭的是，正是這種「不解解之」的兩行調節活動，才更加促成差異多元的周轉不窮與持續演化。

4. 走向兩行共生的調節對話與意義增生

　　既使我與若辯矣，若勝我，我不若勝，若果是也？我果非也邪？我勝若，若不吾勝，我果是也？而果非也邪？其或是也，其或非也邪？其俱是也，其俱非也邪？我與若不能相知也，則人固受其黮闇。吾誰使正之？使同乎若者正之，既與若同矣，惡能正之！使同乎我者正之，既同乎我矣，惡能正之！使異乎我與若者正之，既異乎我與若矣，惡能正之！使同乎我與若者正之，既同乎我

與若矣，惡能正之！然則我與若與人俱不能相知也，而
待彼也邪？[40]
何謂和之以天倪？曰：是不是，然不然。是若果是也，
則是之異乎不是也亦無辯；然若果然也，則然之異乎不
然也亦無辯。化聲之相待，若其不相待。和之以天倪，
因之以曼衍，所以窮年也。忘年忘義，振於無竟，故寓
諸無竟。[41]

〈齊物論〉上述文獻，對於一般人想用辯論的「輸贏」來決定「是非」，
也就是以「理論競爭」，來衡定單一價值標準（贏者全拿），表示了懷
疑。「言者有言」，而當兩個「言者」對同件事的「有言」判斷，有所不
同甚至南轅北轍時，到底孰者為「是」？孰者為「非」？先秦名辯之術興
盛，辯者之徒甚多，各展銳智之知、善辯之口，以為自己爭得辯名與實利
（辯者經常周遊各國而求其政治效用）。故〈人間世〉反諷：「名也者，
相軋也；知也者，爭之器也。二者凶器，非所以盡行也」。這種以言辯輸
贏想求得是非定見的先秦時風，在〈齊物論〉看來，經常掉入話語權之廝
殺爭奪，造成「相刃相靡」的人生失養、關係破裂。其中癥結在於「各隨
成心以為師」，結果造成「天下多得一察焉以自好」而「不能相通」。
〈齊物論〉上述文獻明白指出：辯贏並不代表所說道理全然為對，辯輸也
未必代表所言全無道理。這乃是一般人都有的經驗和感受：巧言善辯之人
未必更有道理，有時只是善於強詞奪理而已。《莊子》就常以惠施這種愛
辯善辯的人格型態為例，對辯者人生的「自是」、「為是」，深有感慨且
多所諷喻：[42]

---

[40] 郭慶藩輯：《莊子集釋》，〈齊物論〉，頁107。

[41] 郭慶藩輯：《莊子集釋》，〈齊物論〉，頁108。

[42] 惠施幾乎停留在理性論證的說理方式，莊周除了理性論證之外，他亦善用諸如：故事虛構（寓言、

> 桓團、公孫龍辯者之徒，飾人之心，易人之意，能勝人
> 之口，不能服人之心，辯者之囿也。惠施日以其知與人
> 之辯，特與天下之辯者為怪，此其柢也。然惠施之口
> 談，自以為最賢……惠施不辭而應，不慮而對，遍為萬
> 物說；說而不休，多而無已，猶以為寡，益之以怪。以
> 反人為實而欲以勝人為名，是以與眾不適也。……惠施
> 不能以此自寧，散於萬物而不厭，卒以善辯為名。惜
> 乎！惠施之才，駘蕩而不得，逐萬物而不反，是窮響以
> 聲，形與影競走也。悲夫！[43]

善辯之徒，自以為能用其「飾人之心」、「易人之意」、「勝人之口」，等等辯術來取得「勝人之名」，卻經常掉入了「反人為實」、「與眾不適」、「不能服人心」的「辯者之囿」。這裡的「囿」，除了「勞精外神」、「好惡傷身」而「無以自寧」以外，〈齊物論〉也指出透過辯論輸贏來定奪你我是非，著實令人大有可疑。就算想要找所謂第三公正人士來定奪輸贏與是非，這也令人懷疑。因為所謂公正第三者，其實也不能全免於他個人已有的立場限制（黮闇），所謂「則人固受其黮闇，吾誰使正之！」究實言之，不管你與我做為辯者之雙方，還是嘗試執行裁判的第三者，你／我／他三人，都不能全免於「黮闇」，也就是每人的「知」必然

重言），隱喻類通（卮言），神話想像……等等層出不窮的語言策略，以便讓思維不固定在封閉的單行道。而惠施經常將「對話溝通」情境，改變成「理論競爭」情境，並以辯勝為目標。我們從《莊子》書中的「有用無用之辯」、「有情無情之辯」、「魚樂與否之辯」，都可看到莊周一再嘗試將「理論競爭」調節為「溝通對話」的相互承認狀態。參見拙文：〈《莊子》藝術思維與惠施技術思維的兩種差異自然觀：與海德格的跨文化對話〉，《莊子的跨文化編織：自然・氣化・身體》（臺北：臺大出版中心，2019年），頁181-230。在此文中，我也嘗試用「同一性思維」和「非同一性思維」，來類比惠施與莊周的不同思維方式。
[43] 郭慶藩輯：《莊子集釋》，〈天下〉，頁1111-1112。

有其特殊脈絡的限定性，沒有人可以完全跳出觀看者、發言者的特殊脈絡，而宣稱自我擁有「不受黮闇」的絕對普遍之知。而從〈齊物論〉不斷將「是／非」連結著「好／惡」「喜／怒」來觀察，「黮闇」的限制與遮蔽，不只是觀點的偏蔽，也包含了情感的偏執。由此可見，歧見的「黮闇」會比一般想像的更幽微，而深度歧見的省察與轉化，也會比想像的要艱難。

所謂「然則我與若與人俱不能相知也，而待彼也邪？」既然「我」、「若（你）」、「人（他）」，皆不能擁有全知全是之判斷能力，那麼又要期待那一個人（待彼也邪），來絕對公正地斷定「是」與「正」呢？[44]言下之意，〈齊物論〉認為我們找不到可以絕對公正者來扮演全正的全人角色。這樣一來，〈齊物論〉對於是非的觀點，豈不是傾向於一種懷疑主義或相對主義？從「人固受其黮闇」看來，〈齊物論〉確實懷疑人擁有所謂絕對客觀性的認知能力。而且從「其或是也，其或非也邪？其俱是也，其俱非也邪？」的設問，似乎也不免有幾分相對主義味道。但〈齊物論〉的立場，其實並未停留在一般的相對論，如何說？

首先，〈齊物論〉確實承認人無法離開其立場而宣稱自己擁有沒有立場的絕對基點，就此而言，〈齊物論〉是有幾分觀點主義味道。但〈齊物論〉卻並未因為反對用辯論來定奪是非，就因此只停在讓各種觀點分離地維持在「各是其是」的相對主義上。反而主張不同物論觀點間的「因是因非」之內在依待關係（就像萬物之間有著「相造相化」的內在轉化關係），並強調我們應該轉化不同脈絡而效法「天鈞」般「以應無窮」的

---

[44] 值得注意的是，「正」在儒家看來，正是建立價值標準之所在，故有「正名」之說。而孔子也呼籲上位者：「子帥以正，孰敢不正？」（《論語·顏淵》）對比來看，《莊子》一再出現對「正」表示挑戰，質疑誰足以做為「正」的標準者、提供者？例如〈逍遙遊〉提及「天之蒼蒼，其正色邪？」〈齊物論〉也質疑：「三者孰知正處？……四者孰知正味？……四者孰知天下之正色哉？」以及「吾誰使正之？」換言之，《莊子》對於「正」（正統、正典）的反省，是為了解放出多元的尊重與對話。

兩行轉化。如本文先前分析，每一種觀點都有其脈絡的合宜性（故有其「是」），但若轉從別的脈絡來看，則原先脈絡便不一定再具有合宜性（故有其「非」），因此任何一種觀點同時都具有「此亦一是非，彼亦一是非」的「即是即非」性質。然《莊子》的特殊處正在於讓不同脈絡的「即是即非」，進入一種永未完成的觀點交換與脈絡轉化，這便是「樞得環中，以應無窮」，也是「休乎天鈞，謂之兩行」。

　　正是這種讓不同脈絡的是非，彼此構成對方的轉化力量，以便能促成是非觀點的無窮演化與意義增生。這樣一來，是非雖無定然本質，卻不必一味懷疑是非，更非純然取消是非，反而能夠因順於不同特殊脈絡而肯認其當下的方便性與功能性意義。「和之以是非」雖仍離不開觀點脈絡的限制，卻絕不必停留在固定脈絡而「各是其是」地掉入相對主義，反而要求我們因循於脈絡轉化而去轉化觀點，通達遊化於無窮脈絡而不斷演化出新觀點。類似「和之以是非而休乎天鈞」，〈齊物論〉還將其描述為「和之以天倪」。就筆者而言，「和之以天倪」的完整說法，應該是「和之以是非而休乎天倪」：其中所謂的「是不是，然不然。是若果是也，則是之異乎不是也亦無辯。然若果然也，則然之異乎不然也亦無辯」，就是一種明瞭「是即不是，然即不然」的兩行態度，因此才能不用「為是」，並改換成「因是」而達於「和以是非」。[45] 至於「休乎天倪」的內涵在於：「因以曼衍」、「振於無竟」、「寓諸無竟」，那便是要讓各種是非觀點「是亦一無窮，非亦一無窮」地無窮蔓衍下去。就像「天均」的「兩行」之

---

[45] 若用法蘭克福學派霍耐特（Axel Honneth）的觀點來呼應，「因是因非」的「因是」，已經站在「承認」（情感性的認同）之基礎上了。而「自是非他」的「為是」，則因為暫時「遺忘了承認」而導致獨我論式的抽象認知。由此可見，從「為是」到「因是」的轉化，涉及從「認知」（純理）到「承認」（情理）的擴深與擴大。有關霍耐特「承認」概念和盧卡奇、海德格的相關性討論，參見羅名珍翻譯，《物化：承認理論探析》，收入「輕與重」文叢（上海：華東師範大學出版社，2018）；另參見拙文對《莊子》與霍耐特的對話：〈《莊子》與霍耐特的跨文化對話──承認自然與承認人文的平等辯證〉，《國文學報》61期（2017年06月），頁55-100。

輪，**轉動不息**，「天倪」的「曼衍」亦將永無止境，如此反而能帶我們走向意義的無窮轉化與無盡增生。[46]

總而言之，「莫若以明」，是要提醒我們自身觀點立場的清楚呈現（此顯），其實暗中連環著其他觀點正好被模糊化地隱沒了（彼隱），這一「彼是方生」的基本事實。「以明」就是正視這個「彼隱我顯」或「我隱彼顯」的「方生方死，方死方生；方可方不可，方不可方可」的連環關係或模稜兩可。因爲物必然要與萬物共在，人必然要與眾人並生，任一存在都不可能活在自我孤立的暗箱中，我們總要遭遇他人他事他物。但人如何在遭遇差異性的他人他事他物時，不掉入「彼隱我顯，我顯彼隱」的「自是非他」與「顧此失彼」？這便要能將「自是非他」的一偏知見之成心（爲是），轉化爲與不同立場共生共榮的虛心（因是）。這樣的弔詭智慧，正是在於時時以明「即顯即隱，即隱即顯」的模糊兩行狀態，並且不讓「即肯定即否定，即否定即肯定」的兩行轉化，墮化爲肯定與否定的二元對立。《莊子》平齊是非物論的方式，並不是完全消除是非而宣稱自己擁有絕對的眞理之道，因爲這只會讓自己又掉入了更加偏執的「自是非他」。就好比宗教和形上學經常宣稱自己代表眞主、擁有眞理，結果反而經常導致了宗教聖戰與主義惡鬥的自我反諷。

〈齊物論〉平齊是非的「莫若以明」、「照之以天」，勇於承認一切

---

[46] 鄧育仁曾以臺灣近年來同婚議題的深度歧見爲例，強調其公民哲學思想：「提出的邀請是，雙方都要正視這種不同起點導致的深度歧見與價值觀點的衝突。本文樂觀地相信，只要雙方都願意正視，衝突就可緩和，就有希望彼此能在相當程度上瞭解對方的想法、感覺及其真心所珍視與期待的，並在折衝的過程中從故事地位走向公民地位，建立起彼此包容或容忍的制度性方案。」《公民哲學》，頁215。鄧先生上述表述，可謂以面對具體性的深度歧見爲例，相當程度體現出〈齊物論〉「和之以是非而休乎天鈞，是之謂兩行」的態度。而從其表述可以看到，公民哲學須建立在「故事地位」的多元差異與不可約化性，但「故事地位」若要不走向相對主義，就必須有走出自己、傾聽對方的「兩行」能力，而正在互相傾聽、彼此位移、相互擴大的「兩行」對話過程中，一者原先觀點的衝突會和緩些（和之以是非），二者可能調節出雙方都能容忍或包容的新制度性方案（以應無窮）。此時，「故事地位」乃可進一步轉化爲「公民地位」。

千差萬別的是非觀點連環轉化的多元事實，並深知深省眼前自己認取或偏好的是非道理，也只是「自我觀之」的「自知則知之」，一樣逃不開「即顯即隱，即隱即顯」的基本實情。但也因爲這種不將暫時脈絡給普遍化，不將自我觀點給絕對化的自我虛心與自我中空，反而能讓各種不同於我的差異性觀點，從隱沒狀態走向顯現狀態，從而使我們更有機會「同時性」地「見兔又見鴨」。或者說，「同時性」地意識到：兔和鴨共在的模稜兩行性。可見所謂「聖人和之以是非而休乎天鈞，是之謂兩行。」並不是用「以我觀之」來讓是非極小化，也不是用絕對超然的「無是無非」來讓是非歸零，反而是要讓「是非」隨著無窮脈絡而極大化，讓「無窮是非」在不同脈絡都獲得正眼相待的保障。這樣的保障（和之），是爲了讓「是非」的不同脈絡能進入兩行轉化，以便走向「得其環中，以應無窮」的脈絡更新之演化歷程。換言之，同樣都有其脈絡化道理的「自是」和「他是」，並不需要爭出絕對唯一的「眞是」（贏者全拿的有限遊戲），而是要藉由「他是」來轉化「自是」，也讓「我是」來參與「他是」，如此方能促使「自是」與「他是」進入觀點交換的演化創新（雙方皆贏的無限遊戲）。這才眞正是道樞的「以應無窮」，天鈞的「弔詭兩行」，天倪的「寓諸無竟」。

四、〈人間世〉以故事敍述對儒家政治實踐的重設框架與轉化策略

　　鄧育仁再三提及，故事情節蘊含著人與人，相互捲入、相互編織的複雜豐富性，無法被抽象思考所取代與取消，其中充滿讓人「走出獨白」、「走出抽象」、「走出單邊」的交互關係性，甚至由此打開的雙向調節、多元對話的各種可能性。正如巴赫金在研究杜斯妥也夫斯基小說中的人物性格時，也是透過小說人物與人物之間的對話情節，來展開變化的力

量。[47]為響應故事敘述可能具備重設框架與調節角度的轉化力量，筆者想透過〈人間世〉的具體故事敘述，一者將第三節有關〈齊物論〉的概念分析落實在即事說理的故事情節中；二者呼應利用故事調節來重設框架的策略，並提供我們觀察《莊子》如何透過〈人間世〉的故事敘述，來重設儒家道德政治的行動框架，以調節出共生政治、對話政治的另類行動框架。換言之，筆者認為〈人間世〉「擬仿」顏回與孔子有關救衛與否的政治敘述，正是為了對儒家的道德政治哲學給予適度調節，以轉化出政治實踐的新框架或者新間隙。

先秦儒家思想的重心幾乎都在人間世，孔子、孟子一生周遊列國，不斷談論政治倫理、仁義忠孝，期許能在人間世建立道德秩序，亦即由道德而政治的規範性建立，而規範性的基礎則在正名。孔子基本上承續了（包括因革損益）禮儀三百、威儀三千的周文規範性。仁義道德對儒家來說，是人與人之間的關係性倫理的基礎，而如何進一步將其推擴到政治領域的外王實踐，總是儒家型人物周遊列國的使命和抱負。如孔子、孟子，都是以道德使命從事政治行動的典範人物。

《莊子》〈人間世〉也表示「君臣父子，無所逃於天地之間」。只是面對權力和倫理關係的交織滲透，〈人間世〉要我們調整出「入遊其樊而無感其名」的能耐，以對權力進行化導。相較來看，《莊子》以辯證方式談論人間世。《莊子》認為人間世雖不可離，可是人間世的名言網羅必須歷經批判轉化，禮文傳統必須不斷被價值重估。然而〈人間世〉這篇文章，不斷出現孔子與顏回等儒者形象，例如顏回要去救衛之前去見孔子，葉公子高出使齊國之前也去問孔子，顏闔要輔教衛靈公太子前去問蘧伯

---

47 對筆者而言，所謂「故事情節」的調節功能，還必須區分：「多音複調」類型的故事敘述和「單線單音」類型的故事敘述。前者才具有調節「同一性」為「非同一性」的功能，後者的「同一性」故事敘述，有時反而增強了觀點的意識型態化。而《莊子》的故事敘述正體現出視點的「多元遊觀」（而非「單一透視」）的絕佳呈現。此一問題意識，筆者在公民道家讀書會的討論過程中，受到林明照提問之啟發。

玉，這些都是儒家型的人物與事行。很可能〈人間世〉透過虛擬的情節故事而嘗試與孔子對話。〈人間世〉的孔子是被改寫而轉化後的另類孔子，也可說是新編重構後的新孔子。可以說《莊子》透過文學技巧，借重與歷史典範人物的對話與轉化，來傳遞莊、孔對話的新思想。假藉另類孔子之口，而傳達出非常不同於《論語》中的孔子言行。底下試解讀〈人間世〉的故事敘事，看它如何調節儒家的政治行動和道德框架：

顏回見仲尼請行。曰：「奚之？」曰：「將之衛。」曰：「奚爲焉？」曰：「回聞衛君，其年壯，其行獨，輕用其國，而不見其過，輕用民死，死者以國量乎澤，若蕉，民其无如矣。回嘗聞之夫子曰：『治國去之，亂國就之，醫門多疾。』願以所聞思其則，庶幾其國有瘳乎！」仲尼曰：「譆！若殆往而刑耳！夫道不欲雜，雜則多，多則擾，擾則憂，憂而不救。古之至人，先存諸己，而後存諸人。所存於己者未定，何暇至於暴人之所行！且若亦知夫德之所蕩，而知之所爲出乎哉？德蕩乎名，知出乎爭。名也者，相軋也；知也者，爭之器也。二者凶器，非所以盡行也。且德厚信矼，未達人氣；名聞不爭，未達人心。而彊以仁義繩墨之言術暴人之前者，是以人惡有其美也，命之曰菑人。菑人者，人必反菑之，若殆爲人菑夫！且苟爲悅賢而惡不肖，惡用而求有以異？若唯无詔，王公必將乘人而鬥其捷。而目將熒之，而色將平之，口將營之，容將形之，心且成之。是以火救火，以水救水，名之曰益多，順始无窮。若殆以不信厚言，必死於暴人之前矣。且昔者桀殺關龍逢，紂殺王子比干，是皆脩其身以下傴拊人之民，以下拂其上者也，故其君因其脩以擠之。是好名者也。……雖然，

若必有以也，嘗以語我來！」[48]

首先，我不把〈人間世〉這個故事，看成是一個有「道德理想」的人，在進入權力場合之後，如何聰明地與君王、其他大臣打交道。這種看法，背後仍預設著「醫門多疾」的「上對下」治療觀點：顏淵自認醫生，衛君只是病人，顏淵的觀點總是對的，只是在治療程中，顏淵還須學習如何做一個更聰明的醫生，以免除名利與權力所引來的殺機；相反地，我將把這個故事看做是「教導我們如何溝通」的文本。也就是說，首先要鬆開「上對下」的道德審判，嘗試思考衛君和他的大臣不見得都是絕對的惡（儘管他們管理國家的方式，是可商榷的。）而所謂「其年壯，其行獨，輕用其國」、「不見其過，輕用民死」這些描述，全來自顏回的道德口吻與價值審判。《莊子》經常反省類似顏回這種「自我觀之」而自視為「道德正典」的想法。比如〈齊物論〉：「毛嬙、麗姬，人之所美也，魚見之深入，鳥見之高飛，麋鹿見之決驟。四者孰知天下之正色哉？自我觀之，仁義之端，是非之塗，樊然殽亂，吾惡能知其辯！」、「昔者十日並出，萬物皆照，而況德之進乎日者乎！」[49]言下之意，如果道德太過熾烈（德之進乎日者），萬物反而沒有了容身處。而〈胠篋〉篇甚至極具反諷地指出「盜亦有道」，反過來諷刺說大盜也講求情義與道義：「夫妄意室中之藏，聖也；入先，勇也；出後，義也；知可否，知也；分均，仁也。五者不備而能成大盜者，天下未之有也。」[50]所以首先不必把故事讀成道德與名利權力的衝突，反而可更深層地把它讀成因著「深度歧見」而來的「難以溝通」的問題。也因為立場的深度歧異，加深了相互溝通與理解的困難，才容易把對方貼上全然負面的標籤。如果把這個故事讀成因為無法處

48　郭慶藩輯：《莊子集釋》，〈人間世〉，頁131-139。

49　郭慶藩輯：《莊子集釋》，〈齊物論〉，頁93、頁89。

50　郭慶藩輯：《莊子集釋》，〈胠篋〉，頁346。

理「深度歧見」而產生的種種衝突。那麼我們也就可以理解，為何在〈人間世〉故事裡，在聽完「醫門多疾」的顏回使命以後，孔子（莊子假扮）反而要求顏淵重新檢視自己，是不是犯了道德審判的偏見（德蕩乎名，知出乎爭）。由此我們也可以玩味，故事裡的角色性情，顏淵總是從自己的觀點、自己的立場描述衛君，孔子卻反過來，不斷提醒顏回也必須站在衛君和衛國大臣的角度想事情。

從筆者看來，無法相互理解的「深度歧見」，是人類生存活動的基本事實，因此如何轉化深度歧見這個困境是更為基礎的。我們將不只把〈人間世〉的故事，看作是道德理想與權力、名利相衝突的問題，因為持續往下挖掘故事的底部，會發現它的底層結構將是價值觀點的衝突。底下嘗試細解故事敘述所隱含的轉化「道德審判」，打開「立場對話」的調節空間。

1. 不以道德激情做行動基礎

顏回拜別仲尼師尊，表示將要遠行去實踐他的政治理想。因為他得知衛國國君「其年壯，其行獨」。在顏回眼中看去，年壯的衛君掌握了國家大權，很不幸卻是剛愎獨斷的國君。「輕用其國，而不見其過」，享受權力卻不知慎用權力，就像脫韁野馬不受限制，看不到政治權柄在手上所應該帶來的仁政意義。位貴權重的衛君「輕用民死」，導致了「死者以國量乎澤若蕉」的悲慘世界。不但舉國到處遍布屍首，苟活的百姓也找不到措其手足的安身之地，所謂「民其無如矣」。可以想像，顏回在描述這種衛國霸道暴政的情景時，心情之憤慨，顏色之動容。[51]而他想要拯救衛國的仁者大勇氣象，不免讓我們想起孟子「說大人則藐之」的浩然正氣。

顏回以強烈又堅定的語氣說：「治國去之，亂國就之，醫門多

疾。」[52]反映出典型的道德理想主義的口吻。顏回在這裡，正扮演儒門那種想把道德直接帶向政治場域，以實現王道政治的理想化身。用醫病與救治來描述儒者與政治的關係，顯示儒者救治政治的使命與情懷。最後顏回說：「願以所聞思其則，庶幾其國有瘳乎！」他願意將孔夫子身上所聞所習的仁義之「道」，拿到衛國去實踐治理之「則」，希望從此能教導衛君仁義之道，挽救衛國暴政之病，令衛國成為儒家治下的仁義之邦而重建王道。[53]顏回這種正義凜然，慷慨激昂的救衛形象，符合了先秦儒者的道德形象與政治情懷。

　　這則對話故事是發生在《莊子》，而不是《論語》，因此孔、顏對話的意義脈絡已經被乾坤挪移，而另有教外別傳了。果然孔子接下來的回答另類於《論語》：「仲尼曰：『譆！若殆往而刑耳！』」這似乎不太像孔子說的話，若照《論語》的「政者，正也」的政治觀點，孔子可能會鼓勵顏回去端正衛君。歷史上的顏回，向來被認為得到孔門真傳，所以《莊子》才選用顏回作為代言人，這是一種改寫人物的文學技藝，更是調節儒者認知與行動框架的策略。〈人間世〉對顏回與孔子的模擬，也充滿著戲仿（parody）的反諷或幽默意味。孔子竟然告誡顏回先冷靜下來。這個勸誡顏回不要衝動的孔子，扮演了《莊子》的代言人，以儒門宗師的形象傳遞了教外別傳的莊周心聲。顯示出《莊子》以另類方式轉化孔子，並嘗試調節儒門的政治行動。

　　《莊子》藉孔子之口說：「夫道不欲雜，雜則多，多則擾，擾則憂，憂而不救。」此處的「夫道不欲雜」，主要放在人間世脈絡中，事涉如何

52　《論語》的孔子曾說：「危邦不入，亂邦不居。」（《論語·泰伯》）這正好與「治國去之，亂國就之」，形成一種對照。《莊子》此處筆法，可能有「反諷」意味。

53　「願以所聞思其則，庶幾其國有瘳乎」，這個醫生與疾病的隱喻，暗示出顏回以自身立場為正確或真理的絕對主義，這樣的正義自居將很難打開與不同立場進行相互轉化的空間。換言之，當顏回將自己視為高高在上的醫生位置時，很可能將「深度歧見」的立場差異，簡化為「正常／病異」的二元對立，導致觀點差異惡化為極端的正邪對決。

回應錯綜複雜的權力境遇的修養之道。就像〈養生主〉庖丁解牛中，那把「技進於道」的遊刃（象徵不固執觀點或理論的善調節），能否從厚重的利刃，修養成能「無厚入有間」、能「依乎天理」的善刀。你手上這把處世之刀，到底是一把相刃相靡的凶器？還是處處留有餘地而能遊刃有餘的解具？它能傷人也能救人，端在運刀的人到底是「自是非他」的「以我觀之」，還是能「因是因非」地遊化於「兩行之道」，這樣才不會硬將我與權力際遇的多重變化脈絡關係，簡化為純粹吾心「由仁義行」的一廂情願。《莊子》藉孔子所言的「夫道不欲雜」，首先就要顏回先鬆開他的道德高傲與政治激情，因為這種自以為是的道德感，會讓自己陷入激情衝動，也會低估人性而簡化政治場域中的立場複雜性。所謂「雜、多、擾、憂、不救」，大概是要先提醒顏回，當你的行動主體離開柔軟而覺察的清明狀態，一廂情願被道德理想與政治激情，甚至名利糾纏給挾持，將來很可能陷入各種利害關係的複雜情境中，步步墮入人事鬥爭與權力異化的危險羅網。如此一來，不但沒有辦法去化導衛君、治療衛國，你本身也可能在權力鬥爭中遭遇不測（「刑」），甚至墮落成為利益階層的一份子。那麼你可能連自己都救不了，遑論要去拯救衛國人民。由此暗示，單憑自以為是的道德勇氣（以醫生高居）是不夠的，還要有不落「雜多憂擾」的清明智慧，以便能向內逆轉收回以觀照自我，向外通達於人際情境的幽微變化。

2. 內聖／外王的曲通之道

　　《莊子》藉孔子之口來強調「所存於己者未定，何暇至於暴人之所行！」再次確認「存於己」的自我轉化的優先性。但為何要以「存諸己」為優先呢？孔子底下的剖析，才更進一步將自我與他人、人性與權力，等等「主體際性」的複雜與幽微給揭露。包括將政治行動者，原本自以為的純粹無私、完全理想的「存諸人」之外王動機，給層層剖析。以突顯前往

衛國之前的顏回，完全站在自以為「全是」的道德立場主義，對於自我與他人的人性理解過於天真而一廂情願，低估權力鬥爭所可能產生的人性變化。因此在「低估人性」與「不諳權力」的情況下，其所謂「存諸人」的外王框架，將會很快幻滅，甚至自我異化。而《莊子》藉孔子之口所剖示的「先存諸己」，並非主張退出一切關係之外的孤零零本真式追求（如隱者），而是要反觀深解「自己」與「他人」的共構際遇所帶來的立場交涉、關係演變。尤其當涉及利益與利害的權力關係時，人性深處的臥虎藏龍與恢恑譎怪，將遠遠超出你的預期。以《莊子》的立場來看，低估人性不但無法解開關係性的糾纏，更難以化導人性與權力的異化病毒。

　　對《莊子》來說，「存諸己」不只是個人內在的誠心正心，或者起心動念的個我省察而已，因為所謂己心己性的心性狀態，其實和人際共同交織成變化難測的關係網，尤其在權力利害的關係交纏中，更將產生難以預測的變化與異化。換言之，真正的「存諸己」，是要以更精微的方式通向「存諸人」，而且它無法「直通」，必須是「曲通」。最主要原因在於，己心與人心，自我與他者，觀點（立場）與觀點（立場）之間，會在關係性的動態演變過程，曲折變化為錯綜複雜的迷宮。因此「存諸己」並非真要去捨離人際境遇，反而是要以曲徑幽通的調節藝術，來通達於「存諸人」。用「曲通」與「調節」，來轉化多元立場的歧見與衝突，[54] 主要基礎在於〈齊物論〉的「是亦彼也，彼亦是也」的洞見。亦即自我的心思與知見，一定有其特定的角度與脈絡，無人有超然立場而可宣稱自我擁有真理、道德、是非的絕對權柄。因此自我一時的「自是自見自明」，放在交互主體性的關係層面，就必須學習與各種不同角度的是非立場，進行歧見乃至深度歧見的彼此對話與雙向轉化。換言之，自以為的真知灼見，乃

---

54 何乏筆也用「曲通」與「弔詭修養」等概念，來解讀《莊子》的政治行動之跨文化潛力，參見氏著：〈氣化主體與民主政治：關於《莊子》跨文化潛力的思想實驗〉，《中國文哲研究通訊》第22卷第3期（2012年12月），頁47-57。

至於崇高道德感，都必須進行一番「虛心」的「存諸己」修養，否則難逃「此亦一是非，彼亦一是非」的各種鬥爭，反而遠離共生政治的曲成外王事業。[55]

　　如〈養生主〉庖丁解牛所隱喻，如果手中這把刀沒有磨練到一定程度的虛薄狀態，這時回應他人的方式經常是建立在自是自矜與成心成見，甚至包括以道德之名的行動背後，也可能藏有主宰欲、權力欲的投射與變形。那就未必是真正「存諸人」而曲通外王的救治了，反而是一種自我權力的擴張與偽裝。而庖丁解牛則是一種迂迴的智慧，並非心術與技巧，而是更複雜理解了人間世的錯綜關係與權力的力量邏輯，因此將「存諸人」的當下對撞，逆轉收回為「存諸己」。可以說，「存諸己」終究還是為了在人我之間，打開一條「得其環中，以應無窮」的曲通之道、兩行之路。

3. 反觀人我心中的臥虎藏龍

　　「且若亦知夫德之所蕩而知之所為出乎哉？德蕩乎名，知出乎爭。名也者，相軋也；知也者，爭之器也。」「德」與「知」，在儒家的觀點來說，當然是好東西。但《莊子》透過孔子來進行反向提問：「德之所蕩而知之所為出乎哉？」自以為的美德與智識的表現，背後可不可能藏有未現身的動機？可不可能被更深的力量所推動？人我之間的交織所將帶出的主體際性之變化，是否臥虎藏龍潛存在冰山底部？所以《莊子》提醒我們要注意「德蕩乎名」，單純良善之德背後有沒有出自未覺察的好「名」衝

---

[55] 〈人間世〉這種不先以真理自居，不自以為是醫生（而別人的觀點則是病癥）的「先存諸己」之「虛心」態度，鄧育仁曾以臺灣同婚爭議為例，嘗試分析支持方和反對方，如何不先以真理與正義自居，而是「退後一步」地去設想對方的合理脈絡可能性，以便重新設想並調節出比自己原先設想還更具包容與彈性的更新方案，由此，「退後一步」可能具有「擴大」與「向前」的弔詭潛力。有關鄧先生的「退後一步」的實踐描述，參見《公民哲學》，頁219-220。換言之，「虛心」除了暫時性懸擱一己的觀點外，還帶有情理性地感同身受對方觀點的敵納性。此種態度實踐可能還比片面的教導與單方的說服，在處理深度歧見上，顯得更為深刻有效。

動？「名」涉及把自己擴大的自我實現感，經常也存在著自我中心的自戀，一種希望獲得他人肯定的實體自性感。而儒家向來非常肯定「名」，如強調：「君子疾沒世而名不稱焉。」（《論語‧衛靈公》）雖然儒家渴求名實相符，但事實上，名實未必都能相符。因為「名」的誘惑很深微，很多人想要爭「名」的符號資本，並將「名」代換成有形無形的「利」。這便是人世間經常出現「德蕩乎名」，而「實德」反而被「虛名」符號給乘權奪勢。儒家對「名」的思考自有它的深刻處。然而「名」也可能被偷竊、被濫用，可以變成極端自戀的自我擴張，讓一個人離開平淡真實的德性，變成活在別人眼光下的偽裝者，變成自戀的實體與浮誇的表演，讓我們回不到「不雜／不擾／不憂」的真實狀態。

　　道家常常批判地思考「名」對自我的誇大與扭曲。例如人被「名」所綑綁而造成過度膨脹的不實狀態，甚至著迷於「名」所帶來的形上幻象。例如有人可以為了獲取虛名肯定，不惜傷害生命甚至為名而死，這種「君子殉名」的極端現象，一不小心就會變成牢固人心、扭曲德性的價值意識型態。所以《莊子》要對「名」做批判性的反思，「名也者，相軋也。」儒家本是相當嚴肅來看待名實的，可是卻也低估了名實不符的常態，低估了「名」經常變成傾軋爭奪的最佳利器。因此《莊子》要假藉孔子之口，重新反省儒家的德與名之辯證關係。提醒年輕天真的顏回，要戒慎恐懼於藏身在德行表象後的名利幽微。對於《莊子》來說，或許你自認為出自道德動機，可是當你對道德動機背後的「微」，權力關係中的「危」，思考的太少太淺，將無法意料進到衛國的權力網羅時，其實是進入一個凶險的叢林。你自以為握有一把救人苦難的活人刀，其實可能只是一把傷己傷人的凶器，並不如你預想的那麼理所當然，可以通達無礙（「非所以盡行」）。

　　就算顏回「德厚信矼，名聞不爭」，敢拍著胸脯說百分百出於良善動機，既不是為了爭名，也不是為了爭利。請注意：「未達人心，未達人氣。」人心既微且危！人氣曖昧難測！「人心」是什麼？儒家總認為人心

要全以道德爲優位，儒者想要用一顆滿腔良善的道德本心來駕御權力政治，無乃太過於「未達人心，未達人氣」。《莊子》講的「人心」就不是這麼簡單的「同一性」本質。「人心」是什麼？它更像李安電影《臥虎藏龍》所表達的：「人心就是江湖。」江湖是什麼？江湖就像深不可測的社會隱喻，社會是由人與人的複數性所構成的，所以「人心」也不能免於人我主體際性在關係網絡的交織過程中，不斷上演的錯綜複雜之戲劇性變化。《孟子》看到人異於禽獸者幾希的人性光明，它由這個地方肯定人性、道德本心，並以之做爲政治行動的根基。可是對於《莊子》來說，你與我的「人心」，含具際遇情境在推移變化過程中的全部可能性。人心雖具有光明面的動源，可是人心也有恐懼、不安、貪戀、爭奪、焦慮，各式各樣的「內在他者性」（或內在複數性），而看似光明的人性表層底下也可能被人心「內在他者性」所推動與支配。[56]

　　一旦簡化了人的複雜性，就會對於自我與社會的回應關係，人心與世界的辯證，產生化約與抽象。《莊子》想要重新通達的人心，其實也可說是對於主體的重新理解，因爲沒有個我獨存的人心，我們的「人心」跟他人跟社會跟文化，有極爲複雜交纏的變化關係。幾乎可以說，社會有多複雜，人心就有多複雜。我們都是歷史社會文化的產物，自我本來是一個主體化的容器，也可說是很豐富的變化歷程。人性或人心，從來就不是「同一」的本質，反而具有「非同一」的變化可能性。低估人性的「非同一性」之複雜與豐富，天眞想要以「同一性」來對治千變萬化的人性劇場，都將因爲低估人性而不斷錯估情勢，結果將造成「存諸己」與「存諸人」的兩頭落空。除了「未達人心」外，對於自我與他人錯綜複雜的關係，也完全未能通達於「人氣」。顏回並不通曉當前衛國政治的複雜性，君與

---

[56] 以漢蘭鄂蘭的概念說，「我成了自己的問題（内在的發現）」，而單一意志之行使，無法徹底處理人性主體中的複數力量，以及政治場域中的意見多元與衝突。參見蘇友貞譯：《心智生命》（臺北：立緒出版，2007），頁372-581。

臣、臣與臣、國家與百姓之間，有著極其複雜的立場差異，並延伸出權力邏輯及微妙的利害關係。這裡的「氣」，就是政治權力場域中的流動變化之機微，面對這些錯綜複雜的政治氛圍，你沒有辦法冷靜而敏銳地洞觀機微。如果「未達人心、未達人氣」，卻想「強以仁義繩墨之言術暴人之前者」，一廂情願地以為可用道德來感化，來終極解決政治衝突，這不免太低估人心人氣的多元立場與深度歧見。換言之，溝通不是「理性」的問題，因為「認知（也是深度的必然來源）」的形成是盤根錯節的，有一些情感性的心理力量，甚至連當事人都講不清楚的心理創傷等等，可能在背後作用著。所以，想要溝通「深度歧見」，不可能單憑透過理性，而是要透過《莊子》所說的「通人心」、「達人氣」來跟對方交往，而在交談與對話中慢慢啟動溝通的切入口。

4. 作用與反作用力的權力邏輯

　　「強以仁義繩墨」的「強」，就是一廂情願地用自己的想法去強做主導。如帶著道德理想的優越感，浩然正氣的理想主義，「說大人則藐之」地想把衛君這個君不君的「暴人」，給強行帶回規矩繩墨的道德世界來。但由於未達人心、未達人氣，很容易掉入「強以仁義繩墨之言術暴人之前者」來突顯自己，以及掉入「是以人惡有其美」的相爭陷阱。這種作為看似立場清高而擁有莊嚴的道德制高點，但由於低估人心人氣，反而容易成為權力反撲的焦點，結果自己反倒成為他人眼中，想要奪取權力的「菑人」。而接下來的命運，就自然會走向「菑人者，人必反菑之」的鬥爭邏輯。因為這是權力場域中的人性，作用力與反作用力，同時併生，一樣巨大。自以為是的良賢美名，轉眼間，變成了權力鬥爭的中心戰場。你自以為正義而對方純為邪惡；相反地，對方也可能站在另一種角度，將你想像成動機可議而來者不善。這也就是《齊物論》所說的，掉入「此亦一是非，彼亦一是非」而鬥爭不止。你有你思考政治局勢的角度，但也要同

時容納別人從不同角度思考政治的可能，並且面對「深度歧見」的共生現象，否則一味地「自是非他」，將很容易導致「菑人者，人必反菑之」的鬥爭局面。

《論語》讀不到「菑人者，人必反菑之」這種人性道理，這代表《莊子》意識到更複雜的人心人氣。你的自我與他人、主體與政治，都涉及到錯綜複雜的權力牛體，簡單的道德號召與批判勇氣，化解不了權力蠻牛。就像〈養生主〉所譬喻，若無法因循天理、不知間隙，那麼你這把利刃將會很危險！若你不知道「依乎（情境中的）天理」，不知哪個地方得用力輕緩，那些地方要迴避。不知順著情境理路的變化，因循調節力道的輕重緩急，自是一味用自以為仁義的快刀，一刀就往衛君最痛的地方諫刺下去，就往利害最糾結的地方猛砍下去，當然這頭「權力蠻牛」（政治野獸）很可能就會直接反撲。

很可能的情況是，等你到了衛國後，真正感受到人性的臥虎藏龍，體會到政治的權力威脅，因為害怕殺身之禍而從此閉嘴，既不敢給衛君諫諍，也不敢跟群臣論辯。「若唯無詔」，「詔」是出言勸諫。一旦你真心真諫地進「詔」，「王公必將乘人而鬥其捷」，衛君身旁那群分享權力大餅的王公大臣們，必將乘群臣之勢來孤立你，乘著你的語病漏洞間隙，大展他們敏捷快狠的鬥爭手法。在政治權力的大院裡，他們隨時準備好乘你之隙、乘你之危來鬥爭你。在這種惡劣的集體權力壓迫下，你很可能變成：「而目將熒之，而色將平之，口將營之，容將形之，心且成之。是以火救火，以水救水，名之曰益多。」這時，你的眼神開始祥和了（「目將熒之」），你的表情開始柔軟了（「色將平之」），原本浩然正氣想要教訓人的語氣也跟著委婉起來（「口將營之」），甚至整體顏容與身體都與他們調和了起來（「容將形之」）。你的整體身體姿態也不再處於抗爭狀態，反而開始想要融入群臣們的集體氛圍裡。最後連你的「（成）心」都整個放下了，反而順勢而為地轉為與集體思維心心相應了。

你已從原來要去救度政治、革新政治的「外來者」，漸漸變成群體裡

的「一份子」，因為你的身／口／意，已全部調整為醬缸內的思維方式。你終究也被集體權力給同化了，思想和心態都成為了權力框架中的俘虜。你變成權力的分享者，變成了權力邏輯的一部分。原本天真無邪的救世天使，就這樣曼妙轉身地成為魔鬼代言人。《莊子》假藉孔子之口說：這不叫做「以火救火，以水救水」的「益多」嗎？「若殆以不信厚言，必死於暴人之前矣！」如果你現在不聽我的厚言勸告，你此次前去，不是自我墮落，就是遭遇刑害。這也就是當年賢臣關龍逢會被桀給殺掉，王公比干會被紂王給殺掉的原因。因為當年的他們就和現在的你一樣，都是犯了「是皆修其身以下傴拊人之民，以下拂其上者也，故其君因其修以擠之」的大忌。也就是掉入了揚己貶人，這等貪好賢善之名的人性大忌。這代表什麼？《莊子》要顯示給我們反思人性的複雜與豐富，尤其在某些情境下，人性可能在交互主體的互動因緣下，滋長出你無法預測的延異變化。

5. 不宜操作太多政法的權謀手段

　　顏回曰：「端而虛，勉而一，則可乎？」曰：「惡！惡可？夫以陽為充孔揚，采色不定，常人之所不違，因案人之所感，以求容與其心。名之曰日漸之德不成，而況大德乎！將執而不化，外合而內不訾，其庸詎可乎！」「然則我內直而外曲，成而上比。內直者，與天為徒。與天為徒者，知天子之與己皆天之所子，而獨以己言蘄乎而人善之，蘄乎而人不善之邪？若然者，人謂之童子，是之謂與天為徒。外曲者，與人之為徒也。擎、跽、曲拳，人臣之禮也，人皆為之，吾敢不為邪！為人之所為者，人亦無疵焉，是之謂與人為徒。成而上比者，與古為徒。其言雖教，讁之實也。古之有也，非吾有也。若然者，雖直不為病，是之謂與古為徒。若是，

則可乎？」仲尼曰：「惡！惡可？大多政，法而不諜，
雖固，亦无罪。雖然，止是耳矣，夫胡可以及化！猶師
心者也。」[57]

上述娓娓呈現出《莊子》對微觀權力與人性異變的細膩解剖。底下則進一
步描述顏回努力想提出若干面對權力的態度與方法（如「端而虛，勉而
一」、「內直而外曲，成而上比」等等），但孔子認為這些都不免於技術
操作，甚至因為這些心術運用，會讓權力鬥爭變得更加曲折離奇。它們最
多或許能讓你「無罪」，但也不可能真正「及化」。可想而知，如果終究
只能求得免罪而保存生命，那麼當初何必要深入龍潭虎穴，白忙一場？由
此可見，「可以及化」（也就是調節轉化），才是轉化政治人性、權力人
性的真正要務。顏回跟孔子進一步辯證性的對話，顏回提出：那我可不可
以用「端而虛，勉而一」來調整自己呢？顏回想要透過外在端謹而內在謙
虛，來做為「存諸己」的修養工夫，但孔子卻否定了他，認為這種「執而
不化，外合而內不訾」的「存諸己」，根本無法轉化衛君那種個性浮揚，
缺乏內省性格的權力心態。為什麼呢？因為這種自以為「存諸己」的工
夫，還是非常固持堅執自我的道德優位感（「執而不化」），只是表面看
似謙謹附合（「外合」），但其實內心深處仍然堅執立場（「不化」），
而從未採納別人意見（「內不訾」）。《莊子》假孔子之口說，像衛君這
樣位高權重的人，你要用道德來點滴感化他都不容易了，更不要說你這種
內心長存崇高道德的高傲方式。

　　顏回接著說，不然我調整成「內直而外曲，成而上比」的方式，「內
直」是一種把自己和衛君平等齊觀（皆是「天之所子」）的心理強度，因
此在向衛君詔諫時，內心保持既不恐懼（不以蘄乎人之不善），也不期望
（不以蘄乎人之善），只是純粹一心詔諫而已。另一方面又想輔以「外

---

[57]　郭慶藩輯：《莊子集釋》，〈人間世〉，頁141-145。

曲」方式，來調節外在態度，這是「擎跽曲拳，人臣之禮」的「與人為徒」之隨眾態度，藉此想和大家一樣保持恭謹有禮的人臣態度，心想這樣就不會被找到趁隙而入的把柄了吧。

顏回強調自己還會再加上「成而上比」這個「與古為徒」的遊說手段，也就是進諫時引用古來已有的歷史典故，這樣雖有直諫之實，但這些歷史古訓並非來自於我，這樣不就可以避禍了？但孔子仍然並不肯定顏回這種自以為聰明的「存諸己」做法，因為「大多政，法而不諜」。流於過多技巧心術的操作而不夠穩當，[58]看似嚴加保護自己而免於被入罪，但最多也只是勉強逃離權力虎口而已，根本還是沒有辦法達到轉化衛君的效果。這都是因為你仍然停留在「以成心為師」，「自是非他」的固執心態（「猶師心者也」）。

最後才終於進入孔子要顏回深刻面對自我「成心」的是非堅執，而這便是有名的「心齋」工夫。「心齋」的「虛」，便是針對「自師其心」的蟄伏與固持之物，給予虛化而含納，洗滌而柔軟。心室的打掃使你能夠以柔軟的彈性轉化剛強的爭鬥，能以複雜加單純的方式觀照並回應複雜。所謂複雜是指，心齋讓你能在複雜人性網絡中觀照人性。所謂單純是指，保有不落入「雜／多／擾／憂」的「虛空」。亦即能觀察複雜、包容複雜、回應複雜的「虛而靈，靈而通」的轉化能力。或者說，產生一種「在其中又不在其中」的「有間隙」、「有餘地」之回應方式，這才是底下「心齋」所要談的。

6. 轉化「自是自見自明」的自我意志

「心齋」對於《莊子》的政治哲學來說，絕不只是為了保身，更是為了及化。「及化」就是為了能夠在人間世中，調節並轉化倫理與政治。

58　孔子提醒顏回，不要掉入「大多政，法而不諜」，用鄧育仁的概念來說，大約類似於「訴諸權謀操縱」。

不然的話，就很難理解在談「心齋」之前，孔子對於顏回描述如何使自己避免受刑並不眞正地認同，因爲顏回的方法不能「及化」。但人間世的觀點總是多元並陳，而人心與權力則是變化萬端，「自師其心」太過，反而會讓你無法回應情境、轉化情境。底下我們來看「心齋」，如何轉化「成心」爲「虛心」，以求眞能達至「存諸己」又通達「存諸人」的轉化效果。值得提醒的是，「心齋」做爲一種修養，絕非離群索居的方外修養，它原本就在調節政治行動的脈絡中出現：

> 顏回曰：「吾无以進矣，敢問其方。」仲尼曰：「齋，吾將語若！有而爲之，其易邪？易之者，皞天不宜。」顏回曰：「回之家貧，唯不飮酒、不茹葷者數月矣。若此，則可以爲齋乎？」曰：「是祭祀之齋，非心齋也。」回曰：「敢問心齋。」仲尼曰：「若一志，无聽之以耳而聽之以心，无聽之以心而聽之以氣。聽止於耳，心止於符。氣也者，虛而待物者也。唯道集虛。虛者，心齋也。」顏回曰：「回之未始得使，實自回也；得使之也，未始有回也。可謂虛乎？」夫子曰：「盡矣。吾語若！若能入遊其樊而无感其名，入則鳴，不入則止。无門无毒，一宅而寓於不得已，則幾矣。絕迹易，无行地難。爲人使，易以僞；爲天使，難以僞。聞以有翼飛者矣，未聞以无翼飛者也；聞以有知知者矣，未聞以无知知者也。瞻彼闋者，虛室生白，吉祥止止。夫且不止，是之謂坐馳。夫徇耳目內通而外於心知，鬼神將來舍，而況人乎！是萬物之化也，禹、舜之所紐也，伏戲、几蘧之所行終，而況散焉者乎！」[59]

---

[59] 郭慶藩輯：《莊子集釋》，〈人間世〉，頁146-150。

顏回既失落又期待地問說：「吾無以進矣，敢問其方。」這樣（「端而虛，勉而一」也不行，那樣（「內直而外曲，成而上比」）也不行，那麼老師您必定還有未傳祕訣，有待教我是吧？原來真有儒門祕法，今天才透過《莊子》書中的仲尼嘴巴，外傳出來：「齋，吾將語若！有心而為之，其易邪？易之者，皞天不宜。」「有心為之」就是刻意為之，就是「以成心為師」的意志主宰習氣，而「齋」的工夫內涵，則是要設法轉化這種意志主宰的「有心為之」。「有心為之」是順著「為學日益」的「自是、自見、自矜、自伐、自有功」的「自是非他」之意志擴張習慣，這種渴望世界「以我為中心」而旋轉的成心和有為，如果你真的自以為「其易邪」，那麼必然是過於天真了。不但人間世不會事事物物環繞著你的主體中心（道德意志）而旋轉，甚至就算是浩瀚的「皞天」，也必須「無為」而敞開地「任讓」萬物，自使、自取、自生、自化。換言之，就算「皞天」也「不宜」「有心為之」，而只能是任讓無心而成運，何況渺小的你我，如何可能「有為」地強求，凡事必照我心我願而必成呢？這裡《莊子》用「天」來對照於「人」的「有心為之」的意志強控，暗示了非自我中心、非意志性主宰的「任讓」。意即你必須有能力把「人轉向天」、「有為轉向無為」，將強迫性的意志轉化為「泰然任之」的敞開與聆聽，這樣才有辦法回應瞬息萬變的人心與人氣。

顏回一開始沒聽懂，回答孔夫子：「回之家貧，唯不飲酒、不茹葷者數月矣。若此，則可以為齋乎？」我家貧不飲酒、不吃葷，不就每天都在「齋」的茹素狀態嗎？孔子回說：「是祭祀之齋，非心齋也。」那並不是真正的「心齋」！《莊子》幽了顏回一默，〈人間世〉的修心工夫，完全不是宗教儀式或祖先祭祀的齋，而是打掃心房的「唯道集虛」之「心齋」。

「若一志」，就是先要先把心神專一，類似於靜定。「一」指我們的精神收攝專注，專注凝神在每一意識當下。《莊子》假藉孔子而告訴顏回說，首先要用志不分，讓心思、精神收攝回來，而靜心體察與觀照。然後

才進入底下的主體或自我，從「有心有我」到「無心無我」的轉化歷程：
「无聽之以耳而聽之以心，无聽之以心而聽之以氣。聽止於耳，心止於
符。氣也者，虛而待物者也。唯道集虛。虛者，心齋也。」其中最爲關鍵
處在於「虛」，尤其涉及到「氣」的難解問題。我們可以對照〈大宗師〉
「離形去知」的「坐忘」工夫，也可對照於〈齊物論〉的「形槁木，心死
灰」的「喪我」工夫，又或者〈養生主〉「官知止而神欲行」的「技進於
道」的工夫。在在都可看得出這是一種「身」「心」雙遣的轉化修養，涉
及身與心的淘洗轉化。因爲「我」的身心習慣，經常被規訓成制式性的身
體反應（成規成矩）與意識型態的認知模式（成心成見）。如果不把長期
自我慣性的身與心加以洗滌轉化，就難以回復柔軟且敏銳的回應能力，對
於這種柔軟而敞開的善感善應狀態，〈人間世〉便以「虛而待物」與「聽
之以氣」來加以描述。

　　「聽止於耳，心止於符」，意思是一般的「耳聽」與一般的「心
聽」，容易停留、固執在特定的對象上，落入一種焦點化的「與接爲
構」，通常也容易「固而不化」、「偏而不周」地堆積成爲成見之心。自
我焦點化的身體作用與心識認知，很容易擱淺在一種特定觀看、認識成
用上，也就是〈齊物論〉所描述的「與接爲構，日以心鬥」的「自師成
心」。尤其當你將感官活動和認知經驗給予絕對化，結果便很容易「自
我觀之」地掉入了「是其所非而非其所是」的「儒墨是非」。你看不見你
是怎麼看世界的（自彼則不見），但你自以爲看見了世界的全部眞理（自
知則知之）。你的認知被你的身心觀看位置與前見所支配，只能看到視角
決定下的特定風景，看不見其他觀看位置所開顯的其他風景。事實上，
「聽止於耳，心止於符」的焦點化作用，就只能在特定情境中開顯出特定
觀景，但由於人幾乎不能不用耳去聽取，不能不用心去符應，因此在耳聽
取、心符應的主觀經驗下，通常也就難以超出「自我觀之」的制約與循
環。

　　所以「聽之以氣」就是要對治上述「聽止於耳，心止於符」的「自

我觀之」之固著狀態。因此顏回在得到心齋工夫的轉化後,才會興發出:
「回之未始得使,實自回也;得使之也,未始有回也」的強烈感受。一言
蔽之,這正是一種從自我中心、自我認知、自我意志的固我狀態(「實自
回也」),轉化成「虛而待物」、「泰然任之」的虛懷敞開、柔軟無我的
真「兼聽」狀態(「未始有回」)。[60]可以說,「虛而待物」、「聽之以
氣」,能讓主體我放開成心成見的主宰性意志,讓自己能夠與差異多元
的各種存在各種觀點,既「共在共生」又「相互轉化」地「虛能納,通
能化」。也只有這種「集虛」而又「待物」的「無我之我」狀態,或許
才有機會發揮回應人間世錯綜複雜的轉化妙用。「氣也者,虛而待物者
也」,並不是隔離關係的獨我本真工夫,而是一種「在關係中轉化關係」
的工夫,也就是「心齋」談到的「入遊其樊,無感其名」。如果你能「虛
待」,把「自是非他」的「成心自師」給暫時擱置,你才真正願意聽到人
間世的多元意見,並嘗試感受別人的立場與心思,這樣才能夠敏銳意識周
圍複雜而微細的人心與人氣。

7. 打開容納多元歧見的最大空間

　　「虛而待物」,才能夠容納天地萬物、回應人間事物。「唯道集
虛」,心齋整個工夫就在於——以虛而聽、以虛而看、以虛而應——以
「虛」來讓出空間,讓差異事物,得以被納受、被接待。進一步說,即透
過虛化的自我逆轉收回的能力,讓「自是非他」的兩端對決,被轉化出新
間隙。當我們只堅持自我理想時,將無法調節兩邊的深度歧見,如果自我

---

[60] 鄧育仁曾經使用唐太宗和魏徵在《貞觀政要》有關「兼聽則明」的對話,來做為儒學回應深度歧見
的一種在地實踐資源之案例。在本文看來,魏徵的「兼聽兼明」比較像是(沒有人會反對的)呼
籲,問題是「如何可能」?《貞觀政要》並未提供我們足夠脈絡去想像實踐的可能性。然後《莊
子》的「虛而待物」、「聽之以氣」,則高度建立在〈齊物論〉對深度歧見的哲學反思,以及〈人
間世〉對政治行動框架的故事調節之細節探描上。其密度難與《貞觀政要》同日而語。有關鄧先生
對「兼聽則明」的調節策略,參見其《公民哲學》第一章、第七節,頁32-38。

沒有虛耳（耳順）與虛心（心柔）的「虛待」能力，是非爭鋒就會像刀與刀的相刃相靡，至少要有一把刀傷折，甚至二把刀同時兩斷。立場不同，被當做正邪鬥爭，不容是非混淆。於是在善與惡的絕對對立底下，都自以為善，都視對方為惡，結果便是戲劇化地共同完成了「菑人者，人必反菑之」的政治連續劇。一旦沒有「心齋」的「聽之以氣」的「虛待」能力，就很容易以真理和正義為名而相互傷害。對於《莊子》來說，虛化才能夠容納異己。而且正是差異性的他者，才促使我們原本固執的自我同一性觀點受到挑戰，而面臨不得不有的位移轉化。只有虛而待物的集虛能力，我們才能對自我的強權意志給予去中心化，而不再以自我強制性的道德意志去強制他人，造成了人與人之間激進的權力鬥爭。「心齋」便要為這種解不開的深度歧見與權力鬥爭，找出「不解解之」的弔詭溝通與轉化餘地。

　　顏回還未真正進入心齋狀態的時候，「實自回也」，而當他能夠進入心齋狀態時，則「未使有回也」。這裡有一關鍵處，有心齋和沒有心齋的差別，乃是前後兩種不同的主體狀態：原來灼烈自我，現在平淡虛懷。換言之，心齋之前，顏回每天都想要到衛國救度眾生，每天都覺得自己應有強烈的菩薩道使命。鼓舞自我的道德理想意志，每天都「實自回也」地想要把自身的真善美加諸衛國君王，整天都想著如何「立德、立功、立言」，才能不虛此名。可是心齋之後，「未始有回」的顏回，其自我重要感淡泊了很多。所謂「入遊其樊而无感其名，入則鳴，不入則止。无門无毒，一宅而寓於不得已，則幾矣」，是從主動性主宰轉化成被動性回應，主動乃是我有個強烈自我動機硬要如何，「不得已」則不是我要強加什麼，而是在具體脈絡下，能「依乎天理」地回應。也就是依循乎變化情境的關係脈絡，因其固然地順隨力量因緣，找到可以遊化的間隙，然後順著自然之勢來變通應化。這種「不得已」，正是能夠「自事其心者，哀樂不易施乎前」的「虛而待物」之遊化主體狀態。[61]不得已而鳴，不得已而

---

[61] 郭慶藩輯：《莊子集釋》，〈人間世〉，頁155。

止。只有無我柔軟的人，才能夠「聽氣」「虛待」於「不得已」。[62]

　　對《莊子》來說，不是「出遊其樊」而是「入遊其樊」。要遊戲、遊刃、遊化在各種關係性中的人間之樊。「遊」就是不要撞在一起，能夠有迂迴的、柔軟的調節能力，你才能「入遊其樊」而且「無感其名」。可見「樊」與「名」有密切的關係。這個樊籠就是那個「名」所構成的，角色的扮演、自我的成就感、實現感，那個名與利的糾結帶來了種種自我的樊籠。何謂「無感其名」？不是完全沒有「名」的現象，而是因為「未始有回」，所以能夠暫把名位虛化，讓名與利不占滿你的虛心靈臺。以免掉入「名也者，相軋也；知也者，爭之器」的異化與循環。「入則鳴，不入則止」（或者更複雜地說法是：「就不欲入，和不欲出」），[63]你要在入與不入之間，有空間入就恰如其分地鳴；沒有入的空間就沉默不鳴。這代表你在出入之間，保持不掉入「過與不及」的動態中道（「養中」），以能進行弔詭溝通的兩行辯證，但這並非技術機心的弄權把戲，而是真正建立在「去成心」的「虛待」修養。不要自以為用一種心態和固定方式，就可以解決所有問題，而要能「化而無常」地「寓於不得已」來周轉變化。「入與不入」不是技術的問題，而是心齋的心能否「虛待」的問題。正如我們前面說過，顏回也曾在「心齋」之前，跟孔老夫子提過各種變通法門，例如「端而虛，勉而一」、「內直而外曲」、「成而上比」等等技巧，但孔夫子都說這行不通，最多只能「免刑」，根本不可能「及化」。原因是你停留在「術」的層次，這還是在「固我」的心態下而來的機心機巧。而這種「大多政」的技巧心術，也很容易掉入「以巧鬥力者，始乎陽，常卒乎陰，泰至則多奇巧」的陷阱。[64]所以真正能在「入於不入」之

---

[62] 郭慶藩輯：《莊子集釋》，〈人間世〉，頁160。

[63] 語見「戒之慎之，正汝身也哉！形莫若就，心莫若和。雖然，之二者有患。就不欲入，和不欲出……達之，入於无疵。」郭慶藩輯：《莊子集釋》，〈人間世〉，頁165。

[64] 郭慶藩輯：《莊子集釋》，〈人間世〉，頁158。鄧育仁批判在當前民主背景下，「訴諸權謀操縱」會讓雙方捲入互不信任的權力鬥爭，終而難以擺脫彼此牽制的死局。雖然〈人間世〉的背景大

間「入遊其樊」，是來自於「技進於道」的成心轉化，而非權力鬥爭的成心技巧，這是整個主體「虛而待物」的「集虛」能力。

> 絕迹易，无行地難。爲人使，易以僞；爲天使，難以僞。聞以有翼飛者矣，未聞以无翼飛者也；聞以有知知者矣，未聞以无知知者也。瞻彼闋者，虛室生白，吉祥止止。夫且不止，是之謂坐馳。夫徇耳目內通而外於心知，鬼神將來舍，而況人乎！是萬物之化也，禹、舜之所紐也，伏戲、几蘧之所行終，而況散焉者乎！[65]

這種不得已的主體，如何能夠以無知知之？能夠無翼而飛？你以無心之翼而能自然飛翔，你不以成心之知而能因循回應。「無翼而飛」也就不留下自我強行主宰而來的痕跡，因此別人就不容易抓到你好名操作的把柄來鬥爭你。「無知知者」乃不以自我成心來自是自知，改以無我無心來回應情境，這樣才能容納異己，傾聽多方。「瞻彼闋者」的「闋」是空隙，灑掃我之成心成見而敞開餘地。而「虛室生白」則是因心室敞開而虛懷透光，猶如林中空地般透氣透光，這樣或能發揮「和之以是非」的「吉祥止止」功用。如果你掉入「夫且不止」，無法止息自己的成見，將到處都是你的意志在主宰、你的成心在發用。這時候你只能任憑私心己意所推動，掉入「坐馳」的心思散亂、心猿意馬。這樣就沒有辦法：「聽之以氣」、「觀彼闋者」、「虛室生白」、「吉祥止止」。而如果你能夠「虛室生白」、「瞻彼闋者」，「以無知知」、「以無翼而飛」，這時候你才能「徇耳目內通而外於心知」，能夠暫時超然外於個我的成心成見，能夠讓各種不同

不同於民主時代，但人性面對權力而容易陷入合縱連橫的權謀運用，恐怕千古不變。鄧先生對「訴諸權謀操縱」的批評脈絡，可參見氏著：《公民哲學》，〈第三章　公平正義〉，頁96-98。

[65] 郭慶藩輯：《莊子集釋》，〈人間世〉，頁150。

意見聲音被傾聽進來。這時候，或許會有一種奇妙的回應能力出現。用譬喻來說，你可以跟牛鬼蛇神對話，你可以跟萬物對話，何況跟人對話呢？意思是處身一切情境、面對一切處境而來的恢恑憰怪，你的「虛而待物」、「虛室生白」，都可讓它們獲得被理解、被傾聽的「來舍」空間。

總言之，《莊子》對人的認知、對人的主體性、對人的深度歧見，有一個特殊的看法。就是說，人是與世界「相因」的存在，他的認知是緊貼在他所遭遇的世界面前所形成的，在這個「相互主體性」的前提下，造成彼、我雙方皆有所「轉化」的真正對話，才是有可能的。而所謂的「重新框設」指的就是「轉化」的發生，它不是理智操作下的話術、不是巧妙的說故事能力，而是在「轉化」發生之後，我自然得重新形成我對眼前世界的理解，由上述《莊子》透過〈人間世〉的顏回與孔子的故事重構（虛構），「重新框設」了儒家的道德政治，打開了回應「深度歧見」及「共生政治」的新空間。

五、結論：「道家公民方案」與「共生哲學」的未來可能性

臺灣當前處於民主憲政時代，自由平等、經濟開放、思想多元，初步成為公民生活的基本事實。以鄧育仁「公民時代」的「公民哲學」來說，多元現象、多元問題、多元交流的「多元性」，正是眼前民主憲政顯而易見的價值，同時也是歧見日生之所在。在當代以制度保障多元價值的公民時代之前，人類（包括東西雙方的歷史文化傳統）在政治或思想上，都曾長期經歷一元主導的統御機制與思想型態。前民主時代的政治與思想，充斥著「以一御多」的權力與思想等級制，例如威權體制的控制性、宗教教義的神聖性、形上本體的超驗性，都可能交織扮演「由上而下」、「以一御多」、「從中心到邊緣」的單一中心。而當前處於「宏大敘事」的崩解年代，原本體現在政治集權、宗教神權、形上本源，等等「以一御多」的超越之「一」，大體已瓦解成為市民社會、公民權利的多元社會。原本

「單一中心」的縱貫統御與思維方式，轉移到為每位公民可自由平等地成為政治身分、思想行動的自我中心，因此格外顯示出眾聲喧譁的多元活力。但反過來說，失去宏大敘事的這種現代性處境，其中多元性同時也隱含著個人主義的碎片化，人與人之間可能因為歧見日深與疏離冷漠，漸失深度溝通的能耐與修養。

而鄧育仁「公民哲學」的提出，有回應時代的積極特質，他認為當前（臺灣）已進入所謂民主多元時代之事實，除了肯認公民的自由、平等的政治地位外，也無法迴避深度歧見的難題，並且不企圖透過思想手段、宗教手段、政治手段再來「以一御多」地給予終極解決。鄧先生的「公民哲學」以高度自覺的「自我設限」做為出發點：即他一開始就對純以理性做為單一主導性的客觀思維方式，有一明確的「自我限制」之自覺與要求，而在民主時代的人們必須承認一項基本事實：我們都必然會遭遇他人以不同方式看道理、不同方式講道理，而且無法以自己的道理和講道理方式，當成唯一有理有效的說理方式，而想強加在他人身上或要求他人同意。更不可以因為他人無法或不願接受，就完全否認別人的道理，或認定對方完全不講道理：

> 走到民主多元的時代，哲學工作者必須明白自覺地提醒自己，無論自己有多確信，觀點有多深入，論證有多嚴謹，言說有多清晰明朗，都不能一廂情願地期待所有願意講道理的人都會接受你的觀點。而且，即使有著再好的溝通條件，以及再長的時間進行說明與討論，也不要預期終有一日人人會接受你的觀點，或者大家會建立起共同的一套哲學觀。假使你真的有用不完的時間一個一個去與人討論，你早晚會遇到行事合理也願意講理但秉持與你很不一樣哲學觀點的人。在那觀點下，有些你認為重要的基本問題，對方認為不重要;有些你認為重要的

基本理由，對方難以把它當作理由來斟酌；有些你認為基
本的真知灼見，對方卻難以置信地「發現」你竟然會真
心誠意地秉持那種觀點。我把這種在民主多元情勢裡實
際上時而會遇到的說理困境稱作「多元的問題」。[66]

　　而鄧育仁的「公民哲學」（或「公民儒學」）主張身處當代自由民
主的多元社會，人與人的溝通不必如羅爾斯（John Rawls）「無知之幕」
的透明設想，要求理性對話者不必去關涉對話者其他背景脈絡，因為這樣
會將深度歧見簡化成維度問題，並思以技術方式處理之。他要求正視深度
歧見，並納入對話者彼此的故事情節或傳承脈絡，以促成更深層的相互尊
敬、彼此理解，思考非技術性的調節轉化之道。對此，本文第三節透過
《莊子》〈齊物論〉，對「言者有言，其所言者，特未定也」、「自彼則
不見，自知則知之」的「儒墨是非」，尤其造成「是其所非而非其所是」
的深度歧見展開描繪，並反省認知框架背後的觀點限制（「人固受其黮
闇」），再透過「彼是方生之說……因是因非，因非因是」的是非連環，
來深描並轉化深度歧見。一方面既肯認是非觀點的主張背後，都可能有它
們自覺或不自覺的故事情節在推動，它們不但無法簡單消除，反而應該積
極面對，如此才能對人人都難以避免的特定立場脈絡，甚至「以成心為
師」的有限性，有誠懇的自我體認。而另一方面人人皆有的故事情節，也
正好相互提醒我們，必須盡量讓「成心」給予「虛心」化，如此才能「遊
化」於對方的故事情節之內而傾聽之，以促進雙方進入「兩行」的故事交
換。
　　鄧育仁的公民哲學要求「自我設限」，也要求我們反省對於價值建
構中自我投射的危機。而在〈齊物論〉的思考中，不只批判「勞神明為
一」、「自以為最賢」、「好以異彼」地突顯自我，而搞的「服人口而不

---

[66]　鄧育仁：《公民儒學》，〈序論：切問而近思〉，頁1-2。

能服人心」，「與人不適」而「勞精外神」，要轉而「莫若以明」地反身省思「自彼則不見，自知則知之」的有限性，從而能夠「自我設限」而不過度擴張觀點。但〈齊物論〉也不只停留在「無物不然，無物不可。物故有所然，物故有所可」的相對主義。〈齊物論〉更進一步以「環中以應無窮」的動態轉化，期待我們進行觀點之間的「兩行」交換運動。換言之，每個人除了要能「自我設限」之外，更要嘗試借由他者的差異化觀點，讓自己的觀點能從「此」遊化到「彼」，從而讓彼是相偶的不相見，轉化為「彼是莫得其偶」而遊乎天鈞的「兩行」圓轉運動。換言之，「自我設限」只是初步，必須進而「相互承認」，終而「相互轉化」，才是〈齊物論〉的「得其環中，以應無窮」的雙贏策略。

　　鄧育仁的「公民哲學」想要正視多元社會中存在的深度歧見，並從故事隱喻挖掘歧見的情感深處。在正視深度歧見下，羅爾斯無知之幕式的對話似乎難以達成；相對的，將每一個人視為具有故事性及脈絡性的存在，同時在故事的對話中相互讓渡、彼此調節，會比觀點與觀點、主義與主義之間的硬撞，更具有柔軟的迂迴餘地去調節或轉化深度歧見。《莊子》也論及各種是非觀點背後的成心，所謂「未成乎心而有是非，是今日適越而昔至也，是以無有為有。」[67]換言之，涉及情感深處的成心，經常是認知及信念的根柢，它成為推動人們的認知與行動的隱默力量，卻未必能被覺察化（鄧先生所謂「直覺先行，理性隨後」）。本文在第四節透過〈人間世〉的故事敘述，讓我們觀察顏回做為儒家道德政治實踐者，其高高在上的道德主義可能也潛藏未覺的成心，而「心齋」正是要我們疏通「有蓬之心」，轉化自以為是的「成心」，改為聆聽、容納、交流的「虛心」。既正視成心對於每個人在價值信念上的鞏固力量，也論及轉化成心以便重新打開「虛而待物」的間隙與餘地，這樣或許才能將個人故事背後的情節力量，轉化為「交互主體性」的同情共感之對話力量。也就是成心與深度歧

---

[67] 郭慶藩輯：《莊子集釋》，〈齊物論〉，頁56。

見背後，依然具有人與人之間的同情共感的流動（「通人心」、「通人氣」），如能解放這種共享性以讓成心的深度歧見軟化，才會打開對話可能性的兩行通道。換言之，對於《莊子》而言，正視深度歧見而納入故事脈絡性的同時，這個共享的「間隙」或「餘地」，正是來自「環中」與「虛心」的自我修養，沒有這種自我空虛、自我暫退的修養能力，觀點位移不太可能，故事分享不太可能，歧見的寬容也不太可能。[68]

　　鄧育仁先生曾表示，其公民哲學的：「總體方向則是有鑑於在沒有誰占有道德制高點，也沒有誰具有後設道德地位的情況下，所尋找出來可作為各方接榫點以展開對話的政治觀點。讓我們稱這種出發點與總體方向為『儒學的公民方案』。值得提醒的是，以『儒學的公民方案』標示，不表示此方案是儒學獨占的，而只表明是由儒學出發所提出的方案。從其總體方向來看，由於這個方案不限於儒學，亦可簡稱為「公民方案」，若為強調其出發點，則可簡稱為『儒學方案』。在面對難題或僵局時，儒學中有個一脈相承的應對方針可簡明概括如下：有所傳承、掌握關鍵、調整觀點，以解除難題或僵局並走出新的格局，而這新的格局總希望是在『公天下』理念中成立的格局。從儒學觀點看，公民方案的總方向可謂是儒學『公天下』理念落實於民主憲政國家的總體方針。」[69]

　　而經由本文的分析，「深度歧見」可能不只是現代公民社會的現象，從〈齊物論〉的角度說，歧見甚至深度歧見，一直是交互主體性的存在現象，我們既無所逃於歧見的生活事實，也沒有一勞永逸解決深度歧見的終極方案，但這不代表《莊子》束手無策，它以〈齊物論〉的環中空虛、弔詭兩行的思維方式，提供我們將深度歧見的理論競爭，轉化為共生哲學的

---

[68] 上述有關情感共享與深度歧見的若干反省，林明照教授將有更進一步討論。我和明照教授多次討論鄧先生「公民儒學」如何輔以「公民道家」的可能資源，分享了許多類似想法，在此要向他特別表示謝意。

[69] 鄧育仁：《公民哲學》，〈第二章　公民與部民〉，頁65。

兩行轉化。由此我認為鄧先生所謂的「公民方案」，應可嘗試透過〈齊物論〉來「接著說」。尤其鄧先生所善用的在地實踐智慧，不妨從「儒學的公民方案」擴大，甚至擴深到所謂的「道家公民方案」來。

徵引文獻

巴赫金（Mikhail Bakhtin）著，李兆林、夏忠憲譯：《拉伯雷研究》，石家莊：河北教育出版社，1998年。

朱熹著：《四書章句集注》，臺北：大安出版社，2007年。

余英時：《論天人之際：中國古代思想起源試探》，臺北：聯經出版公司，2014年。

何乏筆：〈氣化主體與民主政治：關於《莊子》跨文化潛力的思想實驗〉，《中國文哲研究通訊》第22卷第3期（2012年12月），頁47-57。

孫詒讓撰：《墨子閒詁》，北京：中華書局，2001年。

郭慶藩輯：《莊子集釋》，臺北：河洛圖書公司，1974年。

鄧育仁：《公民哲學》（出版信息？）

鄧育仁：《公民儒學》，臺北：臺大出版中心，2015年。

賴錫三：〈大陸新子學與臺灣新莊子學的合觀對話——「學術政治、道統解放、現代性回應」〉，《思想》第35期（2018年05月），頁1-41。

＿＿＿＿：《莊子的跨文化編織：自然・氣化・身體》，臺北：臺大出版中心，2019年。

＿＿＿＿：《莊子靈光的當代詮釋》，臺北：五南圖書出版，2021年。

＿＿＿＿：《當代新道家：多音複調與視域融合》，臺北：五南圖書出版，2021年。

＿＿＿＿：《道家型知識分子論：《莊子》的權力批判與文化更新》，臺北：五南圖書出版，2021年。

＿＿＿＿：《道家的倫理關懷與養生哲學》，臺北：五南圖書出版，2021年。

社會生活中的差異與共存：公民哲學與莊子

李志桓

浙江海洋大學中文系講師

一、前言

　　這篇文章是在臺灣當代莊子學的視野[1]以及閱讀鄧育仁相關著作的對比下，進行思考與寫作的。為此，本文有兩個寫作目標，在文章的第一個部分，我將指出鄧育仁主要透過「認知隱喻」的相關思考，介入其政治哲學的寫作，而《公民哲學》這本書，所企圖思考的問題，可以界定為社會生活中的差異與共存。繼而，在文章的第二個部分，我們將探討《莊子》文獻內部，有哪些概念與資源可以攤展出相應的思考，其目的在於探索「公民道家」的可能性。

二、《公民哲學》的寫作觀點

(一)新啟蒙、隱喻、認知的框架作用

　　繼2015年《公民儒學》[2]之後，在筆者寫作的當下，鄧育仁先生即將

---

[1]　筆者所謂的「臺灣當代莊子學」，意指近年來在臺灣出現的注莊運動，這場運動的特徵是將《莊子》與廣義的後結構主義思想資源互詮，藉以開發莊子哲學的當代性格。相關描述，可以參考楊儒賓：《儒門內的莊子》（臺北：聯經，2016年），頁456-460。值得注意的是，楊先生將這條思想史線索（作為積極哲學的莊子），追溯自王夫之、方以智、嚴復、章太炎、徐復觀、葉維廉、李澤厚等人。

[2]　參見鄧育仁：《公民儒學》（臺北：臺大出版中心，2015年）。

出版《公民哲學》。從書名（尤其是「公民」這樣的措詞）來看，這是對於「群體之社會生活如何可能」的思考與寫作，然則，相關議題的論述，在學界既豐且隆，讀者如何掌握鄧先生在相關思考上的獨特處？對此，我們不妨從書中所涉及的一組用語「啟蒙」與「新啟蒙」說起。

　　談到啟蒙與社會生活的關係，我們很快會想到康德式的講法。對康德（Immanuel Kant）來說，「啟蒙」意味著：依藉人類所共有的理性，每個人得以從自然的、未成年的狀態裡，掙脫出來。這樣的過程表現為「解咒」與「立法」，前者的意思是說，過往那種訴諸超自然或宗教神話來解釋人類之起源、歷史演變與未來命運的說法，現在被放棄了。後者的意思是說，在界定了理性能力的有效運用範圍之後，人類得以為經驗知識立法，得以為道德行動立法，甚至得以為公民社會與國際秩序的組成立法。就後者而言，康德相信，社會契約的建立來自於每個理性存有者的共同意願，而國際間的往來，只是這種由自我立法締結而來的社會關係的擴大，它將超越民族、語言、地域的隔閡，走向永久和平的世界共和。[3]沿續康德的理論遺產，當代政治哲學家羅爾斯（John Rawls）構想一種公道社會的出現：從自然事實與社會環境來看，每個人的性情、對事務所採取的考量，各自差異不同，然而在先天的原初地位上，我們卻具有自由且平等的理性能力，故而在設計制度的時候，若能懸置這些後天的影響因素，便可以公平地建立各種體制與法規，走向資源分配平等的社會生活。[4]以上，

---

[3]　「三大批判」的寫作目的，在考察人類理性的有效運用範圍，在其生命的最後10年裡，康德有一個新的寫作目標，是將批判哲學運用在歷史、政治與社會生活上進行考察，〈論永久和平〉、〈正義的形上學要素〉（*The Metaphysical Elements of Justice*）等作品就是座落在這個時期的寫作，它們構成了探索康德之歷史與法政哲學的資源。參閱劉國英：〈康德與現代世界的哲學奠基〉，《永久和平的倡議者——康德作品選讀》（臺北：誠品，1999年），頁9-62。

[4]　羅爾斯對康德哲學的運用，參見蔣年豐：〈康德與羅爾斯：公道感與現代社會〉，《文本與實踐㈠：西方解釋學觀點》（臺北：桂冠，2000年），頁33-58；〈法政主體與現代社會——當前儒家應該思考的問題〉，《海洋儒學與法政主體》（臺北：桂冠，2005年），頁255-271。值得一提的是：㈠因為justice這個概念涉及的是分配問題，蔣先生將其譯作「公道理論」，而非通用的「正義

康德、羅爾斯展示的是一種典型的政治哲學思考方式，大抵而言，它預設著人與人之間，擁有共同的理性能力，在溝通與相互協調的過程中，儘管過程可能百轉千迴，分歧總能一一化解，最終我們將抵達一種共識、一種共同的對於事物的認知與掌握，據此，也得以一同居住在理想無礙的社會生活當中。

　　有別於「啟蒙」所相信的，每個人都具有一致的推理與思考狀態，「新啟蒙」則申明：「人的認知、推理與直覺的模式是多樣的，而且彼此所用或善用的模式，有時非常不同」，[5]在這個語意下，蒙、童蒙，或者受到蒙蔽，指的是安於不假思索的單一種認知模式，而「新啟蒙」則帶有批判性的意思在，它意味著對於不同認知模式的發現與學習。必須說明的是，為什麼鄧育仁可以主張人類的認知形態具有多樣性？檢閱書稿，我們發現「新啟蒙」這樣的談法，其理論資源正好源於雷科夫（George Lakoff）與詹森（Mark Johnson）對於認知隱喻的探討。

　　簡言之，人類認知的基本模態具有引喻連類的性格，在進行思考、形成特定認知的時候，我們其實是在做底下這件事情：以「一類事物」來理解「另一類事物」。比如，當我說「這篇文章讀起來相當成熟」、「這本書的論點並不穩固」、「相關的想法仍待咀嚼」，在訴說這些命題的時候，我的思維其實是以述語中的「烹飪（成不成熟）」、「建築（牢不牢固）」、「飲食（有沒有滋味）」，來理解、來推動主語（文章、書籍、想法）的內容。在這裡頭，負責整頓經驗、形成認知、指導行動的，不再是康德所設想的先驗範疇，而是文化與認知習慣當中，業已存在的事物之間的連類關係，這樣的連類關係既是後天的、歷史的，也是動態的，其引

論」。㈡蔣氏指出，羅爾斯認為「公道感」可以在人我依存的相偶關係中涵養，這是對於康德先驗主體性的超譯，也因此，若考慮公道理論與傳統儒學的對接，更合適的文本是《荀子》，而非《孟子》以降的儒家傳統。

[5]　鄧育仁：《公民哲學》（臺北：臺大出版中心，2022年），頁23。

喻連類的過程既無窮無盡，也沒有必然的規則可循，故而我們既不必也不可能抵達一致的最終視角。[6]

　　將認知隱喻運用在當代生活與政治哲學的領域裡，由隱喻邏輯所形成的認知模式，被表達爲「框架」（framing），它的意思是，在文化內部必然已經存在某些既有的認知模式，它們事先提供一種看待與描述問題的模版，要求我們以這樣或那樣的形態來管理與發展生活，而且框架與框架之間，彼此是相互競爭、排斥與遮蔽的，否則它便不能維持自身的穩定性。對此，《公民哲學》引述雷科夫的分析，闡釋當代美國政治與社會文化的調性，主要源於兩種對家園經營模式的不同想像。[7]值得注意的是，鄧育仁進一步指出，雷氏的做法（以隱喻介入政治哲學的分析）雖具有啟發性，但相當可惜的是，他最終將其論述的重點放在：洞悉認知隱喻的模式之後，政治家要如何更有效地打造出話語模式，藉以推擴其理想政策的說服力。對鄧育仁來說，「新啟蒙」的眞正潛力不是戰術意義的，而是對於個體認知模式差異多元且無窮無盡的徹底正視，所謂的「重啟框束」（reframing），不是要去找尋一個更好的、足以取代、反制對方的觀點，而是在瞭解認知模式的約束作用後，能夠採取一種自我調節的批判態度，練習在其他人的故事裡，感受他們觀點是如何被形塑出來的。[8]

---

[6]　在這裡，我選擇回到雷科夫和詹森所從事的認知隱喻研究，找尋鄧育仁構想「公民哲學」的理論背景。簡言之，隱喻是人類認知活動的基本邏輯，它既形成認知範疇，也打破認知範疇。而「政治哲學」中的核心主題，就是如何反思與議定各種規範性的形成。爲此，兩種資源得以對話。相關的討論，參見鄧育仁：〈生活處境中的隱喻〉，《歐美研究》35卷1期（2005年3月），頁97-140。雷科夫、詹森，周世箴（譯）：《我們賴以生存的譬喻》（臺北：聯經，2006年）。

[7]　藉助認知隱喻的分析，雷可夫得以將美國社會的內部衝突，描述爲嚴父（strict father）與親情（nurturant parent）兩種認知模式的競爭關係。參見鄧育仁的討論，《公民哲學》，頁26-44。

[8]　在這裡，鄧育仁引述美國左派社會學家霍希爾德（Arlie Russell Hochschild）的調查報告《家鄉裡的異鄉人：美國右派的憤怒與哀愁》（*Strangers in Their Own Land: Anger and Mourning on the American Right*），在他看來，問題的關鍵不是雷可夫所說的，找到更有效的話語去說服極右派，而是霍希爾德所描述的，在親身感受右派的生活困境之後，能夠調節自身平常已經固定下來的觀點

以上，我嘗試指出關於《公民哲學》的第一項特徵，有別於從自由意志、理性主體出發的政治哲學傳統，鄧育仁描述一種後天的歷史主體：[9]

> 其實，只要你過人的生活，你就已深深捲入生活行動、處境調節中含豐富意涵的動態歷程。此動態歷程深受隱喻節制，而你做為一個行動者、認知者，是在這捲入和隱喻節制中，框架出對象和你與對象之間的關聯。你對於對象可以有的行動與認知，是在這框架中展開。一隻螞蟻，當牠在複雜的地表移行時，可走出非常複雜的移動軌跡，其複雜度，並非直接反映牠心智的複雜度，而主要是反映了地表的複雜度……在這角度下，人其實宛如那隻螞蟻，他可以展現出認知行動和生活軌跡，其複雜度，不必只反映他心內概念系統的複雜度，也可以反映隱喻節制下生活場域的複雜度；隱喻的布局，框架了人的認知行動和生活軌跡。[10]

語言、文化（既有的認知模式）是承載著個體的龐大網絡，作為隱喻布局，它們穿刺於主體內外，個體的生活就像是在觀察箱裡走動的螞蟻，地表上有各種高低、深淺、遠近不一的埋伏、陷阱與道路，在一個意義上，

和偏見。參見《公民哲學》，頁55-63。

[9] 這是兩種不同的自我觀和語言觀，從笛卡爾（René Descartes）、康德的主體性哲學，轉向後期維根斯坦（Ludwig Wittgenstein）與海德格的語言存有，箇中的差別在於，前者將語言文字視為思想的表達工具，後者則認為：我們其實是使用詞語在進行思考的，換言之，詞彙、文法、母語的形態已經事先節制了我據以思考的基本方式，而當然這些語言邊界是可以被改寫的。為此，批判性的根據也從「理性」轉向了「對詞語邊界的發現」。參見甘陽的討論：〈從「理性的批判」到「文化的批判」〉，《我們在創造傳統》（臺北：聯經，1989年8月），頁101-135。

[10] 鄧育仁：〈由童話到隱喻裡的哲學〉，蘇以文、畢永峨（編）：《語言與認知》（臺北：臺大出版中心，2011年），頁48。

螞蟻確實按著自己的心意探索世界，但在另一個意義上，地貌的布局卻也節制了螞蟻的可能選擇：人類的認知與行動就依違在這複雜的布局中，各自調節走出可行的道路。自我不再是獨立於語言之外的理性主體，而是參與在詞語編織當中，調節於各種認知框架之間的語言主體。於此同時，「共識」便不會是這類政治哲學所訴求的重點，一般而言，我們總以爲政治理性是一群人得以聚在一起生活的共同體基礎，而由理性所締結出來的種種共識，也就成爲了我們生活中的行事與認知標準。然而，在接受「理性」只是一種特定的認知習慣之後，共同體的基礎並不存在，成員間的性質不可共量，如此一來，活性的政治反而是「非共識的」，因爲在本質上，它是那個不能形成共識的群體，而在具體事務上，我們卻又不得不建立一些暫時可行的規範標準。[11]

㈡處在交互關係中的「故事地位」與公民

在《公民哲學》中，鄧育仁批評羅爾斯所描述的原初地位，是一個太過工整、平滑，以致無法行走的抽象預設。在他看來，即便是道德判斷，我們經常遭遇到的情況是：每個人有著各自判讀與解釋的不同側重與權衡，即使作爲旁觀的第三者，也很難說清楚，哪一個決定更好？[12]比如，在著名的「電車難題」（Trolley problem）裡，不論是五活一死的做法，或是不願犧牲任何一人的判斷，都有著各自比例的支持者。在這裡，哪一種選擇更能符合康德所說的可普遍化原則（我也意願他人以相同的決定來對待我）？或者，我們不得不承認：這些分屬不同陣營、做出了不同

---

[11] 在這裡，我將線索連繫至洪席耶（Jacques Rancière）的思考，後者接受傅柯（Michel Foucault）有關於歷史主體的討論，如此一來，政治生活所思考者，恰恰是維持騷動與活性，拒絕被任何一種名義給徹底同一化。參見劉紀蕙：〈感受性體制、話語的理解與歧義、理性與計算、「空」〉，收在《歧義：政治與哲學》（臺北：麥田，2011年），頁232-242。換言之，相較於英美政治哲學傳統，《公民哲學》所思考的問題，可能更相契於後結構以降的政治哲學寫作。

[12] 參見《公民哲學》，頁110-119、頁140-143。

決定的人，他們其實也都相信自己做下了可被普遍化的決定，甚而接受他人以相同的做法來對待自己？[13]鄧育仁指出，在這裡我們碰了主體的深度問題，「人實際的感知及推理過程，深受維度多元、側重有別、直覺先行、理由後援的模式所約束」，[14]每個人的經驗、歷練以及他所處的條件位置，經常影響他如何解釋其道德判斷，而過往的討論要不就是將不同的主體深度與衝突轉化爲效益問題，要不就是以公平分配的原則來處置他們。[15]對鄧育仁來說，在這裡，應該要重啟一種深度對話的工作，而在這之前，則必須描繪各自差異的深度主體，是如何出現的？在書中，鄧先生把這樣的主體化過程稱爲「故事地位」，[16]其核心意涵是「互動」以及「彼此不能化約的差異」。

先說「互動」，我們每個人都是在彼此牽連當中成長起來的，我對自己、對周遭世界的認知是在與他人的互動當中不斷形成的，每個人的故事都離不開他人，每個人的故事地位，都必須依靠他人的協助才得以成形：

> 我們怎麼長大成人，怎麼開始思考，怎麼學會思考，怎麼學會講道理的？其實，一開始，你、我能夠長大成人，一定是在人與人之間長大成人的，即使你說你是被狼養大的，這裡頭也有一個互動的過程啊！……小孩學會行動是從互動開始，小孩聽懂道理是從聽懂故事開

---

[13] 關於電車難題，參見《公民哲學》，頁75-80。

[14] 《公民哲學》，頁119。

[15] 過往的政治哲學，不是不處理「衝突」，而是太快地把「衝突」轉化成理性主體可以解決的問題（康德、羅爾斯），又或者轉以法律契約底下的權利與規範來排除衝突（霍布斯），對洪席耶來說，這兩種做法都忽視了衝突本身就是政治的活性事實。參見林淑芬：〈「政治哲學」、政治、治安〉，《歧義：政治與哲學》，頁255-261。而就鄧育仁而言，正因爲衝突來自於每個歷史主體不同的成長經驗，不能設想一體適用的處置方式，只能在深度對話中，重新改寫彼此的認知。

[16] 參見《公民哲學》，頁137-143。

始，小孩學會講道理是從學會講故事開始的。

「交談」或「互動」是很重要的。不要忘記了，每個
人出生的時候都不會行動，都要靠其他人把他養大成
人。比如說，你把小baby抱起來，他就開始扭來扭去，
在這個時候，小baby和抱他的人，兩個就已經開始在互
動了。是從動中，開始互動，在這種有所互動的動中，
小孩子開始把他的「動」調節成一種行動。他只要叫起
來，就有東西回應他，就有東西吃，就有人幫他拍拍
背，讓他比較舒服。這還是一個很開始的狀態，接著慢
慢的，小孩子開始會搖搖擺擺的走路，他們學會各種行
動，這些行動都是跟其他人的互動當中學來的，可能是
跟成年人，可能是跟其他小朋友，在互動中行動。在這
些行動中，一開始他還不太會講話，但他已經能聽懂一
些簡單的話語。……我們都是這樣長大的，從互動中的
動，到互動中成為行動，到開始可以講話，再到在對話
與交談中，聽懂道理，然後開始學會怎麼講道理……後
面，你會問到「身體性」，它其實就是從這裡展開的。[17]

　　有別於理性主體的哲學傳統，[18]故事地位將自我視為交互關係中的過

---

[17] 引自〈有關公民哲學與深度歧見的故事挖掘——訪談鄧育仁先生〉，參見本書，頁260、頁259。在
另一些表述裡，鄧育仁以「相偶」來說明故事地位，「這種由故事地位出發的新理解與新態度，源
自兩人一起走出人生道路的意象，或更準確說，源自儒學中『仁』、『相人偶』及『任重道遠』的
理念傳承。」、「故事地位是本於儒學中的『仁』、『相人偶』（兩人一起走出人生道路的意象）
及『任重道遠』的理念傳承」，參見《公民哲學》，頁138、頁1。

[18] 「我用『故事地位』來取代康德的道德主體性，從這裡來說明，人不能只是工具，同時他們也有一
個不可取代性。也就是說，在人與人之間，每個人都應該擁有自己的故事地位，沒有人只是別人的
故事裡面的道具。每個人在自己的故事裡，都是主角。」、「從笛卡爾到康德，仍然預設著『我
思』的立場，而我的出發點，卻認為我們是在人與人之間長大的，我們都是在跟人互動當中，學會

程主體，關鍵在文末所提及的「身體性」，我們的身體知覺與外在力量的交會過程，緣構出各種表達活動與文化造物，凡舉概念、思考、描述、感受、語言，一切認知活動，無不帶著身體知覺參與其中。在進行思考的時候，我的身體知覺並沒有停止作用，表達與反思活動是對這源初的知覺經驗的暫時掌握，既有的語言、建築、制度、風俗習慣，甚至科學，則是身體知覺與外在環境的互動成果，它們提供一種觀看世界的姿態。而我的「故事地位」就是在這既遭遇又沿襲的過程中，轉相詮釋出來的存在樣態，這個層層疊疊的「半成品」是我所獨有的生命敘事、我的深度主體，作為一種看待世界的特殊風格，它的視域雖是有限的，實際上，卻也與他人相互捲在動態的結構當中，故而具有一再敞開的可能性。[19]

　　正是在這一點上，得以看出「公民哲學」的基進潛力。鄧育仁指出，他所謂的「公民」，必須從故事地位來掌握，而不能以西方政治學的citizen或citizenship看待。[20]其中的理由是，今天我們習以為常的「公民」或「公民身分」並沒有跳脫「民族國家」的框架，主要地，它仍是一種法律身分，現代國家被認為是由公民所組成的。換言之，「公民」這個概念，事先就以「國籍」的方式規範了你、我各自的歸屬，同時設定出什麼是能做的、什麼是不能做的。比如說，一個臺灣人，除了作為觀光客與消費者之外，無法直接在他國工作與居住；一個移工，儘管臺灣已經成為他多數時候的生活空間，卻不能參與公共事務的討論與制訂；在好萊塢電影

行動、聽懂道理、學會講道理，然後跟著才懂得規劃自身。」引自〈有關公民哲學與深度歧見的故事挖掘——訪談鄧育仁先生〉，參見本書，頁262-263。

[19] 這樣的描述顯然相契於海德格（Martin Heidegger）或梅洛龐蒂（Maurice Merleau-Ponty）對於「自我」的特殊規定。儘管鄧育仁沒有明確指出其理論脈絡，我們卻可以發現雷科夫、詹森將認知隱喻的哲學基礎，追溯自此在（Dasien）和知覺先行的身體性自我。參見Mark Johnson, *The Meaning of the Body* (Chicago: University of Chicago Press, 2008), p. 264, p.275. George Lakoff and Mark Johnson, *Philosophy In The Flesh* (New York: Basic books, 1999), p. xi.

[20] 《公民哲學》，頁14、頁137-138。

《航站情緣》（*The Terminal*, 2004）裡，一個失去「公民身分」的人，因為不具有可被辨識的身分，成為了國際難民，被困在國境之間的縫隙裡。當我們援用「公民」這個概念來思考政治的時候，常常忘記它只是一個被界定出來的法律身分，我們對它的使用，也就常常只是在其身分界線的內部，思考資源分配的攻防，很少會去考慮到，那些一開始就被排除在外的不具有公民身分的人的處境，也很難去思考這個習以為常的身分及其所衍生的規則是不是那麼合理？[21]相較之下，鄧育仁認為，比起那些我們業已習慣而顯得有些麻木的民主生活態度（自由主義政治理念下所描述的自主理念或者法律身分），「故事地位」這個談法，更能夠提醒我們，在面對衝突的時候，必須保持警覺，以一種具體、非現成的態度來考慮彼、我的真實處境。[22]

㈢共同體與差異、共存

「故事地位」的另一個意涵，可以展開成：個體間不能化約的差異與共存。在《公民哲學》的後半部，鄧育仁透過與英美政治學家德沃金（Ronald Dworkin）的辯論，觸及關於「共同體」（community）的重新思考。

在現實生活中，或多或少總是會碰到想法、選擇、觀念、習慣、對事物的拿捏看待方式，與我們不那麼一樣的個人或團體，這是當前社會的多

---

[21] 相關討論，參見洪世謙：〈破碎的地圖與好客的城市〉，馬聖美等（編）：《城市與海洋論集》（高雄：中山大學人文研究中心，2011年），頁180-185。

[22] 以陳贇的話來說，法權的身分僅具有功能性，然而當代民主生活的危機在於，離開了法權的主體之後，我們竟不知道怎麼民主了？參見陳贇的發言，〈汪暉「齊物平等與跨體系社會」的天下想像〉《商丘師範學院學報》38卷4期（2022年4月），頁16，頁18。另一個例證是，在家事法庭上，只有以一種特定方式被陳述出來的生活事件，才能夠成為被辨識的法律要件，於是我們發現一種反客為主的現象，電影《克萊默夫妻》（*Kramer vs. Kramer*，1979）、《婚姻故事》（*Marriage Story*，2019）描寫，夫妻雙方為了贏得監護權，在各自律師的要求下，以極端放大的方式，陳述彼此的形象，然而這些失真的證詞，卻反過來傷害了法庭外的、真實生活裡的善意與親情。

元事實，卻往往也是差異、歧見、無法理解、害怕恐懼，甚至引起激烈衝突的原因。面對上述多元情勢的棘手事實，德沃金從「應然」與「實然」的劃分出發，儘管政治歧見與觀點衝突一再發生，作爲自由意志的普遍主體，在最終的價值領域裡頭，我們的生活可以是浹洽互融的，換言之，眼下的衝突與隔閡只是暫時的，只是因爲價值一體的領域還沒有被充分闡明、落實於歷史世界，而這正是我們每個人的責任所在。德沃金相信，人類社會終究要朝一個理想的境地走去，他將這個的理想社會狀態稱作開明自由的「政治共同體」。[23] 鄧育仁指出，德沃金的構想仍是一種康德哲學的延續，它預設著理性主體與歷史世界的二元架構，按照這樣的說法，多元的情勢、歧見與衝突將被視爲可以化解的過渡階段，或者說，在認知上，它設定出一種看待多元的態度與行動方式，讓我們很自然地認爲：在一切事務當中皆可以找到「共識」。[24]

　　個體意志與行動，和我們生活於其中的周遭世界，兩者如果不是自我立法的目的論關係，還可以怎麼看待？對此，鄧育仁引述《莊子・徐无鬼》的文獻作解：

> 故足之於地也踐，雖踐，恃「其所不蹍」而後善博也；
> 人之於知也少，雖少，恃「其所不知」而後知「天」之
> 所謂也。[25]

---

[23] 關於德沃金的討論，參見《公民哲學》，頁157-191。

[24] 關於「共識」的負面語意，鄧育仁說道：「我所謂的『深度歧見』就是無法建立共識的地方。你一旦要建立共識，就是有權力的人一定要用到強制手段或者收買的手段，又或者其它非武力的方式。剛剛我說，把建立共識擺在第一位，恐怕是欺負弱勢的絕招，而且是義正嚴辭、光明正大的絕招。要建立共識，共識就是我的意見。」引自鄧育仁在座談會上的發言，參見〈公民哲學與深度歧見跨文化座談會——從臺灣「同性婚姻」爭議談起〉，《中山人文學報》52期（2022年1月），頁168。將「共識」視為一種暫時的議訂，而非共同體成員的存有論基礎，在這一點上，鄧育仁與洪席耶、梅洛龐蒂、南希（Jean-Luc Nancy）的想法相應。

[25] 郭慶藩輯：《莊子集釋》（臺北：河洛，1974年），頁871。

在他看來，日常生活的行動，並不必像康德主義者所設想的那麼截然俐落：由一個應然的意志指揮身體，讓行動發生在實然的領域裡，進而造成種種效果與改變。從《莊子》的觀察，來重新考慮這個問題，「行走」這件事情之所以可能，需要依待的條件不只有我的意志，還有那些因爲不起眼而沒有被考慮過的情境條件：支撐著我的腳與身體可以踩在上面、向遠方無限延伸出去的大地（恃「其所不蹍」而後善博也）。與此同時，當代科學哲學也告訴我們，科學家所捕捉到的，只是在事物之間所建立起來的關聯性（correlation），而非自然宇宙論或形上學所青睞的那種因果性（causality），換言之，我們所掌握到的認知，亦如《莊子》所云「恃其所不知」，是組織在一個不透明、不可徹知的因緣整體性當中，被暫時關聯起來的形態。[26]

　　將自我重新考慮爲納身在情境連動中，而能夠不斷改寫其內容的主體之後，鄧育仁宣稱，另有一種不追求內在一致的「公民共同體」或「命運共同體」可以被講述出來。[27]這樣一種「共同體」的組成，因爲取消了價值一體的預設，衝突、歧見與不一致便成爲我們陷身其中且無止無盡的場

---

[26] 完整討論，參見《公民哲學》，頁199-234。以孔恩（Thomas Kuhn）的話來說，「科學」只是一個又一個不斷被改寫、調整的觀看典範，它不是最終有一個「真理」的問題。有意思的是，「典範」（paradigm）總是有效的，儘管只是在一定的範圍裡頭。比如，在「相對論」出現之後，我們大抵知道，牛頓（Isaac Newton）的古典力學，是在靜止的觀看者的視角下，所描述出來的運動模型，但因爲在日常生活的多數現場裡，古典力學已經足夠用來解釋多數現象，所以我們依然使用這些說法。參見孔恩，傅大爲等（譯）：《科學革命的結構》（臺北：遠流，1989年）。另外，這種不可被對象化、不可被命題化掌握，卻身在其中受其作用的因緣整體性，其實就是佛教所說的「緣起」，緣起不同於科學家所企圖掌握的因果性（causality），它企圖闡明的，恰恰是生活世界本身的不可理解與不斷發生，這個意思也契近於《莊子》所說的「天」（恃「其所不知」而後知「天」之所謂也）。參見牟宗三的辯析：《中國哲學十九講》（臺北：臺灣學生書局，2002年），頁254。

[27] 《公民哲學》，頁251-252。在另一處，這個概念也表達作「命運共同體」，「公民共同體不是智性建構的產物，而是在正視深度歧見中，從故事地位走向公民地位……調節我們既有共同體裡無從迴避的紛爭中所成就的命運共同體」，《公民哲學》，頁262。

域，在另一處，它被更清晰地表述爲，由不同之身體性出發所形成的故事地位，其彼此連環交織起來的共存狀態：

> 從人的一生來看，必須用「故事地位」來尊重每一個人。而且這個「一生」也不會只是我個人的一生，而是大家的一生，是你、我交織在其中所展開的敘事，也就是後來我要講的「命運共同體」。從公民的角度來思考，怎麼把命運共同體中的故事地位與多元價值，轉換成公共性的資源，我的整個寫作思路大致是這樣展開的。那在這當中，「命運共同體」跟「個人」的關係，要怎麼去理解……不能再回到康德，去設想那種事先獨立存在的autonomy，後來我就用「連動觀點」來展開論述。[28]

三、鄧育仁提出什麼樣的政治思考？

以上，我指出：鄧先生從「啟蒙」的反省出發，將先驗的理性主體改寫成後天的歷史主體，繼而又透過「故事地位」這樣的講法闡述，自我與他人（這些歷史主體之間）不是孤零零、各自不相干的存在，而是接近海德格（或梅洛龐蒂）所描述的，此在與另一個此在、此在與周遭世界交混在一起，卻未曾真正失去他們之間的差異的共同體關係。[29]如果能夠接受

---

[28] 引自〈有關公民哲學與深度歧見的故事挖掘——訪談鄧育仁先生〉，參見本書，頁263。

[29] 這樣的思考顯然是從海德格對「自我」的特殊規定而來，此在（Dasien）具有生存（existence）與我屬（in each case mine）的性格，然而這不是說，我與他人首先是各自獨立的，然後再發生種種關係連繫，恰恰相反，此在之間首先是相互敞開的遭遇結構，所謂的「他人」就是那個跟我一樣繁忙，我們彼此穿梭、詮釋而分享著特定世界圖像（在語言中、在工具中）的另一個此在，這種無時不刻的相互詮釋與定位和位移，使得各種知識與認知成為可能。換言之，自我是交織在動態關係中

這樣的理論背景追溯，現在我們就可以問：在這裡頭，蘊含著什麼樣的政治思考？[30]

我認為，鄧先生其實講出了一套關於社會生活中個體如何差異共存的哲學說明。受海德格啟發，進而思考政治哲學的南希（Jean-Luc Nancy），可以為我們照明前路。在思考不同個體如何聚在一起生活時，南希區分三種談論「與」（with）的方式和由此而來的政治機制：[31]第一種是平列並置的，每一個個體都盡其在己，事物彼此之間首先是分離的，然後才保持一種平面的接觸，其對於共同生活的思考，是在外部關係上，將成員給連繫起來，作為共同體的成員，彼此之間的關係是合作（collaboration），為了完成一個外在使命，我們必須一起協作、一起遵循某些規則，而這也就是一般我們多數人對於民主制度的想像。相較之下，第二種「與」則是設想，在一起生活的成員與某個超越的本質有著共同的連繫，在這之中，個體首先是無足輕重的，除非他能夠意識到這一共同的本質，並採取行動、落實這一集體性的理想。對應於政治體制，這是在動盪不安的時代裡，人們或多或少會興起的、能夠信靠依藉的總體主

的存在，「此在」隸屬於「共同此在」（Dasien-with），與他人分有對世界的理解。參見海德格：《存在與時間》（臺北：唐山，1989年），第9、25、26三節，頁54-59、頁151-161。而我在前文中已經指出，無論是「新啟蒙」或者「故事地位」，我們都可以將其理論背景追溯自海德格以降的哲學資源。

30 海德格將「城邦（polis）」、「政治（politics）」、「道路」等語意，拉到此在（Dasien）的處身境遇裡進行解釋：「人本身的此在之基地與處所……所有這些路之交匯處，即polis。一般人是用邦或城邦來譯polis，此譯法沒有將其意義表達充分。polis毋寧是指境遇，是指這個此，此在（Dasien）就是在這個此中並作為這個此而作為歷史的此在在起來的。……所有這一切之所以屬於polis，之所以是政治的，並不是由於這一切和一個政治家和一個司令員以及和諸多國家事務取得了連繫。倒是一切上述之所以是政治的，也就是處於歷史境遇中。」熊偉、王慶節（譯）：《形而上學導論》（北京：商務印書館，2014年），頁156-157。參見洪世謙：〈破碎的地圖與好客的城市〉，頁183-184。

31 底下的討論，參見南希，張堯均（譯）：〈「此在」之「與在」〉，《解構的共通體》（上海：上海人民出版社，2007年），頁263-274。

義，它是一種團契的、共同體的思想與心靈狀態。[32]有意思的是，南希認爲這是兩種思考「與」的極端方式，一邊是單純個人的、主體的、本己的，另一邊則是忠於團體的、社群的、非本己的，然則，在這兩端之間，還有沒有另一種居間形態的思考？當代政治之所以經常搖擺在民主與集權之間，找不到出口（重視個體差異的民主多元，常常讓社會阻礙不前，重視整體效益的集權，常常忽視個體的聲音），正在於這個思想的短版，迄今爲止，我們還未能充分思考第三種「與」和相關的政治機制的可能性。

在南希看來，這第三種「與」是在每個個體進入具體的社會關係、形成各種規範性之前，業已發生的交織共存（co-existence），它是一種生存論結構上的講述，「諸敞開者以某種方式在他們之間相互交叉、交織、糾纏，或者干擾了他們的專己性，然而又不與他們混合爲一個惟一的Dasein（要不然，這種『與』也就喪失了）」、[33]「這正是海德格爾堅持一種不可還原爲外在性的『與』的特徵時所要求的東西。對『共在於這一此』來說，必須要有接觸，因此也存在著感染與侵越，即使是最小限度的，即使是作爲所涉及的不同敞口之間的切線的無限小的結果，在這些敞口的邊界應該會產生一個相對混合的區域，或至少是一種諸視景或視域重疊傾向……『與』是由於一種複合的、諧─合的或交─織的本性才成就其自身的」，[34]既不可消融爲同一個內在性，又不可以還原出相同的外在特徵，

---

[32] 安德森（Benedict Anderson）所描述的「共同體」，即是此一類型。透過語言、文化傳統、政治意識形態所打造的，訴諸認同的共同體。按照安德森的講法，這種常常落實爲民族主義的共同體是兩面刃，它可以有效地凝聚反殖民運動，也可以成爲威權政治的打手。參見吳叡人（譯）：《想像的共同體：民族主義的起源與散布》（臺北：時報，2010年）。當然，南希在這裡所批評的，還包括柏林（Sir Isaiah Berlin）所擔憂的那種由觀念論走向目的論的共同體類型。可以說，對「與」的第一種批評，是針對「消極自由」的政治哲學而發的，第二種批評則是針對「積極自由」而發的。

[33] 南希：〈「此在」之「與在」〉，頁263。

[34] 南希：〈「此在」之「與在」〉，頁273-274。相較於民主制度所描述的外在合作關係，南希用「co-propriation（共同占有、共同分有、共同享有、分享共有）」來描述這種一開始就發生在生存結構內部的交織狀態。參見〈「此在」之「與在」〉，頁266-269。

南希所思考的這個「與」，指的是人、我不斷互文交會的生存事實，在這個意義上，他人與我處在既不斷差異化，又彼此穿插互文的過程裡，而日常的社會關係、歷史生活中的習慣、文化的規範皆派生於這個基源的共通體關係。[35]

此外，我們還可以參照梅洛龐蒂在相關問題上的表述：

> 人並不是一眾個體的總和，並不是一個由一眾思想者聚合成的共同體：在這樣一個共同體中，這些相互孤立的思想者事先就確信能夠和其他的個體思想者相互理解，因爲所有這些思想者共屬於同一個思想性的本質。人當然也不是一個大寫的存在（一個獨一的存在）：一眾個體都將融化在、都當被吸收進這獨一的存在中。人在原則上就是總是岌岌可危的：每個人都只能相信他內心中認爲是眞的東西——而與此同時，每個人的思考和決定都爲與他人的某些關係所束縛……我們找不到絕對的安穩，我們必須不停地努力以縮小我們相互間的分歧，以解釋清楚我們被誤解的話語，以顯明關於我們的那些被隱藏的東西，以知覺他人。[36]

---

[35] 現在我們終於碰到了翻譯問題，法語communauté可以譯作「共同體」或「共通體」，然則如果我們能夠領會南希的哲學企圖：communauté就是那個不可被定義的、彼我身在其中、不斷交織的共存事實，那麼communauté就不是那種可以被表明、訴諸認同的「共同體」，而應該譯作「共通體」（非功效的共通體、無本質的共通體、無用的共通體）。恰好每一種「共同體」的表述（民族主義的認同、政治理念或宗教的意識形態、民主社會中的共識……），都源於對「共通體」之事實的化約。相關討論，參見夏可君（譯）：〈中文版序言〉，《解構的共通體》，頁1-7。值得注意的是communauté（共通體）和communism（共產主義）是同一個字源，這裡隱含著南希對現實政治的針砭。

[36] 梅洛龐蒂：《知覺的世界：論哲學、文學與藝術》，頁67-68。

在這段引文裡，梅洛龐蒂先是汰除兩種共同體的談法：一種是康德式的，設想每個人都具有同一個思想性的本質，於是在互動之前，我們已經注定能夠相互理解；另一種是形上學式的，它將存在物的活動收入同一個存有者，我們的同一性可以透過這個無外的形上學原理來說明。在排除這兩種說法之後，真正的「相通」只能沿著前文所云，相互交織而具有一再敞開的可能性，來進行說明。因著彼此知覺活動的交互作用，我們離不開他人，在發展自身之故事地位的同時，也沿襲著、模仿著對方說話的形態，藉以部分地認識了、也消化了對方的世界觀：此所以，梅洛龐蒂說道，每個人的存在都是不穩定的，一方面，我們相信自身所形成的理解，另一方面，實際上這些理解卻又是勾連著他人的存在而形成的，如果在這裡頭，有「相通」可言的話，指的是我們努力在縮小這種分歧，但這樣的努力，卻又注定是「未完成的也將永遠都完成不了的任務」，[37]一旦有什麼東西能夠真正地達到一致，它同時也就宣告了「共通體」的死亡，而如果共通體就是政治的內核，一旦我們相信有什麼本質的共識，政治也就喪失其活力了。

　　以上，我認為鄧育仁最終所提出的「公民共同體」，就是這麼一個搖擺在消極自由與積極自由之間的提案。它設想「故事地位」與「故事地位」之間，既是差異的，又是相互連繫，而「深度歧見」則是這一活性事實的表徵，當然這也就意味著，歧見永遠都在，而且我們應該為歧見的存在而驚喜，因為這表示所有的故事都可以翻盤，都可以是新鮮的。[38]

四、《莊子》具有類似的思考潛力嗎？

　　對比於「契約規範」和「主體性」所發展出來的兩種法政哲學，鄧

---

[37] 梅洛龐蒂：《知覺的世界：論哲學、文學與藝術》，頁69。

[38] 與此相應，《公民哲學》第二章所企圖思考的問題，可以這樣解釋：當前國際間的文化衝突，源於各自有效卻也彼此遮蔽的部落道德（tribal moralities），其調停的方法不是去建立具有共同基準的後設道德，而應該去探索一種複雜的共存模式，既能夠保存部落差異，又能夠彼此交流。

育仁提出了另一種思考政治哲學的可能方案。底下，我嘗試在《莊子》文獻內部找尋相應的思考線索，如果這樣的探索是有效的，我們便可以說，《莊子》也具有發展成為「公民道家」的可能潛力。為了集中焦點，可以從底下問題的探討出發：㈠莊子是不是也拒絕「同一性」的形上學思考，走向對個體差異和交互關係性的重視？㈡從這樣的交互主體出發，莊子會如何思考歧見、衝突與溝通？

㈠〈齊物論〉是形上學嗎？天籟、真君、真宰

探討《莊子》有沒有一種「非形上學」的思想潛力？[39]〈齊物論〉前兩段文獻是很好的試驗文本，因為它同時蘊含著兩種解讀空間：

> 子游曰：「地籟則眾竅是已，人籟則比竹是已，敢問天籟？」子綦曰：「夫天籟者，吹萬不同，而使其自已也，咸其自取，怒者其誰邪？」[40]

---

[39] 在這裡，「形上學」的意思按海德格的定義而來，「哲學即形而上學。形而上學著眼於存在，著眼於存在中的存在者之共屬一體，來思考存在者整體——世界、人類和上帝。形而上學以論證性表象的思維方式來思考存在者之為存在者。因為從哲學開端以來，並且憑藉於這一開端，存在者之存在就把自身顯示為根據。根據之為根據，是這樣一個東西，存在者作為如此這般的存在者由於它（即「根據」）才成為在其生成、消亡和持存中的某種可知的東西，某種被處理和被製作的東西。」海德格：〈哲學的終結與思的任務〉，陳小文、孫周興譯：《面向思的事情》（北京：商務印書館，2010年），頁68-69。意指一種設定著「造物與被造物」、「奠基者與被奠基者」的根據性思維，比如「道與萬物」、「理性主體與目的論」。老、莊的形上學解釋，所在多有，而且往往帶有政治哲學的一元論性格。相關討論，參見余英時：《歷史與思想》（臺北：聯經，2014年），「道家的反智論」一節，頁10-20。李志桓：〈後形上學語意下的「道」：《莊子》文本中的「風」與「自我」構成〉，陳贇、賴錫三（編）：《逍遙游》的文本、結構與思想》（上海：華東師範大學出版社，2022年），頁55-60。

[40] 郭慶藩輯：《莊子集釋》（臺北：河洛，1974年），頁49-50。「吹萬不同」前面可補上「夫天籟者」一詞，參見陳鼓應：《莊子今註今譯》（臺北：臺灣商務，2000年），頁44。

這段文獻的前後文，先是描述南郭子綦透過喪我的修養工夫，體會到名為「天籟」的道理，然則什麼是「天籟」？文獻沒有馬上給出回答，接著就描述自然界的風吹拂大地孔竅，而產生各種大小不同的音色、物貌。聽到這裡，子游大概迷糊了，便向老師問了上述的話，「地籟」是你剛才描述的自然現象，「人籟」是人為演奏樂器的聲響，那「天籟」到底是什麼呢？解釋的關鍵就在「吹萬不同，而使其自已也，咸其自取，怒者其誰邪」這段文字，究竟要怎麼翻譯？注家在這裡走上岐路，比如憨山和尚是這麼解釋的：

> 以人各以所稟形器之不一，故各各知見之不同，亦如眾竅之聲不一，故曰「吹萬不同」。使其自己者，人人迷其真宰之一體，但認血肉之軀為己身，以一偏之見為己是，故曰「使其自己」，謂從己而發也，此物論不齊之病根。[41]

對憨山來說，這一整段話是老師父對年輕弟子的破斥提撕語，一般人迷途於千差萬別的形軀、物貌，他們忘記了事事物物的背後，還有另一個更可靠的「真宰」，故而總是從自己的意見、想法出發（使其自已、咸其自取），遂掉入「物論」（各種不同的立場主張）的吵架爭執裡頭。最後「怒者其誰邪」變成了喝叱語，要求弟子重新思考，現象背後那個真正有效的「使動者」是誰？

　　跟隨上述的解讀立場，接續在「天籟」文獻之後，〈齊物論〉出現討論「日常情緒變化」與「形軀、感官、臟器彼此協作」的文字，它們也是「真宰」和「真君」這兩個概念的出處：

---

[41] 憨山：《莊子內篇注》（武漢：崇文書局，2015年），頁22。

> 喜怒哀樂，慮嘆變慹，姚佚啟態；樂出虛，蒸成菌。日
> 夜相代乎前，而莫知其所萌……若有「眞宰」，而特不
> 得其眹。
> 百骸、九竅、六藏，賅而存焉，吾誰與爲親？……其有
> 「眞君」存焉。如求得其情與不得，無益損乎其眞。[42]

按照宋儒林希逸的閱讀，喜怒哀樂這些種種情態，正如樂音、蒸氣沒有常
在的實性，其在日夜之間來去變化，而人所以如此多變，正因爲不能以
「道」自持，所以有種種醜態，那麼，《莊子》所以強調「眞宰」無跡無
形（特不得其眹）、不易掌握，正是要提醒「學道者」時刻體認自檢。同
樣地，在有形有象的身軀、百骸、臟腑之間，眞正能夠起主導作用的，應
該是那無形無象的「眞君」，故曰：此「眞君」若從相貌求取，大概見不
到也摸不著（求得其情與不得），但卻無損於其持續作用於人身（無益損
乎其眞）。[43]

　　以上，我企圖指出在〈齊物論〉的解讀裡頭，確實存在「形上學式」
的閱讀傳統，比如：在憨山和林希逸筆下，眞君、眞宰和天籟，讀起來就
像是先驗的主體性或者一切事物活動的起源依據。然則，這不是解釋文獻
的唯一方法，日本學者石井剛（Ishii Tsuyoshi）已經發現，至少在清代之
後，在傅山、郭嵩燾、俞樾、章太炎身上，我們可以找到一種「非形上
學」的莊子閱讀。[44]底下，我嘗試重新解讀〈齊物論〉，將其語意拉向抗
拒「同一性」的思考。

　　首先，讓我們回到「使其自已也，咸其自取，怒者其誰邪」的解釋上
來，郭象已經發現「自己」、「自取」不必解釋作恣意妄爲，而可以解釋

---

[42] 郭慶藩輯：《莊子集釋》，頁51-56。

[43] 參見林希逸的解讀：《莊子鬳齋口義校注》（北京：中華書局，2012年），頁17-20。

[44] 參見石井剛：〈《莊子‧齊物論》的清學閱讀〉，《齊物的哲學》（上海：華東師範大學，2016
年），頁158-174。

為「自生」：

> 夫天籟者，起復別有一物哉？即眾竅、比竹之屬，接乎
> 有生之類，會而共成一天耳……然則生生者誰哉？塊然
> 而自生耳。[45]

這是一種排除「造物者」語意的讀法，也就是說「怒者其誰」是個懸疑問句，世間的萬物不是「天籟」所造，而是自己造就了自己，故曰使其自已、咸其自取。問題是這個自生、自造要怎麼理解？郭象在這裡，有時描述的很含糊，[46]但我們可以代他把可能的語意給闡釋出來。

　　塊然自生，「塊」指的是前面所說的「大塊噫氣」，也就是說，這個「自生」要從風吹拂大地孔竅的交互關係來解釋。人籟的樂音、天籟的自然聲響，都是依因待緣的有條件者，「樂音」依待著人與比竹，「聲響」依賴著風與孔竅。換言之，這裡的「自生」可以詮釋為：世間的萬事萬物總是在彼此相互依待的條件作用中成形、變化與散去，在這裡，剔除了造物者與被造物的形上學語意。從這個角度出發，下文所說的「真君」、「真宰」同樣可以讀成是懸疑的問句：前者是說，在身體各種器官的有機協作下，還需要設想一個獨立的精神自我（真君）嗎？後者是說，我們的情態樣貌總是依隨著情境而不斷改變，乍看之下，好像擁有一個「真宰」，而一旦我們想把「真宰」的範圍給定義出來，就會遭遇身心二元論式的困難：切割出先驗理性與歷史的形軀，但那被切割出來的概念，又不甚好用。於是不妨大方承認，真君、真宰有其作用的情實，卻不能以其有

---

[45] 郭慶藩輯：《莊子集釋》，頁50。

[46] 比如郭象又說道：「自生耳，非我生也。我既不能生物，物亦不能生我，則我自然矣。自己而然，則謂之天然」，此語不好索解，似乎他又認為：物物不相關聯，只是自生自長。參見石井剛的討論：〈《莊子・齊物論》的清學閱讀〉，頁165-168。

自性的想法待之。

以「依因待緣」的方式，來解讀「自生」，並不會太突兀。因爲「罔兩問景」的寓言，就出現在〈齊物論〉篇末。在這個故事裡，影子的附隨者（罔兩）[47]問起影子本人，爲什麼影子自己沒有獨立的意志，身體動就跟著動，身體停就跟著停？影子回答道：我是有所依待的存在，而我所依待者，他也另有依待。在這個世界上，有什麼是一開始就放在那裡，獨自出現的呢？[48]這樣一個非現成的主體圖像，又出現在〈齊物論〉討論「我如何是我」、「夢覺難辨」的故事裡：

> 夢飲酒者，旦而哭泣；夢哭泣者，旦而田獵。方其夢也，不知其夢也。夢之中又占其夢焉，覺而後知其夢也。且有大覺而後知此其大夢也，而愚者自以爲覺，竊竊然知之……丘也，與女皆夢也；予謂女夢，亦夢也。[49]

《莊子》很早就察覺，自我是流變的，在每個當下，情緒的實感是如此真實，但是到了下一刻，前頭的真實感又變成了不實的虛幻（夢飲酒者，旦

---

[47] 我們得注意，「罔兩」自己就是依待影子而有，一個有條件者質問起另一個有條件者：「爲什麼你不是無條件者？」這顯然暗喻著，即便是那些自視爲獨立自主的存在者，也無能自脫於依因待緣的關係性。

[48] 原文是「吾有待而然者邪！吾所待又有待而然者邪！吾待蛇蚹、蜩翼邪！惡識所以然？惡識所以不然？」郭慶藩輯：《莊子集釋》，頁111。「吾待蛇蚹、蜩翼邪」，按成玄英的註解，蚹是蛇的蛻皮，翼是蟬的舊甲，這句話可以翻譯成：這樣的依待關係，也像是蛇皮和蟬殼一樣，沒有自體。爲什麼要推進這個語意？蓋如前述，「緣起」不能以「因果性」做解釋，彼、我相待的這種關係，也沒有自體，它不是我們口中所說的那種可以被經營的社會關係。故云「惡識所以然？惡識所以不然？」，既不能掌握這樣的關係性，也不能說裡頭沒有東西在交互作用、彼此影響。在這個語意上，「形、影、罔兩」相待而不可得（不可思議、不可被明確定義），其關係就是南希所說的不可言名的共通體。

[49] 郭慶藩輯：《莊子集釋》，頁104-105。

而哭泣；夢哭泣者，旦而田獵）。於是，我們的「自我」總是在「夢—
覺」的過程中前進，這一刻自以為的醒覺，在下一刻才知道仍在作夢。其
中「予謂女夢，亦夢也」是故事的關鍵句眼，它的意思是說：即便我能夠
講出這番道理來，乍看之下，像是個能夠看穿生存結構的覺者，我也依然
身處在流變之中，不曾是在時間之外的自我。

　　行文至此，我們找到一個非形上學的、非同一性的、形成於依待關係
之中的自我，一個誕生於「物化」過程中的自我：

> 不知周之夢為胡蝶與？胡蝶之夢為周與？周與胡蝶，則
> 必有分矣：此之謂「物化」。[50]

按漢學家任博克（Brook A. Ziporyn）的讀法，「物化」指的是事物所以
不斷變形成為眼前之事物的過程，他將蝴蝶與莊周解作：相互投射、彼此
依待的你我，恰如卞之琳的詩語「你在橋上看風景，看風景的人在樓上看
你，明月裝飾了你的窗子，你裝飾了別人的夢」，我們是在相互援引，以
他人為夢的過程中生活，然則在這個過程裡，沒有人真正成功地化約對方
（或者為對方所隸屬），故云「必有分矣」。[51]

---

[50] 郭慶藩輯：《莊子集釋》，頁112。

[51] 任博克的談法，參見〈〈齊物論〉的儒墨是非與兩行之道〉《商丘師範學院學報》38卷2期（2022
年2月），頁9。感謝審查人提示，郭象所謂「既獨化又相因」，以及莊周夢蝶所表達的「既難以分
辨又各自走向物化」，這兩個命題具有思考「彼」、「是」連環的理論潛力。簡言之，對《莊子》
而言，個體沒有真正獨立自存的內在性，我們對於自身的認知總是藉由對外部他者的否定而來（認
知活動對外部世界所進行的描述與定義，就是劃下界線，對事物進行一種否定性的限縮），然而
「對方」卻是不可被徹底化約的；反之亦然。據此，「彼—我」之間具有相互蘊含、反覆相喻、無
止無盡的動態關係。就本文而言，歧見、物論、故事地位，既是在這相互援引之中形成的，其解方
也離不開關係性。相關討論，參見林明照：〈《莊子》與列維納斯倫理反思中的第三者批判〉，
《道家文化研究》33輯（北京：中華書局，2021年），頁394-397。

㈡莊子會怎麼思考歧見、衝突與調解？

　　以上，他人與我既相互連繫又保持差異。現在我們進一步探索，在這樣的生存結構裡，《莊子》如何看待歧見的出現與衝突的調解。首先，《莊子》同樣認為歧見的結構，沒有一個事先存在的絕對標準（正處、正味、正色），相互遭遇的只是不同事物在其處身脈絡中，所發展出來的居存形態：

> 子知物之所「同是」乎？……民溼寢則腰疾偏死，鰌然乎哉？木處則惴慄恂懼，猨猴然乎哉？三者孰知正處？民食芻豢，麋鹿食薦，蝍且甘帶，鴟鴉耆鼠，四者孰知正味？猨、猵狙以為雌，麋與鹿交，鰌與魚游，毛嬙、麗姬，人之所美也，魚見之深入，鳥見之高飛，麋鹿見之決驟：四者孰知天下之正色哉？自我觀之，仁義之端，是非之塗，樊然殽亂。[52]

天底下的事物，沒有一個共同的標準（同是），[53]而真正造成衝突的原因，並不直接來自彼此故事地位的差異，而是相鄰卻互不相見，而又自好其事的作為。此所以文獻跟著說道，真正帶來混亂與紛爭的（樊然殽亂），是將這些原初的不同故事地位，加以延伸凌越的結果（自我觀之，

---

[52]　郭慶藩輯：《莊子集釋》，頁93。

[53]　正因為沒有人可以踩在絕對的標準之上，〈齊物論〉出現了辯論無效的主張：「既使我與若辯矣，若勝我，我不若勝，若果是也？我果非也邪？我勝若，若不吾勝，我果是也？而果非也邪？其或是也，其或非也邪？其俱是也，其俱非也邪？」郭慶藩輯：《莊子集釋》，頁107。然而，這並不是一種消極、不可知的虛無立場，鄧育仁指出，對《莊子》來說，言論依然有效，取消了共同的立基點，這件事情僅僅是提醒我們，永遠必須去找到彼此發言與思考的預設立場。參見鄧育仁的討論：〈《齊物論》的深度歧見與調節之道〉，《商丘師範學院學報》38卷5期（2022年5月），頁4-6。

仁義之端，是非之塗）。[54]

　　從原先相入、相涉，彼此對望而互詮的共通體狀態，凝定為相互廝殺，企圖取代對方的捉對格局，〈齊物論〉的另一段文獻是這麼說的：

> 物無非「彼」，物無非「是」。自「彼」則不見，自
> 「是」則知之。故曰：「彼」出於是，「是」亦因彼。
> 彼-是，方生之說也。[55]

任何一件事情，總是有著從不同觀點、不同故事地位來看待衡量的方式（物無非「彼」，物無非「是」），以鄧育仁所舉的例子來說明，面對婚姻，有人可能採取「原型的模式」，也有人採取「平權的模式」，面對家園有人採取「嚴父的模式」，也有人採取「親情的模式」，這兩種認知模式往往相互壓制、彼此取代，既採取了一邊，也就看不到另一邊，卻亟欲以自身熟悉的觀點立場，來幫助對方擘劃其有效且有益的生活（自「彼」則不見，自「是」則知之）。[56]《莊子》生動地將這樣的對峙結構，描述為併生併死、並起並滅的彼-是關係，王夫之有一諦解：

---

[54] 與此相關，有別於企圖為規範找尋先驗標準的倫理學進路，正因為取消了絕對的標準，《莊子》將「仁義」與「是非」看成是來自於不同觀點立場的分類與延伸（自我觀之），這是道家思考倫理問題的起手點。相關討論，參見賴錫三：〈《老子》的渾沌思維與倫理關懷〉，《臺大中文學報》49期（2015年6月），頁1-42；林明照：〈《莊子》「兩行」的思維模式及倫理意涵〉，《文與哲》28期（2016年6月），頁269-292。

[55] 郭慶藩輯：《莊子集釋》，頁66。其中「自是則知之」原文作「自知則知之」，我做了調整。相關討論，參見陳鼓應：《莊子今註今譯》，頁61-62。

[56] 鄧育仁的分析，參見《公民哲學》，頁26-63、頁262-279。鄧氏指出，這兩種思考沒有一種比另一種更高明，他們只是當事人形成各自故事地位的敘事習慣，而企圖取代對方，「這種破壞，相當於從根侵蝕人們自然感悟人生意義與生命故事的根基與機緣。毀掉這種根基與機緣，也就會毀掉人……新啟情節的故事能力。」《公民哲學》，頁275。

> 夫其所謂「是非」者，豈「是非」哉？彼、此而已
> 矣。……兩相排而益引其緒，以相因而生，則立「此」
> 而「彼」方生，使無「此」而「彼」不足以生矣。故有
> 儒而後墨興，有墨而後儒之說盛。夫相倚以生，則相倚
> 以息……攻人者召攻之媒也。[57]

這樣一種讎對的關係，其底性仍是相互流轉的共通體，眼前的「是非」、那些被評議的事態與對象沒有實體，說穿了，它們只是在彼、我不同觀點的設置下，因著相排對立而激起的孿生同構（立「此」而「彼」方生，使無「此」而「彼」不足以生矣），在明白這個意思之後，原先相倚而生的對決格局，也可以還滅流轉，不必陷構在你死我活的對抗關係裡。[58]

以上，我企圖說明對《莊子》而言，確實有著類似故事地位以及事物之間彼此相涉、相入的思考。現在我們進一步觀察，在這種情況下，《莊子》怎麼思考衝突出現以後的調解？承上述「彼-是相因」的局面，再往下讀：

> 是以聖人不由，而照之于天，亦因是也：彼、是莫得其
> 偶，謂之「道樞」，樞始得其「環中」，以應無窮。
> 「是」亦一無窮，「非」亦一無窮也，故曰「莫若以

---

[57] 語見王夫之：《莊子解》，收在《莊子通‧莊子解》（臺北：里仁，1984年），頁17-18。

[58] 必須說明的是，原先的流動關係，為什麼會凝定成彼此不再能夠溝通的實體圖像？這顯然涉及，對心齋工夫的解釋與定位。簡言之，《莊子》企圖描述在語言表達和反思活動的底層，還有一個原初的知覺活動狀態，相較於表象活動所欲進行的切分與定形，它是情感性的、敞開的，處在將形與未形之間，使得種種未名的經驗彼此交織穿插，成為各種主客、對象關係的基礎。相關討論，參見蔣年豐：〈體現與物化——從梅露-龐蒂的形體哲學看羅近溪與莊子的存有論〉、〈再論莊子與梅露-龐蒂〉，《與西洋哲學對話》（臺北：桂冠，2005年），頁213-232、頁233-235。另參李志桓：〈風與麻風：試論莊子會如何思考生活本身的不確定性〉，《中國哲學與文化》19輯（香港：中文大學，2021年），頁201-209。

明」。[59]

乍讀之下，一個善於溝通調解的人（聖人），不讓自己陷在這樣的泥沼裡
（不由），不讓彼、我僅僅只是停留在自己的角度看待事情（彼、是莫得
其偶）。然則如何達至這樣的效果？文獻解讀的難處，在這裡出現：㈠石
井剛敏銳地指出，「照之于天」和「莫若以明」都具有超然的意味，如果
我們要沿著「非形上學」的路數進行詮釋，在這裡就不能夠把「照」與
「明」解釋為能夠透視事物結構的超越者觀點或理性之光。㈡基於同樣的
理由，「道樞」與「環中」也不宜想作某個能夠順暢溝通的理想境地，因
為這種解釋等於事先設想了「共識」或者「同一性」的存在。[60]對照「公
民哲學」的寫作主旨來看，前一種詮釋反映的是將衝突之解決交付給普遍
理性主體仲裁的類型，它忽視了個體心智的差異多樣性，後一種詮釋則設
想「衝突」僅具有負面性格，必須被「共識」完全取代。

　　重新考慮對上述文獻的解讀，按照石井剛的建議，[61]解釋的重點可以
擺在「因是」一詞：

　　　照之于天，亦「因是」也。

「因是」之「是」指的是前文所說的「物無非『是』」、「自『是』則知
之」，也就是說，它仍是一種觀點立場（聖人從沒有真正離開其故事地
位），「照之于天，亦因是也」這句話要連讀，它的意思是：一個想要溝
通的人，他會嘗試回到「天」，[62]回到自然的、屬於知覺的感通維度，可

[59]　郭慶藩輯：《莊子集釋》，頁66。

[60]　參見石井剛：〈《莊子‧齊物論》的清學閱讀〉，頁158-165。

[61]　石井剛：《齊物的哲學》，頁155-157。

[62]　憨山將「天」解作「天然大道」，林希逸將「天」解作「天理」，這些用語都有形上學化的嫌疑。
　　〈大宗師〉在闡述「天與人不相勝」時，說道「夫知有所待而後當，其所待者特未定也」、「以其

是這個知覺感觸的維度，只是幫助他重新敞開理解的一個機會，事實上他
還是處在自身所形成的故事地位裡。這個鬆開自身認知模式的準備動作，
是重啟理解與認識的起手式。從這個起手式出發，才有機會不讓「彼」
「是」停留在原先相互壓制、企圖完全取代對方的零和對抗裡（彼、是
莫得其偶），而這個重新把往來之道路打開的情況，稱作「道樞」。[63]
在「道路」出現之後，才有可能進一步走到「環中」（樞始得其「環
中」）：

> 「是」、「非」反覆相尋無窮，若循環然游乎空中，不
> 爲「是」、「非」所役，而後可以應無窮。[64]

什麼是「環中」？參照郭松燾的解釋，從「是、非反覆相尋無窮，若循環
然游乎空中」一語來看，「環中」不是某個超越或空白無語的地方，它講
的是「語言空間」，因爲語言實踐的調節過程本身，使得雙邊話語不斷編
織、互文、一再編碼，這個時候，彼我之間的「中」[65]彷彿是空的，因爲

知之所知，以養其知之所不知」，對本文而言，「天」指的就是認知活動所待、所不能將其化約的
那個維度，也就是文獻所說的「特未定者」、「知之所不知者」，亦即在現成認知範疇外的那些無
名未形、不能被辨識的，卻持續作用的部分。在「人文」與「自然」相互對照的脈絡裡，它可以被
說成是自然，參見賴錫三：〈《莊子》「天人不相勝」的自然觀——神話與啟蒙之間的跨文化對
話〉，《清華學報》46卷3期（2016年9月），頁405-456。

[63] 在這裡，我跟隨郭松燾的解釋「是、非兩化而『道』存焉，故曰『道樞』」，在原本零和的對峙
裡，兩邊往來的「道路」是不存在的，當相互壓制的模式被鬆動（亦即原本互讎對抗的「是」、
「非」兩化之後），跟著一往來的可能性（一條道路）出現，這件事情叫做「道樞」（一個類似
於十字路口的意象）。換言之，「道樞」不是一個現成的地方，它企圖描述的是：在原本的困局
裡，有一個事態轉折的空間出現了。郭松燾注語，參見郭慶藩輯：《莊子集釋》，頁68。

[64] 郭松燾注語，參見郭慶藩輯：《莊子集釋》，頁68。郭松燾注語，我依照石井剛的斷句。

[65] 「中」是一個麻煩的概念，歷來有中軸、中體之說，不過這樣的說法，要不是將樞紐放在自己身
上，就是放在超越的奠基者那邊。對此，我們不妨考慮南希的見解：「『中』的意思是什麼？……
會不會是一相交、遇見的場合？」，「中」指的是「之間」，也就是你、我遭遇的時候，那個無法

沒有一個意象、一個命題被凝定下來，沒有一個被說出來的對象被實體化
而不再變形改寫。這也是我們日常交談的眞實情況，除非說話的雙方停下
來、達到了「結論」，否則先前講的每一句話，裡頭的主詞與述詞都是未
定的，因爲下一句話即可能改寫前一句話，而在這過程中，凡被言及的物
象，在交談結束之前，其形狀與邊界都是不確定的。

　　也因此，溝通、衝突調解，這件事情最終將落實爲雙邊語意的不斷創
造，文獻接著說，對雙方（彼我、是非）而言，這都是一條無窮無盡的意
義之途（「是」亦一無窮，「非」亦一無窮也）。《莊子》把這一整件事
情叫作「莫若以明」，參照郭象和郭松燾的注語：

> 欲明無是無非，則莫若還以儒、墨「反覆相明」。反覆
> 相明，則所是者非是，而所非者非非矣。
> 彼、是有對待之形，而「是」、「非」兩立，則所持之
> 「是非」非「是非」也，彼、是之見存也。莫若以明
> 者，還以彼、是之所明，互取以相證也。[66]

一直到這裡，我們才瞭解「明」的意思：「明」不是事先存在的光，而是
在語言系統交錯之後，才被看出來的、在原先的認知模式裡被蓋住的部
分。此即，郭松燾所說，眼前的「是非」不具有實體性，它們只是彼、我
在不同站位下，所形成的可見與不可見（所持之「是非」非「是非」也，
彼、是之見存也）。而正是透過彼、我之不同立場的「反覆相明」、「互

被消彌的「間距」。相偶的兩端所以無法疊合，不斷對轉，正因為這個「中」的存在。引文參見蘇
　哲安（譯）：《解構共同體》（臺北：桂冠，2003年），〈作者為中譯版序〉，頁xxv。

[66] 郭象和郭松燾注語，參見郭慶藩輯：《莊子集釋》，頁65。感謝審查人提醒，關於「莫若以明」
　的非形上學解釋，可追溯至郭象的「反覆相明」和郭松燾的「互取以相證」。相關討論，參見林
　明照：〈《莊子》「兩行」的思維模式及倫理意涵〉，頁271-277；石井剛：《齊物的哲學》，頁
　158-162。

取以相證」，才可能讓原先所是的走向非是，原先所非的轉向非非（所是者非是、所非者非非）。

　　以上，我重新詮釋《莊子》如何看待衝突的調解，我的目的在對比那種一躍而至的想法，或者想要徹底解決歧見的信念。之所以會出現這樣的想法與信念，是因爲當事人還懷抱著形上學式的根據性思考，以爲我們有著共同的主體性，或者以爲終究可以達到最後的共識（一種沒有異音、沒有人再受委屈的方案）。可資參照的是，在以認知隱喻的活動過程取代先驗主體性之後，雷科夫和詹森同樣將「溝通」描述爲不斷練習的累積與協調過程：

> 你需要足夠多樣的文化與個人經驗，才能察覺差異的世界觀及其所顯示的樣貌。你也需要耐心、世界觀的收放自如以及對過失的寬容，同時還需要一種天分，能發現適當譬喻去溝通非分享經驗中的相關局部，或者去突顯雙方共顯經驗而忽略其餘。在創造一致並溝通非分享經驗之本質的過程中，譬喻想像是決定性的技巧，此一技巧有頗大部分要看你融合世界觀以及調整經驗範疇化方式之能力。[67]

這樣的表述預設我們被困在各自的「故事地位」裡，除非我有著複雜的語言經驗，我才可能意識到自身的認知模式是極其有限的，而我也必須要有一種耐心、天分（或者說更多的失敗和成功的經驗），去練習使用語言、調節認知的邊界，表達出那些對方尚未理解的經驗，或者抓取出彼此已經共有的經驗。我認爲後形上學的《莊子》，所思考的溝通問題也是這樣表述的。儘管，「是亦一無窮，非亦一無窮也」這樣的造語，讀起很漂亮，

---

[67] 《我們賴以生存的譬喻》，頁335。

但真實的情況，當如雷科夫和詹森所描述的必須正視溝通之困難，其反覆協調，無休無止。

五、結語：「不齊」之齊與公民修養

正如前言所述，本文是在《公民哲學》與當代新道家思潮的碰撞下，所進行的探索試驗。就前者而言，我的寫作策略是追溯「認知隱喻」背後的哲學源流，將其潛力定位在南希所思考的問題「社會生活中的差異與共存」；[68]就後者而言，文章獲益於任博克所闡述的「萬有互在論」，[69]莊周與蝴蝶既相互依待，卻又能保有自身差異，這樣的依待關係，不是那種能夠被理性掌握與事先規劃的對象，如此一來，它便契近於不可言名的共通體。最後，「差異與共存」的基本存有論，既擺出來了，其面對分歧、共識與衝突之解決的方式，也與那立基於「根據性思維」而來的政治哲學（亦即預設著理性主體，或無異議之共識的思考方式）不同。無論上述的寫作，成功與否。當代民主政治與實際生活感受的脫節，大抵是相當明顯的，在本文結束之前，我想嘗試談論這個問題。

〈天地〉篇有一則寓言故事，子貢南遊，見一老丈人抱甕取水，灌溉田畝。不忍其多勞少功，便向他介紹起方便而快速的器械，老丈人則答道，自己不是不知道那樣的工具，而是害怕「有機械者必有機事，有機事者必有機心」。[70]透過這個故事，《莊子》企圖描述一種類似於韋伯（Max Weber）的觀察，一旦我們習慣以工具理性的方式看待事物，也就

---

[68] 在新近的寫作裡，鄧育仁從字源學下手，將〈齊物論〉之「齊」的原始意涵解釋為：眾多種子破土發芽的意象，放眼望去，作為破土之芽是相同的，但仔細看起來，芽與芽之間各自高低有別、面貌不同。換言之，〈齊物論〉所企圖思考者，乃不齊之齊，差異而又能共生並存的特殊之「齊」。參見鄧育仁：〈道行之而成，物謂之而然〉，《公民哲學》，頁306-307。

[69] 「萬有互在論」的內涵，參見任博克：〈〈齊物論〉的儒墨是非與兩行之道〉，《商丘師範學院學報》38卷2期（2022年2月），頁2-9。

[70] 郭慶藩輯：《莊子集釋》，頁433。

跟著遺忘事物的其他可能性。在今天，對於「民主」一詞缺乏想像力的情況，有類於此。許多時候，我們主要是從一個抽象而平等的人權地位出發，來構想民主生活的面貌，這樣的進路起先是為了排除歷史差異所可能招來的歧視（無論我們的出身背景、好惡習慣、能力好壞、宗教信仰如何，都應該享有先天出發點的平等地位），然則這種訴諸理性規劃所設想出來的民主地位與形式規範，是一種平均化的、中性的個體模版，它無法掌握、也不能調解不同個體之間的具體情感。面對衝突，這種民主形式往往只是要求當事人，從相互糾結的倫理狀態裡退出來，去伸張那個可以被講清楚、可以計算處理的法權身分。這種無能或弔詭的情境，就是我們在文學作品或電影裡頭，所看到的奇特情景：一個沒有公民身分的人被困在國境的夾縫當中；為了爭取家事法庭的判決，必須學習將倫理事件以符合法律要件的命題方式說出來（而那些不能被化作證詞的其餘部分，則是無謂的、派不上用場的）；多數時間已經生活在臺灣的移工或外籍神父，卻無法參與公共事務的討論；又或者，我們口語開玩笑（也不無感嘆地）說道，法律好像優先保護那些已經知道如何伸張自己權利的人。[71] 凡此種種，都一再迫使我們重新考慮：所謂的「民主社會」，不能僅僅停留在普遍有效的規範性與政治程序的制訂上，而必須進入到社會存有論的層次，思考個體發展與共同生活如何並存。在這裡，汪暉看到了「不齊之齊」的理論潛力，有別於過往的政治哲學，總是假定一種普遍的平等本質，卻造成反客為主的詭異現象，〈齊物論〉邀請我們從不能被化約的個體差異出發，重新思考民主生活的可能樣貌。[72] 當然，這不是說，因為突出了個體

---

[71] 這種「維權」的弔詭，就像是〈胠篋〉篇所描述的場景：「將為胠篋、探囊、發匱之盜而為守備，則必攝緘縢、固扃鐍，此世俗之所謂知也。然而巨盜至，則負匱、揭篋、擔囊而趨，唯恐緘縢、扃鐍之不固也。」郭慶藩輯：《莊子集釋》，頁342。規範（緘縢、扃鐍）原先是為了保障生活而有，卻反過來成為利用的工具。

[72] 完整的討論，參見汪暉：〈再問「什麼的平等」？——齊物平等與「跨體系社會」〉，《文化縱橫》2011年6期，頁98-113。

差異的優先性，便不再能夠去設想任何的規範，而是說因爲取消了對民主地位的既成想像，下一次，當我們再遇到衝突的時候，便不會簡單地訴諸既有的程序與規範去處理問題，而有可能去察覺，既有的規則在多大程度上，能夠幫助我們協調衝突？——在這裡，「民主生活」的初衷是盡可能地去促成差異共生，而不是運用規範去解決衝突，或者符合規範藉以避免衝突出現。

　　最後，正是在這個意義上，重提民主生活中的「公民修養」有其必要性。古典的修養論所以在當代生活中消失，是因爲它們常常帶著各種宗教意識形態的色彩，在走進現代化的過程中，乃被「理性」驅逐進入私人領域，成爲了個人信仰的選擇（即道德的私有化）。長期以來，我們相信以普遍理性作爲基礎的思考範式以及它所訂定的行爲規範，已經足夠引導我們投入合宜而有效的市民生活。然而，本文既描述了理性在民主生活中的化約限制，跟著也就必須重新思考「修養」在其中的補充作用。換言之，重談「公民修養」並不是要倡議回到某一種文化傳統裡，而是要思考除了理性的自我治理方式之外，當代民主生活還缺少了什麼？就「差異與共存」的社會生活而言，前文所提及的「心齋」、鄧育仁所謂的「兼聽」（感受他人的故事，藉以調節自身觀點），指的是在現成既有的思考習慣之外，保持對於差異與衝突的敏銳警覺。

公民道家的可能——《莊子》的多元觀

廖昱瑋

華東師範大學哲學系博士後研究

一、前言

　　社會時常產生不同意見，因此我們很容易就能夠聽到意見不同的聲音。不同的聲音代表著不同的價值取向，以臺灣社會為例，748釋憲案的出現，來自「追求性向平等」與「維護傳統婚姻」價值觀的差異。我們也會發現差異時常使意見相左的兩方產生衝突，即多元歧見，更嚴重著則是由衝突惡化成暴力，例如西方國家與伊斯蘭國（ISIS）的戰爭。由此，當代社會必須面對的問題是：多元價值如何被妥善保存，且不落入歧見乃至於暴力衝突的困境之中？本文即嘗試從《莊》學角度回應臺灣社會多元歧見的困境。

　　要以《莊子》回應臺灣社會多元歧見的困境，首先必須處理兩個問題：《莊子》化解歧見的方式為何？此方法能否運用在臺灣當代社會？對於前者，筆者認為能從兩個層面進入分析，一是就人我互動的倫理層次而言，遭遇意見衝突時如何用合宜的方式化解。二是從社會層面而言，理想社會如何調節個體乃至於族群間的歧見與衝突。

　　據上述問題意識，筆者認為《莊子》能夠從幾個面向回應多元歧見的問題：一是多元價值如何被尊重與調節，此點目前學界已多有研究，筆者希望能夠進行更深入的補充。二是調節歧見的涉及到對於他人的價

值承認,即價值承認是調節歧見的基礎,目前《莊》學研究,已有以霍奈特(Axel Honneth)「承認理論」作爲切入點的討論,[1]但筆者認爲《莊子》如何談論「承認」還有更多探討空間,且其中必須注意當代中文語境的「承認」,與西方哲學談論的"Recognition"事實上具有一定程度的差異,[2]由此必須加以釐清與重新回顧《莊子》。三則是上述價值承認與多元調節的當代意義爲何。

「公民道家」一概念是借用鄧育仁「公民儒學」的概念,希望能夠從群體的角度作爲出發點,探討《莊子》如何回應上述的問題。多元歧見所造成的衝突,這也是鄧育仁從《公民儒學》就已經不斷關注的議題,[3]在《公民儒學》中鄧氏已從《孟子》、《莊子》的角度來談化解衝突的可能,如以「重設法則」的概念來談《孟子》如何以說理的方式,使得意見衝突的雙方能夠理解彼此如何看待同一件事情。[4]並以《莊子》「觀點懷疑」的相關寓言來談人們對於價值觀的取捨與認定,必須自覺自己對於事實並不是全然瞭解,而在心態上保有開放性。[5]保有開放性並嘗試透過調

---

[1]   賴錫三(2017):〈《莊子》與霍耐特的跨文化對話－承認自然與承認人文的平等辯證〉,《國文學報》,(61),頁23-67。

[2]   承認理論中的其中一個脈絡,認爲「承認」的對象物(object)只能是人,其理由是基於人的共同人性,以及對方同時也是個承認主體(能承認他人者),由此承認對象物的範圍必須限縮在「人」。對於對象物的範圍歷來已有許多討論,在此不細述。但由於本文的主題是在探討「多元協調」的問題,就將探討範圍局限於「人」之上。另一個值得注意的是,上述提到的「承認」,指的是英文的"recognition",它既非英文日常使用概念,也不一定能夠完整對應到中文「承認」的意涵。在中文語境,「承認」有時是對於某些事實感到認可、同意,例如承認國家主權,抑或著是對於所做的行爲展現負責的態度,如「承認錯誤」等等。在不同的語義脈絡下,兩個詞事實上具有不同的意義,而我們之所以認爲"recognition"即是「承認」,乃是因爲兩個詞語都共同具有「認可、肯定」的意涵。由此要釐清的是,筆者在使用「承認」一詞時,使用的是哲學脈絡上"recognition"的意義,而非傳統中文的「承認」。

[3]   鄧育仁(2015):《公民儒學》,臺北:國立臺灣大學出版中心,頁1-9。

[4]   鄧育仁(2015):《公民儒學》,頁101-102。

[5]   鄧育仁(2015):《公民儒學》,頁128-135。

整認知來化解歧見，這種觀點在鄧育仁之後的《公民哲學》有更爲清晰的論述，《公民哲學》中所關注的議題，正是價值歧見與價值調節的問題。在書中，鄧育仁延續《公民儒學》「故事地位」的概念，主張尊重他者的故事性，以此爲出發點，思考如何將聆聽歧見作爲起點，去除自我中心而逐步調節多元價值所帶來的挑戰。其中，鄧育仁提出了幾個重要的概念：

1. 深度歧見：發生在共識不復存在之時，在這種情況下，我們無法凝聚共同的問題關懷，對於問題關懷的支持理由也毫無共識，我們對具體問題的看法落差巨大，甚至當你認爲關鍵的事實證據，對方卻連「事實」都看不到。[6]

2. 認知框架：「框架」指如何把組織、秩序帶入問題情境，以建立一種看待問題的特定角度與方式，包括如何觀察、描述、思考、推理，以及如何形成對於問題情境一種直觀的把握。這種看待問題的特定角度與方式，對認知過程有著程度不一的約束作用……當我們把認知框架如何如何的動態過程，用「起點／過程／結果」的完形型態來掌握其結果的特點時，作爲名詞用的認知「框架」，就適合用來指稱這種完形型態……這種完形型態一旦成爲穩定的結構，認知者總是在第一時間通過它來形成對於問題情境特定的看待方式，即爲「認知模式」（cognitive model）。有些模式已經根深蒂固，難以改變；有些模式則仍可在各種影響下被調整，被改變；有些模式則宛如社會風潮般，流行過後便自然消逝或退位。[7]

3. 故事地位：「承認每一個人都有能力新啓一段故事情節，以及賦予或調節行動意涵的地位；沒有人是其他人的附屬，或只是別人生活故事裡的道具，而尊重一個人最起碼的要求是承認他新啓情節、調節意涵的故事地位。」[8]這裡的故事情節，與人的心智多樣性與生活脈絡有

6　鄧育仁（2022）：《公民哲學》，臺北：國立臺灣大學出版中心，頁79、97。

7　Ibid. p.3。

8　Ibid. p. v。

關，人有能力依其意願開展自身的生活方式，而這裡的承認，便意味著人人都是平等的。

4. 調節與深度故事：調節的起始不是說服，而是聆聽。「調」意味接觸、交會、融會，「節」則意指節制，意味著彼此都要節制自己不要一意用自己的框架去套住對方的觀點、想法與感覺。[9]而願意聆聽與溝通是重要的起步，但不是解決方案。[10]儒學兼聽則明的要求包含兩個重點：⑴兼及不同人、不同觀點的聲音；⑵注重基層的聲音。少了兼聽的言說策略，即使你不斷強調是爲了關懷對方，最後總難免讓對方覺得你只是想改變他，實則從未眞正尊重他的感覺。[11]「深度故事」（deep story）則是他者脈絡性自身的展現，聆聽故事同時也是一種重新框束，在傾聽他者的聲音後，願意觸及他者感覺與感情深處中，由彼此共通的理念重新出發，以調節自己平常已經固定下來的成見或偏見，重新發掘自己以前從未感覺過的他者觀點的相關性與重要性，特別是那種被無視以及被出賣的感覺與心聲，而從中看出調節問題情勢的關鍵或幾微所在。[12]

我們由這四個概念大抵可以看出鄧育仁嘗試處理多元衝突問題的一個基本方向。首先，深度歧見爲一不得不面對的事實，每個人有自身的生命關懷，有其自身認爲有價值、感興趣的事物，這些價值觀、興趣會形成認知框架，不但影響著我們如何看待事物，也進一步的使得我們容易「以己度人」，要求他人接受一套與我們一致的觀點，這正是造成多元衝突的根本原因。但歧見背後所呈現的不是有人「違背」了「普世價值」，而是顯現觀點多元是一種存在的既定事實，人們依其自主性，作爲一個成熟的個

---

[9] Ibid. p. vi。

[10] Ibid. p. xii。

[11] Ibid. p.35。

[12] Ibid. p.35-37。

體，有依其意願生活的正當性，當我們遇到意見不同的他者，不是懷疑他是否唯一有能力做決定的個體，而是要承認他做決定的合法性。鄧育仁的這種觀點有著強烈的價值多元論的傾向，[13]而這與他以「自由平等」爲論述起點有密不可分的連繫。

　　鄧育仁上述的幾個概念與《莊子》具有許多可對話之處，不過其在《公民儒學》、《公民哲學》中雖引用了《莊子》文本作爲論述材料，但皆著墨不多，因此筆者希望能夠在本文提共「多元調節」在《莊子》更詳細的論述。

二、多元調節

　　對於多元價值的尊重與調節，目前《莊子》學界已多有論述，且多以「他者」爲核心來思考人我互動之間的理想性。如黃勇提出《莊子》的「差異倫理學」，強調對待他者的規範性必須來自當下的情境，我們無法以普遍的一致性作爲我們行爲的正確方針。而這樣的行爲反思將促使我們對於他者的獨特性有更深的思考。黃勇認爲《莊子》的特色在於其規範論是以他者作爲中心，而非以行爲主體作爲思考的中心。[14]林明照則注意到，行爲者除了需轉換自身的觀點到他者的立場，更必須注意到他者的感受，如狙公賦芋的例子，狙公轉變給予方式的依據並不在給予的數量，而是在猴子的情感好惡上，意即猴子的「喜怒爲用」成爲狙公行動的基礎。我們在考量行爲時，必須注意行爲對於他者會造成什麼樣的感受，而這也是道德實踐的理由。林明照指出，對於《莊子》而言，因應他人的情感是人我完善互動的重要條件，但因應之所以可能不只是認識性的，重要的是具備情感感受的基礎，而這仰賴著行爲者能夠放下主觀態度，他者才願意

---

[13] 鄧氏在《公民儒學》中也提到，其所探討的多元問題，與柏林的多元論十分相近。參見鄧育仁《公民儒學》，頁3。

[14] 黃勇（2016）：〈論《莊子》中的行爲對象道德相對論〉，（3），《社會科學》，頁115-124。

相同的敞開容受性。[15]

　　除了上述兩位學者之外，賴錫三則從上述《公民哲學》的脈絡切入，將鄧育仁「聆聽」的主張帶入〈齊物論〉與〈人間世〉，作為《莊子》與公民哲學對話的接觸點。賴錫三承接著鄧育仁的論題，以其主要便以《莊子》如何處理認知框架與歧見的問題著手。賴錫三首先指出，〈天下〉闡述歧見自古便存在的事實，眾家學派以為自己掌握到真理，而自鳴得意的景象（天下多得一察焉以自好），而這導致著眾人各說各話、絲毫不肯妥協（道術將為天下裂）。《莊子》所描述的危機並不是有一超越的「道術」遭受到人們的破壞，而是百家之學的差異雖然引導出意見與價值的多異性，但人與人之間卻不願意相互聆聽，使得論點好像只是一段段雜音，而沒有協調之可能。[16]〈齊物論〉儒墨之間的交互爭論也是同樣的道理，觀點一旦形成同時也宣告了我們對於事物的框架，使得事物不再具有其他被理解可能性，這將使得真理同樣也被我們固定化。賴氏指出，如果人們的表意活動必然連結著特定脈絡，那麼就沒有人可跳開視域角度而宣稱能掌握絕對的客觀真理。倘若太固執在自身觀點，就容易著迷於自己的所見所言（愛之所以成）而排斥其他的言論。[17]〈齊物論〉認為是非彼是的背後都連結著言說者的脈絡性，由此彼是、是非的成立，有賴於觀看者用什麼樣的角度來看待某一觀點。當然，觀看者的角度本身也是一種有局限的判斷，因此我們要認知到，是非本身一來相互依待，二來也要對於自身的觀點判斷有所警覺與反省，亦即放掉自身的成見，嘗試從不同的角度再回來看到同一件事物。[18]除了〈齊物論〉之外，賴錫三也透過〈人間世〉來

---

[15] 林明照（2016）：〈《莊子》「兩行」的思維模式及倫理意涵〉，《文與哲》，（28），頁269-292。

[16] 賴錫三（2021）：〈公民道家與深度歧見──以《莊子》的〈齊物論〉和〈人間世〉為思考〉，「公民道家的可能：公民哲學與道家哲學的對話學術工作坊」，臺北：臺灣大學、政治大學，頁14。

[17] Ibid. p.18-19。

[18] Ibid. p.20-27。

回應鄧育仁所說的「調節」，〈人間世〉中，充滿道德激情的顏回容易因為一廂情願而陷入危險，《莊子》認為人心複雜，倘若我們憑藉道德激情而疏於對人心的考量，便容易招致人禍而不知。由此自我必須轉化，轉化不只是為了保全自身，同時也是在〈人間世〉中調節倫理與政治的樞紐，「心齋」便說明了這樣的實踐意義，藉由虛化內心，讓自己軟化而能夠讓自我放開成心的主宰意志，以接納眾多差異的觀點。[19]

　　我們會注意到，三位學者的論點都顯示著聆聽作為倫理要求的重要性，這意味著「聆聽」在解決「多元歧見」時的關鍵性。但我們也必須注意到，「聆聽」多要求自我意志的弱化，要求行動者去除主觀意志以接納他者，然而這是否導致毫無底線的放縱？這是一個值得深思的問題。亦即，當我們強調以聆聽作為化解自我的同一性的暴力之時，「聆聽」是否又造成了另外一種層次的同一性暴力（他者暴力）？

　　對此，筆者認為我們能由「忘」的修養工夫作為化解此一難題的可能方向。首先我們以〈大宗師〉「相忘江湖」一段作為切入點，其指出，堅持著是非判準並相互批判只會造成痛苦，就好像苟延殘喘在乾涸河道上的魚，由此忘掉是非爭論，才可像返回江湖的魚般自在（與其譽堯而非桀，不如兩忘而化其道）。〈大宗師〉也提到「魚相造乎水，人相造乎道。相造乎水者，穿池而養給；相造乎道者，無事而生定。故曰：魚相忘乎江湖，人相忘乎道術。」魚適合活於水裡，人適合活在大道之中。適合活於水者，就提供池水使它生長，適合活在大道之中的，就讓他不受事物紛擾而心性安定。因此魚相互遺忘在江湖中，人相互遺忘在道術中。連結到「譽堯而非桀」，則「無事」之「事」指的是會干擾人心的是非判準，只有去除是非才能使得內心安定，《莊子》認為就像魚適合活在水中一樣，人適合活在無是非紛擾而內心安定的處境中，只有在這樣的處境人才能夠「相忘」，即相互遺忘，不特別意識到他者的存在。這是因為一旦我們心

19　Ibid. p.41。

懷是非，則會處於想要辯駁他者的心態中，由此會時時刻刻意識到他者的
存在。

　　筆者認為，「忘」有兩種層次意義，一種是在上文可見，去除是非的
框架，停止以自我的意志去框架他人，我們既有的觀點、立場有時使得我
們拒絕接受、關注他者的感受，這種態度使得我們處於相互批判的痛苦之
中。另一種則是「價值承認」，「忘記是非」積極意義上來說是承認他者
的價值，承認對方有其故事性，有能力開展故事情節，由此我們沒有理由
以自己的框架去限制其發展。

　　那麼，從「忘」的實踐工夫如何走向和諧、「共同」開展故事？筆者
以〈達生〉兩個對於工匠的寓言作為分析的材料。

> 工倕旋而蓋規矩，指與物化，而不以心稽，故其靈臺一
> 而不桎。忘足，履之適也；忘要，帶之適也；忘是非，
> 心之適也；不內變，不外從，事會之適也。始乎適而未
> 嘗不適者，忘適之適也。

　　工匠以手指畫圓而能夠合於規矩，他的手指與物相合，而不以自己的
心意驅使，因此精神專一而沒有桎梏。忘記腳代表著鞋子舒適，忘記腰代
表腰帶舒適；忘記是非，則是代表心靈安適。內心專一不變，不向外使外
物擾動自己，這樣便所遇皆安。若以本性為根據而無所不安適者，就是忘
了快適的安適。

> 梓慶削木為鐻，鐻成，見者驚猶鬼神。魯侯見而問焉，
> 曰：「子何術以為焉？」對曰：「臣工人，何術之有！
> 雖然，有一焉。臣將為鐻，未嘗敢以耗氣也，必齊以靜
> 心。齊三日，而不敢懷慶賞爵祿；齊五日，不敢懷非譽
> 巧拙；齊七日，輒然忘吾有四枝形體也。當是時也，無

公朝，其巧專而外骨消；然後入山林，觀天性；形軀至矣，然後成見鐻，然後加手焉；不然則已。則以天合天，器之所以疑神者，其是與？」

製作禮器的工匠製造出鬼斧神工的鐘器鼓架，但這不是依靠任何人為的技巧，而是按造木頭的天性，找到天然形軀適合變為鐘器鼓架的樹木加以完成。這是以工匠自身的本性，來契合樹木的本性（以天合天）。而在找尋樹木之前，工匠必須先避免消耗精氣，平靜自己的心思，必須去除懷有功名利祿的心態，對於名聲以及自己技術的好壞也要忘卻，最後連自己的形軀都要忘記。工匠必須專心一致並消除外物的擾亂，才可進山尋找樹木。工匠手指與物相合，與「以天合天」所描述的，都是以自身的本性契合他者的本性，「不以心稽」、「靜心」便是說明要能做到此點，必須先去除主觀的心思，否則行為將受到個人私意的阻礙。隨後〈達生〉提到對於對象物的忘卻與情感感受的連結，例如鞋子的舒適使我們忘記腳的存在，我們忘記對於他人的批判（是非），則顯示著我們內心狀態的安適。

從「以天合天」一句來看，工匠並不是單方面的讓事物自我呈現，工匠與樹木之間有一相互呈現的過程，工匠先消弭自我，讓樹木有展露天性的空間，而工匠也向樹木展現出自己的本性，以自身的本性尋找與自己契合的樹木，由此鐘器鼓架的完成仰賴二者的共同參與。

鐘器鼓架的完成，意味著一個新的事物的完成，「驚猶鬼神」則隱喻著新的、受肯認的價值在此時此刻出現了。必須注意的是，新價值的出現並不由單一的個體天性（樹或是木匠）所完成，而是仰賴必須要有物我的價值相互參與、流通。在流通過程中，「天」意味著個體的差異性，新的價值的完成需要不同差異個體的相互配合。據此對照到人倫世界，社會要開創新的價值，必須在人我關係中展開。

那麼「天」意味著什麼樣的差異性？從情感的角度來看，意味著人有不同的情感好惡，但不表示有某一方的好惡占據絕對優勢，工匠的「忘」

則顯示對於情感差異的承認。因此「以天合天」是嘗試在不同好惡之間找到彼此都能接受的平衡點，據此才能達成社會共識。而性情的展現，包含著自身情感性的展露。

此概念筆者認為能夠以所羅門「互為主體」（intersubjectivity）的概念作為對照，所羅門即指出人我之間有情感性的關係，我們的評價、判斷都會影響或決定關係的界限。判斷（包含情感判斷）是互為主體的，蘊含著人我的信任（trust）、開放（openness）、共享（sharing）以及結合（association）。以「愛」為例，愛不僅只是單方向對於他人的情感，它也包含至著信任感、相互分享的欲望。對於所羅門來說，有些情感則不是互為主體的（例如尊重、欽佩等等），不過在具有互為主體能力的情感中，人們向他者開放自身，允許「我們」之間（ourselves）相互分享我們的經驗與意見，乃至於世界觀，甚至最終也分享自身其他的情感。[20] 以此來說，當我們形成「我們」的意識時，同時也意味著我們願意在這段關係中開放自身，使得自我的脈絡性向他人展現。

我們將此處的「忘」與〈大宗師〉「坐忘」連結來看，「坐忘」指的是「墮肢體，黜聰明，離形去知，同於大通」，洪嘉琳認為「肢體、形」有「自我認同」之意，[21] 由此忘記「四枝形體」便有忘記「人我區分」的意義。而人我的區分時常是從自身的觀點與認知框架所建立，以此工匠必須去除私欲乃至於認知框架，最後才能覺察自身的天性以及事物的天性，而在意志退讓與覺察天性後，我們才能夠使得物我的天性在我們共在場域中呈現與交融。

小結來說，「忘」即是意志的虛化，以及對於他人價值的承認，使得我們能夠處於不被他人框架所束縛的，心靈舒適的狀態。從〈大宗師〉

---

[20] Solomon, R. C.(1993) *The passions: Emotions and the meaning of life.* Hackett Publishing.p.214-215.

[21] CL Hong.(2013) "Clearing up Obstructions: An Image Schema Approach on the Concept of Datong 大通 in Chapter 6 of the Zhuangzi." *Asian Philosophy: An International Journal of the Philosophical Traditions of the East.* p.284-287.

我們會發現心靈舒適與遺忘是非之間相依相待，亦即「忘」既有去除是非之意，也有心靈舒適之意，可說舒適與遺忘同時發生。而相較於〈大宗師〉，〈達生〉多了對於「遺忘是非」的先行工夫，從〈達生〉來看，個人意志的弱化（不以心稽）是我們能夠放下是非的要素之一。此外，若我們將工匠所形塑的作品，看做是故事情節的共同完成，那麼會發現我們是否允許他者的價值在關係中呈現，決定著我們是否能夠一起創造新的故事情節。由此，歧見調節除了聆聽外，共同參與故事也是關鍵之處，而這需要將虛化作爲實踐功夫，也就是「人、我」的意志皆有所自覺、退讓，以求你我之間的需求都能夠在這個共處場域展現。以此來說人我互動的規範性便是在關係中呈現，我們之間應當如何互動，有賴著我們的互動脈絡，這種規範是動態的，而非一種既定的規範要求。

三、價值承認

　　前述提到，多元調節的產生，源於我們對於平等的追求，而平等又需要「承認」作爲根基，即是我們在態度上承認他人也有其自身的價值，由此我們就有「尊重」其意願的倫理理由。那麼，何謂承認？

　　首先我們需要注意，「承認」是一種賦權的行動。[22] 例如，當少數族群希望藉由其他族群的承認，來獲得同樣的權力時，即是希望其他族群能夠「承認」不同族群間都「應當具備相同的權力」。[23] 錢永祥便說到

　　　　「對個人公平」這項訴求涵蓋的範圍擴大，一方面繼承
　　　　了原先自由主義自由與平等的訴求，但附加上傳統左派
　　　　特別針對資本主義體制而提出來的資源分配議題；另一
　　　　方面則將「平等」的要求從權利與資源，擴張到身分與

22　錢永祥（2014）：《動情的理性：政治哲學作為道德實踐》，臺北：聯經出版，頁180-185。

23　Thompson, S. (2006). The political theory of recognition: A critical introduction. Polity. p.4-8

認同方面的特色是否被尊重接納，開始追問「個人的身
分特色有沒有獲得公共的承認（recognition）」（錢永
祥2014：177-178）

　　此外也必須注意到的是，「承認」與情感有密不可分的關係，如霍奈
特（Axel Honneth）便將「承認」等同於對於他人的同情共感。對於霍奈
特來說，「承認」先行於認識，共感之行為方式也先行於理智上的掌握現
實。霍奈特即透過嬰兒的發展過程來佐證此點，在發展心理學的研究上，
研究者注意到兒童之所以能夠能學會將自我關聯到一個有著穩定且持存對
象物的客觀世界，是因為他借助第二人的觀看視角，學會將自我中心的視
角去中心化。嬰兒要能夠做到這點，必須要以一個與自己相應相繫的他人
為範準，這個他人即是重要他人（如母親），嬰兒以效法母親或是其他重
要他人對於某對象物的態度作為認知方法，來決定自己對於此物的態度。
此外，幼兒「觀點獲取」的能力建立在一個重要的前提之上，即幼兒對於
母親的情感認同，對此霍奈特稱為「承認」。情感認同使得嬰兒受到在場
的具體他人之感染或鼓勵，從而對與他者在態度立場上的變化產生興趣；
相反的，缺乏回應、感受照顧者情感能力的孩童（如自閉症），則較難掌
握「觀點獲取」能力。[24]

　　簡而言之，幼兒必須先能認同重要他者、情感上承認他者，才能藉由
他者的觀點認識到有一客觀存在。以此銜接到鄧育仁的「聆聽」，即是小
孩因為不存在失去情感承認的困境，以此方能夠以聆聽的方式學習觀點。
「調節」的起點，即是在情感上承認他者，才有開放心胸、聆聽的可能。
由此可知開放態度與情感互動之間密不可分，所以當我們嘗試處理衝突調
合的問題時，所要解決的不僅是認知層次，也包含著情感層次。

---

[24] 阿克塞爾・霍耐特（Honneth, A.）著，羅名珍譯（2018）：《物化——承認理論探析》，上海：華
東師範大學出版社，頁59-65。

　　鄧育仁在談述「多元價值」時，也時常透露著這樣的味道，如提到價值的調節不僅僅需要認知層次，也需要情感層次。[25]新啟蒙便正視認知模式的差異，注意到所謂的共同理性，不足以回應因認知差異而引起的多元觀點問題。

> 然而時至今日，在價值領域裡，在許許多多議題上，我
> 們依然意見分歧。雷科夫新啟蒙的起點就在於點明：
> 十八世紀啟蒙運動所謂的普遍理性，其實夾帶著一種迷
> 思，一種誤使我們以為終將能經由共同的理性去化解所
> 有歧見的迷思。只從「共同的理性能力」來回應意見分
> 歧的情況，會讓我們看不到深刻的、艱難的人類處境：
> 由於有時彼此之間認知模式差異巨大，以致沒聽懂對方
> 的話但各自不知道，而更難為的情形是，即使最後明白
> 對方的意思卻感覺不到對方觀點的相關性與重要性，更
> 嚴重的則是明白後反而加深一種來自他者存在的威脅感
> 與敵意。[26]

　　鄧育仁引用雷科夫的觀點來說明，調節多元價值不能僅從認知層面，也須從情感層次作為考量點，因為我們的認知模式不僅僅只是由理性主導，也受到情感的影響。[27]對此，我們能夠連結到他對於小孩如何學習道理的討論，筆者認為涉及到了調節中情感如何發揮作用：

> 小孩聽懂道理是從聽懂故事開始。小孩學講道理是從學

---

[25] 鄧育仁：《公民哲學》，頁v。

[26] Ibid. p.4-5。

[27] Ibid. p.5。

講故事開始。小孩學會行動是從與人互動中開始。我們
都是這樣在彼此牽連中長大成人。你我的人生有什麼意
義端視我們活出怎樣的故事，而人性智慧的起點就在點
點滴滴的生活故事與故事思考裡。[28]

鄧氏指出，觀點的形成（聽懂道理）從聆聽開始，換句話說在一種原
始的關係結構底下，我們是在與人互動、聆聽他人的過程中，彼此牽連成
長，而正與霍奈特的理論有相互輝映之處。

那麼《莊子》如何談論這樣脈絡下的「承認」？首先，錢永祥歸結三
種承認向度：普遍角度、特殊角度以及評價角度。第三種是更關乎根本價
值的「承認」，其提到

評價角度的承認：承認的第三種常見的意思，溢出了上
述著眼於「平等對待方式」的範疇，進入了「實質評
價」的範疇。這兩個範疇是有別的：以對待方式為著眼
點，承認的意思是賦予權利或者待遇，而以平等對待為
理由；以實質評價為著眼點，承認的意思則是正面的
「推許」（esteem），這時候承認某項特色或者需求，
意思是說認為該特色或者需求具有某種實質的價值，承
認它代表其本身即值得承認，至於承認它是否為平等的
對待原則所要求，並不在直接的考慮範圍之內。[29]

簡單來說，這個層次的「承認」意味著我們對於他者價值的肯認，
霍奈特則認為這樣的價值是內蘊在他者身上的。從這個面向來看《莊子》

[28] Ibid. p.v。

[29] 錢永祥：《動情的理性：政治哲學作為道德實踐》，頁184。

中的承認向度，筆者認爲，值得注意的是《莊子》中對於事物特殊性的肯定，從《莊子》我們會看見事物有種根本的、與生俱來的特殊性，而這種特殊性又具有其自身的價值，筆者將此稱爲「原初價值」，意思即爲這樣的價值不是仰賴他人的立場框架，而是其自身就值得被人所認可。

我們可從〈齊物論〉作爲討論的線索，〈齊物論〉針對有無普遍性的標準（知）做出反省，其中提到不同的環境適合不同的物種居住，因此我們沒有一種超然的立場去訂立什麼樣的環境才是適合居住的環境（民溼寢則腰疾偏死，鰌然乎哉？木處則惴慄恂懼，猨猴然乎哉？三者孰知正處？）此段描述學者們多認爲是對於有無「絕對之知」的扣問，但筆者認爲不僅如此，因爲正處、正味雖然不存在，但是這不代表猴子、泥鰍的喜好都是錯的；相反的在不同的生物機能條件下，牠們都是對的，因爲樹木、沼澤都是適合牠們各自居住的地方。以此來看，《莊子》不是相對主義—認爲「眞」只是主觀的—而是多元主義，即承認「善」（good）是多元的、客觀的，事物理應依其天性去認爲什麼東西是他們喜愛的。

由此，此段除了是對於「觀點」的反省，從不同觀點間沒有一方能夠優於其他方來看，也可看出不同物種的天生的特殊性都是平等的，因此我們不能夠以特定的立場去衡量所有的事物。

事物天生的特性有其自身的價值，此點在〈駢拇〉則有詳細的闡述

> 彼正正者，不失其性命之情。故合者不爲駢，而枝者不爲跂；長者不爲有餘，短者不爲不足。是故鳧脛雖短，續之則憂；鶴脛雖長，斷之則悲。故性長非所斷，性短非所續，無所去憂也。意仁義其非人情乎！彼仁人何其多憂也？且夫駢於拇者，決之則泣；枝於手者，齕之則啼。二者或有餘於數，或不足於數，其於憂一也。今世之仁人，蒿目而憂世之患；不仁之人，決性命之情而饕富貴。故意仁義其非人情乎！

　　那些符合自然常理的，[30]沒有喪失它性命的實情。因此肢體相連的不叫駢，肢體分長的不叫做跂。長的不是多餘，短的不是不足，因此鴨子的腳雖然短，強制將它接長便使其痛苦；鶴的腳雖然長，將其截斷則造成悲哀。因此從「性」的角度來說，不應對天生的事物有所修改，也沒有什麼憂慮之處去要擔心。〈駢拇〉以此對應到人世間的「仁義」，指出仁義原本也是出自人的天性，但卻被當作禮樂的框架，反過來殘害人的性命實情。仁義受到錯誤的運用之後，那些講求仁義的人反而感到擔憂，而此憂患即是源於對於性命實情的破壞。由此〈駢拇〉批評那些講求仁義的人為了想解決紛亂，又妄想使用仁義來解決禮樂框架所造成的問題，而貪圖利益的人，則自己割棄性命實情以追求富貴。這兩者無論哪種都是使得性命之情喪失、社會出現紛亂的禍因。〈駢拇〉也指出，真正的理想狀態，不是透過仁義的約束所達致，而是使得性命之情能夠充分發展（吾所謂臧者，非所謂仁義之謂也，任其性命之情而已矣）。

　　在〈駢拇〉對於「性命之情」的闡述中，可看見對於「性命」的充分肯定，事物天生的樣貌就是最理想的樣態，而不需要再透過人為的方式去加以修改，這反而只會使事物受到傷害；反之，使得事物得以發展它的性命，才是使社會環境安定的理想方式。除了〈駢拇〉外，〈達生〉也對「性命」有所解釋。

　　　　孔子曰：「何謂始乎故，長乎性，成乎命？」曰：「吾
　　　　生於陵而安於陵，故也；長於水而安於水，性也；不知
　　　　吾所以然而然，命也。」

　　孔子在瀑布邊遇到善於游泳的人，並向他詢問泳技如此高超的原因，

---

[30] 成玄英：「以自然之正理，正蒼生之性命，故言正也。物各自得，故言不失也。言自然者即我之自然，所言性命者亦我之性命也，豈遠哉！故言正正者，以不正而正，正而不正（之無）言〔之〕也。」郭慶藩：《莊子集釋》，頁324。

他則回答到這是「始乎故，長乎性，成乎命」的緣故。「故」即是生於瀑布邊的高山而安適於高山；「性」則是成長在水邊而安適於水；「命」則是不知爲何如此而如此。從這樣的敘述我們可理解，「性」即是因應成長環境的特殊性，而產生相應的能力，亦即生長在不同環境，自然而然就會成長出不同的天賦。「命」則是一種出自天生，自己如此的概念。

從「安」來看，〈達生〉描述對於不同環境的接納心態，即接受自己如此生長，並使得自己順應環境而有所發揮。此外連結到「安之若命」，「命」具有不得不、人無法改變的意義，可看出善游者的成就，來自他順應「命」就是如此，而安適於命的態度。如果說善於游泳是值得肯定的技藝，那麼《莊子》所要譬喻的是人的天性有其個殊性，只要接納天性並使他有所發揮，就能夠使得天性的價值被展現出來。

由上述可看出《莊子》一來認爲人天生就具有良善的價值，並認爲這種價值的合宜展現，來自人是否能夠合適的發展自己的天性。再者，基於天性的價值意義，天性應當要受到良好的保護而不可被破壞。

四、多元實踐的社會性

西方政治哲學家注意到：人作爲一種理性存有者，我們依據理性而做出的決定並不會只是單一方向，反而是按照個人所關注、在意的向度，而有不同的價值抉擇。例如我認爲對朋友的忠誠重要於信守承諾，但他人卻可以擁有與我不同的取向。不同的價值抉擇並不意味著誰做的決定「更爲正確」（抑或是「更理性」）；相反的顯示著不同的抉擇背後都有其理由作爲支撐。價值與價值之間，彼此不能夠以單一的方式去化約（例如效益主義使用的快樂計算），並且需要承認不同的價值抉擇都有其合理性。在這樣的思維脈絡底下，所進一步延伸的是我們必須尊重與我意見不同的他人，因爲與我意見不同者，其背後也有一套理性的思維支持其觀點。

由此研究多元主義的學者，關注並重視的問題意識之一，便是在充滿多元價值的現實社會中，我們如何維護個人乃至於群體的權益，以使得多

元價值能夠共存。凱奇斯（John Kekes）即主張一個理想的政體，應當要
有能力保護各種潛在的多元價值，並且使得公民能夠去追求自己想要的生
活。[31]蓋爾斯頓（William Galston）則認爲要達至多元價值的實現，必須
建基在對於自由的保障中，對他來說這樣的自由是一種具有表現力的自由
（expressive liberty），它反對外在力量對於個人、群體的干涉，[32]由此政
體的權力一方面需要被限縮，另一方面也要能夠給予足夠的社會空間，讓
不同的價值在社會中能夠展現，並能夠協調不同價值（群體）之間所帶來
的衝突。[33]

　　這些概念在鄧育仁的論述中，強調的是尊重故事地位，以聆聽、自我
克制來協調、保全社會之間的差異。「故事地位」對應到本文的脈絡即是
「價值承認」，「調節」與「深度故事」則是建立在價值承認的基礎上談
社會共識。

　　那麼對《莊子》來說，「價值承認」如何推導致「保全差異」？如何
看待價值的保全，以實踐理想社會的多元性？除了上述從人我關係談倫理
性外，黃勇指出在《莊子》中有許多強調差異的故事，這隱含了一種差異
倫理，《莊子》要告訴我們的是我們應當承認並尊重他者，尤其當他們的
是非標準與我們不同時。[34]由此，理想社會中的「彼是」差異，是人人能
夠看見他者與我在觀點、天性上的差異，而「彼是」的無所區分，則是在
情感、心態上，將他人視爲與我平等的對象，而以平等的方式看待、尊重
他者。

　　面對不同的差異性，《莊子》也藉由反省「仁義」的方式，來說明過

---

[31] Kekes, J. (1996). *The morality of pluralism*. Princeton University Press. p.213

[32] Galston, W. A.(2002). Liberal pluralism: *The implications of value pluralism for political theory and practice*. Cambridge University Press. p.3

[33] Ibid. p.125

[34] 黃勇（2011）：〈尊重不同的生活方式：《莊子》中的道家美德倫理〉，《華東師範大學學報》（哲學社會科學版），第5期，頁22-32。

度強調特定價值觀所造成的不平等。仁義禮樂等倫理規範之所以不理想，在於這些價值標準會擾亂人的內心。且所謂的仁義有時只是我們自以爲抱持著正確的價值觀，而去抨擊那些與我觀點不同的人，由此仁義不但沒有爲社會帶來秩序，反而帶來混亂，如〈齊物論〉「自我觀之，仁義之端，是非之塗，樊然殽亂」。

　　如果從上述來看，理想社會是一個尊重差異的社會，而何謂「尊重差異」，〈駢拇〉提到「吾所謂臧者，非所謂仁義之謂也，任其性命之情而已矣」，即所謂的「善」並不是透過仁義展露，而是讓多元的意見能夠被允許發聲（任其性命之情）。由此理想社會不因人民的身分不同就剝奪某些族群追求多元價值的權利，亦即「平等」；反之，「仁義」則使得這些平等的可能性被剝奪，如此則是違背了人情，〈駢拇〉便提及「故意仁義其非人情乎！」此外也說到

　　　　且夫待鉤繩規矩而正者，是削其性；待繩約膠漆而固者，是侵其德也；**屈折禮樂，呴俞仁義，以慰天下之心者，此失其常然也。**天下有常然。常然者，曲者不以鉤，直者不以繩，圓者不以規，方者不以矩，附離不以膠漆，約束不以纆索。故天下誘然皆生，而不知其所以生。

　　以仁義禮樂來約束人民，希望以此來安撫人心的方式，將使得百姓失去平時的生活習性、天性。「常然」就是百姓按照他們各自的天性生活，所以天下之人自然的生長，但又不知道是依據什麼（規則）生長。我們以此來看，《莊子》對於仁義禮樂的批評，是這些規範使得天下被強制只能一種型態生活，而這樣的社會運作模式在根本上就忽略了人與人之間的差異，也就是造成實質上的不平等。而這種不平等，可能是一種以爲將事物齊頭式平等，便可達致真平等的誤解。如我們將不同生理條件的人（男女

老弱殘疾等），用相同的比賽規則、目標來比賽，便只是齊頭式平等而非實質平等，眞正的平等是要考量到不同生理條件的人他們之間的差異，而給予差異的對待。

那麼從社會的角度來說，《莊子》所認可的倫理性爲何呢？筆者認爲是追求社會多元面貌的倫理性。前述已提到「社會應當允許各種聲音」對於《莊子》的重要性。此外，我們能以《莊子》對於「群」的描述來分析此觀點，或可有更清晰的理解。如〈繕性〉「當是時也，陰陽和靜，鬼神不擾，四時得節，萬物不傷，**群生不夭**」，以及〈在宥〉中雲將曰：「天氣不合，地氣鬱結，六氣不調，四時不節。今我願合六氣之精，**以育群生**，爲之奈何？」在這兩段中，前者認爲理想社會中眾生能夠不受夭傷而生長。後者則是在追問如何良好的管理天下，其中便包含著對於眾生的養育。由此可見，對於《莊子》來說理想社會的其中一個面向，便是萬物、眾生能夠獲得良好的生長。而要獲得良好生長，統治者必須讓各種不同的聲音有展現的可能。如〈在宥〉提到不理想的統治方式便是違逆萬物的自然生長（逆物之情），並進而指出統治者應當順應萬物、百姓的天性（無問其名，無闚其情，物故自生）。

以當代社會角度來看，《莊子》對於多元價值保全的重視正好能夠與多元主義的觀點相互呼應。從上述來看，理想上區分人我的方式，是去看見人我之間觀點乃至於天性上的差異，而在心態上能夠尊重不同的差異，並將人皆視之爲平等的對象看待。而《莊子》所反對的，是我們不但在價值上樹立框架，在心態上又認爲世人皆應該要認同並遵守這一框架，並以此標準來區分人我，如「是非、仁義」。

五、結論

總結本文的關注，筆者將焦點放在「調節」背後所依據的價值承認，以及「調節」過程所涉及的情感性互動。在《莊子》價值承認涉及了對於天性、「性情」的肯定，其認爲事物自身的天性，需要被重視以及開展，

天性包含事物的天賦、喜好等等，一旦被合理的安排與發展就能夠發揮其價值。基於此點，當我們在調節多元歧見時，一方面要進入到事物的情感脈絡，使得我們得以理解他者眞正需要的、在乎的地方，而避免「以己度人」造成他者的傷害。另一方面，我們也要允許他者發出自己的聲音、觀點，而非一昧的表達自己想表達的，而不在乎對方說了什麼，否則只會進入各說各話的局面。最後，人我共同開展新的故事，我們能以「我們」的角度去思考不同的未來性，這種開展便是仰賴著我們能夠有空間發出我們的想法及觀點。

在當代，我們總是習慣將自由民主理解成「多數決」，以一種「贏者全拿」的想法處理歧見，然而這樣並沒有正視歧見的問題，反而以投票的方式將不同的聲音掩沒在所謂的「民意」之中，彷彿投票的結果就等同於選舉落敗的那一方不值得發出聲音，他們的想法不值得被理解。而這樣的態度根本上無助於社會的和諧，反而是造成社會的撕裂。

以此，價值承認與情感理解是相當重要的問題，我們必須承認他者的觀點有其深刻性，值得被我們仔細思考與衡量，而我們不僅是透過理性的方式去掌握對方的思路，也要透過情感上的感受去理解對方爲何會有這樣的思維脈絡，只有當我們願意靜下心來聆聽不同的聲音時，多元價值才能不被「單一化」阻礙，而能展現出來。

徵引文獻

清・郭慶藩（2014）：《莊子集釋》，北京：中華書局。

（德）阿克塞爾・霍耐特（Honneth, A.）著，羅名珍譯（2018）：《物化：承認理論探析》，上海：華東師範大學出版社。

鄧育仁（2015）：《公民儒學》，臺北：國立臺灣大學出版中心。

鄧育仁（2022）：《公民哲學》，臺北：國立臺灣大學出版中心。

錢永祥（2014）：《動情的理性：政治哲學作為道德實踐》，臺北：聯經出版。

林明照（2016）：〈《莊子》「兩行」的思維模式及倫理意涵〉，《文與哲》，第

28期，頁269-292。

林明照（2019）：〈論《莊子》的心、氣關係〉，《哲學與文化》，46卷第8期，頁57-74。

黃勇（2011）：〈尊重不同的生活方式：《莊子》中的道家美德倫理〉，《華東師範大學學報》（哲學社會科學版），第5期，頁22-32。

黃勇（2016）：〈論《莊子》中的行為對象道德相對論〉，《社會科學》，第3期，頁115-124。

賴錫三（2017）：〈《莊子》與霍耐特的跨文化對話——承認自然與承認人文的平等辯證〉，《國文學報》，第61期，頁23-67。

鄧育仁（2010）：〈同一個人〉，林從一（主編），《哲學分析與視域交融》，頁77-93。臺北：臺大出版中心。

賴錫三（2021）：〈公民道家與深度歧見——以《莊子》的〈齊物論〉和〈人間世〉為思考〉，「公民道家的可能：公民哲學與道家哲學的對話學術工作坊」，臺北：臺灣大學、政治大學。

Galston, W. A. (2002). *Liberal pluralism: The implications of value pluralism for political theory and practice*. Cambridge University Press.

Kekes, J. (1996). *The morality of pluralism*. Princeton University Press.

Solomon, R. C. (1993). *The passions: Emotions and the meaning of life*. Hackett Publishing.

Thompson, S. (2006). *The political theory of recognition: A critical introduction*. Polity.

Hong, C. L. (2013). Clearing Up Obstructions: An Image Schema Approach to the Concept of 'Datong'大通 in Chapter 6 of the Zhuangzi. *Asian Philosophy*, 23(3), p.275-290.

初探《莊子》「應物」中的公共溝通因素：從畢來德到鄂蘭

李雨鍾

國立臺灣師範大學國文學系博士後研究

摘要

　　公民哲學直面現代民主社會的多元差異及其產生的「深度歧見」，嘗試以「兼聽」的主體實踐，來推動多元歧見之間的溝通、協調。本文嘗試思考的是，《莊子》的「應物」模式是否能夠為多元主體之間的橫向溝通障礙，提供一個立體化的協調框架。筆者首先梳理了當代莊學研究中，漢學家畢來德與臺灣學者之間的論辯，指出畢來德忽略了「物」的因素，而臺灣學者的詮釋則呈現出四種「應物」模式。繼而，筆者透過畢來德對鄂蘭思想的援引及其缺失，引導出鄂蘭對於公共物的探討，其關鍵在於，「物」既保障多元性實現又推動多元之間溝通協調的雙重意義。最後，借鑑鄂蘭的思考，筆者嘗試發掘莊子式「應物」模式的另一種詮釋可能，亦即在主體「應物」的實踐過程中潛藏著召喚其他應物者的邀請，換言之，「應物」不僅可以導向單一主體的實踐技藝或自我與他人之間的倫理關係，也可以是透過將「物」予以公共化，來與其他應物者進行溝通的方式。

關鍵詞：《莊子》、鄂蘭、物、公共溝通、多元性

一、前言

對多元性與差異性的尊重，無疑是當代公民社會的基本價值，然而我們所面臨的新的時代困境，或許也正與此種多元差異的基本價值相關。試想，如果對多元差異的尊重這一當代民主精神，反過來被意見對立的雙方各自用來進行自我防衛，進而間接成為拒絕對話、溝通的理據，我們究竟要如何面對呢？[1] 換言之，當代思想越是以激進、徹底的方式來突破一元格局，越是突顯出差異的不可消解、多元的不可統合，似乎同時也就越是讓共同溝通對話的平臺無法輕易建立。[2] 那麼，是否唯有回到近代啟蒙精神，以理性共識消弭感性差異，我們才有辦法重建良好運作的公民社會呢？

鄧育仁近年出版的《公民哲學》一書可貴地正視了上述當代困境，他從認知模式差異的角度提出「深度歧見」，很好地解釋了不同立場的深層形成機制，進而他倡導我們不應該妄想回到舊式的啟蒙理性，而是要承認「深度歧見」不可避免的基本困境，進而努力做到「兼聽」與「各退一步」的協調行動。[3] 就此而言，正視公共領域的「深度歧見」，就意味著現代公民的溝通已無法再以理性共識來消弭分歧，而是要在此深度多元的基礎上努力進行對話。這一方面是更加直面當代處境的可貴態度，但另一方面，它對於實踐主體會有很高的溝通能力與精神素養方面的要求，具有不小的難度。

---

[1] 一個有趣的例子，是思考一下所謂「後真相」現象與尊重多元差異的潛在關係。「後真相」的基本定義是人們不再根據客觀事實為依據，而是根據自身的情感與信念來做出政治判斷，在某方面來說，看起來恰可視作對於多元差異的承認，或是這種承認的某種衍生產物。

[2] 若從理念的層面來看，多元與溝通似乎並不見得會產生衝突，然而在實際政治情境中，多元與溝通的衝突往往體現為，當一種立場自認處於弱勢或少數地位的時候，就會以保障多元為名，來強化自身立場的不可退讓；然而這種邏輯常常會形成一種效應，就是可能衝突雙方都以某種方式自認為需要被保障的弱勢一方，從而雙方都不會輕易妥協、讓步。

[3] 參見鄧育仁：《公民哲學》（臺北：臺大出版中心，2022年），頁58-65。

　　筆者所嘗試思考的方向是，在重視多元與「歧見」的前提下，除了訴諸溝通者自身的主體實踐能力之外，是否還有可能找到另一些可能性條件。換言之，我們要追問的是，多元差異與溝通協調之間的連結是否未必要完全依靠主體實踐來承擔，在多元差異主體之間的橫向溝通實踐之外，是否還可能存在另一個平面，讓公民哲學的實踐行動在一個立體化的空間結構中展開，進而既保留多元之間的深度分歧，又能夠透過某種中介層次來實現溝通、協調。但是關鍵在於，這另一個平面不應該呈現為某種超越、消弭了多元差異的本體層次，也不應該成為可被某一個人或群體所獨占的偽第三方，因為這兩者都跟公民哲學的精神相違，都違背了實踐者作為公民社會一員的平等化設定。在此脈絡下，筆者提出的構想是，若這另一種平面有可能存在，則應當由某種實踐意義上的「物」或「公共物」來構成。

　　當代道家研究，尤其是跨文化莊學一脈，向來注重對當代問題、現代公民實踐有所回應，而「物」這一主題也時常在眾多討論中出現。[4]不過，筆者認為，若從「物」與公民實踐的關係來說，則我們仍需要重新發掘其背後的另一種思想資源；而在法語漢學家畢來德（Jean François Billeter）與臺灣學界的著名論戰背後，正隱藏著這種線索，並呈現為「物」與多元性、與公共溝通的關係。

　　筆者對於這種關係的思考，主要借鑑了猶太裔美國政治思想家漢娜鄂蘭（Hannah Arendt）的思考，而在畢來德的自我申辯中恰恰也包含著對鄂蘭思想的大幅援引。在大多數讀者眼中，鄂蘭是人之「複數性」（plurality，亦作「多元性」）與政治行動的著名闡述者，[5]不過值得注意

---

[4]　如本文下一節所整理的，學界當前對於《莊子》中「物」的討論方式可分為四種進路。

[5]　雖然"plurality"常常被譯作「多元性」，但在鄂蘭的脈絡中，筆者傾向於譯作「複數性」，因為鄂蘭的出發點不是對多元價值的承認，而是並非一個人（man）、而是眾多人們（men）存在於這個世界上的基本事實，鄂蘭認為正是這一事實構成了政治的根本出發點。

的是，在讓這種「複數性」得以開展、實現的公共世界（public world）
當中，不僅有（複數）主體的因素，也有客體、「物」的層面。簡言之，
鄂蘭爲我們提供了這樣一種「公共物」與公共實踐的關係：「公共物」不
僅爲多元行動者提供了行動實踐的形式保障，而且也爲複數主體之間的溝
通、協調提供了潛在的媒介。[6]

　　借助鄂蘭所提供的「公共物」模型，我們有望重新理解《莊子》之
「物」在公共溝通與公民實踐上的哲學意義。雖然兩者的思考脈絡存在很
大的差異，鄂蘭思想中的「公共物」具有很強的人爲製作因素，而《莊
子》中的「物」則往往有意避免這種因素，但後者仍有可能提供了另一種
藉由「物」來打開公共溝通平面的思考方式。其關鍵在於，大部分詮釋都
將《莊子》中的「應物」實踐視爲我與物的美學實踐，或我與他人的倫理
實踐，然而這背後或許還隱含著一種我、物、他人三方並存的結構，亦即
「物」作爲「公共物」開啓了複數「應物」主體之間的溝通條件。

二、從個人主體到四種「應物」：畢來德與臺灣學界之爭背後

　　當代法語漢學界的代表性人物畢來德曾在2009年訪臺，並與臺灣學者
進行了密切交流，雖然已事隔十多年，但畢來德所提出的觀點與挑戰，以
及隨之而來的各種回應、討論，仍構成了當代跨文化莊學發展中極爲重要
的一次經驗。同時值得注意的是，畢來德是當代莊學研究中少數明確將漢
娜鄂蘭的思想引入討論脈絡的學者之一。下面本文將首先通過畢來德的詮
釋，勾勒出一個頗具代表性的當代莊學詮釋模型，進而再通過畢來德與臺
灣學界之間的論爭引導出「物」這一主題的相關討論。

---

[6]　在鄂蘭的思想中，「物」這一線索其實並不明顯，學界近年來才開始有少部分學者注意到這一主
　　題。Mark Coeckelbergh, "The Public Thing: On the Idea of a Politics of Artefacts", *Techné* 13: 3, 2009:
　　175-181; Bonnie Honig, *Public Things: Democracy in Disrepair* (New York: Fordham University Press,
　　2017).

　　畢來德對於《莊子》的詮釋，大體上已濃縮在他頗爲風行的一本小書《莊子四講》（*Leçons sur Tchouang-tseu*）當中，該書首先是從著名的「庖丁解牛」這一寓言故事講起，而本文有關「物」的討論也將多次重新返回這個故事：

> 庖丁爲文惠君解牛，手之所觸，肩之所倚，足之所履，膝之所踦，砉然嚮然，奏刀騞然，莫不中音。合於《桑林》之舞，乃中《經首》之會。
>
> 文惠君曰：「譆！善哉！技蓋至此乎？」
>
> 庖丁釋刀對曰：「臣之所好者道也，進乎技矣。始臣之解牛之時，所見无非牛者。三年之後，未嘗見全牛也。方今之時，臣以神遇，而不以目視，官知止而神欲行。依乎天理，批大郤，導大窾，因其固然。技經肯綮之未嘗，而況大軱乎！良庖歲更刀，割也；族庖月更刀，折也。今臣之刀十九年矣，所解數千牛矣。而刀刃若新發於硎。彼節者有閒，而刀刃者无厚；以无厚入有閒，恢恢乎，其於遊刃，必有餘地矣，是以十九年而刀刃若新發於硎。雖然，每至於族，吾見其難爲，怵然爲戒，視爲止，行爲遲。動刀甚微，謋然已解，如土委地。提刀而立，爲之四顧，爲之躊躇滿志，善刀而藏之。」
>
> 文惠君曰：「善哉！吾聞庖丁之言，得養生焉。」
>
> （〈養生主〉，頁25-26）[7]

畢來德認爲這段文字乃是庖丁對他自己的學習過程的描述，於是從「所見

---

[7] 本文所引《莊子》原文皆本於：錢穆：《莊子纂箋》（北京：九州出版社，2011年），其後徵引僅標其篇名、頁碼，不再另行加註。

無非牛」、「未嘗見全牛」到「以神遇」，就是庖丁逐漸戰勝客體與他的對抗，最終成爲一種純然其自身之活動的過程。畢來德將最後階段出現的「神」，界定爲行動者自身整全的活動狀態，並認爲庖丁由此進入一個高級機制（un régime supérieur）當中；在更後面的地方，畢來德將這種過程稱之爲從「人」到「天」的活動機制轉換，而所謂「天」這種活動機制，乃是指涉著我們所有官能（facultés）與潛在資源（ressources）共同整合之下的活動，是自發（spontanée）且必然（nécessaire）的。[8]簡言之，畢來德主張以「庖丁解牛」爲代表的《莊子》寓言故事，往往向我們展示了一種活動機制轉換的過程，亦即從一種較受束縛的活動機制，轉向一種充滿自發性的活動機制，而這種機制轉化能夠爲我們提供了一種新的主體性。

　　在爲回應臺灣學界而寫的〈莊子九札〉中，畢來德更明確揭示出他以這種自發性活動機制來詮釋《莊子》的用意所在。畢來德認爲在古代中國的整個帝國時代，主體概念都與「全部現實絕對一體」（l'unité foncière de toute la réalité）的觀念密不可分，從而未曾重視「個人主體」，而唯有在作爲罕見例外的《莊子》那裡，「個人主體」才通過創造性的自發活動而得以保存，進而讓眾多個體的「多元性」呈現。[9]換言之，畢來德詮釋庖丁解牛時所提出的「自發性活動機制」，正是要用來對抗「絕對一體」觀，以便將「個人主體」與「多元性」解救出來，而對於「多元性」的倡

---

[8] Jean François Billeter, *Leçons sur Tchouang-tseu*(Paris: éditions Allia, 2014), p. 17、46; 畢來德著，宋剛譯：《莊子四講》（新北：聯經出版公司，2011年），頁7-8、31。值得注意的是，中譯本此處將「spontanée」翻譯爲「自然」，以與「必然」成對，另外，稍前面的地方也將「force agissante」譯作「自發的活動能力」。換言之，在譯者的翻譯脈絡中，畢來德將「自發的」（spontané）、「積極行動的」（agissante，詞根爲法文「行動」（agir））與「自然」相等同。

[9] Jean François Billeter, *Notes sur Tchouang-tse et la philosophie*(Paris: Allia, 2010), pp. 51-67；畢來德著，宋剛譯：〈莊子九札〉，收於何乏筆編，《跨文化漩渦中的莊子》（臺北：臺大人社高研院東亞儒學研究中心，2017年），頁27-34。

導顯然也與現代公民社會的價值理念息息相關。

　　一般認為，在畢來德為臺灣學界帶來的挑戰中，對氣論的否定與批評是最為主要的一項。畢來德不信任氣論的原因，乃與他對古代中國的「絕對一體」觀的批判密切相關，因為他認為若採用氣論來詮釋《莊子》，就會直接接通個體身體與宇宙整體，從而讓這種「整體」吞沒他所要提倡的「個人主體」。[10]相較之下，臺灣學界有許多學者對於氣論較為同情，他們大多認為《莊子》的氣論不會陷入畢來德所擔憂的「整體論」，進而試圖開展出各種具有差異性與多元性的氣論論述。[11]如前所述，畢來德要防止「個人主體」被「整體」吞沒的原因，正是為了保住具有當代價值的「多元性」，因此畢來德的批評也就相當於是在說，氣論式的莊學詮釋會阻礙當代公民實踐意義的開展。

　　本文無意再對圍繞氣論問題展開的豐富論述進行重述，而是希望指出，在畢來德所形塑的排斥氣論的詮釋架構中，有一個容易被人忽視的關鍵環節，就是「物」這一線索。回到《莊子四講》來看，畢來德在分析「庖丁解牛」的故事時，明確指出在庖丁的學習過程中，正是伴隨著牛作為一個客體的消失，才使庖丁自身的整全活動機制得以顯現。[12]這意味著，在他所描述的自發性活動中，本就排除了「物」的位置，以便純然展現為主體自身之整全活動，這裡面隱然有一種不想要保留自發性個體之外的任何外物的「潔癖」。[13]那麼這種排除「物」的進路，跟氣論的關係為

---

[10]　Billeter, *Notes sur Tchouang-tse et la philosophie*, pp. 30-35；〈莊子九札〉，頁16-18。

[11]　比如賴錫三就認為《莊子》的氣論反而可以提供畢來德所嚮往的養分，如多元性、批判性等等，參見賴錫三，《道家型知識分子論：《莊子》的權力批判與文化更新》（臺北：臺大出版中心，2013年），頁218。

[12]　Billeter, *Leçons sur Tchouang-tseu*, pp.16-17；《莊子四講》，頁6-8。當然，我們似乎也很難說畢來德完全取消了「物」，因為他所倡導的主體性，正是所謂「在虛空與萬物之間來回往復」（un va-et-vient entre le vide et les choses）；Billeter, *Leçons sur Tchouang-tseu*, p. 141；《莊子四講》，頁109-110。不過這種意義上的「萬物」似乎更多是包攝在他的「個人主體性」之中。

[13]　筆者認為，畢來德之所以要消除個人主體之外的存有，是因為建立在「自發─自由」基礎上的活動

何呢？筆者認爲，氣論對於畢來德而言就是預設了主體與萬物之間具有某種整體性的固有關係結構的思想型態，這會阻礙到個體主體的自發性的實現。

　　就此而言，也就不難理解爲何在較爲同情氣論的臺灣學界這一邊，會有不少學者對於主體與物之間的關係進行過論述。爲了討論方便，筆者嘗試在這些討論中區分出四種「應物」類型，下面我們先以楊儒賓與宋灝爲代表來考察其中兩種，這兩種類型都圍繞人與物之間的互動關係展開，並呈現爲不同的理解進路。

　　楊儒賓在詮釋「庖丁解牛」這一寓言的時候，就認爲這其中傳遞的是一種「主體應物」的技藝問題，而「應物的前提是『物』的存在，所以此一事件的根本前提，乃是此『牛』是赤裸裸的他者，它構成了主體的對立面，而且是不可繞開的對立面」。[14]相較於畢來德在機制轉換的過程中消解「牛」這一對象的處理方式，楊儒賓則明顯保留了「牛」的存在，並認爲此物構成了主體所不可繞開的對立面。值得注意的是，楊儒賓是在「乘物遊心」的脈絡下討論「物」的，他認爲在我們與物共構的世界中，「物」乃是主體要實現「遊」之實踐所不能繞開的媒介，而若要「遊於物」卻不爲現實中的外物所傷，則需要經過「通氣」轉化的技藝，讓「物」處於流動的「物化」狀態。用楊儒賓的話來說，就是「當生命無法完成『物』之天理時，主體亦無遊可言」。[15]由此可見，「物」的存在不僅僅是被保存而已，在「遊」的實踐中，它還必須經歷一個轉化、「物化」的過程，進而與主體渾化相通，逍遙共遊。

　　至於宋灝的理解方式，則又有所不同。從他的觀點看來，楊儒賓的詮

　　機制，一旦不是限定在主體自身，就很容易變成從某個秩序整體來觀照這種「自發」與「自由」合一的思路。因此對於畢來德的詮釋來說，任何在主體與外物之間建立連繫，進而產生某種秩序結構的跡象都是非常危險的。

[14] 楊儒賓：《儒門內的莊子》（臺北：聯經出版公司，2016年），頁215。

[15] 楊儒賓：《儒門內的莊子》，頁217。

釋中預設了一種人與物之間通暢無礙的「物化」觀，而宋灝則對此有所質疑；他注意到「莊周夢蝶」中的「必有分」的「物化」實際上同時也意味著「萬物之間的呼應關係反而爲一種無從消解的陌異性所支配」。由此宋灝主張「與物化」的說法更能彰顯出人與物之間的一種動態式呼應關係，而他在解讀「庖丁解牛」的故事時，也特別注意到，「有閒」、「餘地」等關鍵詞實際上告訴我們，在解牛之人與牛體之間存在著某種「時間—落差」；因此與畢來德形成明顯對照的是，宋灝認爲解牛「本來不是單獨庖丁一個在進行的主動行爲，而是人與物之間落實的一種呼應發生」，是庖丁回應於物的「與物化」過程。[16]

　　同樣是針對庖丁解牛進行的詮釋，楊、宋二人已展現了與畢來德頗爲不同的主體與物之圖像，他們都在主體之外保留了「物」的位置，只是在楊儒賓的詮釋中，物最終會與主體相通渾化，而宋灝則試圖維持人與物之間存在的一種「時間—落差」。我們姑且將二者歸結爲技藝論進路與（陌異）美學進路，進而這兩者的思路還可以分別銜接另兩種詮釋類型，[17]亦即存有論進路與倫理學進路，我們以賴錫三與林明照的研究來代表這後兩種進路。

　　首先，賴錫三的詮釋其實明顯對畢來德的整體論批判有所回應，他在氣論的前提上，主張《莊子》呈現的是一種肯定差異、或「即同一即差異」的「具體存有論」立場。具體來說，賴錫三所關注的主要是「物化」而非「物」：他提出「氣化—物化」的詮釋架構，並指出「氣化」觀念較突顯的是存有連續性的整體一元面向，而「物化」觀念則較突顯『萬物咸其自取，使其自己』的多元豐盈面向」，由此呈現爲「一」（氣化）

---

[16] 宋灝：《漢學與跨文化思維》（臺北：聯經出版公司，2020年），頁312-313、322-326。

[17] 在《莊子》文本中，「物」常常在兩種脈絡下使用，一種是外在於當前行爲主體的他人，另一種則是從宇宙整體、或整體觀察者/治理者角度，來觀看的「物」或「萬物」，在這兩種脈絡下，「物」都可以指涉人。

「多」（物化）相即的氣化流行觀。[18] 簡言之，在「具體存有論」的視野下，「物化」就是對差異性的肯定，而對物之差異性的肯定，也就是對人的多元性的肯定，因為在「一」「多」相即的氣化世界中，人與物並無實質上的界線。

相較之下，林明照的詮釋則從他者倫理的角度來進行詮釋，並將《莊子》中的「應物」解讀為如何回應他人的倫理實踐。[19] 在這種詮釋中，「物」基本上指涉主體所面對的他人；由此「待物/應物」的實踐活動，乃是讓對方來引導我去理解他，要求我進入他人的脈絡。[20] 相對於賴錫三的存有論進路，林明照的解讀是一種典型的倫理學進路，他主要展現的是，《莊子》的「應物」有助於我們思考如何對待他人的倫理學實踐，而賴錫三的存有論架構則更廣泛地涵蓋了人與人、人與物、物與物等的多重關係結構，其中亦包含著倫理學關懷。[21]

我們可以從兩個角度來理解上述四種詮釋類型的關係與分歧。首先，從整體與差異的問題來看，雖然楊儒賓的技藝論與賴錫三的存有論都保留了物的位置，但兩者都在一定程度上預設了物我之間的整體連續性，只是前者透過工夫轉化的實踐來達成相通共遊，後者透過肯定物化多元的氣化觀來保存整體一元的面向；相較之下，宋灝與林明照的解讀則不太以某種整體性為前提，而是更關注藉由陌異性或他者性所推動的實踐。其次，從「物」的屬性來看，雖然《莊子》中的「應物」往往並不嚴格區分人與非

---

[18] 賴錫三：《道家型知識分子論：《莊子》的權力批判與文化更新》，頁130-131、141-142。

[19] 參見林明照：〈《莊子》他者倫理中的情感性〉，《哲學論集》第49期（2018年），頁61-79。其實宋灝的觀點已經部分接近他者倫理的立場，只是嚴格意義上的他者倫理學處理的是主體與他人的關係，而宋灝則把這種關係轉用在主體與物的關係上。

[20] 林明照：〈《莊子》他者倫理中的情感性〉，頁75。

[21] 值得指出的是，這種存有論與倫理學的區分也僅僅是進行討論的權宜之計，實際上賴錫三亦有其他文章從他者倫理學的角度討論《莊子》，參見賴錫三：〈《莊子》的他者倫理──以〈德充符〉的文學書寫為例〉，《東華漢學》第30期（2019年12月），頁1-52。

人，也就是說，「物」僅僅寬泛地指涉實踐主體當前所面對的實踐對象，但是它也可以在某些具體脈絡下特指「他人」，從而呈現爲某種他者倫理學的進路，這一線索構成了皆以某種他者性爲前提的宋灝與林明照之間的差別。

　　從本文所討論的公民哲學來說，看起來最爲相關的是第四種「應物」類型，因爲它直接在人與人之間開展，且呈現爲對他人之差異性的尊重與關懷。然而應該說，他者倫理的重點在於打破自身的同一性結構並聆聽來自他者之差異性的倫理召喚，而不在於深度歧見之間的溝通協調，換言之，它所關注的是他者／差異性所引發的倫理關懷，而不保障差異主體之間的公共溝通。[22]值得追問的問題是，當「應物」的對象並未嚴格指向他人的時候，就完全與公民哲學的探討無關了嗎？「物」與公共實踐中的多元性、乃至溝通實踐之間，可能存在某種關聯方式嗎？下面筆者轉而參考鄂蘭的政治思想架構，以便重新提出理解「應物」實踐的切入點。

三、物的公共意義：鄂蘭思想的借鏡

　　雖然鄂蘭本身並不以對「物」的探討著稱，但是在思考「物」與政治、特別是與公共溝通的問題上，卻能爲我們提供很有助益的參照。首先值得注意的是，畢來德的《莊子九札》中多處明確援引鄂蘭的觀點，藉以說明諸如爲何中國思想未曾像歐洲那樣經歷過重大懷疑過程、雅典民主經驗所產生的寶貴思想爲何，[23]尤其值得注意的是，他也明確援引鄂蘭來說

---

[22] 換言之，他者倫理學之中有可能隱含著單向而缺乏互動性的問題，法國哲學家呂格爾（Paul Ricoeur）就從「正義」、「相互性」等角度，對他者倫理學的單向性、乃至失衡問題提出質疑，相關分析可參見筆者拙文〈非對稱的相互性：從列維納斯與呂格爾之爭到《論語》中的「仁禮」關係〉，《臺大文史哲學報》第91期（2019年5月），頁81-110。

[23] Billeter, *Notes sur Tchouang-tse et la philosophie*, pp.55-56、94-95；〈莊子九札〉，頁29、48-49。值得一提的是，畢來德援引鄂蘭在《人的境況》（*The Human Condition*）對笛卡兒式懷疑的分析時，多少有些斷章取義，因爲在鄂蘭原本的脈絡中，她是在追溯近代世界開始喪失「共通感」的線索，

明唯有「多元性／複數性」（plurality），才應該構成人類現實的根本要素與政治哲學的眞正基礎。[24]

不過在此需要追問的是，畢來德所強調的「多元性」究竟在他的莊子詮釋架構中要如何實現，以及在什麼層次上實現呢？畢來德的思路是藉由「自發性」與「創新性」來確立「個人主體」，再經由「個人主體」打破「絕對一體」，進而導出「多元性」。然而在他所描述的由「人」到「天」的機制轉換中，我們看不到其他行爲主體的參與，換言之，他的「多元性」似乎是一種潛在的「多元性」，是一旦保障了「個人主體」之後，就能夠在應然層面上推導出來的「多元性」。可是從實踐的角度來說，我們尚無法在這種「多元性」中，看到公民與公民之間如何能夠在同一平臺上相遇，更遑論相互溝通。

筆者認爲之所以會出現這樣的狀況，是因爲畢來德在描述其個人主體的機制轉換過程中，排除了人與物的互動關係，要突顯出純然是主體自身的自發運動。根據上一節的分析，我們可以理解到畢來德突顯主體個人自發性的堅持，與他對中國古代思想中的「絕對一體」觀的擔憂密切相關，可以說，這種打破「絕對一體」並突顯個人自發性的思路，似乎正呼應了鄂蘭對極權統治如何將眾人綑綁成「單一之人」（One Man）的分析，這也解釋了畢來德屢屢援引鄂蘭的原因。不過需要指出的是，如果這種對應關係成立的話，那麼畢來德其實簡化、甚至誤解了鄂蘭的極權分析結構，個體的自發性固然是實現極權式全面支配的最後一道防線，但是自發性的保存卻並不直接意味著多元性在公共領域的實現。

主要是在一個偏向負面的意義上進行分析。

[24] Billeter, *Notes sur Tchouang-tse et la philosophie*, p. 74；〈莊子九札〉，頁37。實際上，畢來德在〈莊子九札〉中與鄂蘭呼應之處，遠不止於他明確徵引的段落，在一些更爲關鍵的地方，他雖然沒有直接提到鄂蘭，卻闡述了與鄂蘭極爲接近的想法。比如在他解釋其主體概念的補充註解裡，他提出所謂開創新局面的能力，亦即通過行動創造前所未有之情境，這些都是鄂蘭所論述的「行動」概念的基本特質。Billeter, *Notes sur Tchouang-tse et la philosophie*, pp.49-50；〈莊子九札〉，頁25。

　　在鄂蘭分析極權統治的名著《極權主義的起源》中，最徹底的全面支配意味著人完全喪失了自發性，成為一群行屍走肉，但是該書的分析重點與其說是一元意識形態如何壓制、剝奪個體自發性本身，不如說是極權運動如何在實踐層面上摧毀眾人共同生活的常態世界，進而使個體自發性暴露在赤裸裸的暴力之下，缺乏任何保障條件。在脈絡下，鄂蘭區分了「孤立」（isolation）與「孤棄」（loneliness）。「孤立」意味著暴政強行將人們隔離開，使之無法進行集體行動，然而在孤立狀態中，人們仍然可以與「人文造設的世界維持著連繫」；極權統治真正要實現的是「孤棄」，這意味著人們連私下通過生產、製作物件的活動，來維持與世界的關係都不再可能，意味著完全與人類世界斷絕連繫，不在這個世界上有任何位置，變得完全多餘。[25]

　　簡言之，鄂蘭的重點不在於個體的自發性本身如何抵抗極權，而在於一旦極權統治讓人陷入徹底的「孤棄」狀態，與世界脫離連繫，則自發性也就會被輕易抹除。因此，我們看到這裡的關鍵在於「世界」這一環節的保存，人的自發性透過與世界維持連繫而得到保護，而在鄂蘭中期代表作《人的條件》（The Human Condition）當中，我們會看到「世界」（world）概念的構成，實際上跟「物」脫不了關係。[26]

　　鄂蘭在描述「世界」的時候，往往先是從「物」開始的。在《人的境況》中，「世界」不等同於地球或自然，不等同於人們的特定活動空間，而是首先與人類的人為造物（human artifact）相關，正是藉由人類製作出

---

[25] Hannah Arendt, *The Origins of Totalitarianism* (New York: Harcourt, 1976), pp. 474-476. 漢娜鄂蘭著，李雨鍾譯，《極權主義的起源》（臺北：商周出版，2022年），頁823-826。

[26] 尤其需要注意的是，這種世界既不是一個抽象概念，也不太是存有論上的概念，可以說它主要是人類實踐層面的一個範疇。要理解這一點，我們只需要考慮一下鄂蘭會舉出的兩種狀況：首次，鄂蘭說當人進行思考活動的時候，就會暫時從這個世界撤離，如果世界是一個存有論概念，那麼這種說法就是不可理解的；其次，鄂蘭會說當一群人民沒能形成一個保障其權利的政治共同體時，他們就會變成無世界（worldless）的人，這一點尤其跟海德格的「世界」概念形成了很大差異。

來的各種物件，人們才得以聚集在一起，進而形成一個世界：「共同生活在世界中，本質上意味著一個由物所構成的世界，存在於共同擁有它的眾人之間」。[27]鄂蘭為此舉了一個生動的例子：一張位於眾人中間的桌子，既將人們聚集、連繫起來，又同時將人們分離開來。可以說這個桌子的意象，正濃縮了鄂蘭對公共世界的基本理解，而支撐起這個世界的正是一個「物」。

更進一步來說，鄂蘭認為人們展現其複數/多元性的言說與行動，其本身具有轉瞬即逝的脆弱性，它們終究要被記錄、講述，亦即經由某種客體化過程，而成為藝術作品，才能夠擺脫這種命運，成為公共世界中的一部分，長久為人們所銘記、談論。[28]就此而言，藝術作品的意義就不僅僅在於存在本身的持久性而已，而且它還承擔著保存公共世界中的偉大事件、使之成為公共財的使命，而讓眾人得以在其中共同生活的世界，也正是需要這些公共財才得以凝聚。[29]

可以說，在鄂蘭的思想中，物的公共意義的第一個層面，就是它構成了讓眾人得以聚集的公共世界的基礎，進而構成了讓多元複數性能夠真正在行動中實現的基礎。就此而言，這種公共物實為一種「居間物」（in-between）。[30]進而在《人的條件》之後，鄂蘭又逐漸發展出「物」的另一層公共意義，這就是作為推動眾人進行公共溝通的條件。在〈文化危機〉

---

[27] Arendt, *The Human Condition*, p. 52.

[28] Arendt, *Between Past and Future: Eight Exercises in Political Thought*(New York: Penguin Books, 2006), p. 43.

[29] 比較可惜的是，「物」以及「物」所對應的「工作」這一活動，在《人的境況》中的地位一直不太被研究者重視。近年來這一狀況稍有轉變，Honig就指出工作是其他兩種活動（勞動、行動）的穩固夥伴，甚至認為工作才是該書的靈魂。Bonnie Honig, "What Kind of Thing Is Land? Hannah Arendt's Object Relation, or: The Jewish Unconscious of Arendt's Most 'Greek' Text", Political Theory, Vol. 44. No. 3(2016), p. 310.

[30] 鄂蘭在《人的條件》中區分出了兩種「居間（物）」，一種是客觀有形的，一種主觀無形的，前者指涉公共物，後者指涉人與人之間的關係網絡。Arendt, *The Human Condition*, pp. 182-183.

一文中，我們看到這種意義首先是從物的耐受性質中發展出來的，再進一步連結到面對藝術作品的審美判斷問題。

〈文化危機〉首先在討論大眾消費文化的脈絡下，對「文化物」（cultural object）被大眾文化產業當作消費的對象表示憂心：

> 文化關聯於客體/物，它是「世界」的一種現象；娛樂關聯於人，它是「生命」的一種現象。唯其能夠耐受（endure），一個客體才是文化的，其耐受性正是功能性的對反面，後者乃是通過將其使用殆盡而讓它從現象世界消失的性質。大規模使用、消費客體的乃是生命本身，包括個人生命與社會整體的生命。生命不關心客體的「物性」（thingness），它堅持所有事物都必然是功能性的，是為了滿足某些需求。[31]

在此，我們看到鄂蘭進一步將「文化」與「物」、與「世界」關聯在一起，「文化」的存續關鍵在於「物」能夠耐受人的使用、消耗過程，而維持人類生命需求的消費娛樂卻是一次性消耗掉對象物的活動，因此與「文化物」之間具有最強烈的衝突。

雖然同樣是在談論藝術作品（文化物）的耐受性，但「物性」這一概念的提出，則衍生出了另一層意涵。「物性」直接指涉任何物都擁有的藉以顯現（appear）的「形」（shape），唯有具備自身形貌，才算作是一個物。就此而言，唯有藝術作品乃是純然為了「顯現」的目的而製作出來的，因此其「物性」也就注定不會因人為活動而損耗。就藝術作品因其耐受性，而能夠維持「顯現」之「形」的角度來說，這就導向了該文後半部

---

[31] Hannah Arendt, *Between Past and Future: Eight Exercises in Political Thought*, p. 204; 漢娜鄂蘭著，李雨鍾、李威撰、黃雯君譯：《過去與未來之間：政治思考的八場習練》，頁284。

分的另一個主要主題：判斷的能力。

鄂蘭首先指出，就藝術作品能夠公開顯現並被公開觀看而言，藝術與政治之間的共通要素，正是它們都是公共世界的現象。[32]而針對藝術作品進行觀看、鑑賞的活動，則是通常所說的「品味」（taste），在此脈絡下，鄂蘭援引康德的《判斷力批判》，來說明品味判斷中所蘊含的溝通意義：

> 然而在《判斷力批判》中，康德提出了另一種不同的思考方式，與一個人的自我保持意見一致變得不再足夠，需要的是能夠「在其他任何人的位置上進行思考」，他因而將此稱之爲一種「擴大的心智」（enlarged mentality）。判斷力仰賴與他人之間潛在的意見一致，對事物進行積極判斷的思考過程，不同於那種作爲我與自我之對話的純粹思辨的思考過程，而是就算完全是獨自在下決斷，也會發現自身處在與那些我知道最終必須與之達成意見一致的他人，所進行的預想性溝通之中。判斷正是通過這種潛在的意見一致，而獲得其獨特效力。[33]

這種通過與他人的「預想性溝通」而達成「心智擴大」的判斷活動，與面對藝術作品進行的「品味」活動之間，究竟有何關聯呢？首先，我們需要注意到，這裡所說的站在他人位置上思考，乃至預想性溝通，都不純然是憑空想像他人的內心活動而已，關鍵在於，我與我所預想溝通的他人之間

---

[32] Hannah Arendt, *Between Past and Future: Eight Exercises in Political Thought*, p. 215.

[33] Arendt, *Between Past and Future: Eight Exercises in Political Thought*, p. 217；《過去與未來之間：政治思考的八場習練》，頁301。

存在著藝術作品這個共同判斷對象。換言之，我不是毫無根據地憑空想像他人的想法，而是面對這個向眾人公開顯現的藝術物，去設想他人可能會對此物做出什麼樣的判斷，進而與自身所做出的判斷進行比較、衡量。同時，正是由於藝術作品是純然爲著公開顯現的目的而存在，因此它所要求的正是一種不限於特定目的與特殊視角的觀看；這種公開性一方面要求多元/複數的主體共同觀看，另一方面則使設想他人的立場得以可能。

我們看到，鄂蘭將康德原本的審美判斷分析進行了政治性的解讀，將之轉化爲某種公共溝通的模型，這其中蘊含的一種思考方式，正是透過所謂「預想性溝通」來協調實際政治場域中的多元衝突，而作爲「物」的藝術作品則在此種模型中扮演了關鍵性的角色。[34]

值得注意的是，畢來德其實也對鄂蘭的判斷思想寄予很高的期待。畢來德在分析了「人」、「天」活動機制轉化過程後，進一步闡述了人觀看自身活動的靜觀狀態（appréhension visionnaire de l'activité），並將此對應於《莊子》中的「遊」。[35]這種靜觀與想像力的問題密切相關。在〈莊子九札〉中，畢來德把發展想像力的可能性，與鄂蘭晚期的判斷理論相結合，並且認爲這是實現「多元性」的關鍵所在。[36]不過畢來德對靜觀的重視，引起了一些學者的批評，因爲相較於畢來德討論活動轉化機制時的身體哲學思維，這種靜觀活動似乎又落入了所謂意識哲學的範疇，或是某種去政治化的退隱。[37]有趣的是，如果說畢來德對自發性的討論對應於

---

[34] 筆者曾撰文從「情感政治」的角度，分析鄂蘭判斷理論之中的「反思性轉化」、「預想性溝通」、「世界性框架」這三個層次，並整理鄂蘭與康德之異同的爭議。參見李雨鍾：〈可溝通的情感政治：重探漢娜‧鄂蘭的情感批判與判斷理論〉，《政治與社會哲學評論》第78期，2023年6月，頁65-118。

[35] Billeter, *Leçons sur Tchouang-tseu*, pp.66-67；《莊子四講》，頁56-57。

[36] Billeter, *Notes sur Tchouang-tse et la philosophie*, pp.102-104;〈莊子九札〉，頁54-55。

[37] 這方面的批評可參見劉紀蕙：《一分爲二：現代中國政治思想的哲學考掘學》（臺北：聯經出版公司，2020年），頁256-258。

鄂蘭的「行動」概念的話，那麼他對靜觀與「遊」的討論，則對應於鄂蘭的「判斷」範疇；然而問題在於，在鄂蘭的思想架構中，「行動」與「判斷」都跟「世界」概念及其背後的「物」因素息息相關，而在畢來德的莊子詮釋中則缺乏這種因素。

分析至此，我們來稍稍總結一下在鄂蘭的思想中，「物」所具有兩個層次的公共意義：一方面作為「居間之物」，物支撐起公共空間，構成了讓多元性透過行動而具體實現的條件；另一方面，作為「品味之物」，物則提供了相互預想他人立場的中介，構成了讓多元性透過判斷來實現溝通的條件。前者對應於行動，後者對應於判斷；前者關乎多元性的保障與實現，後者關乎多元差異之間的溝通與協調。我們看到，引入「物」因素之後，才更能連結畢來德所強調的「自發性」與「多元性」，進而在此基礎上探討溝通、協調的可能。

四、溝通的條件：將「物」公共化的技藝

在透過鄂蘭的思考檢視了畢來德的問題之後，我們試著回過頭來面對上一節所分析的「應物」實踐問題。在先前整理的四種「應物」模式中，無論物與我之間是否存在某種不可消解的差異性，「應物」實踐似乎都只能非此即彼地對應兩種二元關係結構：不是與外物互動的主體實踐模式，就是面對他人的自他倫理實踐模式。然而鄂蘭思想中展現的「物」的雙重公共意義，則提醒我們，「物」有可能打開一個同時包含了物對象與他人的公共空間，換言之，「應物模式」有可能不見得要化約為單一主體的應物實踐或自我與他人的倫理實踐這二者之一，而是可能潛在地同時蘊涵自我、物、他人這三種元素。這裡關鍵不在於「應物」之「物」是人還是非人，而在於此種「應物」實踐是否有可能潛在地召喚了第三方、亦即其他應物者的在場，進而圍繞所應之物展開應物者之間的溝通。

那麼這種三元結構有可能存在於《莊子》文本的情境中嗎？首先，讓我們再度回到庖丁解牛的例子。我們不應忽略的事實是，解牛的固然是應

物實踐者庖丁，但得養生之道的卻是同時在場的觀看者文惠君。換言之，若以養生這一主旨來說，它並不是直接體現於庖丁所展現或描述的解牛活動本身，而是發生在觀看並理解了這一過程的文惠君身上。就此而言，庖丁解牛揭示的是一個如何對待、觀看事物的方法，從而讓牛體得以成為讓其他人有機會在其中游刃有餘的「物」。文惠君所悟得的養生之道未必是庖丁的本意，然而他們的想法都建立在對待解之牛的觀看上，因而在不同的立場與脈絡之間產生了某種溝通。

這樣的重解乍聽起來或許有些牽強，畢竟庖丁解牛這一故事的絕大部分篇幅，都是在描述庖丁本人的活動，其意旨看起來不在於如何與文惠君溝通。不過筆者的詮釋本就不打算將《莊子》文本都強行扭轉成「公共物」的視角，而是希望能揭示出，在許多案例中蘊含著這種潛在的溝通基礎。如果說在庖丁解牛中，這一層意涵尚不是那麼明顯，且讓我們重新來看一看著名的濠梁之辯，或許會有很不一樣的景觀：

> 莊子與惠子遊於濠梁之上。莊子曰：「儵魚出游從容，是魚樂也。」惠子曰：「子非魚，安知魚之樂？」莊子曰：「子非我，安知我不知魚之樂？」惠子曰：「我非子，固不知子矣；子固非魚也，子之不知魚之樂，全矣。」莊子曰：「請循其本。子曰『女安知魚樂』云者，既已知吾知之，而問我，我知之濠上也。」（〈秋水〉，頁139）

對於這段膾炙人口的故事，現代比較主流的詮釋是，這是兩種不同的思維模式。按照劉滄龍的說法，惠子展現的是一種「概念思維」，而莊子所展現的則是一種「隱喻思維」；前者偏向於邏輯概念分析，後者則偏向

於身體層次的思考。[38]在這種架構下，濠梁之辯所要彰顯的就是莊子所代表的人與魚之間的相互感通，而這是看似邏輯更為嚴密的惠子所不能理解的。

應該說，兩種思維模式的詮釋方向在很大程度上符合這個故事的基本框架，而且也可以在《莊子》文本中其他的莊惠故事中得到印證。但是我們仍可以考慮這樣一種潛在的可能：濠梁之辯的主軸不是莊子與游魚之間的相通，而是莊子與惠子之間的溝通。首先，莊子表達說「出游從容」乃是魚的快樂，而惠子則按照自己的邏輯思考方式，提出莊子與魚如何能夠相知的問題；莊子剛開始也順著惠子的思路跟他論辯，但最後卻忽然跳出了這種論辯。他所說的或許是：「好了，你別鬧了，對於我知道魚很快樂這件事，你根本早就知道了啊！」

為什麼莊子不憚於跳出這一番論辯，聲稱惠子早就知道自己「知魚樂」呢？莊子的起手式是「請循其本」，這個「請循其本」或許不僅僅是回到論辯的首輪攻防，而是回到故事最開始的具體情境。在這個情境中，莊子與惠子共遊於濠梁之上，而莊子面對兩人共同觀看的遊魚做出了「魚樂」的判斷。我們看到，在濠梁這個空間中，同時具足了莊子與惠子這兩個觀物者，以及游魚這一被觀之物，因此我們不應該僅僅著眼於莊子與魚之間的關係，也應該注意到惠子同樣身為在場觀看者的事實。我們甚至可以說，就莊子最後所強調的惠子一開始就知道自己「知魚樂」來看，重點其實不在於莊子「知魚樂」本身能夠以何種理由來證成，而在於莊子聲稱「魚樂」的言說，一開始就是在與共觀游魚的惠子進行溝通、分享；而且，莊子的「魚樂」判斷，是建立在惠子也應該會贊同的前提下做出的，這判斷方式恰恰呼應了鄂蘭所詮釋的品味判斷，亦即將審美愉悅感建立在

---

[38] 劉滄龍透過《莊子》中多個莊、惠交鋒的故事來論證這兩種思維，而不限於濠梁之辯，其實相較於以往過度對立兩者立場的詮釋，他已經頗具突破性地論證了兩者之間存在吸收、轉化的機制。參見劉滄龍：《內在他者：莊子・尼采》（新北：聯經出版公司，2022年），頁64-97。

獲得他人贊同的預想之上。

如此一來，莊子面對游魚的「觀物」實踐，就轉變成了莊子與惠子之間的溝通實踐，只是莊子與惠子之間雞同鴨講的論辯似乎掩蓋了這種溝通。從《莊子》一書有關莊子與惠子的多則故事來看，兩人雖然是知音難遇的好友，但彼此之間從來都沒有說服過對方，他們的溝通好像是失敗的。不過在濠梁觀魚這一情境中，惠子固然不太可能會放棄自己的邏輯分析，但是他最終恐怕也會默認自己確實一開始就知道莊子「知魚樂」。換言之，在由莊子、惠子、游魚所構成的共觀空間中，針對游魚的判斷並沒有取消莊、惠二人的「深度歧見」，卻有可能製造出二人共觀魚樂的溝通默契。

不過縱使我們對濠梁之辯可以進行這樣的解讀，這仍然與鄂蘭所說的「公共物」有不小的差異。在鄂蘭的思想中，公共物乃是公共世界的重要支撐，這種公共物往往原本就是人類活動的產物，因此與公共世界之間的關聯是內在且固有的，比如桌子、公共建築、藝術作品，其公共性都與其製作目的密切相連。反觀《莊子》中的物，舉凡游魚、牛體，似乎都並非「人為」之物，而是每每脫離人類活動範圍的「自然」之物，那麼這樣的物是否真的能夠與公共世界產生關聯、乃至支撐一個公共世界嗎？進言之，鄂蘭意義上的公共物由於人為活動的物化、外在化作用，而具有持久性與穩定性，在此基礎上才有辦法讓眾多主體對著同一個對象進行觀看、判斷，然而在像是濠梁之辯的案例中，莊子與惠子固然圍繞游魚展開了一個溝通判斷的情境，但是游魚這變幻不定之物，在不同的時刻、地點、人物的觀看下，還有辦法構成一個具有穩定性的公共物嗎？

應該說，《莊子》中的「物」確實與鄂蘭的脈絡有所不同，然而其中蘊含的「應物」或「觀物」的原則，仍然有可能創造出公共空間的某種條件。我們試著考慮一下這兩段文字：

> 聖人處物不傷物。不傷物，物亦不能傷也。唯無所傷
> 者，爲能與人相將迎。（〈知北遊〉，頁182）
> 若夫乘道德而浮游，則不然。無譽無訾，一龍一蛇，與
> 時俱化，而無肯專爲；一上一下，以和爲量，浮游於萬
> 物之祖；物物而不物於物，則胡可得而累邪！（〈山
> 木〉，頁157）

　　這兩段引文爲我們揭示出「應物」原則中兩個層次。首先，不傷
「物」且「物」亦不傷人的這種「處物」方式，意味著人與物之間不會相
互傷害、耗損的狀態；其次，「物物而不物於物」的態度，則意味著要讓
事物是其自身，同時也確保了不爲物所束縛的自由。結合這兩個層次，
「物」雖然並非鄂蘭所討論的藉由製作活動而固化的人造物，但仍然藉由
物我兩不相傷的態度，而避免了輕易被人的生命活動所破壞、耗損的命
運，具有某種持久長存的性格；進而讓物是其所是的「物物」態度，則解
開了物我之間的相互束縛，讓應物者與「物」之間處於一種自由的狀態。
　　這種讓「物」無傷持存並與應物者維持自由關係的實踐方式，蘊含著
對於他人共同加入的邀請。在〈大宗師〉的一則故事中，就描寫了四個好
朋友的故事：

> 子祀、子輿、子犁、子來四人相與語，曰：「孰能以無
> 爲首，以生爲脊，以死爲尻？孰知死生存亡之一體者，
> 吾與之友矣。」四人相視而笑，莫逆於心，遂相與爲
> 友。（〈大宗師〉，頁55-56）

　　在故事的開頭，四人提出成爲朋友的條件，亦即某種看待死生的基本
態度，並在彼此知道對方滿足此種條件的情況下，欣然成爲朋友。接下來
故事進行的方式是，四個朋友被分成兩人一組，每一組中都有一個人身患

奇特重病，而另一個人則去探視。首先是子輿患病，以至於身體變得奇形怪狀，然而當探病的子祀問他是否對此感到嚴惡時，子輿卻展現出極為通達的態度，將自己身體的變化看作天地間變化的一部分來坦然接受，甚至說如果自己的左臂變成一隻雞，就用它來報時。在另一組朋友那邊，當子來患病垂死之際，子犁前來探病。患病的子來同樣對於因病產生的變化、乃至死後的未知命運，都抱持曠達的心態，視之為天地造化的一環。按照故事最初的設定，這兩位患病者對待自身疾病的態度，顯然能夠獲得探病的朋友的理解。

　　這裡的關鍵不僅在於，某種「應物」態度確實為複數的應物者所實踐，並成為溝通與友誼的條件，更在於此處所應之「物」竟是應物者自身的死生病痛，是應物者最為切身的身體變化。換言之，《莊子》「應物」實踐的特殊之處不在於如何構建某種外在化、固定化的物世界，而在於應物者能夠將自身、將自身當中最為切身的一部分，都予以「物化」，從而使之成為可供他人觀看、溝通的「公共物」。

五、結論

　　公民哲學直面現代民主社會的多元差異及其產生的「深度歧見」，嘗試以「兼聽」的主體實踐，來推動多元歧見之間的溝通、協調。這種「兼聽」式實踐固然頗具意義，但筆者嘗試思考的是，《莊子》的「應物」模式是否能夠為多元主體之間的橫向溝通障礙，提供一個立體化的協調框架，亦即在多元主體的平面之外，增添一個「物」的層次，從而在不削弱主體多元性的前提下，透過「公共物」這一媒介開啟溝通的機制。筆者首先梳理了當代莊學研究中，漢學家畢來德與臺灣學者之間的論辯，指出畢來德在強調個人自發性與多元性的同時，忽略了「物」的因素，而臺灣學者的詮釋中則較為關注「物」的問題，並呈現出四種「應物」模式。繼而，筆者透過畢來德對鄂蘭思想的援引及其缺失，引導出鄂蘭對於公共物的探討，其關鍵在於，「物」所具有的雙重公共意義，亦即既構成確保

多元性實現的公共空間基礎，也創造了讓多元主體之間進行溝通協調的條件。最後，借鑑鄂蘭對「物」與公共溝通的思考，筆者嘗試發掘莊子式「應物」模式的另一種詮釋可能，亦即在主體「應物」的實踐過程中潛藏著召喚其他應物者的邀請，換言之，「應物」不僅可以導向單一主體的實踐技藝或自我與他人之間的倫理關係，也可以是透過某一「公共物」來與其他應物者進行溝通的方式。

　　這裡的關鍵不在於，「物」是否能夠獨立於人之外、構成客觀的第三方，而在於「應物」能夠將「物」敞開爲可供多元主體進行觀看、溝通的空間。進一步來說，《莊子》中的「公共物」因素還透過「物化」原則，而獲得頗爲靈活的存在樣態，人甚至有能夠將自己的身體，自己最爲切身的生死病痛，敞開爲可供他人自在觀看、評論的對象，並在這種默契中確認眞正的溝通與友誼。

徵引文獻

宋灝：《漢學與跨文化思維》。臺北：聯經出版公司，2020年。

李雨鍾：〈非對稱的相互性：從列維納斯與呂格爾之爭到《論語》中的「仁禮」關係〉，《臺大文史哲學報》，第91期，2019年5月，頁81-110。

李雨鍾：〈可溝通的情感政治：重探漢娜・鄂蘭的情感批判與判斷理論〉，《政治與社會哲學評論》，第78期，2023年6月，頁65-118。

林明照：〈《莊子》他者倫理中的情感性〉，《哲學論集》，第49期，2018年，頁61-79。

畢來德著，宋剛譯：〈莊子九札〉，收於何乏筆編，《跨文化漩渦中的莊子》。臺北：臺大人社高研院東亞儒學研究中心，2017年。

畢來德著，宋剛譯：《莊子四講》。新北：聯經出版公司，2011年。

鄧育仁：《公民哲學》。臺北：臺大出版中心，2022年。

楊儒賓：《儒門內的莊子》。臺北：聯經出版公司，2016年。

漢娜鄂蘭著，李雨鍾、李威撰、黃雯君譯：《過去與未來之間：政治思考的八場習練》。臺北：商周出版，2021年。

漢娜鄂蘭著，李雨鍾譯：《極權主義的起源》。臺北：商周出版，2022年。

劉紀蕙：《一分為二：現代中國政治思想的哲學考掘學》。臺北：聯經出版公司，
　　2020年。

劉滄龍：《內在他者：莊子・尼采》。新北：聯經出版公司，2022年。

賴錫三：〈《莊子》的他者倫理——以〈德充符〉的文學書寫為例〉，《東華漢
　　學》，第30期，2019年12月，頁1-52。

賴錫三：《道家型知識分子論：《莊子》的權力批判與文化更新》。臺北：臺大出
　　版中心，2013年。

錢穆：《莊子纂箋》。北京：九州出版社，2011年。

Arendt, Hannah. *The Origins of Totalitarianism*. New York: Harcourt, 1976.

Arendt, Hannah. *The Human Condition*. Chicago & London: The University of Chicago
　　Press, 1998.

Arendt, Hannah. *Between Past and Future: Eight Exercises in Political Thought*. New York:
　　Penguin Books, 2006.

Billeter, Jean François. *Leçons sur Tchouang-tseu*. Paris: éditions Allia, 2014.

Billeter, Jean François. *Notes sur Tchouang-tse et la philosophie*. Paris: Allia, 2010.

Coeckelbergh, Mark. "The Public Thing: On the Idea of a Politics of Artefacts", *Techné* 13: 3,
　　2009: 175-181.

Honig, Bonnie. "What Kind of Thing Is Land? Hannah Arendt's Object Relation, or: The
　　Jewish Unconscious of Arendt's Most 'Greek' Text", *Political Theory*, Vol. 44. No.
　　3(2016): 307-336.

Honig, Bonnie. *Public Things : Democracy in Disrepair*. New York: Fordham University
　　Press, 2017.

Markell, Patchen. "Arendt's Work: On the Architecture of "The Human Condition", *College
　　Literature*, Vol. 38, No. 1 (2011), pp. 15-44.

深度共是：莊子與鄂蘭論公民意見的複數性[1]

鍾振宇

中央研究院中國文哲研究所副研究員

摘要

本文選擇漢娜鄂蘭對於民主中「人的複數性」之提出，作為民主政治的一個切入點，試圖探討莊子的政治哲學如何由其於先秦處境所提出的理想政治、轉化為與民主接軌的當代政治哲學模式。

關鍵詞：莊子、鄂蘭、公民意見

　　莊子政治哲學的核心思想是「明王之治」。於現代若進行對於莊子政治哲學的轉化，無疑必須由「單一人治理」（君主）的模式，轉化為「複數人」（人民）治理的模式，也就是強調「民」與人民意見的通達，「民主」無疑仍是目前缺點最少的治理模式。

　　馬愷之總括了西方學界所認為、莊子在政治哲學方面的可能性：「或許可以說，莊子和尼采為了一種絕對獨立個體作辯護。……莊子在西方的命運，彷彿類似尼采：莊子一方面可以成為『差異政治』(politics of difference)的精神資源，可以當作自由民主理論的旁證；[2]一方面似乎也

---

[1] 本文曾作為一半內容發表於〈莊子的「共在」與「共是」——與海德格・鄂蘭的對話〉（《漢學研究》41卷3期，2023年9月）

[2] 馬愷之引用牟宗三的話：「（道家）最是反共的一種哲學，很合乎自由主義的精神。」（牟宗三，

可以當作反民主理論的靈感來源：莊子的隱士與柏拉圖式的哲學家的共同點為兩者對於凡人的精神距離，而此距離容易成為單一性與多樣性、思想與政治之間不可跨越的鴻溝。」[3]西方學界與瑞士漢學家畢來德(Jean François Billeter, 1939-)一樣，認為莊子主張一絕對的個體或個人。但不同的是，西方學界擔心莊子的隱士與柏拉圖的哲學家一樣，都陷入漢娜鄂蘭(Hannah Arendt, 1909-1975)所批評之思想與單一性；而畢來德則認為莊子的對話性蘊含人的複數性（也就是政治與多樣性）。也就是說，本文認為莊子不是沉思的隱士，而是在人間世中從事政治之人，其思想蘊含民主的潛力。

　　本文選擇鄂蘭對於民主中「人的複數性」之提出，作為民主政治的一個切入點，試圖探討莊子的政治哲學如何由其於先秦處境所提出的理想政治、轉化為與民主接軌的當代政治哲學模式。

一、鄂蘭論公民意見的品質

　　鄂蘭的政治哲學十分強調「人的複數性」，他認為政治行動是人類活動中極為重要並具創造性的。「複數性」強調人與人之間意見的溝通，能夠克服自柏拉圖至海德格存有論的單一性（存有論探討單一絕對的人的根據），她批評前期海德格的此在仍是一種獨我論。鄂蘭批判海德格所說的「本眞」(Eigentlichkeit)生活之不足。非本眞的常人(das Mann)生活中，也有某意義的眞理，這即是人類社會生活、政治生活的眞理。海德格仍舊是「生存論的獨我主義」(existential solipcism)。[4]常人的公眾性世界仍未被本眞的人所重視。

　　鄂蘭說：「（海德格）自我的本質特點是他的絕對的自我性(Self-

　　　《中國哲學十九講》）見〈動物性、文化性、苦惱的意識：樂唯的莊子詮釋〉，《中國文哲研究通訊》，18卷4期，2008年12月，頁111，註23。

[3]　馬愷之：〈動物性、文化性、苦惱的意識：樂唯的莊子詮釋〉，頁111。

[4]　Hannah Arendt, *The Life of Mind, Vol. II, Willing*, New York: Harcourt Brace Jovanovich, 1978, 187.

ness)、他與同儕(fellow)的徹底分離。」[5]鄂蘭認為海德格的（本眞的）「自我」(Selbst)概念、與「常人」(das Man)概念相對反，但是政治哲學又建立在「常人」概念之上。如此，依照海德格的說法，政治哲學將不可能。[6]

此處似乎可以很容易看到鄂蘭對於海德格的「共同此在」(Mitdasein)概念的忽略，這在她1954年的文章中已經做了修正，認為海德格仍有注意到他人。[7]然而，鄂蘭要強調的是，即使自我是與他人共在的，但這種共在還是缺少政治性格。

晚期鄂蘭十分強調「判斷」，她認為判斷能力是人的心智中最具有政治性的能力。[8]我們必須由康德哲學那裏，才能理解判斷所具有的本質特徵與它在人類事務中令人驚異的應用範圍。[9]判斷是針對特殊物，普遍物不再主導特殊物，而是讓特殊物顯現自己。康德對品味的分析，提供了如交流、主體間一致、共享的判斷(shared judgment)等概念。

康德區分「決定判斷」與「反思判斷」；「決定判斷」是將特殊物歸到普遍物的機能；審美判斷作爲「反思判斷」則是只就特殊物的差異而做判斷。但這種反思判斷也不是主觀的，它具有「共同感」(common sense)，別的人可能會做一樣的判斷。

鄂蘭改造了康德的判斷力。康德避免將道德與品味奠基於社會性，因爲這樣會毀壞其自律性。康德會認爲品味是個人的，不需要與社會對話才能成立。而鄂蘭的做法正好不是康德想要的，鄂蘭重視判斷的可交流性與

---

[5] Hannah Arendt, *Essays in Understanding, 1930-1954*, Jerome Kohn (Ed.), New York: Harcourt, 1994, 180-181.

[6] Hannah Arendt, What Is Existenz Philosophy?, *Patrisan Review*, 13(1946), 51.

[7] Hannah Arendt, Concern with Politics in Recent European Thoughts, in Jerome Kohn (Ed.), *Essays in Understanding, 1930-1954*, New York: Harcourt, 1994.

[8] Hannah Arendt, Thinking and Moral Considerations, *Social Research* 38(1971), 445.

[9] Hannah Arendt, *On Revolution*, New York: Viking Press, 1965, 231-232.

社會性。

　　鄂蘭爲何強調「判斷」？現代社會之拒絕判斷、漠不關心，產生「惡之平庸」，喪失判斷力，拒絕承擔責任，剝離了共同感受。納粹軍官艾西曼(Eichmann)不判斷，因爲他不思想，所以無法進一步判斷。他的行動是「無思想的」(thought-less)。「判斷」在西方哲學中並未受到重視，至多只是次要的人類機能。但是鄂蘭看到判斷在政治行動中的重要性，尤其是在參與艾西曼的審判之後，她更認爲判斷是對抗極權主義的要素。艾西曼有辦法進行康德所說的決定判斷（determinative judgment，將特殊物歸到普遍），但是無法進行反思判斷(reflective judgment)。艾西曼可以根據納粹的「（普遍）規則」進行決定判斷，但卻無法就特殊物的實際狀況進行反思判斷、無法就特殊物而不依照普遍規則而判斷。[10]那些仍然能夠區分對與錯的人，是擅於使用自己的判斷，而不盲目屈從於社會的普遍規則。

　　極權主義是基於「意志形上學」的現代政治理論之真實版本。[11]（畢來德認爲「總體之氣」也是造成中國皇帝集權的哲學原因。）鄂蘭認爲「人的複數性」是抵抗極權主義的基礎。而「判斷」官能形成了對於人的複數性的接納。思想要求我要理性，意志要求我不要自我矛盾，而判斷要求我與同儕他人共在。判斷是人之能成爲政治動物的最重要官能。[12]

　　另一個重點是「意見」。在柏拉圖哲學中，真理與意見對立，意見被視爲是虛假的。在海德格哲學中，常人的意見被視爲「閒談」，是劣義的；反之，鄂蘭認爲判斷與意見同樣是政治理性上最重要的兩種「官

[10] Michael Denneny, *The Priviledge of Ourselves. Hannah Arendt on Judgment*, in Garrath Williams (Ed.), *Hannah Arendt. Critical Assessments of Leading Political Philosophers*, Vol., IV, London & New York: Routledge, 2006, 201-202.

[11] Michael Denneny, The Priviledge of Ourselves. Hannah Arendt on Judgment, in Garrath Williams (Ed.), *Hannah Arendt. Critical Assessments of Leading Political Philosophers*, Vol., IV, 199.

[12] Michael Denneny, The Priviledge of Ourselves. Hannah Arendt on Judgment, in Garrath Williams (Ed.), *Hannah Arendt. Critical Assessments of Leading Political Philosophers*, Vol., IV, 200.

能」。[13]鄂蘭希望挽救意見自柏拉圖以來被貶低的狀況。公民之間的交流，是意見的溝通與說服。

康德在《判斷力批判》40節中提出判斷是一種「共同感」(*sensus communis*, common sense)，是通於眾人的。判斷要求「從每一他人之立場而想」、是「擴大的思想」。[14]關於擴大的心智指的是：「如果他能使其離開或遣除其判斷的個人的主觀條件（這些主觀條件拘禁了好多人的心靈），並且能從一普遍的觀點來反省自己的判斷（他只能因著把自己之根據改轉到他人底觀點或把自己放在他人底觀點上而有這普遍的觀點）：如他能如此云云，則這便仍然指示一個人有寬大的思想方式。」[15]鄂蘭因此認為，個人意見應該盡量擴充，盡量去體會他人的意見的優點，意見與判斷才能具有「品質」。因為我們是複數（多元）的存在者，能夠進行「再現式思想」（representative thinking，再現他人思想），這也就可形成意見之所以可能「不偏不倚」的客觀基礎。

二、莊子與公民意見的複數性：由「明王之治」到「民主」

莊子的政治哲學的核心思想是「明王之治」。何謂「明王之治」？

> 天根游於殷陽，至蓼水之上，適遭無名人而問焉，曰：「請問為天下。」無名人曰：「去！汝鄙人也，何問之不豫也！予方將與造物者為人，厭，則又乘夫莽眇之鳥，以出六極之外，而游無何有之鄉，以處壙埌之野。

---

[13] Hannah Arendt, *On Revolution*, 231.

[14] Immanuel Kant, *Kritik der Urteilskraft*, Hamburg: Meiner, 1990, 145. (*KrU*, 158)

[15] 中文翻譯參考牟宗三：《康德判斷力之批判（上冊）》，臺北：臺灣學生書局，1992年，頁316-317；Immanuel Kant, *Kritik der Urteilskraft*, 146. (*KrU*, 159)

汝又何帛以治天下感予之心爲？」又復問，無名人曰：
「汝游心於淡，合氣於漠，順物自然而無容私焉，而天
下治矣。」（〈應帝王〉）

「明王之治」的目標是「順物自然」，「順物自然」蘊含著「順民自
然」，某個意義下也就是順從人民的差異化表現，使其顯現差異。當
然，古代政治不僅考慮到人民的自然，也考慮到人民之「周遭環境」
（「物」）的自然。在當今政治處境，「使人民自然」之目標仍可以不
變，但是需由「一人君主」的治理模式轉變爲「複數人民」對話溝通的模
式。中國古代治術始終有以民爲本的目標，如「天聽自我民聽，天視自我
民視」（《尚書》）、「民爲貴、社稷次之、君爲輕」（《孟子》）。強
調莊子政治思想中的「順民自然」，可以順遂銜接現代之公民、民主思
想。

　　民主首先需要的是政治意義的個人，許多學者認爲莊子思想提供了中
國歷史中關於「個人獨立」的思想源頭。畢來德是第一位有意識地比較莊
子與鄂蘭思想的學者。他認爲莊子的虛而待物的新主體範式，與鄂蘭之具
有創新性、啟新性(natality)的行動主體是相似的。畢來德認爲莊子思想強
調了個體的創新性：「假如今日中國的哲學家把創造性源頭放到個人主體
上，所完成的變革將會產生多層面的影響。這一變革將賦予個體在中國思
想當中從未有過的價值。這將使個體成爲新事物所由來的源泉，即是眞正
的行動者，致力於與他人一同創造符合其需求的社會，而不再是符合某種
宇宙的秩序。政治權力的正當性源頭只能是眾多個體協同形成的意志，而
不是任何別的事物。這一變革將能在保存歷史的同時超越歷史，爲政治自
由提供一種中國式的基礎。」[16]畢來德強調「眾多個體」的創新性，呼應
著鄂蘭所說的「人的複數性」。

---

[16] 畢來德，〈莊子九札〉，宋剛譯，《中國文哲研究通訊》，22卷3期（87期），2012年9月，頁20。

　　畢來德又說：「以（柏拉圖）《泰阿泰德篇》裏那句名言的說法，哲學是一種孤立的思想，註定忽視不同主體的多元性與主體間的差異，而這種多元性與差異性卻是構成了人類現實的根本要素。所以漢娜・鄂蘭才建議，從今以後，哲學思想的起點應該放到對人的多元性的驚奇當中。她說，這才應該是一個真正的政治哲學的基礎。我相信她說的對。我認為無論是歐洲還是在中國，這種轉變是必要的；而在中國那一方，莊子可以為我們提供一個支點。」[17]畢來德認為莊子思想可以為政治自由、人的多元性提供一個支點。最重要的在於莊子設想的一個新的個體性、主體性的概念。他認為人對於哲學有一種驚奇、對於政治應該有另一種驚奇，哲學關注於單一人的沉思，政治則關注複數人的協商，這兩種驚奇都是必要的。[18]

　　因此，除了「個人」的思想之外，在民主社會，此「個人」還必須與其他個人溝通。畢來德認為莊子不僅主張「個人」，也強調「與他者的溝通」：「對我來說，沒有什麼是高於能理性思考的『個人』的，更沒有什麼是高於『能透過理性對話，達成某種共識』的兩個人。」[19]畢來德的莊子研究，於政治面向強調的就是莊子思想中具有「個人」的形成、以及「個人間」之溝通性，這對於開展民主自由之公民身分是必須的。

　　鄂蘭對於存有論的批判、對於複數性、政治行動、判斷的強調，被畢來德援引來詮釋莊子哲學。畢來德對於莊子之「鄂蘭式政治哲學重構」之重點如下：
1. 多元性：對於自由的個人之強調
2. 對話性：寓言對話者間之互相轉化（複數性），信息交流（概念源自

[17] 畢來德：〈莊子九札〉，頁25。

[18] 畢來德：〈莊子九札〉，頁25，註40。

[19] 畢來德，周丹穎譯：《駁于連》，高雄：無境文化，2011年，頁69。

Jaspers）[20]

3. 啟新性：心齋「虛而待物」之活性虛空，不斷開創新的開端的能力

4. 行動性：心齋是為「（政治）行動」做準備

　　對於畢來德來說，莊子哲學在很大程度上滿足了鄂蘭對於政治哲學的要求。

　　底下說明莊子思想之「個人間的溝通性」。鄂蘭的「擴大的心智」概念除了康德的來源外、也受到海德格1929-1930年《形上學的基本概念》討論「人如何置換(transpose，德文sich setzen)到他人處境」之影響。[21]而海德格的思路又受到莊子的影響：1930年海德格在不來梅(Bremen)與友人論學，當討論到「人是否可以設身處地為他人設想」時，海德格請主人拿出《莊子》德譯本，翻到「魚之樂」的章節，說明人可以設身處地為他人設想。[22]由海德格對於此段的解釋，可以進一步開發莊子哲學中所具有的為他人設想的共同感。這種共同感是鄂蘭所認為政治上之人的複數性得以成立的基礎，她認為共同感(sensus communis)在政治之事(polis)中是重要的，鄂蘭即由康德的反省判斷力作為「擴大的思維能力」、具有「共同

---

[20] 意見的溝通需要語言，畢來德認為〈齊物論〉闡發了語言的創立性：「先秦以降，尤其是漢帝國建立以後，專制政權為了長保帝國歷久不衰，漸漸發展出了一種否定語言創立性的文化。我認為這種語言觀是可以追本溯源的歷史現象，而從哲學的面向來看，則是種退步。語言的創立性曾在先秦諸子的思想曇花一現。莊子在〈齊物論〉中最為精闢地表述了這一點，也因此〈齊物論〉對詮釋中國思想史具有策略性上的重要性。按照我的解讀，它肯定了語言的創立性，亦即肯定了人們最基本的一種自由，可用語言建構自己對現實的認識和看法，並藉此彼此溝通。于連遵循帝國時代遺留下來的對〈齊物論〉的詮釋，只看到了莊子如何否定語言的功能。」（畢來德，《駁于連：目睹中國研究之怪現狀》，頁115-116。）畢來德強調了語言的建構性，以及語言如何表現個人的自由，十分具有政治性的意涵。

[21] George Kateb, The Judgment of Arendt, in Garrath Williams (Ed.), *Hannah Arendt. Critical Assessments of Leading Political Philosophers*, Vol., IV, London & New York: Routledge, 2006, 277.

[22] H. W. Petzet, *Auf einen Stern zugehen: Begegnungen mit Martin Heidegger 1929-76*, Frankfurt/M.: Societäts, 1983, 24.

感」，因而可以將他人意見包納到自己意見中，以此說明人的複數性成立之可能。[23]

由「魚之樂」的段落可知，莊子的共同感不僅是包含人，更重要的是包含天地萬物（包含動植物）。這種宇宙性的深層共同感更有氣化感通的基礎（「通天地一氣」），而不僅是鄂蘭式的語言理性上的溝通。對於動物植物的感通，也因此可以開展政治哲學之外的生態哲學向度。

如鄂蘭所論，對「意見」的重視是現代政治哲學的基礎，由此反觀莊子對於意見的處理。「意見」在莊子哲學中的用語接近於「是非」，章太炎認為，戰國時代百家爭鳴，是非蜂起。首先，「是非」是基於「成心」：「夫隨其成心而師之，誰獨且無師乎？奚必知代而心自取者有之？愚者與有焉！未成乎心而有是非，是今日適越而昔至也。」（〈齊物論〉）還沒有成心就有了是非，是不可能的。當時最大的是非，在於儒墨兩種理論。堅持於自己的是與立場，莊子稱為「為是」。（莊子還提出「勞神明『為一』」（〈齊物論〉）等「為X」之有為狀態）「是非」若與儒家的「仁義」一起出現，是對於真人的傷害：

> 意而子見許由，許由曰：「堯何以資汝？」意而子曰：「堯謂我：汝必躬服仁義而明言是非。」許由曰：「而奚來為軹？夫堯既已黥汝以仁義，而劓汝以是非矣。汝將何以游夫遙蕩恣睢轉徙之塗乎？」（〈大宗師〉）

對於各種是非的衝突，莊子提出「因是」、「兩行」等解決辦法。我們先看幾種解釋：

---

[23] 參考汪文聖：〈重新反省民主與倫理間的關係──從新儒家到現象學觀點的轉化〉，《中國文化與世界》，臺北：中央大學文學院儒學研究中心，2009年，頁412。

因是：

王小滕：「由此即可推論其人生態度，當是如同狙公之順應情勢，隨機
　　　　應變。」[24]莊子變成「順勢」的權謀家了，外在世界眾人（猴子
　　　　們）的勢如何，莊子就順應之。我想這不是莊子想要的態度。

牟宗三：「這個「因是」的意思是：是通通是，非通通非。要說對，通通
　　　　對；要說不對，通通不對。通通是，那就是沒有非與它相對；通
　　　　通非，那就是沒有是與它相對。結果無是無非。無是無非就是把
　　　　是非相化掉了。」[25]牟先生強調「因是」是一種「無是無非」的
　　　　超是非狀態。

兩行：

方東美：「每一個理論都得到真理的一面。」[26]

王邦雄：「兩行」是指雙方的「是」並行（如儒墨均為是）。[27]（這樣子
　　　　莊子就真的陷入相對主義了。）

唐亦男：「是非兩可而無矛盾阻礙」，「肯定雙方都行，而無一方之不
　　　　行，包容接納雙方不同的意見，而平齊無謂的對立爭論。」[28]

楊儒賓：「我們可以跳出相對世界之外，但又能夠使相對世界的雙方都能
　　　　各得其位，這也就是莊子所說的兩行」。[29]

---

[24] 王小滕：〈《莊子·齊物論》「絕待」哲理之詮釋——以「天倪、天均、兩行、天府、葆光」的考察為主〉，《東華人文學報》，八期，2006年，頁41。

[25] 牟宗三：〈莊子〈齊物論〉講演錄（四）〉，《鵝湖》，27卷10期，2002年4月，頁4。

[26] 參見陳鼓應：《莊子今注今譯（上）》，北京：中華書局，1983年，頁83。

[27] 王邦雄：〈老莊道家論齊物兩行之道〉，《鵝湖學誌》，30期，2003年6月，頁52。

[28] 唐亦男：〈王夫之通解莊子「兩行」說及其現代意義〉，《鵝湖》，30卷9期，2005年3月，頁25-26。

[29] 楊儒賓：〈卮言論：莊子論如何使用語言表達思想〉，《漢學研究》，10卷2期，1992年12月，頁128。

　　莊子希望所有的「爲是」都不作用，[30] 而以「因是」、「和之以是非」（兩行）[31] 的方式解決是非衝突。這即是莊子所謂的「明王之治」。「爲是」的最大範圍是「爲天下」。[32] 「爲天下」是「有爲」，不如「因天下」的「無爲」，也就是「順物自然」：「游心於淡，合氣於漠，順物自然而無容私焉，而天下治矣。」（〈應帝王〉）〈應帝王〉篇首先反對儒家之以仁義治國，接著反對有心有爲地治國（「爲天下」）。最後提出「順物自然」的明王之治：「明王之治：功蓋天下而似不自己，化貸萬物而民弗恃。有莫舉名，使物自喜。立乎不測，而游於無有者也。」「明王」是「和之以是非」的「『以明』之王」，也就是〈逍遙遊〉所提到的「無功、無名、無己」的政治。

　　這種以君主的德化（無論是儒家或道家的德）爲主的政治，[33] 顯然與當代民主政治有距離。對於是非的兩行態度，也就是讓「兩種是」、「多種是」都並存，還無法形成適當的政治判斷，政治判斷是對於多種意見是非的調解（當然也有無法調解的深度歧見的時候）。

　　對於莊子哲學這種正面、具體的規範性、判斷性的開展，自古至今都有所嘗試：

1. 《莊子》外篇：如〈天地〉〈天道〉〈天運〉等篇，擴張道家無爲的基本觀點，主張「君無爲而臣有爲」。[34]

---

[30] 「為是不用而寓諸庸。」（〈齊物論〉）

[31] 「名實未虧而喜怒為用，亦因是也。是以聖人和之以是非而休乎天鈞，是之謂兩行。」（〈齊物論〉）

[32] 天根游於殷陽，至蓼水之上，適遭無名人而問焉，曰：「請問為天下。」無名人曰：「去！汝鄙人也，何問之不豫也！予方將與造物者為人，厭，則又乘夫莽眇之鳥，以出六極之外，而游無何有之鄉，以處壙埌之野。汝又何帛以治天下感予之心為？」又復問，無名人曰：「汝游心於淡，合氣於漠，順物自然而無容私焉，而天下治矣。」

[33] 牟宗三稱為「儒家德化的政治」與「道家道化的政治」。見《政道與治道》，臺北：臺灣學生書局，1987年，頁26。

[34] 「上必無為而用天下，下必有為為天下用。此不易之道也。」（〈天道〉）

2. 黃老道家：《黃帝四經》主張君臣均需有爲，[35]並主張「道生法」，連結道與規範性。

3. 郭象：除了君無爲、臣有爲之外，更發展出「君臣均有無爲有爲」的弔詭思路。[36]

4. 楊儒賓以「形氣主體」中的「形」開展政治社會面向，這是接續莊子後學強調「有爲」的思路，認爲「有爲」、「形」等也有其正面價值。[37]

在現代政治中強調意見的形成，於莊子哲學則必須開發「成心的中立性」之強調。在莊子哲學中，「意見」是由「成心」所形成的。成心是偏見的意思，成玄英疏曰：「執一家之偏見者，謂之『成心』。」[38]之所以會出現是非之爭，是因爲人有偏見，而師法自己之偏見爲判斷拒斥他人意見之緣故。成心在古代也許是被貶低的，但是在現代社會中，由成心所形成的常人之意見，卻成爲政治行動的重要內容。研究莊子思想要重視「常人」（有成心之人、非眞人）、「意見」（非眞知）之政治性，才能進一步開展出莊子的現代政治向度。有成心並不可怕，怕的是只師法自己的成心、而無法接受他人的意見。

「機心」也有類似的狀況，由機心形成的技術、科技思維，是現代社會的重要內容。[39]統言之，「成心」與「機心」可以是一種「中性義的有

---

[35] 陳鼓應：《黃帝四經今註今譯》，臺北：臺灣商務印書館，2001年，頁82-83。

[36] 「夫工人無爲於刻木，而有爲於用斧；主上無爲於親事，而有爲於用臣；臣能親事，主能用臣，斧能刻木，而工能用斧，各當其能，則天理自然，非有爲也。若乃主代臣事，則非主矣。臣秉主用，則非臣矣。故各司其任，則上下咸得，而無爲之理至矣。」（郭慶藩，《莊子集釋》，臺北：莊嚴出版社，1984年，頁465-466）

[37] 楊儒賓：《儒門內的莊子》，臺北：臺大出版中心，2016年，頁189。

[38] 郭慶藩：《莊子集釋》，頁61。

[39] 唐代馬總強調機心可用而不必是心的負累：「而彼以有機械者必有機事，有機事者必有機心。而不知機心之所自生者未始有物也，則是識其一而不識其二也。知忘神氣、黜形骸以斬道德之全，不知兀行於萬物者無非道也。願以之爲累，則是治其內而不治其外也。……故論眞渾沌氏之術乃遊世俗

爲」，在《莊子》外雜篇與郭象思想中產生「君無爲、臣有爲」的區分顯得重要，對現代人來說即是一種「無爲與有爲的弔詭」、「材與不材之間的弔詭」。

眞人雖然「是非不得於身」、「不以好惡（是非）內傷其身」（〈德充符〉），但還是要遊於有是有非的政治場域。（「不譴是非而與世俗處」[40]（〈天下〉））問題在於如何遊於現代政治的場域？如何成就一道家式的公民？

三、深度共是

人可以有成心以形成意見，但不可以「師心自用」（「隨其成心而師之」）。把「成心」與「師成心」分離開，是莊子思想開展出現代公民哲學的基礎：成心是形成意見的基礎，師法成心卻會排斥他人意見。要能夠一方面主張意見，又能夠進一步聽取他人意見、擴大自身的心智，則需要「心齋」的政治工夫。

心齋之「虛而待物」是一種虛明的狀態，能夠反映是非兩端的實況（應物而不藏），照見兩方的不足與局限性。莊子思想爲公民哲學所提供的首先是一種謙虛的態度：即不強調自己的主張一定對。以「朝三暮四」的故事爲例：

　　　勞神明爲一而不知其同也，謂之「朝三」。何謂「朝

之間而不爲累也。」（馬總：《莊子意林》，收入嚴靈峰，《無求備齋莊子集成初編（五）》，臺北：藝文印書館，1972年，頁129。）王船山也強調機心的正面價值：「機者，賊心也。……若聖人之見獨，韜乎儻乎事心大而與物遊，則兩端兼全、內外通一。機與忘機，舉不出吾在宥之覆載，而合於天德。抱甕者自抱，橰者自橰，又何機巧之必羞耶？」（王夫之，《莊子解》，收入嚴靈峰，《無求備齋莊子集成初編（十九）》，臺北：藝文印書館，1972年，頁278。）

[40] 成玄英疏：「譴，責也，是非無主，不可究責，故能混世揚波、處於塵俗也。」（郭慶藩：《莊子集釋》，頁1101）「不譴是非」，就是不排除是非。

三？」曰：「狙公賦芧，曰：『朝三而暮四。』眾狙皆
怒。曰：『然則朝四而暮三。』眾狙皆悅。」名實未虧
而喜怒為用，亦因是也。是以聖人和之以是非而休乎天
鈞，是之謂兩行。（〈齊物論〉）

「眾狙」可以比喻沒有溝通性的大眾，只有自身的喜惡，無法擴大心靈去
理解其他意見的優點，例如「朝三暮四」的優點在於早餐不要吃太多比較
健康。眾狙識見狹小，認為先取到多一點利益則比較好（計算性思維），
因此「朝四」比「朝三」更好。

「狙公」則心靈靈活，可以接納「朝三暮四」與「朝四暮三」等不同
意見，這是一種「因是」的態度。狙公知道兩種不同意見可能有共通之處
（總數都是七）。人與猴子容易達成共是，但猴子與人不容易達成共是。
有時候即使人與人間也不易達成共是（有深度歧見之時）。

面對現代民主政治，莊子的「因是」思想需要進一步改造，也就是除
了「因是」之外，也要強調「為是」（「有為之是」（參考老子思想），
意見的形成）的積極意義。道家式的公民一方面「為是」，另一方面也以
「因是」的態度聽取他人的意見（如同鄂蘭所說的「擴大的心智」），進
而形成「共是」（近於「共識」）的政治判斷。

「共是」的追求，是莊子心齋「虛而待物」的當代政治應用。在是非
的層面上，莊子不主張有一絕對的是非。莊子認為各種意見作為「為是」
都有其限制，必須認清自身的限制而達到「因是」。但是這種「因是」又
不能形具體的政治的意見決斷，退而言之，莊子在現代公民社會的要求
下，可以主張一種盡量排除自身意見的唯一性、進而聽取他人意見的「共
是」。而這種「共是」，必須由「虛而待物的道心」與「意見形成的成
心」相互作用而成，缺一不可。沒有成心，無法形成意見；沒有道心，無
法擺脫自我意見的主觀化、僵固化傾向。這是一種道家式的公民之特點。
這種「天與人不相勝」的公民，是「因是」（天）與「為是」（人）的往

復來回。莊子的政治哲學要由心齋的「明王之治」，轉化為現代的「共是」政治，對於成心的積極義之肯認不可少。成心不是全然壞的，要點在於不要只是師法自己的成心，而要聆聽他人成心之可取意見。

「深度共是（共識）」是指透過「虛而待物、應物不藏」要求極細微地反映自身與他人意見的全貌，要求理解意見背後的動機、情感，而達到深度溝通。

鄧育仁認為「深度對話」在民主社會中是必要的，若無法進行深度對話，而產生深度歧見，往往造成民主的自毀：

> 深度對話的著眼點不只在正當性，更重要地，是要點點
> 滴滴調降民主政治裡總會含有的毀壞民主根基的力量。
> 在不同傳承之間，如果彼此有著更深刻的相互理解，如
> 果彼此都能夠抓住對方值得重視的見解，把對方的優點
> 融入己方的觀點，那麼，在彼此都願意講理的情況裡，
> 更有機會建立互信，維持公民情誼，不致因不解而用上
> 會會壞民主根基的手段。[41]

莊子思想中「深度共是」的提出，可以呼應鄧育仁「深度對話」的說法。公民之間若能夠深度對話，則可促進實質民主的實現。

最後可以探討的是，對鄂蘭來說，「判斷」是最重要的政治能力，但是對莊子來說，「心齋」是最重要的政治能力。兩者有何差異高下？「心齋」似乎是超越「判斷」機能的另一種身體能力。因為「判斷的共是」與「心齋的共是」的區別在於心齋具有「虛而待物」的靈敏感通度。判斷始終是在「有、實」的領域中，而「心齋」是處於虛實之間。判斷強調一種「共同感」，而心齋除了強調更敏銳地「通」各種是非，更具有深度的調

---

41 鄧育仁：《公民儒學》，臺北：臺大出版中心，2015年，頁317。

解能力，以形成深度共是。「虛」進入到一切是非之源，而鄂蘭未思考此一解構是非意見的面向。

徵引文獻

王小滕：〈《莊子·齊物論》「絕待」哲理之詮釋——以「天倪、天均、兩行、天府、葆光」的考察為主〉，《東華人文學報》，八期，2006年。

王夫之：《莊子解》，收入嚴靈峰，《無求備齋莊子集成初編（十九）》，臺北：藝文印書館，1972年。

王邦雄：〈老莊道家論齊物兩行之道〉，《鵝湖學誌》，30期，2003年6月。

牟宗三：〈莊子〈齊物論〉講演錄（四）〉，《鵝湖》，27卷10期，2002年4月。

牟宗三：《政道與治道》，臺北：臺灣學生書局，1987年。

汪文聖：〈重新反省民主與倫理間的關係——從新儒家到現象學觀點的轉化〉，《中國文化與世界》，臺北：中央大學文學院儒學研究中心，2009年。

唐亦男：〈王夫之通解莊子「兩行」說及其現代意義〉，《鵝湖》，30卷9期，2005年3月。

馬愷之：〈動物性、文化性、苦惱的意識：樂唯的莊子詮釋〉，《中國文哲研究通訊》，18卷4期，2008年12月。

馬總：《莊子意林》，收入嚴靈峰，《無求備齋莊子集成初編（五）》，臺北：藝文印書館，1972年。

畢來德，宋剛譯：〈莊子九札〉，《中國文哲研究通訊》，22卷3期（87期），2012年9月。

畢來德，周丹穎譯：《駁于連》，高雄：無境文化，2011年。

郭慶藩：《莊子集釋》，臺北：莊嚴出版社，1984年。

陳鼓應：《莊子今注今譯（上）》，北京：中華書局，1983年。

陳鼓應：《黃帝四經今註今譯》，臺北：臺灣商務印書館，2001年。

楊儒賓：〈卮言論：莊子論如何使用語言表達思想〉，《漢學研究》，10卷2期，1992年12月。

楊儒賓：《儒門內的莊子》，臺北：臺大出版中心，2016年。

鄧育仁：《公民儒學》，臺北：臺大出版中心，2015年。

George Kateb, The Judgment of Arendt, in Garrath Williams (Ed.), *Hannah Arendt. Critical Assessments of Leading Political Philosophers*, Vol., IV, London & New

York: Routledge, 2006.

H. W. Petzet, *Auf einen Stern zugehen: Begegnungen mit Martin Heidegger 1929-76*, Frankfurt/M.: Societäts, 1983.

Hannah Arendt, What Is Existenz Philosophy?, *Patrisan Review*, 13(1946).

Hannah Arendt, *On Revolution*, New York: Viking Press, 1965.

Hannah Arendt, Thinking and Moral Considerations, *Social Research* 38(1971).

Hannah Arendt, *The Life of Mind, Vol. II, Willing*, New York: Harcourt Brace Jovanovich, 1978.

Hannah Arendt, Concern with Politics in Recent European Thoughts, in Jerome Kohn (Ed.), *Essays in Understanding, 1930-1954*, New York: Harcourt, 1994.

Hannah Arendt, *Essays in Understanding, 1930-1954*, Jerome Kohn (Ed.), New York: Harcourt, 1994.

Immanuel Kant, *Kritik der Urteilskraft*, Hamburg: Meiner, 1990.

Michael Denneny, *The Priviledge of Ourselves. Hannah Arendt on Judgment*, in Garrath Williams (Ed.), *Hannah Arendt. Critical Assessments of Leading Political Philosophers*, Vol., IV, London & New York: Routledge, 2006.

《莊子》的善生善死與公民哲學

林明照

國立臺灣大學哲學系教授兼系主任

　　公民哲學從深度歧見出發，思考當代社會的理想向度。這之間包含作爲當代民主社會中的公民所應具有的品德。但品德是什麼？應具備怎樣的內涵？關於公民品德，我們當然可以在公民社會的情境與脈絡中來思考公民所需具備的品德，但是公民的品德或德性，仍離不開作爲人，作爲社會的一份子，甚至作爲世界或萬物的一部分的存在特質。如此公民的德性便如《莊子》「兩行」所意謂的，既具有公民社會的「世俗」面向，也具有人與世界相連繫的「生命實情」向度。從這「兩行」的脈絡來看，公民的德性與品德，乃同時具有公民社會的視角，以及屬於人的生命實情的視角。這個生命實情同時包含生命與死亡，以莊子的話來說，即是「大塊載我以形，勞我以生，佚我以老，息我以死」（〈大宗師〉）的形、生、老及死的生命整體。

　　如果從《莊子》的思想脈絡來看，前者突顯「人」的視角，後者則隸屬在「天」的視角中，二者是天人兩行的關係。如果從德性的角度來看，對於《莊子》而言，一個有德者恰能是兼備及兩行於天、人二面向者，以〈齊物論〉而言，即是能「和之以是非，而休乎天均」之「兩行」。「和之以是非」指藉由理解及因應是非爭辯的脈絡，避免陷於人我及社會性的對立與衝突，正與世俗及社會性的「人」有關；「休乎天均」則意謂能夠以觀點的轉換，使得自身不局限特定視角，並能走向他者的脈絡，進而從他者的視域反思自身，再以修正後的視角重新理解對方，形成了環轉變動

的動態觀點，恰好符應應萬物的環轉變化。這符合萬物環轉變化的觀點動態，也即與萬物實情的「天」相連繫。[1]也因此，「和之以是非，而休乎天均」正是天、人兩行的展現。

再以〈大宗師〉而言，即是：「其好之也一，其弗好之也一。其一也一，其不一也一。其一，與天爲徒；其不一，與人爲徒。天與人不相勝也，是之謂眞人」「不一」指向個人在複雜多樣的世俗生活中的各種情感好惡，成玄英釋之爲「凡情」，[2]這是「與人爲徒」；而「一」則是指生命的實情底蘊、本眞自然，也就是「與天爲徒」。有德者，或是此段引文中所謂的「眞人」，乃是「其一也一，其不一也一，天與人不相勝」之天人兩行不衝突，意謂有德者或眞人，在生命實情的底蘊中展現世俗生活中的各種情感回應；換個面向說，其各種情感展現，皆出自生命的實情底蘊。

這樣的天人兩行，實際上有一種對於「人」所指向的實踐層面的側重與關注，不僅就個人生命或生活而言，也是就人在世俗的種種，或是世俗本身而言。〈天下〉在述及莊子的思想時即言：「獨與天地精神往來，而不敖倪於萬物，不譴是非，以與世俗處。」「天地精神」即是天地萬物或生命整體的存在實情，具有豐富多樣而變化不息的面向，「與天地精神往來，而不敖倪於萬物」正意謂與天地萬物所代表的整體生命實情──「天」的契合；「不譴是非，以與世俗處」則與世俗或社會生活中的安然有關，尤其關涉如何在生活世界中因應各種價值信念與觀點，這是「人」層面的價值及實踐面向。〈天下〉將生命實情與世俗生活的天、人兩面向結合而言，在於體現莊子「應於化而解於物」的實踐智慧，「應於化」涉及人面對生死存亡等人事變遷的實踐回應；「解於物」則連繫到人我、人

---

[1] 關於「和之以是非，而休乎天均」的「兩行」之意義，具體討論可參見林明照，〈《莊子》「兩行」的思維模式及倫理意涵〉，《文與哲》第28期，2016.06，頁269-292。

[2] 郭慶藩：《莊子集釋》，臺北：華正書局，2004，頁240。

與社會群體之間如何互動，這些都是「人」層面的實踐價值，也就是在天、人兩行下對於「人」層面的價值關懷與反思。

在天人不相勝中，《莊子》中「天」所意指的，主要包含兩個意義：其一是人所隸屬而無法干預的生命整體變化；其二是指向生命自身的特質及自發性力量。前者，《莊子》會以「命」來突顯其中不可干預的部分；後者則又與相關說法相連繫，例如「天理」、「才」與出現在外、雜篇的「性」與「德」等。而在天、人兩行中，天的這兩面意義即在「人」層面的實踐意義分別相應體現。

首先，除了前述符應「天」或「天均」而能「和之以是非」；就「天」指向人所隸屬而無法干預的生命整體變化的層面而言，在「人」方面，尚體現為如何在「大塊載我以形，勞我以生，佚我以老，息我以死」的生命整體的變化中能安然和悅而不拒斥憂悲，特別是在死亡的脈絡下仍得安然。而在社會方面，則是如何從整體性的生命視角來思索理想社會的基礎，聚焦而言，也就是不能只從健全者、生存者等「生」的角度來思考，還須將殘疾衰弱，甚或死亡視角引入關於社會理想或社會正義等議題的思考中。

其次，就「天」指向生命自身的特質及自發性力量而言，在「人」的價值實踐上，即是如何使自身身處在社會價值體系中，仍能讓自身的生命特質自發地發展其力量，而非由外內塑自身，即「常因自然而不益生」；就社會面向而言，則是社會的規範、秩序或制度，如政治制度、禮樂制度等，如何是生命自發力量的自行約束與調節，並從中讓生命的自發力量生成不竭。

公民哲學所關注者，涉及多元歧見、公民品質、公民地位等世俗社會面向，就《莊子》而言，正是涉及「人」面向的價值或實踐問題。若從《莊子》哲學的脈絡來思考公民哲學的問題，則從《莊子》天、人兩行來看，公民哲學的議題是在天、人兩行中「人」層面的實踐面向。而前述兩個「人」層面的實踐意義，對《莊子》而言，即可與公民哲學相互對話。

本文將集中於前一種實踐意義，也就是從安生安死或善生善死的「死亡視角」，來探討《莊子》的天、人兩行與公民哲學對話的可能意涵。

一、死亡視角與善生善死

大抵而言，前述天、人兩行下「人」層面的兩個實踐意義，皆體現出《莊子》所謂「德」的意涵。〈德充符〉中透過幾個寓言人物來展現「德」的內涵，從這些寓言中，我們可以發現，「德」的內涵側重與「死亡」、「殘缺」、「疾病」、「貧窮」、「幽暗」、「醜陋」、「邊緣」、「罪罰」等「負面」面向有關。換言之，「德」不是體現出明晰而積極的典範性與可見性；而是由難以辨識的，不易理解的，甚或被拒斥的面向來顯露。換個面向說，「德」不是如幽室中的燭光、長夜後的太陽，讓人從黑暗、蒙昧中走向光明、看清事物；反而是模糊目光、遮蔽光芒，讓人在幽蔭中領略內在於有形的，隱藏於可見的生命真實，如前述兩個實踐面向中，自發而無形且能觸動人心的內在力量，以及無法窺探的死亡。

〈德充符〉中指向「德」的「無形而心成」、「形骸之內」、「才全」、「德不形」、「形有所忘」、「使其形者」、「尊足者存」、「命之行」、「命物之化」等說法，皆與此二面向有關。換言之，對於《莊子》而言，無論個人或社會德性，正與作為生命的實情底蘊、整體變化以及內在特質與力量相關聯。也因為德性是根本性地立基在人所隸屬或內蘊的生命底蘊下，因此這樣的德性不是明確可認識及依循的行為或關係規範，也不是特定的情感分寸與思維信念，而是把人的實踐價值及意義，立基在人與世界，人與天地萬物的根本性連繫中。[3]公民哲學離不開對於人的實踐意義及價值的關注，而這根本上就離不開公民社會中人的德性問題，若此，從《莊子》的德性觀點來看，公民社會的德性觀仍須回到人與

---

3 賴錫三以原初倫理來展現這樣的德性或倫理性，亦即「回歸身體與世界共在的原初倫理氛圍」，參見《莊子的跨文化編織——自然、氣化、身體》，臺北：臺大出版中心，2019.01，頁474。

世界、與天地萬物相連繫的存在實情及底蘊中來思索，以之作爲在公民社會的體系結構中德性觀的基礎，例如在多元歧見中，人們應當有怎樣的言說與溝通態度，或是在社會價值中，社會正義的意義爲何等，這些德性價值在天、人兩行中，應當有一個更本的「天」，以及存在底蘊的視角。以下，我們即進入死亡視角與公民社會德性關係的討論。

所謂的「死亡視角」，主要指的是將死亡放入生命意義及價值的檢視中。我們在檢視生命意義時，通常是從能否使「生」（生命）完美的角度來檢視價值信念。也就是說，檢視一個價值信念是否有意義或合理，與這個價值是否能使生命完善密切相關，這同時包括個人與社會。就個人或社會來說，一個價值原則或規範是否合理而有意義，與這個原則或規範是否能給個人或社會生活中的人們帶來完善性有關。相對的，所謂「死亡視角」，則是如《莊子・大宗師》所謂：「夫大塊載我以形，勞我以生，佚我以老，息我以死。故善吾生者，乃所以善吾死」中「善吾生者，乃所以善吾死」所含蘊的重要價值檢視意義，即：能讓我的生命顯得完善的，同時也應能讓我的死亡顯得完善。[4]換句話說，如果一個價值信念或一種生活方式，甚或一種人生追求能讓我的人生完善，那同時這個價值信念、這種生活方式、這種人生追求，也要同時能讓我的死亡顯得完善。如果只能讓人生完善，卻不能在死亡的視角下也顯得完善，例如不能安然地或無憾地面對死亡，則這個價值信念、這種生活方式、這種人生追求便是可質疑的。換言之，死亡視角是與生命視角結合在一起，甚至可以說，死亡視角是一種死亡檢視，加入死亡的視角來檢視生命的意義。在〈大宗師〉中，有德者能過通過「善吾生者，乃所以善吾死」的考驗，因此能夠「善妖善

---

[4]　「善吾生者，乃所以善吾死」承「大塊載我以形」以至「息我以死」而歸結，因此，亦具有：「那讓我的生命顯得完善的(大化)，也必然讓我的死亡也完善」。這是從「大化」的存有論角度，來談死生為一，死生皆善；不過，存有論層面的意義，與價值論層面的意義可以相連繫：正因為生與死皆在大化中，或是說，從大化來看，生與死是一個連續而完整的歷程，而不是對立、分開的兩端，因此，在生命的價值上，生與死同等重要，價值的完善性，必須同時包含生存與死亡。

老，善始善終」，於生於死皆完善而無憾，也可以說是「善生善死」。

〈德充符〉在描述寓言中的有德者時，正是側重從含蘊死亡視角的善生善死來展現其德性。首先，在兀者王駘的寓言中，對於「立不教，坐不議」卻能使從遊者「虛而往，實而歸」的王駘，孔子弟子常季不解的問及王駘之「用心獨若之何」？也就是在問王駘如何運作其心。孔子的回答爲：「死生亦大矣，而不得與之變，雖天地覆墜，亦將不與之遺。審乎無假，而不與物遷，命物之化，而守其宗也。」這裏的「死生亦大矣」的「死生」指的是由生而入死，也就是生存中的臨向死亡，這是人生至爲根本之事。而王駘面對由生入死的生命境遇，內心卻不隨著死之將至而心緒轉變。此中的關鍵在於，其能「審乎無假」，即明白生命的眞實面。何謂「審乎無假」之明白生命的眞實面呢？常季不解，追問孔子，孔子答曰：「自其異者視之，肝膽楚越也；自其同者視之，萬物皆一也。夫若然者，且不知耳目之所宜，而游心於德之和，物視其所一，而不見其所喪，視喪其足，猶遺土也。」「審乎無假」即關聯到「自其同者觀之」也就是從一致、相同的一面來看待事物。而一旦從事物一致、相同的一面來看待，便會形成「萬物皆一」的體認，也就是體認萬物實無絕對的差別，以及萬物有其共通的一面。

就生死而言，「自其同者觀之」，乃是視生與死，同屬個人生命本身。如此從同屬生命本身來看，生與死便有其共通處。這生死同屬生命的觀點，其實也就是不僅從生而且同時從死亡的視角來看待與檢視人生的遭遇及意義。而如此觀照人生遭遇的結果是「不知耳目之所宜，而游心於德之和，物視其所一，而不見其所喪，視喪其足，猶遺土也。」如果僅從生的視角觀之，自身的缺損或失去，例如失去一足，難免爲缺憾及痛苦；一旦將死亡的視角納入，則同時能通過生與死檢視的價值，不再只是連繫到耳目感官的意欲所展現的生的欲求面向，而是擴展到生命整體，甚至萬物整體，而如此來看待只從生的視角不能接受的荒誕遭遇及傷害，從不能接受性轉而寬闊與容受。也就是從「自我生命的損失」轉爲「天地轉變的力

量」。

　　如果對於失去一足充滿損失之感，進而興起荒誕、憤世嫉俗之念，而強以譴度人生的悲憾，則這樣的心緒與觀念，縱使能通過生的視角的檢視，但是一旦將死亡的視角納入，也就是以生死同屬生命本身的視角觀之，則這樣的心緒與觀念未必通過此視角的檢視。因為死亡的視角一旦納入，生死同屬生命的寬闊性，便超越了純以「自足自我」的視角來看待生命意義，而前者之悲憤與棄世，正是立基在一「自足自我」的前提來看待生命遭遇。換言之，對於生命苦難遭遇的哀憐與悲憤，縱使此情此感真切不虛，但一旦我們從死亡視角加以檢視，我們就能反思、檢視到這樣的悲憤與哀憐的偏限，從中有了一份轉化此情此思的力量。

　　相對地，能夠以「善吾生者，乃所以善吾死」同時以生、死視角檢視生命意義者，便能同時從大化中暫時棲居之「我」，以及死亡意謂的天地寬闊來看待生命遭遇。那失去一足，便如同天地間一塊泥土之委落。能通過這樣視角檢視的價值意義及人生態度，便是「命物之化，而守其宗也」。意思為，生命中許多的遭遇，其本質不涉價值，而只是變化。雖然人生的遭遇或事件看起來有因果關聯，有來龍去脈，有責任與自主的問題，但其實那是「知不能規乎其始」且力之所不可奈何的變化展現。這意謂，從生的視角，或許我們追問因果關係、追究責任是對人生遭遇、社會事件的合理態度；但是我們一旦同時引入死亡視角所意謂的不可知、難以為的莫測變化，則我們應該同時提醒自己，在莫測的變化中，所謂的因果關係、來龍去脈、自由與自主，都同時有更為複雜脈絡和糾纏，並且難以窮究。這探析因果、追究責任、肯定自主的情感要求，與變化中因果難明、事不可為、難以自主的「不可奈何」二者的並存，正是死亡視角引入後，「善生善死」的觀點。此觀點或視角下的價值意義，乃是「命物之化，而守其宗」也就是一方面以變化，也就是無可奈何之「命」來看待生命的遭遇與事件，同時又以此來容受與順應生命遭遇帶來的多種情感渴求，也就是「守其宗」。換言之，死亡視角的引入所意謂的生、死同屬生

命的視角，帶出了既審視「命」之化，也同理生之「情」的態度，這也即是此中所展現的「德」的意義。

置入死亡的視角與德性的關係，當代哲學家Iris Murdoch也有相近的看法。其言：

善與真正接納死亡、際遇以及瞬息變化的無常有關。只有當我們面對上述接納背後蘊含的心理難題時，我們才能理解德性的全幅面貌。接納死亡即是接納了我們自身的虛無，這虛無必然激發我們關心自身之外的事物。[5]

對於Murdoch而言，德性的意涵含蘊著能否安然接受死亡、無常等面向，這也意謂，完整的德性必須有接納死亡的智慧，也就是說，符合德行的信念或態度，必須能通過死亡與變化的「死亡視角」的考驗。

二、死亡視角下的社會性反思與公民哲學

(一)死亡視角與社會價值的檢視

「善吾生者，乃所以善吾死」作為檢視生命價值的死亡視角，同樣也可作為社會價值的檢視角度。我們可以從「善吾生者，乃所以善吾死」所在的完整文脈看出：

死生，命也，其有夜旦之常，天也。人之有所不得與，皆物之情也。彼特以天為父，而身猶愛之，而況其卓乎！人特以有君為愈乎己，而身猶死之，而況其真乎！泉涸，魚相與處於陸，相呴以溼，相濡以沫，不如相忘

5　Iris Murdoch, "The Sovereignty of Good", published in Routledge Great Minds, 2014, p. 107.另外，此段論點，最早獲悉於方萬全教授在東吳大學哲學系的演講，特此註明。

於江湖。與其譽堯而非桀，不如兩忘而化其道。夫大塊載我以形，勞我以生，佚我以老，息我以死。故善吾生者，乃所以善吾死也。

引文一開頭即提點出生死變化，特別是死亡在生命中的必然性，乃是人不可干預的「命」與「天」，也就是生命的根本實情——「物之情」。莊子此處正在提出天、人兩個視角，其中「人」的部分同時包含世俗價值及困境，以及實踐層面的理想價值方向。世俗價值及困境包含「以天爲父」、「以有君爲愈乎己」之尊天[6]信仰及尊君倫常，以及「譽堯而非桀」的世俗價值取向。這樣的世俗價值既成爲人們互動的依據，也造就了人們內心的價值區別與歸類。莊子以困於乾涸的陸地，爲求生存而相互呴沫以濡濕對方的魚群，以比喻由特定價值意識維繫而成的社會狀態。在這樣的狀態中，人們以人爲的特定價值標準來相對待，而非立基在生命實情與自發力量上的人我往來；如同魚群依賴彼此的口沫來濡濕對方的處境，取代了在水中的相互優游。

對於此世俗價值所帶來的狀態及困境，莊子從「天」的視角，也就是「物之情」的生命實情角度進行反思，並提出理想的價值及實踐方向。而「天」或物之情即是後文所言：「大塊載我以形，勞我以生，佚我以老，息我以死。故善吾生者，乃所以善吾死也」從「載我以形」到「勞我以生」，進而「佚我以老」到「息我以死」，這是「死生，命也」的完整生命歷程。這樣的生命歷程蘊含生也包含死亡。從整體生命歷程而論，生命的進程純屬自然大化力量的展現，從具備形體到生、老以至死，各個歷程無優劣、輕重之分，自然而平等。生命各歷程既是自然而平等，則價值即

6　此段引文中，「死生，命也，其有夜旦之常，天也」與「彼特以天為父，而身猶愛之，而況其卓乎」兩處提及的「天」意義不同。前者是與「命」相連繫，指向「物之情」的變化整體；後者則是指向至上天、人格天，是一般人宗奉的。

須同時能通過任一階段生命歷程，如生、老與死亡的檢視，此也即是「善吾生者，乃所以善吾死」之意。由於引文中，上述文字是承魚群的隱喻而論，而魚群具有社會或群體的隱喻，因此生命各歷程自然而平等，並且價值須同時能通過生與死等任一階段生命歷程檢視的「善吾生者，乃所以善吾死」之意，除了就個人而言，也具有社會面向的意義。就社會面向而言，可以說，一個理想社會的價值原則，應該立基在視生命各歷程自然而平等，同時，運作於社會的價值需同時通過生存與死亡視角的檢視。

　　據此，引文所謂「與其譽堯而非桀，不如兩忘而化其道」即在社會面向呈現此意義。「譽堯而非桀」不單是個人進行價值評價，同時更意謂社會價值標準的建構。價值標準的建構儘管可能提供維繫社會秩序的信念基礎，但是價值標準卻可能取代了具體情感、關係及情境等靈活及個別性特質，使得社會互動成為人為建構的特定模式，社會內涵也成為固定的價值結構，生命在模式及結構化的社會性中，被切割、擷擇及取捨，而不再具有「道與之貌，天與之形」的生命本眞以及形、生、老、死的各個歷程自然平等的完整對待。這如〈齊物論〉所言的「夫道未始有封，言未始有常，爲是而有畛也。請言其畛：有左，有右，有倫，有義，有分，有辯，有競，有爭，此之謂八德。」因是、非分判而將未始有封的道所蘊涵的完整生命歷程，分門別類爲尊卑、倫常、規範、類別、優劣、賢愚等八種價值級別及面向，而這樣的作爲不但因爲將生命割裂、類別化、等級化而通不過「生」與「死」共同視域的價值檢視；價值等級及優劣競爭，也由於容易排斥衰弱病老，而未能自然平等地接納病老與死亡，同樣通不過死亡視角的價值檢視。

　　相對於「譽堯而非桀」，莊子提出了能善生善死的理想社會面向：「兩忘而化其道」，也就是如魚群的「相忘於江湖」。「兩忘」就社會面向而言，指向堯、桀二形象所蘊含的價值結構不再成爲社會主導；「化其道」亦可讀爲「化於道」，也就是隨道而化，或化於道之中。「道」的意義應當與「天」、「命」相連繫，指向變化的生命歷程整體，也即前述

〈齊物論〉「道未始有封」指向生命層面的意義。「化」可以指轉換、調整、互動往來等活動意義，就社會面向而言，可以指向群體中人我互動、往來的種種。而「化於道」在社會面向上即是指社會性的人我互動是依隨或源於生命完整性。這樣的互動，是「相忘於江湖」的重要意義之一，也就是〈大宗師〉另一則寓言所提及的「相與於無相與，相爲於無相爲」的「相忘以生」。

　　〈大宗師〉另一則寓言也展現了「兩忘而化其道」的互動意義，其中正是由生死變化的完整生命歷程，特別是死亡的視角來展現「相忘以生」的人我互動。

> 子桑戶、孟子反、子琴張三人相與友，曰：「孰能相與於無相與，相爲於無相爲？孰能登天遊霧，撓挑無極，相忘以生，無所終窮？」三人相視而笑，莫逆於心，遂相與友。莫然有閒，而子桑戶死，未葬。孔子聞之，使子貢往侍事焉。或編曲，或鼓琴，相和而歌曰：「嗟來桑戶乎！嗟來桑戶乎！而已反其眞，而我猶爲人猗！」子貢趨而進曰：「敢問臨尸而歌，禮乎？」二人相視而笑，曰：「是惡知禮意！」子貢反，以告孔子……孔子曰：「彼遊方之外者也，而丘游方之內者也。外內不相及，而丘使女往弔之，丘則陋矣。彼方且與造物者爲人，而遊乎天地之一氣。彼以生爲附贅縣疣，以死爲決疣潰癰。夫若然者，又惡知死生先後之所在！假於異物，託於同體，忘其肝膽，遺其耳目，反覆終始，不知端倪，芒然彷徨乎塵垢之外，逍遙乎無爲之業。彼又惡能憒憒然爲世俗之禮，以觀眾人之耳目哉！」……孔子曰：「魚相造乎水，人相造乎道。相造乎水者，穿池而

養給：相造乎道者，無事而生定。故曰：魚相忘乎江
湖，人相忘乎道術。」子貢曰：「敢問畸人。」曰：
「畸人者，畸於人而侔於天。故曰：天之小人，人之君
子；人之君子，天之小人也。」（〈大宗師〉）

寓言記載子桑戶、孟子反、子琴張三人以能夠「相與於無相與，相爲於無相爲」以及「相忘以生」而彼此莫逆於心。至於「相與於無相與，相爲於無相爲」的具體內涵爲何？我們可於寓言中此三人互動的脈絡來理解。寓言續而提及，沒多久子桑戶死，孔子命子貢前來協助喪事進行，當子貢抵達，其所見者是孟子反、子琴張二人臨尸而歌，不見哀泣。子貢對此責以「臨尸而歌，禮乎？」，而孟子反二人卻反以「是惡知禮意」答之。子貢以社會既有之禮制，質疑孟子反臨尸而歌違禮；然而，孟子反等人卻反而質疑子貢所服膺之禮節儀文，是否符合「禮意」。在這裡，我們可以視子貢與孟子反等人皆視「禮」涉及人際互動的合宜性或規範性，但是此合宜性或規範性的來源或根據爲何，也就是「禮意」爲何，二者卻有不同的看法。

從寓言後文孔子回答子貢：「彼遊方之外者也，而丘遊方之內者也」可知，子貢是從「方之內」的世俗面向來理解禮的合宜性或規範性來源，而孔子口中「方之外」的孟子反等人，從他們臨尸而歌的內容：「嗟來桑戶乎！嗟來桑戶乎！而已反其眞，而我猶爲人猗！」以及孔子對此三人的描述：「彼以生爲附贅縣疣，以死爲決疣潰癰。夫若然者，又惡知死生先後之所在！」可知，他們不是只從世俗生活面向，而是從生與死的生命整體來看待禮的意義基礎。特別是以寓言中看似涉及的喪禮而言，莊子將死亡視角引入，也就是從生與死的整體性來看待喪禮，則喪禮的意義就不僅是「飾哀」地表飾哀傷或撫慰人心，也不僅在於追念逝者，這些都是側重在「未能事人，焉能事鬼」的「生」之視角；而是從「死亡」視角下的自然運化、終其天年，以及安然而息來看待喪禮的意義。這因此也展現出

如此的價值及規範性意義：在善生善死的脈絡下，死亡應當要是自然地終其天年，並且是安然而息。如此，透過莊子善生善死或死亡視角下的喪禮，便體現出如下對於社會價值的檢視意義：如果一個社會中的種種運作，包含各種制度或政策，一旦未能符合善生善死，未能讓死亡自然而安然，就算這個社會如何完善地照顧及考量到生者，這個社會的運作仍是有所缺失的。

(二)死亡視角與公民哲學

　　公民哲學由深度歧見出發，重視及承認人的心智多樣性，並且強調自由平等的公民地位。基於此，在面對意見的分歧時，任何人都不應宣稱自身能掌握及提供絕對的標準。公民哲學提出，面對多元歧見，應當重新框設問題，重新提問，探討問題的深處，從中展開新的視野。在這樣的脈絡中，自由平等的公民地位，是重要的立基點。如果我們將死亡視角也帶入公民哲學中，讓平等地位的要求不只在活著的公民之間，也讓死者擁有與活著的人平等的地位，則會延伸出怎樣的思考？具有怎樣的思想激盪呢？

　　如前述，莊子死亡視角的德性觀含蘊了一價值檢視原則，即如果一個價值信念能讓我的人生完善，那這個價值信念也要同時能讓我的死亡顯得完善。若將自我的視角去除，則此原則為，能讓生命顯得完善的價值，同樣要能讓死亡顯得完善。由於這個原則是一個德性原則，它可以用以檢視一個人的價值信念，同樣如前述，它也可以用於檢視一個社會的特定價值信念，或是具體來說，一個社會的特定制度或規範。公民哲學具有社會性的關懷，同時也有作為公民自身的個人關懷。如果從社會關懷的面向來看，我們可以討論，此一價值檢視原則，是否能夠對於公民社會的運作有所提醒。

　　《論語》中記載了孔子的志向，這個志向具有理想社會的期盼，其言：「老者安之，朋友信之，少者懷之」老者、少者是社會中的弱勢，需要被照顧、關懷，而有安穩的生活。朋友關係於儒家而言是「門外」，是

社會關係的主要體現。朋友之間能否誠信真誠，是社會關係是否完善的關鍵因素。孔子的志向指向理想社會的實現，雖僅扼要提及少者、朋友以及老者，但理想社會的圖像已有所展現。孔子的理想中，最接近死亡的應是「老者」，「老者安之」在關懷老者能否安度晚年時，也隱約包含生命能否安適地迎來死亡。但是「老者安之」畢竟還是「生」的視角，「老者安之，朋友信之，少者懷之」能滿足的主要還是生的視角檢視。如果用莊子的原則來說，即是能「善吾生」。但是仍然缺乏死亡的視角，也就是說沒有明確「善吾死」的向度。

儒家另一篇論及理想社會的文字，當即《禮記·禮運》對於「大同」社會的描述：「使老有所終，壯有所用，幼有所長，矜寡孤獨廢疾者，皆有所養。男有分，女有歸。貨惡其棄於地也，不必藏於己；力惡其不出於身也，不必為己。是故謀閉而不興，盜竊亂賊而不作，故外戶而不閉，是謂大同」這裏論及老、壯、幼、男、女以及「矜寡孤獨廢疾者」，其中矜、寡、孤、獨，皆因家庭親人的逝去而形成，從死者親屬的角度而具有「死亡」的視角，但是這層關注，主要屬理想社會圖像中的弱勢照顧，屬於理想社會的延伸面，而不見得是理想社會思考的主要原則。

我們可以想像，如果依莊子的看法，他會在「老者安之，朋友信之，少者懷之」之外，增加一個「死者善之」。這裏的「死者善之」的「死者」可以是當事人，也可以是從他人面對當事人的死亡的角度來說。而「死者善之」的原則，不是屬於社會福利或照顧的延伸面，而是主要結構之一。

如果一個社會不但關注了少者、朋友及信者，同時也關注了死者。則這樣的社會展現怎樣的價值觀或生命觀？換個方式問，如果將死亡視角納入理想社會圖像的思考中，會有怎樣的思維方向？由於理想社會的圖像牽涉範圍太廣，實際上難以完整地兼顧各個面向來討論，因此我們暫時從原則層面或價值層面來討論，也就是說，如果將死亡視角放入，則思考理想公民社會的面相時，會有哪些原則性或價值性的側重？

　　我們以一個倫理學的基本問題來談起，在電車難題中，我們有不少可能的思考向度，但是如果以「死亡視角」置入後的原則：「能夠讓生命顯得完善的價值，也要能夠同時讓死亡顯得完善」來思考，則思考的方向不會是「怎麼做才能救活更多人」？也不會是「怎麼做才會讓較少的人死亡」？後一個問題其實只是前一個問題的另一種問法。這兩個問題關注「救活」，是可以滿足「善吾生」的要求，例如保全生命。但是否能滿足「善吾死」，也就是讓死亡顯得完善的要求呢？就不一定。因為救活幾個或少死幾個的想法，並沒有進入死亡的視角中來看，至少，不是從「死者」的角度來思考。如果從「死者」或死亡的角度來思考，那以下的問題會在如何選擇時納進思考中：最終的選擇而造成的死者是誰？對死者而言，其自身會如何看待自己因此而死亡？死者的死對其生活脈絡的影響為何？對死者家屬的影響為何？等，這些是從「死者」或死亡比較具體的角度來思考。

　　將死亡視角納入，還會帶來更根本性的思考轉向：在電車難題中，無論我們做任何選擇與決定，我們都應該盡可能同時從「死者」或死亡的角度來考慮，也就是說我們不能只是從生者或生存的角度來想，無論是效益式的考慮「最大多數的生存及最極少數的傷害」，還是從動機或情感的角度出自對於人性價值的尊重，或是「不忍人」、「惻隱」之心；我們還要從這個選擇「不可避免地帶來死亡」這向度，來思考我們所做的選擇及決定的意義。這裡面我們還可以進一步反思的是，當我們努力救了人，我們如何面對那些死者或無能為力避免的死亡？就一個社會或是統治者而言，「無力避免死亡」推不出「無力面對無力避免的死亡」但是，如果一個社會或是當權者必須面對「無力避免的死亡」，那該如何面對？在思考該如何面對之前，死亡的視角即優先地彰顯「必須面對無力避免的死亡」這樣的倫理或生命問題，儘管一個社會或當權者，在類似電車難題這樣的事件中，已表現出努力地去救人，去減少傷害及死亡。

　　就此而言，莊子「善吾生者，乃所以善吾死」的價值原則，提醒了社

會或當權者，一個選擇或決定，必須同時通過生與死兩種視角的檢視，這善生善死的視角，或者將死亡視角的放入，或許不能直接提供我們做選擇與決定時的衡量標準，但是，它可以提醒我們我們在考量最大程度的「益生」時，也要同時將死亡維度中的「善死」考慮進去，這或許是一個理想社會或公民社會必要的德性。

三、結論

　　上述「善生善死」死亡視角的價值原則，實際上符合鄧育仁《公民哲學》的關注。其同樣透過電車難題的情境而言：「如果死一人以救兩千三百萬人呢？難道那不是道德上正確的選擇？儒學的回答是，在那種特殊情況裡，救兩千三百萬條命是正確的，但必須犧牲一條無辜性命則不是道德上正確的選擇」、[7]「惻隱之心所關懷的是人間的苦難……把減少人間苦難作爲首要的訴求」，[8]以及「在儒學的價值取捨裡，減少苦難的重點在『矜寡孤獨廢疾者』上」。[9]在公民哲學的思考中，關懷與減少苦難是公民社會一重要的特質，這在儒學中有著長遠的倫理學傳統。而從道家，特別是《莊子》「善生善死」中死亡視角來看，無論苦難或死亡，這樣幽暗的面向，是一理想社會價值思考的關鍵或前提。

徵引文獻

林明照：〈莊子兩行的思維模式及倫理意涵〉，《文與哲》第28期，2016.06，頁269-292。

鄧育仁：《公民哲學》，臺北：國立臺灣大學出版中心，2022，頁88。

賴錫三：《莊子的跨文化編織——自然、氣化、身體》，臺北：臺大出版中心，2019。

Iris Murdoch, "*The Sovereignty of Good*", published in Routledge Great Minds, 2014.

---

[7]　參見鄧育仁：《公民哲學》，臺北：國立臺灣大學出版中心，2022.01，頁88。

[8]　同前註，頁88。

[9]　同前註，頁89。

第二部分

對於公民哲學的回
應與展望

儒學修養作爲政治德行——從公民教育論深度歧見之調節[1]

吳澤玟

國立臺灣大學哲學系副教授

一、前言

　　近年來，世界各國頻繁出現對重大公共政策的激烈爭論。以臺灣爲例，儘管在年金改革、公投制度修改等政策爭論裡，產生歧見的重要原因是個人或團體私利的衝突，但是在諸如能源政策與同性婚姻合法化的爭論裡卻也觀察到，持不同立場者的歧見來自對相關事實和理由的巨大認知差距，或是源自相互衝突的價值觀與道德觀。鄧育仁先生把這樣的歧見稱爲「深度歧見」，他在《公民哲學》一書裡探討應如何理解深度歧見，進而提出「公民共同體」的方案來回應當代自由民主社會面對的這種困境。公民共同體從賦予每個人都享有新啟情節並賦予行動意涵的「故事地位」出發，而後走向自由平等的「公民地位」，以期能在一定程度上調節深度歧見。

　　本書共六章，分成兩個部分。第一部分（第一到三章）設定問題，呈現當代社會的「深度歧見」之根源及其帶來的困境。鄧育仁探討美國認知語言學家雷科夫（George Lakoff）、道德心理學家葛林（Joshua Greene）

---

[1] 感謝參與2021年6月26日「公民道家的可能：公民哲學與道家哲學的對話」學術工作坊的多位學者以及兩位匿名審查人對本文初稿和修改稿提供的意見，讓筆者能注意到論點的不足之處並予以修正。此外，本文在最後修改階段的研究接受臺灣大學臺灣韌性社會研究中心計畫（Grant no. 113L900306）資助，亦在此表達感謝。

和政治哲學家羅爾斯（John Rawls）對深度歧見的觀點，評估他們提出的解決方案可能存在的問題。第二部分（第四到六章）則正視深度歧見問題，構思「公民共同體」方案。首先探討德沃金（Ronald Dworkin）的價值一體和政治共同體主張，指出其洞見在於從第一人稱的觀點去瞭解自由意志和選擇的自由，但德沃金預設實然與應然截然二分、每種價值都有唯一最佳詮釋（價值一體）的觀點無法成立。鄧育仁接著從「做」與「看」連動的因果視野來理解選擇自由，進而打造正視深度歧見並予以調節的方案。

　　筆者認為《公民哲學》不同於探討多元歧見問題的多數西方政治哲學著作的一個特點是，它不採提出「解決」方案的進路，而是融合儒學的實踐智慧提出「調節」方案——公民共同體。而本書不同於儒學/儒家（或東方哲學其他各家）多數著作的特點則在於，它不堅持由這個調節方案產生的新的理解與觀點專屬於儒學。本文稍後將論及，這兩大特點展現出嚴肅看待深度歧見的態度，也使其調節方案更具理論上的一致性和實踐上的可行性。

　　從這本書的觀點，有一個值得延伸探討的議題：如何讓每個人都能享有故事地位且進一步從故事地位走向公民地位？對此，筆者認為「公民德行」（civic virtues）[2]將是一大關鍵。而《公民哲學》裡談到儒學重視的兼聽、惻隱之心和天下為公，可作為公民教育的適當德目。但這些修養必須作為「政治的德行」（political virtues），即運用在公共領域，涉及社會合作和調節公共議題歧見的行為傾向。就此而言，筆者不同意陳祖為在其「儒家致善主義」（Confucian perfectionism）中的國家道德教育觀，將分析指出這種觀點不利於深度歧見的調節。

---

[2] 有些學者把virtue譯為「德性」，有些則譯為「德行」。考量到無論是西方哲學裡亞里斯多德（Aristotle）或東方哲學裡儒墨道法各家都不是把virtue視為僅是個人的內在氣質傾向，更重視是否展現相應的行為，所以筆者使用「德行」一詞，以突顯相關素養跟行動的密切關係。

　　本文的目的是透過評論《公民哲學》調節深度歧見的論證進路，探討儒學的修養為什麼應該作為政治德行，及其如何豐富公民教育的內涵，以期對調節深度歧見的實踐有所助益。由於深度歧見涉及多元問題，所以筆者將首先說明鄧育仁如何從人類的心智多樣性來理解多元問題，以及其他學者對歧見來源的觀點。其次說明跟故事地位和公民地位有關的幾種儒學修養，探討這些修養對調節深度歧見發揮的作用。須澄清的是，本文的探討焦點不在這些德目修養之典籍考據或意涵詮釋，將直接採用鄧育仁的理解。第三，筆者將分析面對深度歧見，為什麼必須把這些儒學修養轉化成政治德行，透過公民教育培養人們普遍具備這些德行，而不是實施陳祖為倡議的國家道德教育。本文最終將指出，作為政治德行的儒學修養有助於調節深度歧見。

二、多元問題與深度歧見

　　要提出任何回應方案之前，必須先認清我們面對的問題：什麼是深度歧見？為什麼會產生這樣的歧見？《公民哲學》第三章對多元問題做出精闢的分析，區分三種多元問題，分別是：權衡有別的多元問題、深度歧見的多元問題和維度側重不同的多元問題。以下將說明鄧育仁和其他學者對三種多元問題裡歧見根源之觀點，並以公共議題的爭議為例，指出民主社會的多元現象。

㈠權衡有別

　　權衡有別的問題指的是，儘管人們有共同認定的問題、證據和理由，但因為對該問題有多重要、相關證據的判斷解讀、多個理由有何關聯以及相關理由在什麼程度上可用來支持結論，有不同看法，於是產生歧見（鄧育仁，2022：111）。羅爾斯以「判斷的負擔」（the burdens of judgment）來解釋人們為什麼有合理歧見時，也談到類似原因。羅爾斯指出，權衡各種目的在自己生活裡的重要性、評估其他人提出要求的強度、

瞭解與評估複雜且衝突的經驗和科學證據，都相當困難。此外，即使人們同意跟議題有關的考量，仍可能對它們的衡量比重有不同看法。特別是當不同價值產生衝突而必須做抉擇，面對價值排序和做決定的困難時，不容易有清楚的答案，所以人們會做出不同判斷（Rawls, 1993: 56-57）。

對於是否繼續使用核能發電的能源政策爭論，可以看到因權衡有別而產生的多元問題。儘管多數人同意這是重大政策，但是當能源永續、經濟發展和保護環境等價值發生衝突，此時該如何權衡優先順序，將影響每個人做出的判斷。此外，對於替代核電的能源選項之成本效益分析、核電廠的安全性、核廢料的存放和處理等問題，支持和反對廢核者都提出大量的科學與實證證據來支持自己的立場。由於這些研究證據相當複雜，所以人們對相同證據可能有不同理解或解讀。互斥的研究結論何者更值得信賴、它們對政策決議的支持強度，人們也將做出不同判斷，於是對廢核議題產生歧見。

㈡認定基礎有別

認定基礎有別指的是，人們對於問題、證據或理由的認定缺乏共同基礎，於是在看到的問題、什麼是值得採納的證據和理由、解決問題的方向和方案等都產生極大落差（鄧育仁，2022：112）。這樣的歧見根源比「權衡有別」難化解，因為人們沒有共同認定的問題、證據和理由，那麼討論從一開始便有極大的差距，可預期得出的結論將更為分歧。

在涉及宗教信念的政策爭論裡，可以觀察到因認定基礎有別而產生的多元問題。例如，在美國，有基督教信仰者基於創世論是真理的信念，要求公立學校的課程不可以教演化論。有些州的立法機構甚至制訂法規，具體規範教科書或教學的內容。[3]在這個教育政策的議題裡，基督徒把聖

---

[3] 美國相關的憲法判決案例包括1968年的「埃普森訴阿肯色州案」（Epperson v. Arkansas）和1987年的「愛德華茲訴阿吉拉德案」（Edwards v. Aguillard）。前者起因於阿肯色州立法禁止公立學校教師講授演化論或使用談論演化論的教科書，生物學教師埃普森（Susan Epperson）提起訴訟，宣

經裡的記載視為印證創世論的證據，但非基督徒則不接受聖經是可靠的證據，只接受由地質學和生物學家提供的科學證據來解釋人類的起源。在學校應該教演化論還是創世論的爭論裡，持不同立場者對於什麼是可靠的證據、何者可作為支持理由，沒有彼此都能同意的認定標準，於是產生深刻的歧見。

㈢維度側重有別

　　第三種多元問題——維度側重不同的問題——最為棘手。根據海特（Jonathan Haidt）的研究，人類道德心理歷程的首要原則是「直覺先行，策略推理後隨」（intuitions come first, strategic reasoning second）（Haidt, 2012: 52）。特別是有關社會和政治的議題，直覺總是很快出現並做出判斷後，個人才運用理性和有意識的推理，找理由來為自己的判斷做辯護（Haidt, 2012: 57-59）。促發立即的直覺或特殊情緒的因素是六種基礎模式對道德判斷的影響，包括：

1. 關懷與傷害：關心受苦和有需要的人（例如脆弱的兒童）。
2. 公平與欺騙：關心其他人是不是合作和互惠利他的好夥伴，厭惡搭便車者。
3. 忠誠與背叛：關心其他人是否效忠所屬群體。
4. 權威與顛覆：維繫在社會階層體系裡有益於彼此關係的等級和地位。
5. 聖潔與墮落：在確認新事物是安全的、不違背純潔與神聖概念之前，持謹慎態度。
6. 自由與壓迫：抗拒在群體裡霸凌、不當限制或控制他人的壓迫者（Haidt, 2012: 153-154, 172-173）。

稱該法令侵犯了她的言論自由，且違反憲法規定的政教分離條款。後者起因於路易斯安那州當時的教育法規要求，如果公立學校要教演化論，就必須同時也教創世論，以確保學生獲得平衡的理解。最高法院大法官對兩案的判決是兩個州法皆違憲。參見Epperson v. Arkansas. (n.d.); Edwards v. Aguillard. (n.d.).

　　鄧育仁指出，根據海特的觀點，個人因不同的自然稟賦、教養與生活歷練，無意識地採取不同道德基礎模式。由於直覺受哪種模式影響不是由理性掌控，所以做出不同判斷的人很難透過提出理由和論辯就能改變自己或其他人的想法（鄧育仁，2022: 113）。羅爾斯解釋判斷的負擔時也指出，合理歧見的根源之一是人會受到整體經驗和人生歷程的影響，於是做出不同判斷（Rawls, 1993: 56-57）。人們受不同道德基礎模式的影響，於是產生深刻且難以化解的歧見。

　　不同維度的側重可以解釋不同政黨的支持者之間，為什麼對很多政治議題做出對立的判斷。特別是在兩黨政治的社會（例如美國的民主黨和共和黨，臺灣的民進黨和國民黨），可觀察到明顯的極化現象。海特的研究發現，民主黨人士屬於自由派，重視關懷、公平和自由這三種基礎維度，而共和黨的保守派人士還受忠誠、權威和聖潔維度的影響，使得共和黨支持者對涉及家庭價值和性行為的議題持強烈主張（Haidt, 2012: 156, 184-186）。此外，維度側重有別也能解釋對政治議題的世代差距。以同性婚姻合法化為例，各國的民調皆顯示年輕人有較高的支持比例，這或許跟他們接受的教育和生活經驗使其較側重關懷和自由；而年長世代的成長歷程使得他們普遍更看重權威和聖潔的維度。

　　考量到第二、特別是第三種多元問題並非透過講道理、給證據就能獲得實質改善，所以面對多元問題與深度歧見，我們不應預期人類有能力提出可完全消除歧見的「解決」方案。鄧育仁表示，公民哲學認為「在可預見的未來裡，多元問題仍無從克服，無法解決，無可消除」（鄧育仁，2022：235）。相較於德沃金持價值一體觀，主張透過說理和推論將能對各種價值概念得出唯一的最佳解釋，筆者認為鄧育仁主張「調節」方案的觀點較充分正視多元問題的深刻性，是比較合理的理論目標。

三、儒學修養與深度歧見

　　根據前述的說明，我們可以瞭解到，《公民哲學》為什麼把多元問題

的論述重點放在公共領域的「合理觀點下，良善價值之間的衝突」（鄧育仁，2022：110）。這是因為，無論一項政策多麼具爭議性，都必須做出決定（不改變現有法令也是一種決定）。從規範正當性的角度來看，合理觀點和良善價值之間的衝突最難處理。如果產生對立立場的原因是某一方持明顯是邪惡的價值、非理性或不合理的觀點，那麼此時透過說理和提出實證證據，便有助於辨認錯誤。深度歧見之所以艱難，是因為產生不同判斷的原因是合理觀點或良善價值之間發生衝突，誰也不能宣稱只有自己的判斷是唯一正確的。

　　面對深度歧見，公民哲學提出的調節方案是賦予每個人都享有故事地位，認可彼此做為自由平等人的公民地位，進行深度對話，進而成就公民共同體。要實現這樣的理想，適當的法律規範和公民素養都不可或缺。鄧育仁說道：

> 我們需要在大至國家、小至生活小趨勢，以及兩端之間交織、交錯、交疊的因果網絡上，養成正視多元問題與深度歧見的態度，以及在正視中願意擁抱雜音，並培養在善解歧見、善用衝突中願意各退一步的公民行動的素養。這種素養要求我們願意說服，也願意聆聽，願意在承認並尊重彼此自由平等的公民地位之上，在調節既有的因果網絡中調節約束我們行動的價值觀點，或者在重新框束價值觀點中重新塑造因果網絡（鄧育仁，2022：252-253）。

　　本文的探討焦點是跟上述態度和意願有關的公民德行，底下將從故事地位和公民地位的要求，思考有哪些相關的儒學修養。

㈠跟故事地位有關的儒學修養

　　許多儒家經典會用講故事或對話的形式來闡述義理。鄧育仁認為，可以透過這樣的傳承提出「故事地位」的要求：「每一個人都有新啓一段故事情節，以及賦予或調節行動意涵的地位；沒有人是其他人的附屬，或只是別人生活故事裡的道具，而尊重一個人最起碼的要求是承認他新啓情節、調節意涵的故事地位」（鄧育仁，2022：138）。首先，我們可以看到，故事地位的賦予是「普遍的」，意即讓所有人都可以說出一段故事情節，且故事有著指引自己或他人行動的意義。更重要的是，每段故事情節的內容是「特殊的」，其反映出每個人的生活經歷及其深刻的信念和價值觀。這是說，故事地位要求讓所有人都能說出「自己的」故事。

　　從故事地位的要求來看公共政策的爭論，以同性婚姻合法化為例，鄧育仁指出，支持者認為家庭和婚姻的必要條件是「經營共同生活和親密性穩定結合關係」；反對者則把「異性結合與血脈相連的親情」視為家庭與婚姻的原型，捍衛文化傳承下來的相應價值。雙方從不同價值理想來訴說故事，作為開啟新的情節、進而調節行動的起點（鄧育仁，2022：270-271）。讓每個人都能說出自己的故事，我們才能認識到在政策爭論背後，彼此有哪些不同的權衡、認定基礎和（或）側重維度。

　　其次，之所以應該承認每個人都享有故事地位，理由在於這展現了對人的尊重：所有人都是本身有價值的存有者，有其特殊的處境、觀點和想法，應該被包容在政策考量的過程裡。例如，在討論同性婚姻議題時，有些同性伴侶透過訴說共同生活的故事，呈現這段親密關係對他（她）們的重大意義，以及當關係不被家人朋友接受時感受到的痛苦。這樣的敘事呈現出同性婚姻合法化對其福祉的影響，要求其他人和國家的法律予以正視。有些反對者則訴說歷史傳承下來的，由異性組成家庭的信念，也表達一旦同性婚姻合法化以後，對教養孩童的擔憂，要求不可以更改《民法》裡對婚姻的定義。賦予每個人都享有故事地位，肯定了多元觀點能得到平

等的發聲機會。

　　要充分實現故事地位的理念，只是讓人「說」故事仍不足夠，公民還必須普遍具備「聽」故事的意願。就此而言，儒學的「兼聽」是重要德行。鄧育仁強調聆聽比說服更重要，因爲聆聽讓人感覺到其他人能瞭解自己的需求和渴望。在《貞觀之治》裡談的「兼聽」，適用對象是君主，要他們聽取各種意見，特別是基層人民的想法。在當代社會裡，兼聽的德行也適用一般公民（鄧育仁，2022：57-58，253）。在公共議題的爭論裡常可觀察到，許多人在跟立場不同者做討論時總專注在「說」（說服），卻忽略「聽」（聆聽）。如果沒有透過聆聽來瞭解持不同立場者眞正在意和關心的事，就無法建立相互尊重的關係，那麼特別是面對出於維度側重有別的歧見時，論理式的說服將只是各說各話，難以發揮調節歧見的效果。筆者認爲，公民所需的「兼聽」德行特別需要著重在聽取跟自己持不同立場和道德觀的人的想法，而不是只在志同道合的同溫層裡取暖。[4]如此才可能開啟對話，適當調節歧見。

　　此外，鄧育仁指出，在聆聽之中要秉持儒學「關懷弱勢，減少苦難」的理念，不要忽視或無視弱勢群體（鄧育仁，2022：253）。就此而言，《孟子》談到的「惻隱之心」是跟故事地位有關的另一個重要德行。惻隱之心關注人間的苦難，而什麼是苦難則有人際之間的共通性，也具有可評估比較程度之特性（鄧育仁，2022：88）。人類在身體與心靈層面的基本需求，可作爲比較與評估苦難的客觀標準。在公共議題的爭論裡，公民可運用這些標準來判斷各種政策方案對弱勢族群產生的正面和負面影響。儘

---

[4]　海特的道德心理學研究發現，由於自由派人士的敘事偏重關懷和自由這兩種道德基礎，保守派人士的敘事則是六種基礎幾乎都有運用到，這使得兩方的堅定支持者在理解對方的故事、同理其觀點時有不對稱的現象：保守派人士對自由派敘事的瞭解比較正確，自由派人士比較難正確瞭解保守派的敘事。因為他們的思考歷程不採取忠誠、權威、聖潔的基礎，所以會排斥跟這三種基礎有關的觀點。參見Haidt, 2012: 283-288。這項研究結果提醒了持極度自由派立場的公民，必須特別注意聆聽並正確瞭解保守派人士訴說的故事。

管根據孟子的論述，惻隱之心似乎是人生來就有的特質，但筆者認為它仍有後天強化的空間：透過增加觀察、體驗以及適當的思辨與情感教育，將可增進個人對他人苦難的同理與關懷。

面對公共政策的深度歧見，擁有兼聽和惻隱之心的公民將承認，無論是跟自己持相同或不同立場者，每個人都享有故事地位。他們不但會說出自己的故事，更願意聆聽其他人的故事，尊重差異的想法。在評估不同的政策方案時，他們會優先考量社會中處於劣勢的個人和群體，滿足其基本的身心需求。

(二)跟公民地位有關的儒學修養

公民地位要求尊重每個人都是自由平等的人。如同故事地位一樣，公民地位的賦予也是「普遍的」。但不同於故事地位呈現出多樣的信念和價值觀（內容具特殊性），公民地位涉及的自由和平等的內涵大致相同。鄧育仁指出，當持不同立場者的道德直覺與原則發生衝突時，調節歧見的一種方式是依據憲法和法律保障的基本自由與權利，思索哪種制度和原則能讓每個人實質且充分地享有平等的自由與權利（鄧育仁，2022：95）。由於各種基本權利和自由構成公民地位的內涵，所以應該拒絕那些侵害特定公民基本權利的政策方案。此外，思想、言論和宗教信仰的自由使得人們發展出多樣的想法和價值觀。於是，尊重所有人（包括持對立立場者）都是自由的人意味著，在政策爭論的深度歧見裡必須調節並約束自己的行動，不以自己相信為真但其他人無法接受的觀點，作為判斷公共政策的依據。而尊重所有人都是平等的人，則使得公民更願意包容差異的觀點，甚至各退一步，嘗試找尋折衷的方案。

公民哲學從儒學「天下為公」的「公」，來設想「公民」的概念（鄧育仁，2022：2）。筆者認為，培養天下為公的德行能促使公民承認所有人都享有公民地位。《禮記‧禮運》說道：「大道之行也，天下為公。選賢與能，講信修睦，故人不獨親其親，不獨子其子；使老有所終，壯有所

用，幼有所長，矜寡孤獨廢疾者皆有所養」（中國哲學書電子化計劃）。
天下爲公的德行使得人們在討論公共議題時的關注範圍不會局限於所屬家
庭或群體，將有利於調節源自利益衝突的歧見。甚至能喚起關注弱勢群體
（即矜寡孤獨廢疾者）的意識，把完全不認識、身處遠方的弱勢者納入
考量。納斯邦（Martha C. Nussbaum）提出「世界公民」（world citizen）
的概念，可呼應天下爲公的儒學理念。她談到古希臘時期的斯多噶學派
（Stoics）把好公民視爲世界公民的觀點，將之應用在包含多樣民族和文
化的當代：面對道德和正義的問題時，不應該只限於自己所屬的群體和國
家，還必須關注那些跟自己過著不一樣生活的人有哪些需要。之所以應該
成爲世界公民，是因爲一個人在哪裡出生是偶然的，國族的差異不具道德
相關性。同樣地，我們也不允許基於階級、種族或性別而有的負面對待，
應該把所有人都看成同胞（Nussbaum, 1997: 10, 58）。擁有天下爲公這種
德行的世界公民，將會認可所有人都跟自己一樣，擁有自由平等的公民地
位。

　　從公民地位出發，若要嘗試調節深度歧見，還需要進一步從事「深度
對話」，指的是「展開一種善用公共論述資源，調節彼此觀點，深入探索
並開拓不同傳承在調節中引發的新思考與新議題，以及在探索與開拓中，
理解歧見，掌握關鍵，而橋接出一種能在相互瞭解中對話並合理協商的議
論空間」（鄧育仁，2022：136）。這樣的深度對話除了需要奠基於聆聽
所獲得的相互瞭解，還需要審議、推理、協商等能力，才可能讓原先持不
同觀點者做出共同決議（不必然是共識）。在儒學的傳統思想裡較少談及
這類能力，這或許是因爲儒家思想發展的歷史多處於君主制的政體，一般
人民沒有機會參與政治事務。如今，在憲政民主政體的脈絡下，當代儒者
需根據儒學的精神來擴展跟調節歧見、深度對話有關的公民德行之論述。

　　綜合以上所述，我們可以看到，若要對深度歧見做出適當調節，那麼
儒學裡的兼聽、惻隱之心和天下爲公的德行，再輔以審議、推理、協商的
能力，將是公民之所以願意承認每個人都擁有故事地位和公民地位，並且

從故事地位走向公民地位，找尋彼此都能合理接受的政策決議之關鍵。雖然本文僅談論《公民哲學》裡提到的三項儒學修養，但我們還可以在儒家學說裡找到更多相關德行。這裡想強調的重點是，公民共同體的實現在很大程度上取決於公民能否普遍具備跟調節歧見有關的德行。

四、教導政治德行的公民教育

前文曾指出，深度歧見涉及的多元問題除了來自對問題、理由和證據的不同權衡或缺乏共同認定基礎，還可能出於彼此的道德直覺採取不同基礎模式。在這樣的前提下，筆者認為國家有必要培養公民具備跟調節歧見有關的德行。但它們必須是「政治的德行」，而非「個人的整體修養」。以下根據羅爾斯的觀點來說明什麼是政治德行，並進一步證成存在深度歧見的社會為什麼應該教導政治德行。

羅爾斯把當代社會存在的多元現象稱為「合理多元的事實」（the fact of reasonable pluralism），意味著社會裡不僅有差異的學說、意見和價值觀，更重要的是其中有許多都是合理的觀點。這可以呼應前文提到的，深度歧見之所以艱難，在於其中的不同意見往往都是合理的觀點和良善的價值。儘管合理多元的事實是描述性命題，但這個經驗事實為規範性理想中可允許追求的價值設下限制：社會制度涉及的價值概念必須是「政治的」，意即它們是自由平等公民能共享的，且不預設任何特殊的全面性學說（comprehensive doctrines）（Rawls, 1993: 176）。「全面性學說」的特點在於，它們倡議的道德觀和價值觀適用整體人生，用來指導個人在公共領域和私人生活裡的行為。全面性學說會設定什麼是理想的性格、友誼、家庭和結社的關係，敦促個人盡可能實現該理想（Rawls, 1993: 13）。例如效益主義（utilitarianism）就是全面性的道德學說，主張效益原則不但是公共政策的決策依據，也是個人行為的道德判準。除了道德的全面性學說，還有宗教的全面性學說（例如基督教、伊斯蘭的學說）和哲學的全面性學說（例如康德的哲學理論）。儒家思想可歸為哲學的全面性學說，其

中跟倫理道德有關的理念不但闡述君主與臣子的爲政之道，更包含了父子、夫婦、兄弟和朋友的相處之道，範圍涵蓋人生各個面向。

　　若對應前文談到的三種多元問題之根源，我們可以說，人們抱持不同的全面性學說各有其視爲眞理的道德觀和（或）價值觀，是形成權衡有不同側重、缺乏共同認定基礎，以及道德直覺受不同基礎維度影響的重要原因。若此，當國家透過教育來教導特定全面性學說的觀念和價值時，持其他全面性學說的公民將難以接受。並且，這麼做將展現出國家未能尊重個人的故事地位：每個人基於其特殊的自然稟賦和經歷，將肯定不同的全面性價值觀和學說理論。在私人生活的人際互動裡要接受哪些傳承和理念的指引，應該交由個人自由做選擇。

　　羅爾斯指出，國家教育要教導的德行，必須是運用在公共領域的事務上，跟社會合作有關的「政治德行」，例如容忍、合理性、公平感（sense of fairness）等（Rawls, 1993: 194）。政治德行的教育爲的是要讓人們能在歧見之中和諧共存，且能共同決定用來規範社會合作的各種制度和法律。於是，雖然在儒學原來的觀點裡，兼聽、惻隱之心和天下爲公的德行是跨越公私領域的整體修養，但是在公民教育裡必須將它們轉化爲政治的德行。筆者認爲，這樣的轉化有兩大特性：首先是「證成的理據」，培養這些德行的理由是爲了促使人們在公共領域裡能跟持不同意見者合作，嘗試調節彼此對於政策或法律的歧見。教導這些德行並不意味、更不會要求個人必須在私人生活裡，在跟家人、朋友互動時一定要展現這些德行。如此才能爲各種合理全面性學說的價值理想或美好人生觀留下適當空間。[5] 其次，在「教學的應用」方面，無論是政府教育機關在制訂課綱，

---

[5] 不可諱言地，許多德行都有跨公私領域的特性，例如一個擁有容忍德行的人在公共論壇討論政策議題時會允許其他人可以發表不同意見（即使那是自己非常厭惡的觀點），他在跟家人、朋友相處時通常也會展現容忍的德行。於是，政治德行的教育實際上可能產生Amy Gutmann所說的「溢出效果」（spillover effect），意即適用公共領域的政治德行將影響到私人生活裡的言行。參見Gutmann, 1995: 576. 對此，筆者認爲應該區分公民德行的教育目標和個別德行的實踐：許多德行的「實踐」

或教師在選擇教學素材時，應該把各德行的理念連結到實際的公共議題或政治事務，而不是應用在私人關係或性格的例子。透過討論和對話引導學生逐漸養成相應的行爲傾向，落實在公共事務的參與中。

　　從調節深度歧見所需的德行應獨立於宗教、哲學或道德的全面性學說而言，筆者認爲《公民哲學》有一大優點：它把探討焦點放在尋求能調節多元問題的實踐智慧，而不是要爲儒學（或儒家）的觀點做辯護。鄧育仁表示：「本文不用『儒家』而用『儒學』，爲的是明確表達實踐智慧的學問傳承，而不是成就一家之言的詮釋與立說」（鄧育仁，2022：56）。他也多次強調，調節方案裡涉及的觀點和理念並非獨屬於儒學。此外，公民哲學沒有把儒學設定爲唯一正確的道德理念。在談到效益主義和儒學會如何判斷電車難題的道德兩難情境時，鄧育仁指出：

> 在這新思路上，沒有哪個主義或傳承獨占道德的制高點，也沒有誰具有後設道德的地位，效益主義沒有，儒學也沒有，而是各方觀點都在公民地位自由平等的要求下，確保並扣著這個〔以公民地位作爲各方觀點的〕接榫點，展開論述與對話（鄧育仁，2022：95-96）。

　　這個觀點呼應了羅爾斯看待合理多元事實的基本態度：任何涉及人生整體面向的全面性學說都有各自的主張和理據，沒有任何學說能被所有公民合理接受爲道德上唯一正確的。因此，若在制訂教育政策或從事教學工作時獨尊特定學說，將難以對公民做證成，於是將缺乏正當性。筆者認爲，鄧育仁的論證取徑正視多元問題和深度歧見的事實，不但較能滿足社

確實無法在公私領域之間做出清楚的切割，我們也沒辦法完全避免政治德行溢出到私人生活。然而，這樣的溢出並非德行培養的教育目標。對於私人領域的理想關係和價值，我們有好理由支持應該爲多樣的合理全面性學說留下更大的發展空間。

會制度作為政治權力的強制性運用須具正當性之理念，並且，由這種觀點來理解的儒學修養可轉化為政治德行，在實踐上也比較可能達成調節歧見的目標。

　　相對地，筆者不同意陳祖為奠基於儒家思想的致善主義所主張的國家道德教育觀。在《儒家致善主義：現代政治哲學重構》（*Confucian Perfectionism: A Political Philosophy for Modern Times*）一書裡，他主張國家應該從事道德教育，而不是公民教育。[6]道德教育的內容包含從儒家的理想價值裡篩選出的一些德行。陳祖為說道：

> 根據儒家的道德教育觀，無論人們是否選擇參與公共事務，都應該培養某些德行。這些德行──尊重、崇敬（reverence）、真誠、寬大（lenience）、誠實、勤勉和仁慈──使得個人成為更好的人，並為他們在跟家人、朋友、同事或其他公民互動時提供指引（Chan, 2014: 196）。

　　根據這段描繪，他的國家教育觀出自作為「全面性學說」的儒家思想，且期待達成涵蓋整體人生的學習成果。但值得注意的是，陳祖為強調他反對國家政策奠基於任何涉及特定美好人生觀的全面性學說──他稱之為「極端致善主義」（extreme perfectionism），表明自己的主張屬於「溫和致善主義」（moderate perfectionism）。這種觀點的溫和性展現在兩方面：首先，只針對跟公共政策有關的議題運用美好人生的特殊判斷，這樣

---

[6]　這本書最早是在2014年以英文出版，後來才出版繁體中文的譯本，見陳祖為，2016。作者雖為中譯本寫了序言，但沒有參與翻譯和校對工作。為了忠於原著，本文在相關論點的說明和出處引用方面皆採用英文版，但部分專有名詞和文句翻譯有參考中譯本。例如，perfectionism在臺灣學界一般譯為至善主義或完美主義，本文則採取中譯本的「致善主義」。

的判斷不奠基於任何全面性學說。其次，不是把儒家哲學當成全面性學說，以一整套的方式來執行，而是以比較零散的方式來促進儒家思想。人們無須接受整套儒家哲學，也能接受尊重、崇敬、眞誠和寬大等儒家德行（Chan, 2014: 99-100, 200-201）。

　　問題是，在陳祖爲列出的德行裡，崇敬、眞誠、寬大、誠實和勤勉顯然是適用私人生活的德行，他也明白表示這些德行要用來指導個人跟家人親友的互動。就此而言，溫和致善主義跟極端致善主義之間的概念分界究竟爲何，不是很清楚。此外，就算不是教整套儒家學說，但儒家的美好人生觀很可能跟其他全面性學說採取的美好人生觀發生衝突。此時溫和致善主義若選擇儒家思想，則其道德教育的實踐結果將無異於極端致善主義的教育。例如，不難想像，有人會基於自己相信的某種學說，認爲勤勉的生活並非值得過的生活。溫和致善主義者很難提出合理的理由來向他證成，爲什麼應該放棄原先的美好人生觀，並透過國家教育把所有人都培養成勤勉的人。

　　從調節深度歧見所需要的德行教育來看，筆者同意鄧育仁對儒家致善主義的評論：這種觀點未能正視深度歧見問題，忽略了家庭價值、教養方式及其支持的德目內容有極大差異，且隱含極爲不同的認知模式和直覺。所謂的共通德行必須是從公民視角去篩選，並接受各種學說的傳承者之共同評估和檢驗（鄧育仁，2022：294-295）。從公民視角篩選出的共通德行將是「政治性的」。誠如羅爾斯所說，政治德行要描繪的是好公民（good citizen）的理想具有的特徵（Rawls, 1993: 194-195），不是爲了培養個人成爲儒學裡的君子或好人。對於什麼是「好人」、好人應該擁有何種性格和德行的問題，各種全面性學說有著極爲不同的觀點，國家的教育政策不應偏袒或奠基於任何特定觀點。

　　對於接受儒學（儒家）思想，也身體力行地培養各種儒學修養的人來說，筆者主張把兼聽、惻隱之心、天下爲公等修養，轉化爲僅適用公共領域事務的政治德行，不符合儒學強調各種德行應「一以貫之」，完整落實

在政治和私人生活所有面向的德行觀，於是將反對本文的觀點。[7]對此，須澄清的是，筆者的主張並不涉及儒學一以貫之的德行觀是否正確，或要不要做修正的問題。儒學作為一種合理的全面性學說，在學說內部，支持者依然可以主張各種德行應貫穿公私領域的所有行為，並積極對外倡議、推廣這種德行觀。本文主張的是，不應該「以國家的強制性力量和教育資源」來促進任何特定全面性學說（包括儒學）的德行觀。否則不但使得國家教育欠缺正當性，更將加劇人們對教育政策的歧見。臺灣在高中教育裡，以《論語》、《孟子》、《大學》、《中庸》這四部儒家典籍作為主要教材，並列為必修或必選的「中華文化基本教材」課程，曾引發激烈爭議，就是一個典型的例子。[8]在當代社會存在合理多元的事實下，不應該由國家來判斷「哪個全面性學說的德行觀最正確？」，更不應該依據執政者或主流民意對此問題的答案，來制訂教育政策。

鄧育仁根據《周易注》、《論語注疏》和《四書章句集註》對「思不出其位」這個儒學傳承的理解，也可以為儒學（儒家）德行觀的支持者接受本文的公民教育觀，提供來自儒學的理論依據。他說道：「『思』指的包括思慮、謀劃和議論，『位』主要指政治上的職位或權位，但也包括倫常關係中的位置。……『不出其位』的要求，在於不僭越、不侵奪」（鄧育仁，2022：147）。若正視深度歧見，從自由平等的公民之「位」去調節自己的思考和規劃，那麼儒者將願意尊重其他人有選擇學說理念的權利

---

[7] 感謝匿名審查人提出這個問題，促使筆者進一步思考本文的政治德行教育觀對儒學德行觀可能產生的意涵。

[8] 這門課程在歷年高中國文課綱中的名稱和修習規定經過幾次調整：從1962到2006年，課程名稱是「中國文化基本教材」，列為必修課（修三學年）。2006年8月，課名改為「論孟選讀」且改列選修課（修一學年）。2011年，課名再改成「中華文化基本教材」，列為必選課程。現行的108課綱裡，中華文化基本教材是國語文科目的選修課程（修兩學期，共2學分）。教材內容除了儒家，也包含道家、墨家、法家和其他諸子百家的經典。此外，在教學取向方面，鼓勵教師把性別平等、人權、原住民教育等議題融入教學。參見教育部國民及學前教育署高級中等教育組，「普通型高中學科資源平臺」中華文化基本教材中心網頁。

（不侵奪），更不會以義務教育之名，強制所有人都必須接受儒學（鄧育仁，2022：148-149）。筆者認爲，這個觀點不但適用於儒者，也適用於其他全面性學說的堅定支持者。

五、結論

在《公民哲學》裡，鄧育仁以民主憲政與自由平等爲基礎，結合《論語》、《孟子》、《周易》、《貞觀之治》等典籍裡的儒學智慧，還融入《墨子》和《莊子》裡的觀點，爲深度歧見提出公民共同體的調節方案。本文嘗試延伸鄧育仁的觀點，指出儒學裡的兼聽、惻隱之心和天下爲公等修養，須定位成政治的德行，並透過國家教育來培養。當公民（和未來公民）普遍養成這些德行，將有助於肯定所有人都享有故事地位和公民地位，進而透過問題的重新框設、觀點的轉化、深度對話與合理協商，嘗試對爭議的公共議題達成彼此能合理接受的制度決議。

徵引文獻

中國哲學書電子化計劃，《禮記‧禮運》。2024年2月22日，取自 https://ctext.org/liji/li-yun/zh

教育部國民及學前教育署高級中等教育組，「普通型高中學科資源平臺」中華文化基本教材中心網頁。2024年2月22日，取自 https://ghresource.k12ea.gov.tw/nss/p/FundamentalReadingsInChineseCulture

陳祖爲（2016），周昭德、韓銳、陳永政譯：《儒家致善主義：現代政治哲學重構》。香港：商務印書館。

鄧育仁（2022）：《公民哲學》。臺北市：國立臺灣大學出版中心。

Chan, Joseph (2014). *Confucian Perfectionism: A Political Philosophy for Modern Times*. Princeton and Oxford: Princeton University Press.

Gutmann, Amy (1995). "Civic Education and Social Diversity," *Ethics* 105, 3: 557-579.

Edwards v. Aguillard. (n.d.). Oyez. Retrieved February 22, 2024, from https://www.oyez.org/cases/1986/85-1513

Epperson v. Arkansas. (n.d.). Oyez. Retrieved February 22, 2024, from https://www.oyez.

org/cases/1968/7

Haidt, Jonathan (2012). *The Righteous Mind: Why Good People are Divided by Politics and Religion*. New York: Pantheon Books.

Nussbaum, Martha C. (1997). *Cultivating Humanity: A Classical Defense of Reform in Liberal Education*. Cambridge, Massachusetts: Harvard University Press.

Rawls, John (1993). *Political Liberalism*. New York: Columbia University Press.

故事、故事性思維與故事地位——班雅明思想與公民哲學的交會[1]

羅名珍

國立臺灣大學哲學系助理教授

摘要

　　鄧育仁教授在《公民儒學》一書中提出「故事地位」的概念。此概念批判地回應了康德哲學對行動者與道德規範之關係的構思：「故事地位」欲突顯的事實是，康德以定言令式表達出道德規範具有的絕對與普遍意義，然而在真實生活脈絡中，道德行動者始終必須回應當下情境及可能內含相互衝突之要求的無數細節。因此，肯認他者作為道德主體，不僅是肯認每個人皆具有實現定言令式之理性能力，而還必須肯認個體在踐行道德規範時，有依其人生故事脈絡對定言令式做出必要調節的可能。同時，在鄧育仁教授公民哲學的思路中，「故事地位」的意涵不僅僅是道德哲學的，而更是政治的——在價值多元的當代社會裡，唯有當所有公民不只擁有國家保障的公民身分，而是其「故事地位」也能同樣受到尊重時，該社

---

[1] 本文為兩年期科技部（今國科會）專題研究計畫〈共感中建立批判性：阿多諾的社會啟蒙計畫〉（110-2410-H-002-178 -MY2）之部分研究成果。筆者誠摯感謝兩位匿名審查人提出非常深入有益的修改意見，使筆者能增修初稿不足之處。本文的初步構想曾發表於2021. 6. 26由政大華人文化主體性研究中心主辦的「公民道家的可能：公民哲學與道家哲學的對話」工作坊，作為對鄧育仁教授《公民哲學》一書的回應文，原題名為〈故事、故事性思維與故事地位〉。筆者感謝林明照老師與賴錫三老師的邀請，也感謝鄧育仁老師在工作坊中的回覆與建議，筆者在對話討論中深感獲益。

會才有承受根本上難以化解的深度歧見而不致分崩離析的能力。

　　若「故事地位」對於建立公民共同體有著不可或缺的重要性，則我們顯然需進一步探問，個體如何成為具有「故事地位」者？而鄧育仁教授提出的「故事思考」與「故事地位」之間又有怎樣的關係？本篇文章的出發點是，若以德國批判理論思想——尤其是班雅明（Walter Benjamin）——對「故事」的分析與公民哲學對話，將有助於闡明使「故事地位」得以可能的條件以及「故事思考」與「故事地位」的關係。

一、什麼是「故事地位」？

1. 對康德目的令式的修訂

　　「故事地位」是鄧育仁教授所提出的創新概念，此概念最初是用以修訂康德道德哲學傳統中對於人之行動之討論框架的局限，在鄧教授對於當代民主社會如何面對多元分歧之困境的討論中，「故事地位」則更擴展為其公民哲學的基石之一。

　　「故事地位」這個概念乍看之下與康德哲學無關，因為一般對康德哲學的設想裡，似乎只有令式沒有故事。但鄧教授對「故事地位」的構思其實是扣合、並且修訂康德道德哲學傳統中對於目的與手段的討論。鄧育仁教授在〈何謂行動：由故事與人際觀點看〉裡首次提出「故事地位」的概念，主要作為對寇絲葛（Christine M. Korsgaard）對「行動」之分析的批評。鄧育仁教授指出，寇絲葛修訂了效益論式僅以手段理解行動、亦即僅視行動為達致目的之工具的觀點，而指出人的一切行動「都已包含目的和手段」，[2]正因為目的並不外於行動，所以行動自身就是價值取捨的展現，當個人在特定情境中做出選擇並行動，其行動本身就體現了對人生目的的設想。鄧育仁教授對寇絲葛的批評是，儘管後者闡明了行動之中就內

---

[2]　鄧育仁：〈何謂行動：由故事與人際觀點看〉，頁103。

蘊著目的,然而其終究並未脫離以「目的」和「手段」之範疇來理解行動的本質,而此框架乃是限縮的,其無法掌握人之行動的眞諦。因爲,在眞實生活中的「行動」絕不會只是僅僅關乎目的與手段的「做事」──即便行動者確實也有可能這樣誤解自身行動的意義──而是總是開展在與他人相連的充滿細節的生活脈絡中:

> 做事可以由目的與手段的思考方式來規劃,生活則不然,生活總有看似瑣碎但有如故事情節般可理解、可以感受的脈絡。……而人總是透過活出故事情節般的歷練與感受,體驗己身以及人與人之間所過的生活。……如果只由做事的觀點來說明行動,那等於是忘了行動原本所在的故事情節與生活脈絡。對比於做事的觀點,本文稱此爲「生活故事的觀點」。[3]

「生活故事的觀點」欲將當代道德哲學關於行動的拆解分析置回全景,其指出人之行動在社會關係以及在時間中的開放本質:此觀點突顯了所有的行動從來都是在人我交錯的生活脈絡中開展,主體行動的意義本質上無法被限縮於「手段─目的」的封閉框架,在綿延的共同的生活中,行動會以個人無法壟斷或完全預見的方式,延伸出新的發展與回應。相較之下,僅僅以目的─手段之範疇理解他人的行動,容易使我們在抽象的切分中,未能理解人乃是時時刻刻基於其身體感知與價值追尋,以每個特定情境中的行動展開其生命之整體故事。如果我們能夠在此社會關係與時間的全景下看待人之行動,那麼可以說,每一個人對他的互動對象而言,都不應只有「行動者地位」,而應該具有一種「故事地位」:

3　鄧育仁:〈何謂行動:由故事與人際觀點看〉,頁105。

　　調節目的與手段的思考，將目的與手段的關係，放到情
　　節故事的理解、描述與詮釋中：人生沒有一勞永逸的解
　　決方案，而目的與手段，不論是分開或合起來看，總要
　　放在價值取捨與承諾的調解中來考量。至於「沒有人只
　　是手段」的意涵，不只要由理性與合理能力上審視，而
　　且總要從「沒有人是其他人的附屬，或只是別人生活故
　　事裡的道具」，以及「尊重一個人最起碼的要求是承認
　　他新啟情節、調節意涵的故事地位」的要求中來斟酌。[4]

側重個人「新啟情節」之能力的故事地位，因此也可說是對康德定言令式
之絕對性的修訂：承認每個人在獨一無二的情境下有新啟情節的能力，意
味著，具有絕對意義的道德原則必須經過脈絡化而重新普遍化。「故事地
位」的概念，不只是要提醒我們看重具體人生處境與細節，以此回應補
充康德的「目的自身令式」，[5]而更是要使對處境和細節的重視，也成為
可普遍化的道德法則的內在條件。由於「故事地位」概念是以康德的目的
自身令式為背景，其關注的並不僅僅是行動者和道德法則的關係，而是如
鄧教授所說，關乎一個人對待「人」的基本態度，關乎一個人如何對待他
人、以及自己。所以，「故事地位」突顯的是，我們必須承認他者有重新
詮釋並且定義一情境的地位。可以說，故事地位要求的不是康德哲學論及
的對法則的敬重，而是敬重每一個人都有不斷試圖理解並以行動回應人生
變化處境的努力。

---

[4]　鄧育仁：《公民儒學》，頁84。

[5]　"Handle so, daß du die Menschheit, sowohl in deiner Person, als in der Person eines jeden andern, jederzeit zugleich als Zweck, niemals bloß als Mittel brauchest", Immanuel Kant, *Grundlegung zur Metaphysik der Sitten*, S. 61.「如此行動，使不論是在你的人格抑或在每一個其他人的人格中的人性，始終同時作為目的，絕不僅作為手段來使用。」

2. 「故事地位」—— 重現公民身分的倫理脈絡

　　如上文已約略提及，「故事地位」概念對人的敬重包含著一個重要面向，即擁有故事地位的主體並不是、也不可能是一個孤立的個體。所有可稱爲具有「故事地位」者，必然已經身處於、或者說羈絆於倫理的關係與歷史傳統的脈絡中。鄧教授在其儒學思考的脈絡中如此闡述此概念：「故事地位是本於儒學中『仁』、『相人偶』（兩人一起走出人生道路的意象）及『任重道遠』的理念傳承。」[6]也就是說，故事地位概念指出的關於人存在的事實是，我們是「在彼此牽連中成人」，[7]而此牽連不是只在當下的、共在的人際網絡，擁有故事地位者，不僅僅活在他個人有限的時間中，而也必然活在一個接續不斷的文化傳統中，一方面受其滋養與支持，二方面也受其框限。

　　在其對於今日民主社會所面臨之多元分歧困境的思考中，鄧教授進一步闡發「故事地位」在「公民哲學」中的意涵：今日民主社會面臨著社會成員之立場多元分歧難以調和的困境，若一個社會能夠在深度歧見的挑戰下，不至於分崩離析，甚至有能力轉化衝突的性質，使抱持不同價值者能夠擺脫善惡衝突的對立框架，轉而以一種包含著對對方之理解的善善衝突的方式來和對方爭執或衝突，首先會需要「故事地位」在社會中被普遍承認；唯有以對「故事地位」的普遍承認作爲根基，方能使更看重「理念、原則、制度與公共性」[8]的「公民地位」足以涵融歧見，從而進一步建立一個「公民共同體」。[9]亦即，鄧教授認爲，每個社會成員必須要擁有故

6　鄧育仁：《公民哲學》，頁1。

7　鄧育仁：《公民哲學》，頁1。

8　鄧育仁：《公民哲學》，頁2。

9　「公民共同體是在正視深度歧見中，從故事地位走向公民地位，在民主憲政與自由平等的基準上，秉持關懷弱勢、減少苦難的政策原則，包括底線及政商合宜區隔的原則，以及重視在地智慧、聆聽他者心聲、善解歧見、善用衝突、願意各退一步的行動原則，調節我們既有共同體裡無從迴避的紛爭中所成就的命運共同體。」鄧育仁：《公民哲學》，頁11。本文沿用鄧育仁教授對「公民身分」

事地位以使他能在他所屬的倫理網絡中發展自身，從這裡，他才能夠「走向公民地位」、[10]「走向公民共同體」。這個漸進的過程，顯然也可被理解為一個（可能是正面也可能是負面）循環的過程：若公民的故事地位越能受到承認，那麼此社會越有可能形成一個保有基本團結、而非傾向自毀的共同體；相反地，若社會成員僅僅具有制度所賦予之公民身分，而未能具有故事地位，那麼社會中的立場分歧可能導致的是一種難以共存的相互敵視與歧視。在此思路中，「故事地位」的普獲承認對於建立民主共同體顯然至為重要。

二、什麼是「故事性思維」？

　　由上述思路出發，本文接下來將聚焦探討什麼是「故事思考」？（本文也稱其為「故事性思維」），以及「故事思考」與「故事地位」的關係為何？

　　在《公民儒學》中，鄧育仁教授深化其先前提出的「生活故事的觀點」，將之界定為「故事思考」。依前述〈何謂行動：由故事與人際觀點看〉之思路，「故事思考」就其最根本詞義而言，應指一種能夠理解他人之行動有著如故事一般的生活脈絡的思考方式，即：一種視他人為具有故事地位者的思考模式。鄧教授在《公民儒學》中指出，由「工具－目的」式的思考轉向「故事思考」、由西方鞏固了的道德哲學論述「沒有人只是別人的工具或手段」轉向「沒有人是其他人的附屬，或只是別人生活故事裡的道具」，其涉及的是「思考模式的改變」，而此種改變應關乎一種深層的「人文的基本思考模式」。[11]

　　與「公民地位」之區分，前者為「現代民主憲政國家」所保障之身分，即 "citizenship"，「公民地位」則如本註上列引文所述，具有比「公民身分」更為深廣的規範性內涵，並見《公民哲學》頁2，註1。

[10]　鄧育仁：《公民哲學》，頁2。

[11]　鄧育仁：《公民儒學》，頁71-72。

　　《公民儒學》第二章〈故事思考裡的儒學傳承〉以孟子為例，深入闡釋了此一對陶成公民人文素養有重要意義的思考方式。可以說，這是一種「以故事為本，以譬喻為條理網絡，深深蘊含感覺、情緒與感情，而融會於身境之中當下整體展示的視野與道理」[12]的思維模式。鄧育仁教授指出，孟子善用譬喻的論辯的方式，對照展現了在價值紛異百家爭鳴的處境中，若欲僅以邏輯推理為手段達致一種徹底摒除他者的勝利，對建立容納多元觀點的民主社會乃是無益的。在此，善用譬喻指的並非善用某種語言技巧，而是關乎一種普遍的理性運作方式：譬喻中的某物像/是某物，展現的是人類能夠以彼脈絡闡明此脈絡、能夠藉著跨越領域而開啟事理新面向的認知方式，而此種認知方式「除了是跨域的看待方式外，也跨域調節感覺、情緒與感情。」[13]由於具有故事性思維能力者，能夠在面對他者之行動與論述時，見到他人的行動與論述不是只是達致特定目的之手段，而同時是基於其所認同之價值在展開其人生，也因此，具有故事性思維者，如孟子，其論述顯然不僅關乎認知與推理，而更是藉著隱喻「引導人如何去感覺⋯⋯對目標應有的價值判斷、選擇和決定」，[14]以期盡可能容納他人與自我對各自的好的人生的想像與實踐。

1. 故事性思維──以雷可夫「嚴父模式」與「親情模式」為例

　　「故事地位」這一概念所引發的提問是，若唯有當社會成員的「故事地位」能夠普遍獲得承認，才會使「公民」不僅只是一個在民主憲政國家中理所當然的、人人皆有的身分，而具有容忍接納差異的實質倫理內涵，從而建立一個禁得起深度歧見的共同體；如果鞏固每一個個體的「故事地

---

[12] 鄧育仁教授認為這一思考方式會「成為政治思考裡重要的支柱力量。⋯⋯這種支柱力量為『情理』。以故事思考調節自主的內涵，相當於以情理調節理性與合理的能力，在政治上則是關懷弱勢、減少苦難為首的不忍人之政。」《公民儒學》，頁85。

[13] 鄧育仁：《公民儒學》，頁91。

[14] 鄧育仁：《公民儒學》，頁96。

位」乃是公民共同體的基礎,那麼「故事性思維」在此扮演的將會是怎樣的角色?承接上述的思路,可以扼要地說,能夠採取故事思維模式者,其能夠肯認他者(以及自身)的「故事地位」;「故事性思維」展現了人對他者(以及自身)「故事地位」之肯認,此兩概念相互支持而不衝突。然而,就像是兩個很接近的音一起出現的時候,特別容易突顯出兩者中不相和諧之處,「故事性思維」和「故事地位」似乎有著某種隱然衝突的關係。

之所以會提出這個問題,主要是《公民哲學》中〈共和與嚴父家國〉、〈民主共和與親情家國〉這兩節所引起的想法。在此文中鄧教授引用雷可夫(George Lakoff)一個值得深思的觀點,即美國民主與共和兩黨在政治運作策略上的差異不僅僅關乎政策內容的不同,而是代表了兩種不同的認知與價值取捨的框架,這兩個展現在政治領域中的框架,其實都顯示了社會成員自身並沒有清楚意識到的、從家庭而國家的、內在連貫的思維和感知的固定範式。在一個社會中,其實埋伏潛藏著通常沒有被顯題化的、或者僅僅是部分顯題化的「故事思維」或敘事框架,不論是重視「權威與自律」的嚴父模式,[15]或是重視「溝通講理、培力與責任」的親情模式,[16]兩者都關乎一個個體對於一個更具有權力者(不論是國家、政府或是政治人物)的想像,[17]而這樣的想像,其實是一種「故事性思維」或「故事性想像」:

> 龐雜的政府組織擬人化為家長,而進行揉合著價值、情感與認同的故事性思考與推理,規約了一般美國民眾對政府角色與政治人物的故事想像。事實的羅列、統計數字的展示和邏輯的推演,或許適合用來分析龐大複雜的

---

[15] 鄧育仁:《公民哲學》,頁32。

[16] 鄧育仁:《公民哲學》,頁35。

[17] 鄧育仁:《公民哲學》,頁30-31。

國事，但那是專家應該做的事。一般民眾不期然所關注
的，則是從故事性的思考與推理，去看政治人物到底秉
持什麼價值理想，對政治這種公共事業及其所服務的民
眾有沒有付出真實的情感，並且有沒有委身認同做正確
的事。或者，政府作為全國的大家長而言，有沒有確實
去做以上故事性思考與推理所關注的事。[18]

嚴父模式與親情模式所展現的「故事性思維」很有說服力地闡釋了從個體
角度家與國如何連貫，此種思維方式顯然不會只適用於美國。「故事性思
維」在此的意義乃是中性的，它顯示了作為一個政治參與者的社會成員、
和作為一個小而局部的倫理網絡中的人是「同一人」，她／他的情感與認
知運作的模式不會因為外在看來的「公／私」領域之分而截然斷開。

　　然而，若將這個具體源自於對美國社會分析的構思，扣合這幾年
來可見的美國兩黨益發激化的、或者益發被激化的對立，它引發的問題
是：「故事性思維」是否真的是建立公民共同體的前提與基礎？或是否
有可能，故事性思維乃是建立公民共同體的阻礙？鄧教授所引的霍希爾
德（Arlie R. Hochschild）的《家鄉裡的異鄉人：美國右派的憤怒與哀
愁》（*Strangers in Their Own Land: Anger and Mourning on the American
Right*）就提到，「一九六〇年，民調詢問美國的成年人，假如小孩和另
一個政黨的黨員結婚，是否會讓他們感到『困擾』，不到5% 的受訪者說
『會』。但是到了二〇一〇年，33%的民主黨支持者以及40%的共和黨支
持者回答『會』」。[19]此書出版於2016年，倘若兩黨支持者的故事性思維
或故事性想像在半世紀中始終存在，那麼上述的轉變似乎意味著，「故事
性思維」不必然有助於使每一個人的「故事地位」得到普遍承認、它似乎

---

[18]　鄧育仁：《公民哲學》，頁31。

[19]　霍希爾德：《家鄉裡的異鄉人：美國右派的憤怒與哀愁》，頁21。

不必然有助於公民共同體的建立。在政治領域中，帶著某種由家而國的故事性思維者，其思想中雖有許多構成故事的要素，但卻可能並不是一種眞正承認故事地位的思維。但這是什麼意思呢？以下我將引用阿多諾（Theodor W. Adorno）曾談及的一個例子說明這一點。

2. 「否定故事地位」的故事性思維？──以《權威人格研究》之訪談爲例

　　阿多諾在一九四〇年代參與一項大型的社會心理學研究，叫做《權威人格研究》（*Studies in the Authoritarian Personality*）。雖然性質很不相同，但這此研究在內容上實呼應了《家鄉裡的異鄉人》。阿多諾與合作的研究者欲在戰後的美國，也就是在一個沒人會公開說自己反猶、公開說自己支持法西斯的時刻，界定出潛在的極權主義支持者的態度和傾向。此研究包含了問卷調查跟訪談。在問卷調查的部分，他們並不直接詢問受訪者的政治傾向，而是從各種表面上看起來與政治無關的問題切入，這包括了對宗教、對在家裡是不是應該服從父母、對男女社會角色、對同性戀的看法等等問題，研究者藉這些不直接挑戰或刺激受訪者的政治態度的問題，從表面的回答看出受訪者深一層的心理。而在訪談的部分，此計畫則與部分的受訪者進行較長與較深入的談話，藉談話內容瞭解他們是否有潛在的攻擊性或對權威的崇拜。以下我將引用其中的一個例子來說明，爲何有些故事性思維似乎是否定故事地位的，何謂「否定故事地位」的故事性思維。

　　《權威人格研究》摘要了一位受訪者的談話：當他十歲左右在街頭販賣雜誌時，曾到一甜點店兜售，在等待店主時，當時尚年幼的受訪者看著店裡一塊精緻的咖啡蛋糕，十分渴望。受訪者回憶道，店主是一個猶太人，他買了他的雜誌，並且注意到了他喜愛但買不起甜點，便將蛋糕送給了他。受訪者清楚記得這個生命中的片段、及其中顯然對他重要的諸多細節，而他之所以在訪談中說出這個對他而言印象深刻的片段，是因爲他要

說，猶太人與其他人沒有不同，有好人也有壞人。然而，這個其實擁有個人故事可以述說，並且可以以此新啟情節、駁斥反猶意識形態的人，在敘述的結尾時卻轉而說「猶太人作為一個整體是不會改變的……他們或許可以改變別人對他們的看法，如果他們不那麼貪婪的話。」[20]也就是說，例子中的這個敘事者雖然用重要的細節開啟了故事，但是他最終仍然選擇了一個集體鑄成的敘事框架，亦即，用意識形態扼殺了故事。

　　可以說，在這些類似乎展現故事性思維的例子中，有著一些我們還不太確定是什麼的因素，當這些因素被強化，將使人們在說故事的時候失去寬容，這些因素牴觸或阻礙了故事地位在社會中的普遍化、阻礙了每一個人的故事地位都被承認這一理想的實現。為了進一步探討這些決定性的因素為何，以下我將討論班雅明〈說故事的人〉對「故事」的分析，以其觀點作為為參照。嚴格而論，鄧育仁教授論及「故事地位」與「故事思考」時的「故事」，與班雅明所談的「故事」不盡相同；前者指的是能夠見到他者「如故事般的」生活脈絡，見到他人行動不只是完成特定目標之工具；在此，主體所思所行，並不一定已經以語言表達。相較之下，班雅明的「故事」則是具有某種口語或文字敘述形式的「故事」（Erzählung）。然而，藉著班雅明對「故事」的闡述，我們或可更進一步界定「故事性思維」之特質。

三、班雅明論故事的主體際本質

　　班雅明在1936年流亡巴黎的期間寫下了〈說故事的人：對尼可拉‧萊斯可夫作品的思索〉（Der Erzähler: Betrachtungen zum Werk Nikolai Lesskows），[21]此一篇名雖像是評析特定作家的作品，但實際上此文並非

---

[20] T. W. Adorno, Else Frenkel-Brunswik, Daniel J. Levinson, and R. Nevitt Sanford, *The Authoritarian Personality*, S. 474.

[21] 以下引用主要直譯自德文。與他的其他著名著作如〈藝術作品在其可技術複製時代〉不同，班雅明並未反覆修訂〈說故事的人〉，故德文僅單一版本。惟班雅明曾將此文自行譯成法文，法文版與德文版略有出入，法文版現有林志明譯為中文，在德文版中未有的段落，引用中文版。

文學評論，俄國作家萊斯可夫僅是一個引子，班雅明實際上是藉之提出對故事的社會歷史意義的思索。預先而言，當班雅明在文章開端指出，「說故事的藝術正走向盡頭時」，[22] 和乍見之下的文義不同，他並不是僅僅關注某種藝術或文學形式的消失，而是要指出，一種在人類歷史中經過數千年而緩慢建立起的社會生活的形式，正經歷遽變。

1. 「說故事的人」、「聽故事的人」—— 故事與倫理生活

　　故事，究其原意，指的乃是「口口相傳」[23]（Mund zu Mund）的講述，是早在故事成為文類之前就久遠存在於人類歷史中的活動。班雅明指出，說故事的人有著兩種原型，一是離鄉遠遊之人，一是地方耆老。[24] 可以說，故事的出現，預設著某種超越此時此刻的距離，不論是遊歷四方的水手或是世代定居的農人，他們是兩種將「遠方」帶來現下的人，亦即，藉著將空間或時間上的遠方講述給聽者、藉著故事的連結，他們擴展了聽故事的人生活與想像力的邊界。

　　儘管在上面的描述中，「說故事」像是單獨由「說故事的人」所完成的藝術，在此畫面中，彷彿說者僅僅負責說，聽者在場與否、聽者以何種方式在場，似乎不那麼重要。然而，若仔細閱讀，會發現這樣的想像會是對班雅明的誤解，班雅明對「說故事」有著細膩而形象化描述，其所勾勒的，乃一種在說故事之間生發的人與人的互動。聽者在說故事的活動中，並不是一個偶然的、可有可無的角色；相反地，聽者對故事的敘說具有建構性的意義。首先，說故事的人不是一個獨白的人，而是「在言談中向他者靠近的」（redlich sich nährend），亦即，講故事其實仰賴著聽眾的在場，故事是一個使人與人彼此親近的媒介。但這仍未完全說出聽者的重要

---

[22] Benjamin, Bd. II. 2, S. 439.

[23] Benjamin, Bd. II. 2, S. 440.

[24] Benjamin, Bd. II. 2, S. 440.

性。故事之所以仰賴於聽者，更是因為，班雅明認為真正的說故事的人，總有一種「實踐的興趣」（das praktische Interesse），亦即，他的故事總是以或隱或顯的方式提供著聽眾某種「忠告」（Rat）：「說故事的人是能夠為聽者提出忠告的人。……忠告其實比較不是針對某個問題的答案，而是對於一個（正在開展的）故事如何延續的建議。」[25]不論故事提供的是道德的思量還是某種實用的生活智慧，說故事的人，不是只關注自身，而是在講述的同時回應著聽者的人生或其困惑。說故事的人原來必須先是一個好的聽者，一個真正配稱為說故事的人，必須先能聽出他人故事所屬的生命處境以及其中的困惑，方能以故事回應——好的說故事的人其實不僅是在講述中、而是必須先在聆聽中向他者靠近。

　　另一方面，聽故事的人，也並不會是一個全然被動的人；相反地，聽故事的人也同樣有著一種源自生活的實踐的興趣。班雅明寫道：「為了要能得到忠告，必須**最先**要能夠講故事」。[26]在這一小段話中，班雅明有趣地反轉了說者與聽者的角色：要想從說故事的人那裡取得忠告，聽者也必須是一個好的說故事的人，任何期望從他人的故事中得到勸慰的人，必須要先願意將他自己的生命的經驗，交付他人。可以說，唯有故事才能引回故事。

　　依循班雅明的思路，則說者與聽者不可截然相分、沒有孰先孰後、更不是固定不變的角色，好的說者也是聽者，好的聽者也是訴說者，是兩者共同合作構成了「故事」。因此，當班雅明說，「說故事的人，他所說的乃是提取自經驗——不論是自己的或是他人的。而他又讓這些經驗成為聽故事的人的經驗。」[27]很顯然地，這裡並沒有絕對的主體與客體。在每一次的講述中，故事都融進了他者的故事。也就是說，說故事是只有在主體

---

[25]　Benjamin, Bd. II, S. 440, 442.

[26]　Benjamin, Bd. II, 2, S. 442.粗體為本文作者所加。

[27]　Benjamin, Bd. II, S. 443.

際的互動中才能發生的事情；參與在說故事的活動中的兩人，相互地以自身的經驗構成了對方的經驗，以自身的故事促成了對方的故事。

正因如此，真正意義的「說故事」與「聽故事」，是一種突破個人孤立狀態的活動。若「故事」如班雅明所說，是「交織在活過的生命的材質中」，[28] 那麼這活過的生命乃是共同參與其中的所有的人的生命，說故事的人與聽故事的人的人生是彼此交融的。即便當口說的故事變成了文字，也並不改變此一特質。「口口相傳的經驗是所有說故事者共同汲取的泉源。在那些將故事寫下來的人之中的偉大者，是其所寫最不偏離那許許多多無名的說故事的人所說者。」[29] 對班雅明而言，不論是史詩（Epik）、童話（Märchen）、還是傳說（Sage），口說的起源使其具有著上述的特質，不論是用口語或文字說故事或者是傾聽、閱讀故事的人，都不是孤單的：「是敘述者這個人物在為故事提供語調、整理事實，而讀者總是喜歡帶著友誼之情，側身其旁，並藉此找回人性正常感情和事實的衡量尺度。」[30] 不論是口語敘事或者是保留了說故事之精神的文字，班雅明在說故事的藝術中看到的不僅僅是故事作為藝術成就，而是一種具有豐厚實質意義的倫理關係——敘事者與聽讀者之間，是一種「友誼」的關係，後者是藉由聆聽或閱讀故事的歷程，使自身成為共享規範與情感的群體的一部分。可以說，他們既已經屬於一個經由彼此接續不斷新啟情節而建立的「故事共同體」、同時又在說故事與聽故事的合作過程中，形塑與延續這個共同體。

2. 故事的可詮釋性

承接上述討論，我們還能夠繼續追問，究竟「故事」具有哪些特質，

---

[28] Benjamin, Bd. II, S. 442.

[29] Benjamin, Bd. II. 2, S. 440.

[30] 班雅明，〈說故事的人〉，頁21。

使得經驗的交流得以可能？經驗的傳遞到底是如何生發的？

　　班雅明首先給了一個似乎令人意外的界定。一般我們或許會設想，經驗的交流似乎總是包含著對主角心理狀態盡可能充分的描寫，但班雅明則不認為如此。他以希羅多德（Herodot）為例，希羅多德記下了一個故事，故事中戰敗的埃及王巴山門尼特（Psammenit）被迫看到自己的女兒淪為奴僕、自己的兒子身受苦刑，但他都顯得不為所動。唯有當他在俘虜之中認出一個貧窮老者乃是他從前的僕侍時，才「以拳頭擊打自己的頭，並且顯出那些深刻哀傷之徵象。」[31] 班雅明說，「希羅多德什麼也不解釋。他的報導是最枯燥的。」[32] 由於希羅多德如此節制，他並不說明為什麼埃及王對至親受苦顯得漠然，卻在見到僕役時悲憤激動，這不尋常的記述使這個故事不斷引發讀者的詮釋，這個西元前五世紀寫下的故事，不僅使十六世紀的蒙田（Michel de Montaigne）思索，[33] 直至今日，我們也仍會揣想，究竟埃及王為什麼是在那個瞬間悲痛莫名。班雅明認為，之所以這個故事不被遺忘，並且引發源源不絕的詮釋、使讀者想像他者的內在經歷、他者的情感與心理狀態，正是因為希羅多德能巧妙捨棄對心理狀態的解析：[34]

> 若說故事的人能夠越自然地放棄對心理的著墨渲染，它們就越能在聽者的記憶中確保一個空間，那麼聽眾就越能形成自己的經驗，也越願意在或近或遠的將來繼續講

---

[31] Benjamin, Bd. II, S. 445.

[32] Benjamin, Bd. II, S. 446.

[33] Benjamin, Bd. II, S. 446.

[34] 值得一提的是，研究者指出，希羅多德的原文中，實際上有著對埃及王內心的描寫，在蒙田的文章中亦然。班雅明顯然是刻意地捨棄了這個部分，以此提出他自身的觀點。參見Stefan Bub, „Die verschlossenen Samenkörner", S. 440f.

述這個故事。[35]

在這個班雅明稱為「融合的歷程」裡，我們可以更進一步看到他所談的「經驗的交流」（Erfahrungen austauschen）[36]的實質意義。經驗的交流顯然與物的交換不同，經驗並不是某種已經固定了的東西；相反地，說者或作者的故事能夠以一種具有生命力的方式變成屬於聽者的經驗，而此種經驗其實是在主體際的溝通行動中逐漸形成的。這種在聆聽與閱讀中使他者的故事成為屬於我自己的經驗，之所以可能，根據班雅明的觀察，是因為那說故事的人預留了空間，這留白的部分使得聽者的思想與感受得以開展。

若要更進一步理解班雅明對此的構思，則還必須納入他對於「故事」與「資訊」（Information）的區別。在班雅明所屬的時代，報紙已經能夠不斷提供即時的資訊，但班雅明指出，資訊的兩個特質使得它不僅無法構成故事，其普及甚至摧毀了故事的存在。

首先，資訊內含著可被立即檢證的性質（prompte Nachprüfbarkeit），[37]因此，資訊總是必須是合理且容易理解的，它並不允許多義與歧義。當生發之事被報導為新聞時，它總是被放在盡可能去除一切疑義的關聯性之中。然而，正因為資訊總是已經被充分賦予解釋（Erklären），它也就減損了讓讀者各自以其經驗出發來理解事件之意義的可能。可以說，一目瞭然的資訊與故事的不同之處在於，前者的書寫形式並不保留空間予讀者之詮釋與想像力。在班雅明的思索中，正是因為故事有著開放詮釋的可能，守衛了故事主角的經驗與我們的距離，[38]也因此它吸引我們帶入自

---

[35] Benjamin, Bd. II, S. 446.

[36] Benjamin, Bd. II, S. 446, 439.

[37] Benjamin, Bd. II, S. 444.

[38] Benjamin, Bd. II, S. 446.

身經驗以試圖理解其意義，可以說，好的故事正是因為保留了他者的他異性，其無法被讀者與聽者窮盡，也因此引動人們不斷在詮釋的企圖裡投身其中——真正的故事是藉著保留並接受差異而促動聽者的靠近。相較之下，儘管報紙或媒體看似也同樣帶來遙遠之訊息，但由於資訊總是預先被以所有人都能懂方式分類與解釋，這些意義已經被窮盡的訊息，即便是源自異地，卻不再保有某種他異性，熟悉的解釋架構不再召喚讀者的詮釋，訊息的接收者與訊息來處的他方卻反而是疏離的。正因如此，班雅明在上世紀便已經觀察到，儘管今日我們能夠迅速獲得大量關於外在世界的資訊，但說故事的能力顯然淪落了。[39]

　　此外，資訊的另一個特質是，如同報紙日日更新，資訊只有短暫的生命，它總是不斷被下一刻的資訊取代，所有的資訊在被傳達給讀者之後便不再引人回顧。如前所述，在故事中，經驗的交流之所以可能，是因為說話的人邀請聽者也加入詮釋，這使得聽故事的人能夠不斷探問，並由他自己設想故事的可能意義，在此過程中，這故事將會被聽者記住、被再一次地講述，這是一個無盡的傳承接續的過程。相較之下，瞬息萬變的資訊促使提供以及獲取資訊的人都僅僅關注此刻、關注訊息對於現下目標之工具意義，訊息不再會「像是數千年封存在金字塔的密室裡的種子，直到今日仍保有生長發芽的能力。」。[40]故事在根本上不同於訊息，它並不服務於特定之目標，而僅是在緩緩的聆聽與閱讀中讓人與人的生命彼此相融。

　　從班雅明對於故事之中所生發的經驗的交流的描述可以看出，當他指出故事的藝術消失時，他指出的並不僅僅是某種藝術類型的式微，而是這所反映著的「倫理世界之景象」的遽變。[41]班雅明是在故事的式微中，見到以故事為核心所建立起的人類共同生活形式在現代化的歷程中所遭受的

---

[39] Benjamin, Bd. II, S. 444.

[40] Benjamin, Bd. II, S. 446.

[41] Benjamin, Bd. II, S. 439.

挑戰。我們可將班雅明所勾勒的這個共同體稱之爲「故事共同體」——它在現代的「公民」概念出現前便已經實然存在，它應被設想爲「公民共同體」的根柢。

四、故事性思維與故事地位的關係

　　若以班雅明所闡明的故事的主體暨本質，以及故事內蘊的可詮釋性爲參照，並以此重新閱讀《權威人格研究》中的例子，那麼我們將可區分出兩種故事性思維，我將它們分別稱爲「否定故事地位的擬故事性思維」與「承認彼此故事地位的故事性思維」。簡要而言，後者有助於社會中的每一個人的「故事地位」得到承認，而前者則造成阻礙。前者雖具有故事敘述的形式，卻不足以構成眞正意義下的故事。

1. 「擬故事性思維」

　　如果故事性思維要能夠有助於使彼此的故事地位都得到承認，並且進一步促成公民共同體，那麼在「故事」概念上或許應做進一步的區分。我們應對「故事」的本質做一個比較「嚴格」的界定：並不是只是訴說經歷就足以稱之爲「故事」，眞正意義的「故事」，如班雅明所描述的，必然預設了潛在的聽眾以及潛在聽眾的詮釋。亦即，「故事」必然總是向他者開放，故事的本質預設了聽者，而唯有預設了故事有不斷被詮釋的可能性、預設了故事裡的細節有被他人以其他方式開展的可能，甚至預設了有被誤解的可能時，才可說是眞正的故事性思維的展現。《權威人格研究》的例子勾勒了一個被群體的敘事框架圍限，因此沒有辦法詮釋自己故事的個體，一個明明有無數僅屬於他的獨特細節的說故事者，或說一個似乎承認自身「故事地位」者，卻可能會用一個串連了家與國之想像否定自身的詮釋。在這個意義下，「故事」這一概念的核心被破壞了，一種以對家國的想像阻斷自己重新詮釋自身故事的敘述，不能被稱爲故事，因爲它不符合故事的本質。如我們藉班雅明所見，故事必然有著開展於倫理關係中的

可詮釋性，所有的故事在本質上都是允許被重新詮釋的。而所有真正要說故事的人，必然預期他的故事會被聽故事的人善意詮釋；反之，不抱有這一預期的人，不會訴說故事，而沒有被說出來的經歷，嚴格說來，也就還只是生命中的雜多，沒有真正取得故事的形式。

　　我們可以區分出一種類似故事思維的形式，它乍看之下雖然是以「故事」之形式展現，但其實僅僅是一種「擬」故事性思維。「擬故事性思維」是主體在敘述自身故事的時候，否定了故事被重新詮釋的可能性，在說故事的時候否定了故事的故事性。「擬故事性思維」雖然外表有著故事的形式，但卻是有礙於承認自身與他人的故事地位的。[42]

2. 故事性思維內蘊之相互承認

　　若依本文至今的討論再一次思考「故事性思維」與「故事地位」的關係，則可以清楚看見，「故事地位」的特殊性在於，不同於公民地位是由國家與法律保障，故事地位則仰賴其他公民之賦予。在民主社會中，人們可以書寫自身故事，也可以在街上拿起擴音器踩在肥皂箱上講述其人生經歷或觀點，儘管他所講述的乃是他的故事，但在無人聆聽下，他仍然僅僅具有由國家與法律保障其權利之公民身分──其言論與信念自由被國家保障，但僅此而已，他並不一定被視為是某個超越「工具─目的」框架之外的行動者，他尚未獲得「故事地位」。而即便是一個有聽眾願意聆聽其故事者，也仍然還並不一定是一個具有故事地位者；如同《權威人格研究》中的受訪者，他雖將自身視為其人生的主角，但他的經歷的意義已經被執固地封閉，再沒有由他自己與他人「新啟情節」的可能。不具有詮釋之可能的講述，尚不能算是故事；相反地，真正意義的「故事」，則是在說出

---

[42] 筆者感謝賴錫三教授在研討會中針對「擬故事性思維」所提及的文革時期的文學作品。這個例子鮮明地指出，與所有在政治極權控制下的作品一樣，此類作品（至少在當時）自身就排除或畏懼一切違背給定之範式而新啟情節的可能。

的時候，便承認了對方的「故事地位」，任何一個新開啟的故事的本身，都必然已經預設了他人是站在與我平等的、重啟故事的位階。[43]

---

[43] 關於故事內蘊之詮釋開放性，一位審查人指出，筆者藉班雅明讚許希羅多德全然捨棄心理描述以闡釋這一特質，但這是否僅能用於文學，而不適用於探討政治議題深度歧見的「公民哲學」。此處審查人同時以《家鄉裡的異鄉人》和鄧育仁教授呼應霍希爾德「深層故事」（Deep Story）而設想的「模擬性深度故事」為參照（鄧育仁：《公民哲學》，頁281-282）指出，若「右派基層選民不去描述社會環境與產業變遷帶給他們的痛苦與憤怒，將無法讓……左派選民瞭解其處境和想法」，「在深度歧見之中……若缺乏對彼此心理狀態的描述，則難以相互理解」。綜論而言，筆者認為，前述班雅明極端之例雖有可能引致誤解，但其論述真正突顯的並非心理描述所佔之份量，而是具有「故事性思維」者，不論是以口語或文字表達，不論是在政治或文學的脈絡中，都有著避免壟斷故事意涵的節制，並預設著聽者詮釋故事的自由，而唯有此開放性才能建立並穩固一倫理共同體。霍希爾德「深層故事」的構想其實並不反駁，而是支持了班雅明的觀點。

對於深層故事，霍希爾德的定義是：「一個深層故事是一個立基於核心隱喻（core metaphor）的敘事，其引發一特定範圍內的諸多情緒。如同置身夢中，它立基於一個生動地訴說的情境（a telling scene）。在深層故事中，我們去掉事實，我們去掉道德理念，剩下的是深層故事本身激發[情緒]的力量……左派或右派，人人都有一個深層故事。」（Hochschild, "Emotions and society", p. 11.）「深層故事就是彷彿那種感覺（feels-as-if）的故事，使用符號的語言，並傳達情感的故事，它告訴我們對事情的感受。」（霍希爾德：《家鄉裡的異鄉人》，頁135。）亦即，「深層故事」的「深」，主要指的是比言語表達更深一層的感受與情緒。書中「深層故事」是從素樸語言所講述的內容中萃取出一隱喻、其足以突顯出人們在社會生活中依循特定價值而行動時的某些感受。霍希爾德在書中所創的「深層故事」，是以「排隊等候」爬上山頂的隱喻，將右派基層選民比喻為一群日益疲憊的排隊者，長久等待爬上「美國夢」的山頂，那代表著人能以自身努力而進步並獲得成就與榮耀。然而，左派選民及其政治菁英對「黑人、婦女、移民、難民、棕色鵜鶘」權利的關注與強化，無疑是在支持「插隊者」，其毀損了公平秩序。並且，在左派的主流論述中，守序而堅毅的排隊者，卻淪為缺乏同情心、抱持各類歧視的歧視者。（霍希爾德：《家鄉裡的異鄉人》，頁208、209及第九章。）然而，如同所有的隱喻都有突顯事態之特定面向的功能，「深層故事」其實並不只是「把握」「傳達」，而是要「強化」特定感受。雖霍希爾德認為「深層故事」應能使雙方「各自後退一步」，但該書中判斷「深層故事」成功與否的首要判準，乃是取決於其能否獲得故事主角的認同。上述「排隊者」的「深層故事」即經過作者和許多受訪者連繫「確認這些深層故事……能引起他們共鳴」（霍希爾德：《家鄉裡的異鄉人》，頁203、218。）由於其功用在於凝聚強化一方的特定感受，「深層故事」其實並不容許詮釋上的全然開放。如作者自身即以種族議題為例子指出：「在我的報導人的心目中，多半缺乏黑人男女和他們同樣耐心排隊，等著領取應有報酬

　　綜論而言，「說故事」與「承認故事地位」的關係具有兩個面向：一個面向是，當主體A（講者）說故事時，主體B（聽者）應該意識到並且尊重對方有開啟一個故事序列的地位。然而，現實中經常出現的干擾或挑戰是，故事被輕視、被忽略。在深度的歧見中更有可能出現的態度是：你的故事干我什麼事？在這一種狀況中，講者A的故事地位是否被聽者B承認，取決於偶然的條件。亦即，A的故事地位不必然被承認，而是仰賴於對方也就是B的善意、修養與能力——而這經常是令人失望的。故事與故事地位的另一個面向則略有不同。真正具有故事性思維的人，在開啟故事的同時，就賦予了聽者「故事地位」，因為他開放自己的經驗讓對方詮釋，這同時就承認了對方有以不同方式聚焦重置細節的能力。也就是說，我們並不是或不必然在訴說故事的時候，被承認為是具有故事地位者，但在聆聽他者的故事時，我們必然被承認為具有「故事地位者」。

　　因此，若要使社會成員普遍「學會尊重他者的故事地位」，就必須透過不同的教育管道，使人理解上述兩個面向。在倫理生活的網絡中，個體之所以能夠成為一個具有「故事地位」者，並不僅僅是取決於他能開口說，而更是仰賴於他被允許聽，在這允許中，他被充分承認為具有故事地位的人，並且與他人的生命相連結。唯有當聽者意識到聆聽賦予他在倫理關係中（而不是獨白式的）開啟故事的可能，意識到他在聽者的位子上，得到了的「故事地位」的承認，他將會明白，拒絕聆聽故事所否決的，不

的圖像」，並且明言：「深層故事」足以「掩蓋或忽略事實」。（《家鄉裡的異鄉人》：頁221、225。）

若將「深層故事」的構想與班雅明的主張對照，其實更突顯了「節制心理敘述」對「故事」的意義。因為，說故事者的節制意味著承認故事主角的經歷感受不是可被任何單一敘事斷論的，這使得聽故事的人一方面被賦予空間；一方面則是必須付出努力、換位思考，在此帶有不確定性的歷程中達致真正的經驗的交流。霍希爾德對「深層故事」的定義並不排除其雖有可能作為歧見雙方溝通的媒介，但也可以是政治操控的利器，這正是因為「深層故事」有意強化那些更適合普獲一方認同的心理描述，因而難以避免不利故事自由開展的局限性質。

只是他人的故事地位，而更是他自身的故事地位：在人我交錯的生命網絡中，他失去了開啟情節的資格。

徵引文獻

T. W. Adorno, Else Frenkel-Brunswik, Daniel J. Levinson, and R. Nevitt Sanford, *The Authoritarian Personality*, in: Theodor W. Adorno, *Gestammelte Schriften*, Band 9.1, Frankfurt am Main: Suhrkamp, 1997, S. 143-509.

Walter Benjamin, "Der Erzähler: Betrachtungen zum Werk Nikolai Lesskows" in. Walter Benjamin, *Gesammelte Schriften*, Band II.2, Frankfurt am Main: Suhrkamp, 1991, S. 438-465.

Stefan Bub, "Die verschlossenen Samenkörner. Zu einer Herodot-Episode bei Walter Benjamin", in: *Poetica* , 2006, Vol. 38, No. 3/4 (2006), s. 437-450.

Russell Hochschild, A. (2019) "Emotions and society", *Emotions and Society*, vol 1 no 1, 9–13.

Immanuel Kant, *Grundlegung zur Metaphysik der Sitten*, in: *Werkausgabe*, Band VII, Frankfurt am Main: Suhrkamp, 1974, S. 9-102.

華特‧班雅明，林志明譯：〈說故事的人：對尼可拉‧萊斯可夫作品的思索〉，收錄於：《說故事的人：法文書寫》，臺北：臺灣攝影工作室，1998。頁19-51。

鄧育仁：《公民儒學》，臺北：國立臺灣大學出版中心，2015。

鄧育仁：《公民哲學》，臺北：國立臺灣大學出版中心，2022。

鄧育仁：〈何謂行動：由故事與人際觀點看〉，收錄於：《哲學分析與視域交融》，林從一（編），臺北：臺大出版中心，2010年，頁95-117。

亞莉‧霍希爾得，許雅淑、李宗義譯：《家鄉裡的異鄉人：美國右派的憤怒與哀愁》，臺北：群學出版有限公司，2020。

結論：道行之而成，物謂之而然[1]

鄧育仁

中央研究院歐美研究所特聘研究員

　　本文嘗試就公民哲學與道家哲學對話的角度，提出初步的反思與評論。我選擇《莊子・齊物論》作爲反思與評論的主軸。這除了因爲〈齊物論〉是道家哲學經典中的經典之外，更因爲它深刻展現的多元觀點與深度歧見的問題意識。[2]公民哲學可以有多種展開的方式。道家哲學，包括本文討論的〈齊物論〉在內，同樣可以有多種展開的方式。我選擇〈齊物論〉裡一句重要的話，作爲與公民哲學對話的接駁點。這句接駁話語是：

> 六合之外，聖人存而不論；六合之內，聖人論而不議。
> 春秋經世先王之志，聖人議而不辯。[3]

　　公民哲學作爲一種批判性論述，其中批判的重點，從來不在於駁倒對方，而是在找出彼此的優點，抓出爭議的要點，而在重新框設中，拓展

---

[1] 本文以2020年11月21日、2020年11月29日和2021年3月6日三次「公民道家讀書會」討論為本，於2021年6月26日應邀參與「公民道家的可能：公民哲學與道家哲學的對話」學術工作坊，發表主題演講「道行之而成，物謂之而然」而成。隨後，經改寫修訂，編入《公民哲學》第六章第10節。在此，微幅調整文字以單獨成篇。本文的論述，主要是為了回應賴錫三與林明照所發起的公民道家研究，及其對本文主旨所提出的疑問：在多元價值的深度歧見裡，秉持「不在於駁倒對方」批判精神的公民哲學，如何還能論述是非善惡？感謝賴錫三、林明照、何乏筆和李志桓由此疑問而來的對話與討論。感謝林怡妏彙整相關古典文獻及註腳。

[2] 感謝賴錫三與林明照點明這一點。

[3] 《莊子集釋》，頁89。

彼此的視野。我試圖由此批判性論述的特點，接駁〈齊物論〉，並在兩者的對話中，進一步梳理清楚何謂「不辯」以及「不在於駁倒對方」的批判精神。這樣的接駁與梳理工作，指引我們同步去發掘並詮釋〈齊物論〉裡「道行之而成，物謂之而然」[4]作為一種哲學傳承的薪傳智慧。

　　以下先提出如何閱讀〈齊物論〉的詮釋性假設，其次談論「存、論、議、辯」直接相關的語境，再次則說明〈齊物論〉的批判精神。有了從詮釋性假設、語境及批判精神一層層的說明與定位，我們就有了很好的準備，由上述接駁點，開啟公民哲學與〈齊物論〉之間的對話。

　　為了說明在怎樣的詮釋性假設下，可以清晰呈現〈齊物論〉在「存、論、議、辯」中的批判精神，容我先就「齊」、「物」、「論」三字，由字源，談談相關的意象、譬喻與聯想。[5]這麼做，是想要盡量從古典時期的語境，以及貼近當時的文化元素，解讀〈齊物論〉。不過，〈齊物論〉所在的語境，和我們的時代之間，已經事隔兩千多年，期間除了從字形接近圖像到更抽象以及從文言到白話書寫的變化外，更有工業革命促成的涵蓋科技、經濟、政治、社會與思想等全球性的文明遞變。因此，以下提到的意象、譬喻與聯想，即使在大方向上無誤，但在細節上難免會有種種落差，而且字源仍有多樣解讀的空間。本文希望做到的是，在有選擇性參酌既有文獻中，以下提及的意象、譬喻與聯想，只要在大方向無誤的條件下，就可滿足本文的論述目標。

　　先談「齊」字。「齊」，在甲骨文裡，由三顆種子同時發芽的意象構成（如𡿨𡿨𡿨，或 ◊◊◊、♀♀♀、𢆶）[6]三，意味大量、眾多。「齊」一開始

---

[4]　《莊子集釋》，頁75。

[5]　感謝林怡妏為以下字源的討論，做足搜尋與初步分析的準備工作。

[6]　更多字形圖例，詳見：漢字古今字資料庫（https://xiaoxue.iis.sinica.edu.tw/ccdb）。「齊」字的甲金文字形釋義，參見：漢語多功能字庫（https://humanum.arts.cuhk.edu.hk/Lexis/lexi-mf/）。本文採取三顆種子同時發芽的意象解讀「齊」字字源，不過也有學者由箭鏃的意象解讀，請參閱許進雄（2020: 90）。

就有著「眾多種子同時破土發芽」的齊一意象。「齊」有了齊一、平等的初始意涵。不過，雖然放眼看去，面貌齊一，但若逐一檢視，種子發芽生長的情景，仍各自不同。我從「齊」字這種「雖然面貌齊一，但仍各自不同」的初生情景的意象，閱讀〈齊物論〉，特別是該篇首先出場的南郭子綦口裡林中之風、吹萬不同的故事。[7] 我也用這個角度，去閱讀《莊子‧天下》裡「古之道術有在於是者」、何人「聞其風而說之」的各家學說的評述。[8] 從種子破土發芽成長，到林中之風，再到聞其風而悅之，是有點兒曲折，連結它們的，是草木的生命意象，以及本於生命意象的譬喻與聯想。

　　「物」字由「牛」和「勿」組成（如🐂，或🐂，「牛」字🐂象正面的牛頭而有兩隻角）。「勿」，在甲骨文裡，似乎由刀和刀下濺血（或刀下分割之物）的意象構成（如🔪，或🔪、🔪）。[9] 如果的確如此，那麼「物」傳達了用刀宰殺牛的意象。許慎《說文解字》說：「物，萬物也。牛為大物，天地之數，起於牽牛，故从牛，勿聲。」[10] 在此，牽牛可能是說農業工作，也可能是說訂定農曆紀始定位用的牽牛星。[11] 不過，無論如

7　《莊子集釋》，頁43-50。

8　《莊子集釋》，頁1072-1102。

9　更多字形圖例，詳見：漢字古今字資料庫（https://xiaoxue.iis.sinica.edu.tw/ccdb）。甲金文「勿」字，是「刎」的初文，从刀从數點，本義是分割、割斷。裘錫圭說那數點象刀所切割的東西；也有人把數點看成是血滴形。參見：漢語多功能字庫（https://humanum.arts.cuhk.edu.hk/Lexis/lexi-mf/）

10　參見：漢語多功能字庫（https://humanum.arts.cuhk.edu.hk/Lexis/lexi-mf/）。

11　段玉裁《說文解字注》針對「起於牽牛」說：「戴先生〈原象〉曰：『周人以斗、牽牛為紀首，命曰星紀。自周而上，日月之行不起於斗、牽牛也。』按許說物从牛之故。又廣其義如此。」參見：古今文字集成，「物」字詞條（http://www.ccamc.co/cjkv.php?cjkv=%E7%89%A9）。段氏所引用的戴震這段話，是說周代人以牽牛星和北斗七星的位置為準，去訂定紀年起始的時間點，實際上日月星辰的運行和時間的運行並不從牽牛星和北斗七星開始，但人文曆法一年十二個月的次序，卻由此周文明的星紀而有起始點。

何解讀這段話，「起於牽牛」總跟走進農耕文明息息相關。我是這麼瞭解這段關於「物」的說文解字：在天地之間，人牽起了牛，一道走出農耕的新生文明；物則在起於牽牛中，展現成為那新生文明裡的萬物，例如天圓地方、日月麗天、斗轉星移、四季循環，還有山川草木、蟲魚鳥獸、家國天下，以及君臣庶民展演出來的人間世。在這人間世裡，當然也包含前述種子、林中風和聞風的生命意象及其譬喻與聯想。我也從這種「起於牽牛」的角度，去閱讀《莊子・養生主》裡庖丁解牛的故事。[12] 故事裡的牛，譬喻物，解牛的過程，則宛若告訴我們宜如何遊走於萬物之間。有了起於牽牛及庖丁解牛的寓意，我們對〈齊物論〉裡「與物相刃相靡，其行盡如馳，而莫之能止」[13] 的悲嘆，也就能有更深一層的理解。如果，如前所述，「物」的字源傳達了宰殺牛的意象，那麼，人和牛一道走出新生文明的意象，以及庖丁解牛的寓意，還透露牛成為此新生文明裡祭祀天地的犧牲了。在以牛喻物中，這似乎意味了：犧牲，是物能在此文明中展現成為萬物的構成維度，而你我也是這種維度裡的局中人。

「論」字由「言」和「侖」組成。「侖」表達秩序條理。合「言」與「侖」，就有了「言說有秩序、有條理」的抽象意涵。「言」（甲骨文 𝌆，金文 𝌆）在甲骨文裡的寫法似乎象形管樂器（許進雄，2020: 375），「侖」（簡帛文字寫如 㑣、龠、龠）則從象形多管管樂器的「龠」（甲骨文 𝌆，金文 𝌆）字演變而來（許進雄，2020: 378），兩字合在一起，似乎也表達「宛如音樂般的有理有序的言說」。這個「宛如音樂般」的聯想，或許是〈齊物論〉從人籟、地籟、天籟談起的緣由吧。我從「論」字這個初始意涵，解讀〈齊物論〉裡「六合之外，聖人存而不論；六合之內，聖人論而不議；春秋經世先王之志，聖人議而不辯。」這句話中「論」的意思，從而藉由這句話，定位〈齊物論〉所論者，乃六合之內的

---

[12] 《莊子集釋》，頁123-131。

[13] 《莊子集釋》，頁61。

事物。這種論，原則上不作價值評議，不過，如果論及經世、政務、歷史和歷史書寫等議題，則有價值評議，但仍不作此是彼非的辯駁。總體而言，其論說主題在「齊物」的內涵。值得先表明的是，這樣的解讀沒有預設〈齊物論〉的作者以聖人自許，它最多只表示〈齊物論〉的作者願意取法「存而不論，論而不議，議而不辯」的精神。

通過上述意象和意涵的初步說明，本文提出以下如何閱讀〈齊物論〉的詮釋性假設：〈齊物論〉所論者，乃六合之內的事物。這種論，原則上不作價值評議，不過，如果論及經世、政務、歷史和歷史書寫等議題，則有價值評議，但仍不作此是彼非的辯駁。總體而言，其論說主題在「齊物」的內涵。「物」宜由「起於牽牛」中，人和牛一道走出文明的意象為起點，來譬喻，來體會，來理解。「齊物」則宜由草木初生時「雖然面貌齊一，但仍各自不同」的意象為起點，來譬喻，來體會，來理解。[14]

就本文主題而言，在上述詮釋性假設下需要進一步思考的問題是：怎麼做到，又怎麼理解，有論述、有評議但不辯駁的言說呢？也許聖人可以做到，因為他達到的地位已經讓他不需要去做辯駁的動作了。但〈齊物論〉的作者如何能做到呢？

本文的重點之一在「存而不論，論而不議，議而不辯」中展現出來的批判精神，並無意充分討論「齊物」所有的主題內涵。為此，容我在前述詮釋性假設的基礎上，再借用〈齊物論〉接駁話語前的兩句話，進一步聚焦「存、論、議、辯」直接所在的語境：

> 夫道未始有封，言未始有常，為是而有畛也，請言其畛：有左，有右，有倫，有義，有分，有辯，有競，有

---

[14] 〈齊物論〉有「〔齊物〕論」和「齊〔物論〕」兩種讀法（在此用方括號來標記這兩種讀法），相關考證，請參閱王叔岷《莊子校詮》（頁39-40）。本文採取「〔齊物〕論」的讀法，「物」泛稱萬物，其中包括物論。感謝陳康寧提供此註腳。

爭，此之謂八德。[15]

「畛」，本來意指「井田閒陌也」（《說文解字》），也就是田地間的小路，在此，則意指界限。田間小路是人和牛一道走出來的文明景象，界限則是抽象的但具有實質影響力的東西。畛，從何而來呢？爲「是」而有畛也。「是」在〈齊物論〉跟「彼」或「非」連用，而有「彼是」和「是非」兩種用法。「彼是」就是「彼此」。在此用法裡，「是」表示方位中與彼處（那裡）對立的此處（這裡）。「是非」則表達言說中是（肯定）非（否定）的意思。在「彼是」和「是非」這兩層意思上，我藉由〈齊物論〉中「道行之而成，物謂之而然」[16]來理解「夫道未始有封，言未始有常，爲是而有畛也」的意思：起初，道沒有封界，言沒有常規，不過，我們的文明走到了這裡，道也就有了相應的封界，而一路走來，我們言說有所肯定的，也就畫下我們文明裡的常規界限。有了這個理解，八德（八種表現範疇）也就可以跟著瞭解如下：起初，大地沒有界限，不過，走在田間路上，說說道路兩邊的情況，就有了區別左右的界限，而我們的文明也就隨順展開區別倫、義、分、辯、競、爭的界限。[17]如果再參酌《公民哲學》第五章對《莊子》大地與走路的譬喻分析，「道行之而成，物謂之而然」所展開的視野，以及由此走出來、肯定下的界限，也就再多了一層值得深深玩味的知與不知的內涵。[18]

---

[15] 《莊子集釋》，頁89。

[16] 《莊子集釋》，頁75。

[17] 如果由認知語言學檢視，此敘述涉及認知合成（blend）及認知濃縮（compression）的操作。認知合成方面，請參閱Turner（1996: ch. 5），認知濃縮方面，請參閱Fauconnier & Turner（2002: ch. 7），兩者合併來說明觀念起源方面，請參閱Turner（2014）。

[18] 參閱鄧育仁（2022：第五章）。賴錫三（2013: 485）論及《莊子》與《老子》之間一個重要的差異：〈齊物論〉道、言並列，《老子》則道、言背反。本文由言行來說明〈齊物論〉「道行之而成，物謂之而然」中道與行、言與物古典的與現代的哲學意涵。

　　以上對於「畛」字帶出的語境理解，其核心，在於我們的言行，如何走出來、肯定下種種的人間秩序與範疇。言行，在古典時期，眞的很被看重，例如，《周易‧繫辭傳上》第八章論及「言行，君子之所以動天地也」。[19] 天地是在我們的言行中，展開其間的種種秩序、範疇與樣貌。「左」、「右」似乎頗爲中性。不過，容我借用同爲道家經典傳承、也許更爲傳奇的《老子》，就其書中第三十一章「吉事尚左，凶事尚右」此話語，[20] 來表明在前述的解讀裡，左右的區別，已經蘊含吉凶禍福，而這種蘊涵，也已滲入倫、義、分、辯、競、爭等等人間秩序與範疇裡。〈齊物論〉的批判精神，就表現在對「辯」的批判性論述，以及由此展開對倫、義、分、辯、競、爭裡吉凶禍福的評議中。就本文主題來說，倫、義、辯三者，是重點所在。

　　〈齊物論〉對辯的批判，可先簡要總結如下：在這天地裡，在言行展開的人間世裡，不要去爭是非，不要作此是彼非的辯駁。在此，容我用《墨經》對辯的三個分析爲定點，以求在對立的見解中，清晰定位並展示〈齊物論〉的批判觀點。這麼做，跟前述想要盡量從古典時期的語境，解讀〈齊物論〉，是一致的，不同點則在於此處借用對立的見解，來定位並說明〈齊物論〉的批判觀點。[21]

　　首先是〈經上〉對辯的定位：「辯，爭彼也。辯勝，當也。」[22] 其意思可展開如下：「辯，是對特定對象展開爭辯。辯，有勝有負，說法正確

---

[19] 《周易正義》，頁325。

[20] 出自王弼通行本所載《老子‧三十一章》，原文爲：「君子居則貴左，用兵則貴右。……吉事尚左，凶事尚右。偏將軍居左，上將軍居右，言以喪禮處之。……」（《老子道德經注校釋》，頁80）

[21] 這個對比，在《莊子》書內來說也是一個有意被呈現出來的主題，因爲這個對比就好像《莊子》書內莊子自己與惠施辯者之徒的對比。只是當這對比性拉到《莊子》與《墨經》對辯論態度的不同上面，它就是一個從《莊子》所在的古典語境中，去看出《莊子》與一種具代表性的辯者態度的對比。感謝林怡妏提供此意見。

[22] 《墨子校注》，頁470。

者爲勝。」〈經說上〉進一步說明：「說辯：或謂之牛，或謂之非牛，是爭彼也。是不俱當。不俱當，必或不當。不當，若犬。」[23]意思是這樣：「甲說那是牛，乙說那不是牛，這是對特定對象展開爭辯。在此爭辯裡，不會兩方說法都正確，其中必有一方說法不正確。如果爭辯的對象是狗，那麼甲說不正確。」

　　其次是〈經下〉對辯有勝有負的條件說明：「謂辯無勝，必不當，說在辯。」[24]其意思可以展開如下：「如果辯出現沒有勝負的情況，那一定有條件不當的問題，因爲辯需要恰當條件才行。」〈經說下〉進一步說明：「說謂：所謂非同也，則異也。同則或謂之狗，其或謂之犬也。異則或謂之牛，牛，[25]或謂之馬也。俱無勝，是不辯也。辯也者，或謂之是，或謂之非，當者勝也。」[26]意思是這樣：「之所以有所謂的辯無勝，要不是因爲同實的情況，就是因爲異實的情況。同實的情況是，有人稱之爲『狗』，另有人稱之爲『犬』，但指的對象是一樣的。異實的情況是，有人把牛稱作『牛』，把馬稱作『馬』，另有人把牛稱作『馬』，把馬稱作『牛』，[27]當雙方進行『是牛、非牛』或『是馬、非馬』的爭辯時，各自指的對象是不一樣的。在這兩種情況裡，沒有勝負，因爲辯的條件都不恰當。在是非條件恰當的情況裡，辯才能恰當地進行，而說法正確的人獲勝。」

---

[23] 《墨子校注》，頁470。

[24] 《墨子校注》，頁525。

[25] 在《墨子校注》裡斷句爲「異則或謂之牛牛」，應是標點放錯地方。孫詒讓的意見蘊涵兩個重點：第一，「下『牛』字疑當爲『亓』，與上句文例同。」「亓」其實就是「其」，代名詞，這樣就跟前面一句是相對而整齊的。第二，參照《呂氏春秋》說「名不正」的情況「以牛爲馬，以馬爲牛」，這個字就算是「牛」不是「其」也沒差，反正這個代名詞就是指「牛」（《墨子閒詁》，頁374）。感謝林怡妏協助澄清此點。

[26] 《墨子校注》，頁525。

[27] 《呂氏春秋·審分覽第五審分》也談到「以牛爲馬，以馬爲牛」（《呂氏春秋新校釋》，頁1040）這種名不正的假想情況。

　　第三是〈經下〉對「言盡誖」的駁斥：「以言為盡誖，誖。說在其言。」[28]其意思可以展開如下：「主張所有的言論都是荒謬的，是荒謬的言論。理由就在該言論上。」〈經說下〉進一步說明：「說以：誖，不可也。之人之言可，是不誖，則是有可也。之人之言不可，以當，必不審。」[29]意思可充分展開如下：「荒謬的言論，就是不可取的言論。主張所有言論都是荒謬的那種言論，如果可取，它就不是荒謬的，那麼也就有了可取的、不荒謬的言論了。主張所有言論都是荒謬的那種言論，如果不可取，也就是說，不可取的判斷是正確的，那麼，該言論就是不正確的。審視可取和不可取的兩種情況，該言論都不正確，可見該言論必定不正確。」這也就是說「言盡誖」的說法，必定不正確，因為假設它可取，就得到它不正確的結論，而假設它不可取，也得到它不正確的結論。

　　總結來說，《墨經》展示了當時對於辯的看法：1.辯，是為了爭是非；2.辯，有勝有負，但必須注意使辯得以成立的恰當條件；3.「言論都是荒謬的」那種言論，必定不正確。然而，〈齊物論〉恰好告誡我們，不要去爭是非，不要去爭勝，而且提出「辯也者，有不見也」[30]的批判性觀點，以及勝負之間「吾誰使正之」[31]的批判性疑問等等。〈齊物論〉的批判，提醒我們，爭是非、計勝負的辯，其實得不到什麼實質效果，反而令我們看不到值得看到的東西。在這樣的情況裡，還要去爭辯，到頭來不過是荒唐一場罷了。儒墨的是非爭辯，就是當時最好的反面教材。「不

---

[28] 《墨子校注》，頁532。

[29] 《墨子校注》，頁532。

[30] 《莊子集釋》，頁83。

[31] 這是《莊子‧齊物論》裡長梧子的反詰話語，原文為：「既使我與若辯矣，若勝我，我不若勝，若果是也，我果非也邪？我勝若，若不吾勝，我果是也，而果非也邪？其或是也，其或非也邪？其俱是也，其俱非也邪？我與若不能相知也，則人固受其黮闇，吾誰使正之？使同乎若者正之？既與若同矣，惡能正！使同乎我者正之？既同乎我矣，惡能正！使異乎我與若者正之？既異乎我與若矣，惡能正！使同乎我與若者正之？既同乎我與若矣，惡能正！然則我與若與人俱不能相知也，而待彼也邪？」（《莊子集釋》，頁112-113）

辯」，或者用〈天下〉篇中的說法，「不譴是非，以與世俗處」，[32]才是
合宜的處世方針。從二十一世紀的科學眼光來看，如果用《墨經》裡「是
牛、非牛」這類描述性的肯定和否定爲準，來擬想《墨經》與〈齊物論〉
都宛如辯者般展開一場辯論，顯然地，《墨經》會獲勝。就本文主題而
言，這個擬想，是爲了清晰對比出〈齊物論〉展現給我們的，不是描述性
肯定與否定所展開的言論視野，而是如上所說的，那種由我們走出來、肯
定下，而且蘊涵吉凶禍福的人間秩序與範疇。

　　言行在人間展開，也塑造了我們人間世的種種情態。〈齊物論〉給了
這麼一段爭是非、計勝負的敘述：

> 其發若機栝，其司是非之謂也；其留如詛盟，其守勝之
> 謂也；其殺若秋冬，以言其日消也；其溺之所爲之，不
> 可使復之也；其厭也如緘，以言其老洫也；近死之心，
> 莫使復陽也。[33]

　　這段話，有著一種邀請人反覆吟誦的節奏感。如果說，「起於牽牛」
和「庖丁解牛」的譬喻，讓我們品嘗到「犧牲，是物能在此文明中展現成
爲萬物的構成維度，而你我也是這種維度裡的局中人」，這段話則讓我們
看到，人，如何在其言行辯駁中，不自覺地展示了他身在犧牲維度局中人
的命數：一旦展開辯駁，言詞的發動，就宛如機栝主控機弩射箭般要主控
是非；等待對手時，就宛如立下詛咒和誓言般要守住致勝的位置；如秋冬
蕭瑟般，辯局中的人生命日益耗損；他陷溺其中，無法自拔以回復尚未捲
入局中前的狀態；心靈閉塞，人也就老朽衰敗；近死之心，再怎麼做也無

---

[32] 《莊子集釋》，頁1092。

[33] 《莊子集釋》，頁57。

法讓他恢復生意。[34]

　　〈天下〉則提到「桓團公孫龍辯者之徒，飾人之心，易人之意，能勝人之口，不能服人之心，辯者之囿也。」[35]即使對莊子的好朋友惠施，也提出以下的評語：「惜乎！惠施之才，駘蕩而不得，逐萬物而不反，是窮響以聲，形與影競走也。悲夫！」[36]另外，《莊子‧德充符》記載莊子這麼當面說惠施：「道與之貌，天與之形，無以好惡內傷其身。今子外乎子之神，勞乎子之精，倚樹而吟，據槁梧而瞑。天選子之形，子以堅白鳴！」[37]《莊子‧人間世》則敘述了勸諫暴君、[38]出使諸侯強權、[39]教導蠻橫太子[40]等等的故事。在這些故事裡，辯，或甚至有時只要顯露出來說理的態度，就可能招來權力反撲與殺身之禍。〈人間世〉還提出，面對那種險惡的人間處境，有時要像對待猛虎野獸般，小心翼翼順著他們的喜惡來處理。[41]

　　在〈齊物論〉裡，辯是言行的一種表現，而且也要從言行展開來、肯定下的秩序與範疇中去論議。前面提到，〈齊物論〉所論者，乃六合之內的事物。這種論，原則上不作價值評議，不過，如果論及經世、政務、歷史和歷史書寫等議題，則有價值評議，但仍不作此是彼非的辯駁。不辯，是聖人言行所示。值得注意的是，言行中，就言的面向來談時，除了

---

[34] 感謝林怡妏為這段白話文的改寫，做好前置分析的準備工作。

[35] 《莊子集釋》，頁1104。

[36] 《莊子集釋》，頁1106。

[37] 《莊子集釋》，頁227。

[38] 《莊子集釋》，頁137-158。

[39] 《莊子集釋》，頁158-169。

[40] 《莊子集釋》，頁169-174。

[41] 見《莊子‧人間世》：「汝不知夫養虎者乎？不敢以生物與之，為其殺之之怒也；不敢以全物與之，為其決之之怒也；時其飢飽，達其怒心。虎之與人異類而媚養己者，順也；故其殺者，逆也。夫愛馬者，以筐盛矢，以蜃盛溺。適有蚉虻僕緣，而拊之不時，則缺銜毀首碎胸。意有所至而愛有所亡，可不慎邪！」（《莊子集釋》，頁172-173）

辯之外，還有論和議。仔細閱讀〈齊物論〉，我們也屢屢讀到論和議的行文。在〈天下〉篇裡，有一段關於古之人美好治世的描述。其中，談到君子的部分是：「以仁爲恩，以義爲理，以禮爲行，以樂爲和，薰然慈仁，謂之君子」，[42]談到百官與庶民的部分則是「以法爲分，以名爲表，以參爲驗，以稽爲決，其數一二三四是也，百官以此相齒，以事爲常，以衣食爲主，蓄息畜藏，老弱孤寡爲意，皆有以養，民之理也。」[43]這恰好對應了前述〈齊物論〉「請言其畛」中「有倫，有義」的人間秩序與範疇。在道術將爲天下裂之前，這種君子之行、百官作爲與庶民生計的道理，都落在「有倫，有義」肯定的範疇裡。然而，〈齊物論〉也有「大辯不言」、「不言之辯」的主張，[44]還有「果有言邪」、「其未嘗有言邪」反思性的疑問。[45]初步看來，〈齊物論〉對辯的批判，似乎也把論和議這兩種有所肯定的言說方式，捲入「不言」的範圍，或「果有言邪」的疑問之中。這種捲入，似乎使得〈齊物論〉的作者不得不陷入兩難的困局裡：從「不言」的角度檢視，〈齊物論〉的作者言行不當，他不宜有所論，也不宜有所議；從「果有言邪」的角度檢視，〈齊物論〉的作者說了他自己都不曉得自己說了什麼的話，或不曉得自己有沒有說什麼。

　　〈齊物論〉「不言」和「果有言邪」的兩難困局，其實也間接反映前述「怎麼做到，又怎麼理解，有論述、有評議，但不辯駁的言說」的問題。如果有所論述、有所評議，就不能不辯駁，那麼，就不會有所謂的

---

[42]　《莊子集釋》，頁1061。

[43]　《莊子集釋》，頁1061。

[44]　《莊子・齊物論》：「故曰辯也者有不見也。夫大道不稱，大辯不言，大仁不仁，大廉不嗛，大勇不忮。道昭而不道，言辯而不及，仁常而不成，廉清而不信，勇忮而不成。五者圓而幾向方矣，故知止其所不知，至矣。孰知不言之辯，不道之道？若有能知，此之謂天府。注焉而不滿，酌焉而不竭，而不知其所由來，此之謂葆光。」（《莊子集釋》，頁89-90）

[45]　《莊子・齊物論》：「夫言非吹也，言者有言，其所言者特未定也。果有言邪？其未嘗有言邪？其以爲異於鷇音，亦有辯乎，其無辯乎？」（《莊子集釋》，頁68）

「有所論述，有所評議，但不辯駁」的言說了。這也就是說，要言說，就不能不辯駁。上述《墨經》所論及的言說與辯駁之間的關係，大抵就反映了「要言說，就不能不辯駁」這種當時大爭之世裡的常態。

在我的閱讀裡，莊子用下述方式同步消除上述兩難困局和「要言說，就不能不辯駁」的問題：「以卮言為曼衍，以重言為眞，以寓言為廣」[46]的方式，[47]作為「有所論述，有所評議，但不辯駁」的言說方式；或更文學性來形容，「以謬悠之說，荒唐之言，無端崖之辭」，[48]抒展不辯駁的言說。循此閱讀，我們也就不難理解，在言行展開來的吉凶禍福的人間世裡，在言說都已陷入辯駁的鬥爭格局時，莊子如何由謬悠之說、荒唐之言和無端崖之辭，演繹出「獨與天地精神往來而不敖倪於萬物，不譴是非，以與世俗處」[49]的人間智慧了。

以上所敘〈齊物論〉的批判精神，可條列總結如下：

1. 由《墨經》那種描述性是非爭辯的角度閱讀〈齊物論〉，是不恰當的。
2. 從言行中展開來、肯定下的人間秩序與範疇，來閱讀〈齊物論〉吉凶禍福的論述、人間價值的評議，以及對於「爭是非、計勝負」那種辯駁格局的批判，是恰當理解〈齊物論〉批判精神的途徑。
3. 在言行展開來的吉凶禍福的人間世裡，在言說都已陷入辯駁的鬥爭格局時，由卮言、重言和寓言展開言行中的論和議，以及不譴是非的「不辯」態度，是一種可取的人間智慧。
4. 在面對暴君強權或蠻橫不講理的人時，或者抽象一些來說，在面臨險惡的人間處境時，不只要「不辯」，而且，重點已經不在跟對方講道

---

[46] 《莊子集釋》，頁1091。

[47] 關於卮言、重言和寓言歷來不同的解釋，請參閱刁生虎（2005: 21-48）。楊儒賓（2016：第四至五章）針對卮言提出頗具洞見、值得參酌的詮釋。

[48] 《莊子集釋》，頁1091。

[49] 《莊子集釋》，頁1091-1092。

理，而是要如何應對，有時則需要用對待猛虎野獸那般的方式，來應付險惡的人間處境。

我們先來回顧〈齊物論〉所在的文明天地。在天地之間，人牽起了牛，一道走出農耕的新生文明，物則在起於牽牛中，展現成爲那新生文明裡的萬物，以及其中君臣庶民展演出來的人間世。起初，道沒有封界，言沒有常規，不過，我們的文明走到了這裡，道也就有了相應的封界，而一路走來，我們言說有所肯定的，也就畫下蘊涵吉凶禍福的左右界限，以及倫、義、分、辯、競、爭等吉凶禍福難料的人間秩序。公民哲學也是從實踐的角度來檢視我們所走出來、肯定下的基本秩序與範疇。更準確一點來說，公民哲學以自由選擇與因果關係連動展開的觀點爲核心，檢視我們在這種實踐導向、移動式連動觀點中，能走出來、肯定下怎樣的現代科技與自由價值的文明秩序與範疇。公民哲學的方案，也明示了我們生活裡「多元價值」與「命運共同體」的政治想像，如何得以在公民視角的展開與約束中，凝練成「公民共同體」的理念與論述。

在此，容我用一種與西方哲學簡要的對比方式，來突顯「道行之而成，物謂之而然」的哲學特色。西方古典時期代表性的哲學家亞理斯多德，由對於存有之所以爲存有的注視與沉思，確立存有的基本範疇。西方啟蒙時代代表性的哲學家康德，由對於感性、知性與理性的批判，確立經驗世界的基本形式與範疇。「道行之而成，物謂之而然」的薪傳智慧，則由我們的言行，在實踐中，展開人間世乃至公民共同體的文明秩序與範疇。

當我們以「道行之而成，物謂之而然」的哲學傳承爲定點，以上述人間世和公民共同體作爲兩端比較的基準時，就不難發覺，公民哲學與〈齊物論〉之間批判精神的呼應關係和對話起點。我們可以用條列方式，分五點，逐步來講：

1. 《墨經》展示出來的那種描述性的是非爭辯，不適合用來閱讀〈齊物論〉，也不適合用來理解公民哲學所談論的價值衝突。

2. 在吉凶禍福難料的人間世裡，「爭是非、計勝負」的辯是不適宜的，「不辯」才是合宜的言行方針。在公民共同體裡的善善衝突，也不宜採取「理論競爭、駁倒對手」的言行方針。

3. 不辯，不表示就沒有其他的言說方式。論和議仍是值得取法的言說方式，雖然，在戰國時期的大爭之世裡，在〈齊物論〉作者身上，論和議轉型成為卮言、重言和寓言的言說方式。在公民哲學裡，批判也不是表現在駁倒對手，它的重點是：找出彼此的優點，抓出爭議的要點，而在重新框設中，拓展彼此的視野。這是公民哲學「有所論述，有所評議，但不辯駁」的言說方式。

4. 在所有的言說都被世人當成辯的時代裡，〈齊物論〉的作者沒有可以直抒論議但不辯的空間。在公民共同體展開的反思性空間裡，價值論述，包括〈齊物論〉中的論、議，以及〈天下〉篇裡「古之道術有在於是者」的觀點，都可以在公民自由平等的地位上，展開其見解。這一點，值得強調。在吉凶禍福難料、所有言說都被世人當作「爭是非、計勝負」的時代裡，莊學傳承即使願意發掘百家之長，但仍不免感嘆，「天下大亂，賢聖不明，道德不一，天下多得一察焉以自好。譬如耳目鼻口，皆有所明，不能相通」，並定調說，「悲夫，百家往而不反，必不合矣！」[50] 在我們的時代裡，公民哲學也看到深度歧見的多元困境。莊學選擇「獨與天地精神往來，而不敖倪於萬物，不譴是非，以與世俗處」的方式，因應那種大亂、不明、不一、不能相通、往而不反及必不合矣的局面。雖然公民哲學也承認必不合矣，但仍希望透過「找出彼此的優點，抓出爭議的要點，而在重新框設中，拓展彼此的視野」，協力去打造「在多元情勢中調節多元問題」的公民文化。這個打造公民文化的選項，在莊子的年代及〈齊物論〉的語境裡，是實踐上不可能有的。我們有幸可以從莊子的人間世，走向讓每

---

[50] 《莊子集釋》，頁1064。

一個人都有機會宛如種子破土發芽成長般，活出他美好生活與價值理想的公民共同體。

5. 在我們的年代裡，仍然有許多人想不到，或看不到，在具體情境裡，良善價值之間會有的實質衝突。有時候，還因為這種想不到或看不到，以致發生誤把「善善衝突」當作「善惡衝突」來處理的不幸時刻。對於善善衝突的說明，《公民哲學》提出了充分的說明。不過，該書尚未針對惡的問題展開論述。對此，〈齊物論〉的批判精神，倒是提示了公民哲學可以如何開啟對於惡的反思與論述。首先，對於惡，可以論述，可以評議。這種論述和評議，要貼近具體的情境脈絡展開。其中，仍然需要提醒的是，在當今政治、經濟和社會的複雜情勢裡，善惡不會是一分為二的對壘，而是有著網絡般的多維格局。有時則是處事手段的問題，例如，為了實現心目中美好的價值理想，而不擇手段；有時，在複雜的兩難局面裡，犯下傷害無辜的事情。其次，如果具體情境裡的衝突確定是善惡衝突，那麼，除了要論述清楚、評議準確外，還要注意權力的反撲，以及吉凶禍福的取捨之道。前文論及，在善善衝突的情境裡，公民哲學提醒：批判的重點從來不在駁倒對手。〈人間世〉則提醒我們，假如遭遇的對手，無論從手段還是目的來看，都帶著惡意，或威嚇傷人之意，更需要謹慎的是，如果他們手上擁有你難以抗衡的權力，那就更不可當面去說對方的不是。這不是讓步，而是提醒自己：對方值不值得你講理，要看條件和場合，還有如何改變實力對比的可能。最後則是一種反思的要求：當我們走出來、肯定下種種人間的基本秩序與範疇時，吉凶禍福就已經同時蘊含在其中了。這也許是〈齊物論〉批判精神最重要的提示：在公民哲學實踐導向、移動式連動觀點裡，所能走出來、肯定下的現代科技與自由價值的文明秩序與範疇，除了《公民哲學》論及的民主自毀、深度歧見、部民反撲、民粹崛起、貧富懸殊，以及公地問題與公道問題複雜交錯等等的問題之外，究竟還隱含怎樣吉凶禍福之道與善

惡維度，值得再深入推敲。

徵引文獻

壹、中文

一、古典文獻

〔戰國〕呂不韋，陳奇猷校釋：《呂氏春秋新校釋》。上海：上海古籍出版社，
　　2002年。

〔魏〕王弼注，〔唐〕孔穎達疏，盧光明、李申整理：《周易正義》，李學勤主
　　編：《十三經注疏》。北京：北京大學出版社，2000年。

〔魏〕王弼注，樓宇烈校釋：《老子道德經注校釋》。北京：中華書局，2008年。

〔清〕吳毓江，孫啟治點校：《墨子校注》。北京：中華書局，1993年。

〔清〕孫詒讓，孫啟治點校：《墨子閒詁》。北京：中華書局，2001年。

〔清〕郭慶藩，王孝魚點校：《莊子集釋》。北京：中華書局，2012年。

〔民國〕王叔岷撰：《莊子校詮》。北京：中華書局，2007年。

二、近人著述

刁生虎（2005）：〈莊子的語言哲學及表意方式〉，《東吳哲學學報》，12:
　　1-62。

古今文字集成：http://www.ccamc.co/index.php，取用日期：2021年8月31日。（內含
　　〔清〕段玉裁《說文解字注》）

許進雄（2020）：《新編進階甲骨文字典：甲骨文發現120周年紀念版》。新北：
　　字畝文化。

楊儒賓（2016）：《儒門內的莊子》。臺北：聯經。

漢字古今字資料庫：https://xiaoxue.iis.sinica.edu.tw/ccdb，取用日期：2021年8月31
　　日。

漢語多功能字庫：https://humanum.arts.cuhk.edu.hk/Lexis/lexi-mf/，取用日期：2021
　　年8月31日。（索引內含〔東漢〕許慎《說文解字》全文、〔宋〕徐鉉《說文
　　新附》、〔宋〕徐鍇《說文解字繫傳》）

鄧育仁（2022）：《公民哲學》。臺北：國立臺灣大學出版中心。

賴錫三（2013）：《道家型知識分子論：《莊子》的權力批判與文化更新》。臺

北：國立臺灣大學出版中心。

貳、外文

Fauconnier, G. & Turner, M. (2002). T*he way we think: Conceptual blending and the mind's hidden complexities*. New York, NY: Basic Books.

Turner, M. (1996). *The literary mind*. New York: Oxford, UK: Oxford University Press.

Turner, M. (2014). *The origin of ideas: Blending, creativity, and the human spark*. New York: Oxford, UK: Oxford University Press.

附錄

有關公民哲學與深度歧見的故事挖掘──訪談鄧育仁先生

受　訪　人：鄧育仁

訪　談　人：賴錫三、李志桓、陳慧貞

記錄與整理：李志桓

緣　　　起：

　　鄧育仁先生近期將出版《公民哲學》一大作，這是繼鄧先生《公民儒學》之後的另一力作。《公民哲學》一新作，在我們看來，既是對《公民儒學》的持續深化，也是對《公民儒學》的突破開新。有見有感於此，林明照和我，籌組了一系列「公民道家與深度歧見」讀書會，希望對《公民哲學》一書最為核心的「深度歧見」概念，給予道家式的對話與發展。讀書會在臺大哲學系、政大華人文化主體性研究中心，多次舉行。此外，我們也邀請了鄧先生南來高雄中山大學舉行「公民哲學與深度歧見──從臺灣『同性婚姻』爭議談起」的座談討論。第二天，我們還特別邀請了他到中山文院後山的「山盟海誓」咖啡／訪談，希望藉此訪談，挖掘鄧先生學思歷程背後的故事點滴，讓讀者從鮮活有趣的故事脈絡，觀察哲人哲思的生活世界。這個訪談的完成，我特別要感謝李志桓博士，他規畫了並整理了整個訪談稿，非常感謝。（賴錫三誌於西子灣）

李志桓（中山大學中文所博士後研究）：我們今天要來訪問鄧育仁老師，主要是老師寫了兩本著作，以及他跟公民道家有一些對話的機緣。我想透過訪問，幫助讀者瞭解老師為什麼要寫這兩個著作，背後有哪些關懷與問題意識，然後跟著去探討你所思考的公民哲學，跟道家或者其他古典資源，有沒有相互銜接與對話的機會。

鄧育仁（中研院歐美所所長）：開始拷問。

李志桓：第一個我感興趣的問題就是說，我發現鄧老師你在很多表達裡面，喜歡使用故事。你可能是一個特別喜歡說故事或聽故事，用故事舉例的人，而且還有一個特點，你好像特別強調，我們要去感受對方的故事。昨天在演講的時候，[1] 你也特別談到，我們要去理解對方的故事，而且每個人的故事地位都是不能被跨越的。似乎你很早就學會一件事情，在辯論或者溝通的時候，重點不是去說服別人，也不是去找到一個最終的共識，而是去理解、去感覺對方的故事脈絡。這是我的第一個問題，這個喜愛故事的特質是怎麼來的？尤其你還意識到了，在故事裡頭，我們不能夠輕易取消他人的故事？在我能夠看到的資料裡，在八〇年代，在你出國之前，好像就碰到了楊茂秀老師。似乎在接觸隱喻之前，故事就已經出現在你的生活裡，或許談一談這件事情。

鄧育仁：是這樣的，如果從我大學，或者在臺灣當研究生的時代開始，那時候我大概讀兩類書，一類是以邏輯跟科學哲學為主導，當然還會涉及一些政治哲學的書。那時候，我們上王弘五老師的課，讀波柏（Karl Popper）的書，同時就會觸及上述這些領域。另一方面，其實那時候，我很喜歡十九世紀的小說《卡拉馬助夫兄弟們》、《罪與罰》、《白鯨記》。一方面把邏輯讀好，一方面把英文讀好，在讀英文的時候，我就選擇英文的翻譯小說，尤其是舊俄羅斯的小說，常常看得津津有味。

所以我一開始的興趣可能是在思考，從思考的角度去看這些作家怎麼寫小說。我對故事的興趣，是把故事當做一種思考。我在讀故事的時候，總是會想說：現在故事是這樣寫，那如果不這樣寫，另外的寫法可以是什麼？如果我來改寫，會怎麼寫？然後，我也一直相信，我們聽懂道理，是從聽懂故事開始的，我們學講道理，是從學講故事開始的。而你學會怎麼

---

[1] 這個訪談於2021年3月25日進行，前一天鄧育仁老師在中山大學文學院，有一場題名為「公民哲學與深度歧見：從臺灣『同性婚姻』爭議談起」的演講。同場的與談人有楊婉儀、萬毓澤、洪世謙、賴錫三、游淙祺等。

行動，不是你先會行動，再去跟別人互動，反而是從跟別人的互動當中，你才開始行動，也學會了怎麼行動。剛好是顛倒過來的。大概在那個時候，我就隱約意識到笛卡爾（René Descartes）那個一切從「我思」開始的說法，是有問題的。但它卻變成了近代以來重要的哲學潮流。我整個大學和研究所的訓練，大致是這樣的一個背景。

遇到楊茂秀的時候，我開始跟一些小學一年級到三年級的小朋友講故事。那時候經常在一些媽媽團體裡面跑場。然後，我突然覺得，為什麼我不自己寫故事呢？我記得我寫了兩個短篇，一篇長篇。其中一個比較喜歡的，我寫了一個小啞童的故事。他不能說話，一個小啞童，他怎麼看世界呢？在一個下雨天的夜裡，小啞童聽到一個聲音，是什麼聲音呢？他沿著公寓一層一層的往上找，走到底，推開頂樓的門，原來是小狗汪汪叫的聲音。他跑了出去，把小狗抱起來，要回家的時候，門卻卡住了。只好抱著小狗，淋了一夜的雨。直到第二天早上，被家人發現才帶回家。一覺醒來之後，小啞童神情很緊張，照顧他的媽媽就告訴他，小狗也在。在那之後，小啞童就帶著小狗，每當媽媽問他，這樣好不好？他一點頭，小狗就汪一聲，他一搖頭，狗就汪汪兩聲。小啞童很開心，因為他找到他的聲音了。

李志桓：抱歉，我要打斷你。在你的回答裡，我聽到一個很有意思的線索，你剛才提到，在大學時代對閱讀小說很有興趣，另外從你剛才的表達裡也會發現，你其實很喜歡講故事。但是一般我們對分析哲學的刻板印象是，思考和邏輯企圖把命題範圍定義清楚，然而文學的敘事卻是跳躍的、刻意模糊界線的，甚至會故意更換立足點的。為什麼這兩件事情，在你所描述的經驗裡面不產生衝突，這種喜歡文學的性情，不是跟我們一般對哲學系的印象，不那麼一致嗎？它是不是也跟你的成長經驗有關，為什麼你對故事這麼親近？

鄧育仁：嗯，當然是有關的。不過，如果從我所受的訓練這一塊來講，邏

輯追求的是嚴謹的信念和清晰的推理，然後把問題講清楚，也就是批判性的思考。這些東西跟講故事不太一樣。但講故事也有很多種講故事的方式，我的側重點在於說怎麼轉換觀點、怎麼reframe（重新框設）。所以我剛才跟你說，我在寫小啞童的故事，我不是啞巴，卻要從一個從小就不能說話的小孩子的角度寫故事，揣摩他怎麼看事情，怎麼表達他自己，最後找到他的聲音。在這裡頭，可能不是批判性的，而是說有一種感覺在裡面，我們如果換個角度來看事情會怎麼樣？而嚴謹的邏輯，在講道理的時候，是很清晰的，批判性的思考是在一道一道的推導當中出現的，特別是在科學哲學那邊看的很清楚。至於這兩種模式要怎麼結合在一起，我也一直在摸索。

李志桓：但同時代接受分析哲學訓練的人，可能不會像你一樣。你認為，只要我們能夠意識到，不同的敘事背後有著不同的脈絡，講故事也可以是一種講道理的方式。但有些人可能會認為，在講故事的時候，常常會不小心更換預設，最後導致問題無法說清楚。似乎對你來說，這不是問題，更重要的反而是，我得發現自己是站在哪個視角上講話。

鄧育仁：其實在英美分析哲學裡面，也有人很重視講故事的。只是在我那個年代，他們還不是主流。我到美國的時候，遇到詹森（Mark Johnson），他和雷科夫（George Lakoff）合寫了一系列探討隱喻與認知的著作。那時候，我是跟詹森學metaphor（隱喻），metaphor就跟故事性的思考緊密結合在一起。在他們的理論裡面，強調的就是reframe，就是說大家習慣這樣看，那如果reframe、重新框設之下會怎麼樣？我剛好在那個時候，加入了他們的研究。從現在來看，那個研究就是所謂「認知的轉向」，語言學從原先的形式研究，轉向了與認知活動的結合。

李志桓：在你剛才的回答裡，我還注意到一個有趣的點。就是說，為什麼「說故事」和「聽故事」，對人很重要呢？你發現，小朋友是在敘事當中、是在跟別人的交談當中，才學會道理的。意思就是說，「道理」首先

不是作爲一個命令被頒布的，我們反而是在與他人的交談和互動當中，才逐漸學會生活中應當有的分際與界線。在這邊，你可以再多談一點嗎？

鄧育仁：嗯，我會覺得交談很重要，沒有錯。我所注意的故事都是這一種。我關心的是說，在故事情節裡，角色做了什麼？這個事情之後，有什麼發展？而在讀到這個故事的時候，讀者會怎麼想？有沒有道理？在這裡的話，就是說「交談」或「互動」是很重要的。不要忘記了，每個人出生的時候都不會行動，都要靠其他人把他養大成人。比如說，你把小baby抱起來，他就開始扭來扭去，在這個時候，小baby和抱他的人，兩個就已經開始在互動了。是從動中，開始互動，在這種有所互動的動中，小孩子開始把他的「動」調節成一種行動。他只要叫起來，就有東西回應他，就有東西吃，就有人幫他拍拍背，讓他比較舒服。這還是一個很開始的狀態，接著慢慢的，小孩子開始會搖搖擺擺的走路，他們學會各種行動，這些行動都是跟其他人的互動當中學來的，可能是跟成年人，可能是跟其他小朋友，在互動中行動。在這些行動中，一開始他還不太會講話，但他已經能聽懂一些簡單的話語。

　　上述的說法，在一些兒童心理學或發展心理學的研究裡，可以找到支持。我們都是這樣長大的，從互動中的動，到互動中成爲行動，到開始可以講話，再到在對話與交談中，聽懂道理，然後開始學會怎麼講道理。比如說，小孩子碰到花瓶掉下去了，然後媽媽走過來，他趕緊說，姐姐碰我一下，我不曉得就撞到花瓶了。這時，他就講出了一個道理，什麼道理呢？我不用負責，你不可以罵我。他不是用三段論證或邏輯推理來講出這個道理。他只是講出一個故事情節，一個行動中的故事情節。其實，我們大部分的人都是這樣講道理的，不是透過邏輯思考，把理由一條一條地列出來，而是講一個行動中的故事情節。後面，你會問到「身體性」，它其實就是從這裡展開的。

李志桓：我覺得你上面的回答很有意思，嬰兒形成自己的長大過程離不開

他人，如果用你昨天演講的話語來表達就是，每個人的故事都離不開他人，我們每個人的故事地位，都必須依靠他人的協助才得以形成的。你剛才的回答就是在證明這個命題。

鄧育仁：我這樣回答其實也是在對自己解剖，當年我修了一門課叫「笛卡爾」，我們要閱讀《沉思錄》（*Meditations on First Philosophy*）。笛卡爾想要找出一個無可懷疑的起點，他提出「我思，故我在」那個「我」是高度抽象的。從「我思」出發，然後我們怎麼面對這個世界，或者說我怎麼思考這個世界的存在。我還記得，那時候上王弘五老師的課，他說哲學界有幾個「醜聞」，其中一個就是說：現在這裡有一個杯子，你看得到、摸得到、感覺到杯子就在這裡。但真的有這個杯子嗎？你怎麼證明？對笛卡爾來說，這是一個很大的困擾，真的難以證明，或者說，在怎麼情況下才算證明，也很不清楚。現在如果我們把笛卡爾追求知識的預設換掉，先不要說我們要去找一個知識上的無可置疑的起點，先不要這樣去問，而是去想另一個問題：我們怎麼長大成人，怎麼開始思考，怎麼學會思考，怎麼學會講道理的？其實，一開始，你、我能夠長大成人，一定是在人與人之間長大成人的，即使你說你是被狼養大的，這裡頭也有一個互動的過程啊！所以，我會認為，你真的有「我思」的時候，你已經是在與人互動中開始動了，從「動」到學會「行動」，然後學會「聽懂道理」，再學會「講道理」。最後是在高度的反思性當中，你才以為自己有一個獨立的「我思」，其實你只是把前面的過程拿掉了，但你卻誤以為這個獨立的「我思」才是一個真正的人。假設你不要從笛卡爾的預設出發，你從我剛才講的，小孩學會行動是從互動開始，小孩聽懂道理是從聽懂故事開始，小孩學會講道理是從學會講故事開始的。那麼，你就會覺得笛卡爾搞錯方向了。我是這樣去為自己解惑的。

賴錫三（中山大學中文系教授）：這樣我就更瞭解，鄧老師為什麼一開始要講那個小啞童的故事了。就是說，小啞童不是用「我思」作為起點，他

是啞巴而失去語言的這個譬喻，可說是失去了用語言表達道理的意識優先性。可是，小啞童卻可以聽從聲音召喚，可以跟聲音相互動，被聲音給引領，最後發現是小狗觸動了她，引發了一系列的行動。可見在這些行動背後，已經有了與世界聲響的前意識接觸，相互交織的共振過程中，它啟動了小啞童的行動，帶出一整個動人的情節。孩童抱著小狗淋了一夜的雨，第二天，小狗便和孩童產生出非語言性的溝通。

這裡面有一個關懷，也就是你前面談到，詹森和雷科夫在談「隱喻」的時候，一定要觸及「隱喻」跟「身體性」的關係。也就是說，我們一定是先出生在世界之中，跟世界已經發生了關係，在這之中，已經連帶有了種種意義的理解跟行動。那所謂的「意識」，是後來才獨立出來對世界進行客觀的描述，這已經是一個後續高度抽象式的東西了。也因為這樣，現在的認知科學對兒童的研究，對自閉症的研究，通常會認為說，因為跟父母的擁抱，透過這些身體性的親密性接觸，才啟動了一連串小孩子身心發展的具體過程，甚至腦神經的網絡發展，也是在互動的刺激下，才開始連結茁壯。

其實當代歐洲哲學，比如在海德格（Martin Heidegger）和梅露龐蒂（Merleau-Ponty）那裡，也是要回到身體性。他們會認為說，在世存有，在思考人跟世界的關係之前，就已經有「身體性」在境遇中發生各種意義的理解與互動，這個才是更基礎性的。相關的說法所要對治的，就是笛卡爾所稱那種「我思」的優先性。後者是先把整個世界先拉開來，然後在主、客對立的斷裂下，再去構想如何彌合的難題。我想，如果可以這樣描述的話，你的論述就與當代歐洲哲學的關懷有了可連結性。

鄧育仁：對，我當年就是被這種笛卡爾式的困難折磨了很久，我認為他根本是不對的東西，但他又講的很有道理。那後來就是，一開始有在寫故事，走這個講故事、寫故事的路線，慢慢地想說，要怎麼把邏輯跟故事性的思考互相搭配，來發展自己關心的問題。

李志桓：談到故事，我還有一個問題，他人的故事地位是不能被取消的。別人講的故事，你可能聽不懂，可能覺得荒謬，但恐怕有他自己的道理。相信每個人講的故事都必須被尊重。這種想法與態度是怎麼來的？

鄧育仁：首先，「故事」在這裡，有兩個相關的意思。一個是說，我要活出怎樣的故事、他要活出怎樣的故事，每個人都不一樣，而我們可以用各自的行動展開。另一個就是，我怎麼來講出我的故事，或者講出別人的故事，甚至講出我想做卻做不到的故事。我在使用「故事」這個語詞的時候，大概有這兩層意義相連的意思在。

　　對「故事地位」的重視，是這樣子的。用平常的話來說，活著已經不容易了，我們自己會想要過的好好的，想要活出一個好的故事，那別人他當然也想要活出一個好的故事。其實，我起初還不是用「故事地位」，背後我只是在思考「活著真不容易」，如果用儒學的話來說，或許就是「生生」，一個一個生命這樣子出現在我們眼前，真的是很不容易啊，不要輕易去抹殺，每個都是值得珍惜的。

　　再來就是說，當我在思考這樣的價值問題的時候，遇到了康德哲學。康德（Immanuel Kant）有一個說法，就是不要把人只當作「工具」，而總要同時把人當作「目的」。我確實也在思考相關的問題，但後來我就發現：康德的這個說法，有點抽象，而且康德的思考跟我的出發點，是很不一樣的。從笛卡爾到康德，仍然預設著「我思」的立場，而我的出發點，卻認為我們是在人與人之間長大的，我們都是在跟人互動當中，學會行動、聽懂道理、學會講道理，然後跟著才懂得規劃自身。

　　在這本新書裡，我提到一個哲學家柯思嘉（Christine Korsgaard），她是透過「行動」將目的與手段的二分法整合在一起看待。這樣子來看的話，就比較接近我想要做的事情了，但還是有距離的。那時候，我就想說，我用「故事地位」來取代康德的道德主體性，從這裡來說明，人不能只是工具，同時他們也有一個不可取代性。也就是說，在人與人之間，每

個人都應該擁有自己的故事地位，沒有人只是別人的故事裡面的道具。每個人在自己的故事裡，都是主角。從出生到長大成人，這一輩子，你有你的故事、我有我的故事，整個人生要怎麼走出來，這不是「手段與目的」這種二分法，能夠充分涵蓋說明的問題。而必須從你的一生來看，用故事性的思考來瞭解，「故事地位」這個概念大概是這樣提出來的。

所以，也可以這麼說，我不僅僅是在思考價值的問題，更多的是在思考人生的問題。從人的一生來看，必須用「故事地位」來尊重每一個人。而且這個「一生」也不會只是我個人的一生，而是大家的一生，是你、我交織在其中所展開的敘事，也就是後來我要講的「命運共同體」。從公民的角度來思考，怎麼把命運共同體中的故事地位與多元價值，轉換成公共性的資源，我的整個寫作思路大致是這樣展開的。那在這當中，「命運共同體」跟「個人」的關係，要怎麼去理解，這花了我很多時間，因為一談到「命」，大家都會覺得是命中註定，那還要做什麼努力？可是又不能再回到康德，去設想那種事先獨立存在的autonomy，後來我就用「連動觀點」來展開論述。

李志桓：有關於「故事」的問題，到這邊ok。然後，我倒是觀察到一個事情。在你剛才的回答裡，反映著：你正在進行的思考，還有你所感受到的經驗，已經超出了你能夠使用的哲學工具。比如說，你一方面覺得，康德把人當作目的，很像是你要表述的故事地位，可是你又很清楚知道你們的立足點不一樣，所以你必須去修改那個工具。我要說的是，在發展整套思考的時候，你已經意識到既有的哲學工具是不夠用的，所以你得嘗試自己找概念、自己創造概念。

鄧育仁：我得講一下，在這裡，我其實歪歪斜斜、跟跟蹌蹌花了不少時間。你剛才講的，好像我很順的，就可以做到這件事情。其實我沒有那麼聰明的，就是點點滴滴、慢慢摸索，直到找出自己覺得比較可以走得通的路。

李志桓：沒有的，這是很不容易的事。以前有人問海德格，你的前、後期好像有個斷裂。海德格回答，你這麼講，是不太公平的。因為這是一個找尋語言的辛苦過程，沒有前期那些生澀的表達與試探，他走不到後期。其實，老師你的這個回答，就可以連接到我的下一個問題「語言的轉向」（linguistic turn）。

　　就是說，在你的著作，或者訪談的表述裡，我發現：你很明白「語言轉向」是怎麼回事，你很知道，「思考」這件事情不是用理性的主體在思考，「思考」其實是透過語言、是使用詞彙在思考。換個方式來說，如果我的母語不是中文，我感受世界和思考問題的方式會很不一樣。我認為，你對這件事情的掌握或理解很透徹，所以你才能夠談「隱喻」（隱喻取景、重設框架、隱喻間的調節），也所以你才會不斷去找尋能夠恰當表述問題的新詞語。

　　在我的理解裡，「語言轉向」這樣的講法涉及人文學科的典範轉移，而且這個新的視野，大概是你這一代學人引進臺灣的。那我感興趣的是說，這個新典範的學習過程，從「我思」的主體到「語言」的主體，在你個人身上，是怎麼建立起來的？

鄧育仁：是這樣的，「語言轉向」是十九世紀末、二十世紀初的哲學運動，一開始我所學的是弗雷格（Gottlob Frege）、羅素（Bertrand Russell）這條從德國到英美哲學的路線。我在大學念書的時候，遇到王弘五老師，他常常跟我們講一個故事，有一個日本和尚藉著雕刻佛像，來鍛鍊自己的內心（佛心）。意思就是說，你必須透過一個外顯的東西，來校正自己的思維。王老師用這個故事，來鼓勵我們好好學習邏輯。你把邏輯學好，把它符號化，寫下來、推演出來，就可以把你的思考練得非常的嚴謹。會知道哪裡講的不清楚，會訓練你的思考，讓你的表達更清晰。這個時候的邏輯，不是去找語言，而是要打造一套精準的人工語言，使我們的思考和表達更細緻、更嚴謹。

　　起初，英美哲學談「語言轉向」是跟「邏輯」搭配在一起講的。後來才有所謂後期維根斯坦（Ludwig Wittgenstein）和羅蒂（Richard Rorty）的其他講法。那就我個人來說，我是在美國念書的時候，碰到詹森（Mark Johnson），他把我引進認知語言學。在那裡，他們所談的「隱喻」是去思考怎麼重新構思、重新框設，重新用不同的角度來設定問題。也就是我剛才提到的，在寫故事的時候，我怎麼換一個角度，重新來看、重新來寫。在《我們賴以生存的譬喻》（*Metaphors We Live by*）這本書裡，一開始就是從日常生活的語言去觀察，發現在這些語言裡面有一個「形態」，而這個形態不能用語言的形式（語法、詞彙、修辭）去說清楚，因為它有一個語用的情境脈絡，必須透過認知的形式去說明。對此，詹森就使用「認知模式」或者image schemas（意象基模），去描述出現在語言活動過程中的這個作用形態，而這後來也變成了認知語言學裡頭的基本觀念。所以，我對「語言轉向」的瞭解，可能跟你稍有落差，對我來說，這其實是語言問題的「認知轉向」。

　　所以，整個發展方向應該是這麼說：在雕刻佛像的比喻裡，我要把思考弄得更嚴謹，就必須透過一個外顯的形式，把那些論述跟表達寫下來，不斷地檢視、修訂，因為清晰的論證是修改出來的，藉此，你可以訓練自己的思考能力。那現在「認知語言學」是說，過去大家一直著重在「語言的形式」上看語言，但其實它背後還有一個認知模式。詹森（Mark Johnson）就是在這之中尋找關聯，然後把問題帶回到更根源的身體性。以前我在講故事的時候，還不太瞭解身體性和認知表達的關係，不過已經能抓到一點了。就是我跟小朋友講故事的時候，會描述一隻蒼蠅飛飛飛，突然它停在桌子上面，一會兒它又飛飛飛，倒過來停在桌子下面。這個「上下」的方位，不是絕對的，也不是抽象的，它跟我們所在的位置相關，如果你蹲在桌子底下看，你可能會描述說，這隻蒼蠅停在天花板上。我到美國學的，就是這種認知的轉向，語言的具體內容離不開我們的認知模式，視角的轉移、身體的活動都可能造成表述的差異。而且，這裡所謂

的「認知」，跟傳統的理性與非理性、理性與情緒的對比，很不一樣。它是從各種不同的觀點轉移、從我們身體性的活動來描述心智本身的過程與多樣性，而不是一開始就要劃開心靈的組成結構，從而設想認知的出發點來自於理性或感性。

李志桓：我想做一個小結，你剛才提到，在王弘五老師那邊學習邏輯，研究分析哲學的人，他們也會說，要去打造一個人工語言，因為它可以幫助我們把話講得更清楚，把思考弄的更條理。但這種語言觀點，跟你後面在詹森（Mark Johnson）和雷科夫（George Lakoff）那邊學到的語言觀，是不一樣的，對嗎？王弘五老師講的那種邏輯，比較像是前期維根斯坦，他們可能相信有一種精準的語言、一種統一的語言，或者能夠表達唯一真理的語言，可是到了詹森那裡，語言變成複數的、它是不斷被創造出來的，它跟說話者的身體意向有關。甚至，我們可以說，在此之後，日常語言被重新肯定了，因為語言的真實性，不能再被化約到一個普遍一致的結構上做說明。

鄧育仁：嗯，應該這麼說。到美國留學之後，因為有了「身體性」的視野，我就可以把我想要發展的理論，放在實踐導向的論述底下看待，比如前面提到：小孩子是從互動中開始學會行動的；我們的心智多樣性也是放在行動的脈絡裡展現的。但是，邏輯思考這件事情還是很重要的，它可以用來檢驗我的這些想法是不是恰當的？是不是有足夠的可信度？比如說，在這本書裡頭，我提出「深度歧見」這個概念，為了將它充分論述出來，我從三個不同的理論角度來揭露「深度歧見」的樣貌。第一章從雷科夫（George Lakoff）分析美國的政治氣氛來突顯歧見的存在，第二章從格林（Joshua Greene）談的部落道德（tribal moralities）來說明衝突的成因，第三章從羅爾斯（John Rawls）所思考的交疊共識（overlapping consensus）來突出多元社會的處境。就是說，透過這三個不同角度的相互檢驗，來證明「深度歧見」這個概念是值得被問的。我認為，這就是邏

輯的功用，就好像是說，在法庭上詢問不同的證人，如果他們從不同的角度，看到的東西都是一樣的，那麼事件的可信度，就大為增加了。邏輯能夠提供批判性的檢驗，只是我們應該優先將它用在自己身上，不要用在別人身上。

賴錫三：鄧老師，在你這個書裡面，一方面可以讀出邏輯清晰性，企圖要把事物講清楚的那一面，也就是羅素（Bertrand Russell）所強調的那種語言性格。在這之後，你又特別談到認知轉向，也就是不再去尋求一種普遍的語言，不認為事件背後有一個絕對客觀性可以把握，而是意識到我們的思考離不開語言，語言背後有總個認知模型的問題，一個image schema這樣的東西。這個認知模型會隨著你的身體在空間中的連動過程而改變，比如蒼蠅的例子，蒼蠅不斷飛飛停停，它不斷在改變脈絡，在這個過程中，追著蒼蠅看的孩童，他的認知模式也就跟著不斷在連動改變。我想說的是，在這樣的描述裡，對「深度歧見」的發現有什麼意義？我想其中有一個重要的意思就是，我們不再尋求可以解決一切衝突差異的唯一終極性觀點。取而代之的，意識是一種不斷活動的認知過程，它跟我們的觀點連動的改變密切有關，所以歧見是必然的，因為人不斷在活動，其實也意味著不斷打開你跟世界的新關係的重新脈絡化，也就是不斷產生新的故事性，而「歧見」的出現，也正好代表著不斷在發生新的可能性。另外，你還提到了羅蒂（Richard Rorty），我想問的是：是不是從他的角度來看，語言其實也只是不斷進行實用的過程，而不是要找到某個終極性的表達？你的思考，跟他的異同關係是怎麼樣？

鄧育仁：我對羅蒂的東西沒有讀得很多。在美國的時候，確實讀過《哲學和自然之鏡》（*Philosophy and the Mirror of Nature*），這個書當時是作為教科書使用。在那本書裡，羅蒂讓我感覺，他有一點相對主義的味道。但我不是很有把握，這麼說對他公不公平？而我自己不願意落入相對主義，我認為人間雖然是心智多樣性的，但還是有一些基本底線，是要守住的。

或許羅蒂也會接受這個想法，只是我不曉得他會怎麼接受。第二個是說，羅蒂似乎想要不斷地說服別人，但我會覺得「說服」是可以的，但要看是什麼問題，要看對方願不願意聽，在溝通活動的背後有一個脈絡的要求。我在這本書裡頭闡述，在心智多樣性的情況下，很容易出現深度歧見的價值衝突，若只是想要「說服別人」的話，是一個很糟糕的起點。當然，我大概從他那邊，學到了很多對傳統哲學的批判，大概是這樣。

李志桓：關於「語言」的問題，問到這裡。下一個問題是，鄧老師你陸續寫了兩本書，一個是《公民儒學》，另一個是即將出版的《公民哲學》，我想問的問題是：為什麼你想要寫這樣的書？在我們一般的想像裡，一個受到認知語言學訓練的人，大概也會直接寫一本單純討論隱喻與認知問題的著作，但你卻將隱喻和認知的研究運用在公民哲學上，寫了兩本探討政治哲學的著作。我感覺，是不是在你這個世代的學者，關心國家或社會是一件很自然的事情？比方說，雖然你是學分析哲學出身的，但你對自由主義一直保持著興趣。可不可以談一談這個脈絡？

鄧育仁：有時候，人生就是這樣轉來轉去的。我一開始確實是要從事認知語言學的相關研究。比方說，那時候學界開始有人在談pictorial metaphor（圖像隱喻），而我認為按照相關的理論脈絡，還可以分析出一種pictorial oxymoron，oxymoron就是矛盾、弔詭、雙關、兩可。另外，有一個漢學家陳漢生（Chad Hansen），他主張古代漢語只有不可數名詞，沒有可數名詞，從這裡可以看出中國哲學與西方哲學在形上學思考上的差異，而我後來就從認知語言學的角度，寫文章討論陳漢生的分類可能是不適用的。而且，我還討論過「濠梁之辯」，我認為莊子和惠施的那場辯論，必須用圖像排比的隱喻說理方式來理解。這種說理方式和邏輯的分析不同，對話的雙方好像是在跳舞一樣，你來我往，是用圖像來講出一種觀點、講出一些道理，最後的目的則是要引出實踐導向的智慧，而這大抵也就是中國哲學的論述特色。

李志桓：那後來怎麼又會跨到公民哲學的寫作上？

鄧育仁：是這樣的，我本來要寫認知語言學和隱喻的研究。後來工作越來越忙，自己的年紀也越來越大，等我寫完相關研究，再以這個基礎去討論其他問題，就太慢了，因為想處理的東西實在太多。那我就直接想說，我關心的是隱喻思維，在意象性的思考中，往往能夠凝練出簡潔有力的實踐智慧，它跟西方那種講究邏輯性的長篇論述不太一樣。要怎麼捕捉這個東西，甚至將這兩種論理模式匯合在一起，在臺灣發展一種新的、有特色的論述？那我一開始寫的時候，也不是要寫公民儒學，我只是為自己寫的，就是試著寫寫看，寫幾篇文章，看看有沒有不清楚的地方。不太在意讀者有沒有讀懂。後來碰到楊儒賓，他就說，你要寫這個啊，這個可以叫做「公民儒學」啊！

賴錫三：那時候，較早寫的一篇文章是〈隱喻與情理──孟學論辯放到當代西方哲學時〉，也就是將《孟子》寓情於理的論證，透過隱喻來加以揭示。

鄧育仁：所以，後來我就想下一本書要叫什麼名字？其實我在寫這本書的計畫書的時候，還不是叫做「公民哲學」，是寫到一段時間之後，才意識到可以使用「公民哲學」這個語詞。理由是這個書的寫作視野扣合了更多對於當代情勢的複雜思考，比如美中關係下的臺灣、資源分配與自由民主的衝突、同性婚姻與差異共存。然後，這本書的寫作也有著更多的後設思考，有著更多對於方法論的反省，而且我也會比較關心讀者的反應，因為《公民哲學》這個書不再只是為我自己寫的，它還試圖發展出一種實踐智慧。

李志桓：鄧老師，聽你這麼講，我會覺得從《公民儒學》到《公民哲學》，這中間有一個摸索出來的轉折。一開始的《公民儒學》可能只是在試驗，你已經知道自己想談的是隱喻與認知的問題，也就是一種行動導向

的實踐智慧，只是那個時候你還在找資源，從《孟子》、《莊子》、《墨子》裡頭找資源，只是會找到什麼樣的資源、可以形成什麼的面貌，因為都還走在探索的道路上，就還不那麼確定。到了《公民哲學》這本書之後，我覺得相關的表達已經很確定了，與其說你在關心中國古典哲學的當代新義，不如說你真正表述的是一種徹底的方法論、一種實踐的方法論。對你來說，自由主義、社會主義、科學、醫學、儒學、道家、佛教、民間的生活智慧……等等，都是潛在的公共論述資源，也可以說是，在多元情勢裡，每個人各自的出身觀點、各自的故事地位。在這個基本的情實上，你呼籲一種哲學實踐，要求大家站到「公民論述」的位置上來，在這些「觀點」之間進行調節，使其成為能夠協助彼此找到生活出路的資源，而非只是困住雙方的歧見。我認為，你真正想談論的是這樣一種生活在公民社會裡頭的實踐智慧。

鄧育仁：會很注重這個實踐智慧，是因為我意識到所謂的「理論困境」，理論的困境是羅蒂已經提出來的觀察，就是說，我們有太多各自有效、各自有用的觀點與立場，卻彼此衝突，無法調停。那在寫作《公民哲學》的時候，我就意識到，自己不是要再造一套新的理論。大概可以這樣說，「公民哲學」的確是一個「理論」，但它不能只是「理論」，它更是一種論述的展開、一種能夠「重新框設」彼我觀點的實踐智慧。提出這樣的實踐智慧，是為了平衡理論困境所造成的問題，一個實踐者在展開他的論述的時候，必須引入不同的資源，不斷檢視雙邊或多邊的故事脈絡，藉此，你的這個實踐智慧就可以更貼近當代，某個意義上，它會變的更深刻、更豐富，能夠延伸的更遠。大概有這樣的想法在。

賴錫三：在這裡，所謂的實踐智慧，鄧老師能不能再具體描述一下？因為一般讀者未必能夠馬上抓住你的意思。

鄧育仁：關於「實踐智慧」可以這樣來看，因為我是做哲學研究的，在臺灣，哲學有一個很重要的文化傳承。我相信，在廣義的政治領域裡面也是

這樣的，它以儒學傳統爲主導（但不限於儒學），類似這樣的文化基因一直還在。當然，有人可能會反對這個說法，只是我覺得，如果我們把自己和西方人放在一起生活，這裡頭的差異或傳承就會很明顯地突顯出來。

站在臺灣這個位置上，觀察美中關係、觀察古典與現代的張力，我把這些衝突想像成：在兩個文化傳承中，其最精華的部分要怎麼重新對話、融合出一個具有時代意義的觀點來？在這裡，我總是思考說，什麼是對臺灣最有利的？首先，你得認清楚自己的文化基因，比如：我們可能是一個以儒學爲主導的文化傳統，當然其中還包括道家、佛教等等其他資源。另一方面，你還要知道，現階段我們受到重大影響的文化傳承來自哪裡？比如美國和日本對臺灣的社會文化樣貌就起著很大的形塑作用。我會覺得，去瞭解這些我們就身處在其中的不同情勢與資源，對臺灣本身是一件很重要的事情。一個國家的民主憲政，如果不是在其文化傳承中展現出來的，這種民主憲政往往會越來越膚淺。這就是我所謂的「實踐智慧」，必須在不同的資源與觀點之間，重新框設、持續調節出自身的位置。

我覺得，哲學工作者就是要投入這樣的思考，而我自己也願意思考這些問題。我相信也有其他人是這樣想的，而我自己選擇的做法，就是將一些古典文獻拿出來檢視，審視其中可能蘊含的觀點與資源，然後考量它們跟當下已經在發生作用的其他資源之間的競合關係。當然，你可能會問說，爲什麼要挑這些經典文本？因爲它們大抵通過了歷史考驗，即使放在當代，仍然是菁英養成與庶民生活背後的文化基因。當然，我挑的對不對，是可以討論的。再說，這個檢驗的標準，是放在如何與當代處境（特別是美國的民主路線）進行調節與對話來決定的。我想，若是這樣來看待「實踐智慧」或「公民哲學」，就能夠瞭解它對現下的臺灣社會和民主價值有一種反省與批判的作用在。

那第二個就是說，現在新的冷戰局勢降臨，老共飛機常常飛來飛去，這本書我也期待讓老共那邊看到說，有一種文化的傳承跟再出發的可能性，不要總是用集權或威權的方式來處理問題。在中國文化的傳承裡，不

會只有那種王權制度下的話語，它也可以進入當代，和民主路線進行彼此的調節與思考。當然，我的這個期待可能是比較小的，但我總覺得，如果做得好的話，可以提供作為未來出路的參考。

賴錫三：在這樣的「戰略」點上，我感覺鄧老師你的思考和表述是很特殊的。用你的另一個概念「在地實踐」來說，文化傳統是我們在思考臺灣社會新興民主面貌的時候，不可能去避開的資源。然而，對一些從事政治實踐與理論建構的自由主義者來說，文化傳統卻不是那麼顯眼、那麼必須要的資源，甚至反而是要被批判轉化的意識形態。比方說，我們昨天跟萬毓澤的對話，他也講在地實踐，是從臺灣民主在地實踐經驗中的「審議式民主」內部引伸出來的，這和鄧老師你所說的「在地實踐」，有很大一部分是指整個傳統文化和漢語哲學所留下來的資產。這當中仍然有相當值得觀察的差異在。

鄧育仁：嗯，或許可以這麼說。我在思考這個問題的時候，跟萬毓澤的切入點不完全一樣。第一個層次，我之所以會比較重視文化傳統，是因為在美、中關係的衝突下，我認為臺灣未來的關鍵性問題，並不掌握在臺灣自己手上。你仔細來看，在臺灣雖然有很多糟糕的事情在發生，大家經常吵吵鬧鬧的，但基本上還是相當文明的，沒有惡化到那種無法收拾的地步。這個情況相當於我所說的多元歧見，也就是觀點差異下的善、善衝突，它還沒有演變成善、惡對決，甚至惡與惡的對抗。然而，臺灣的未來處境，其關鍵是：在美、中衝突下，中國究竟會怎麼對待臺灣？在這個時候，如果臺灣能夠提出一種調節「西方民主」與「文化傳統」的論述，那麼就可能帶來一些轉圜的餘地。我的意思是說，如果有一天中國開始尋求改變，而臺灣正好已經累積相關的實踐經驗，那麼，我的寫作正好就是對這樣的臺灣經驗進行論述與解釋，並且提出一種可供實踐的調節方式。如果這能夠給中國帶來正面的影響，對臺灣也是比較好的。

　　另外，我大概也能瞭解，萬毓澤所提倡的那種在地智慧。以前我在國

科會曾協助推動人文創新與社會實踐的相關計畫，就是說要走入基層，如同大企業有它的社會責任，生活在大學裡的知識分子，也必須走進社區。特別是去關注那些在資本主義經濟體制下，相對較為貧窮落後的地區。而且，這種大學與社區的結合，不是指導性的，而是共學、共同學習、共同來做。只是我還不太知道怎麼去連結或發展相關的論述。

賴錫三：我用「戰略」去描述你的這兩本書，是因為放在美、中這個架構去觀察臺灣的位置。我們大概知道，臺灣的生存處境必然跟中國大陸發生關係。如果臺灣對中國政治體制的批評，只是一種外部的批評，比方說：某些自由主義者所呼籲的以民主取代集權，在中國內部的聲音就會認為，你這種論點只是要全盤地移植西方價值，忽略了在地的差異，而我們中國傳統內部本身就有很多其他的資源，更何況現在美國或者西方的民主顯然也出現了不少問題。從這裡來看，你這本書有一個戰略點，就是說你不但不排斥傳統資源，你其實也不是直接回到儒學，不是要以國族主義、復興文化的方式去對抗西方。你是把這兩個東西結合在一起來對話，我相信，這種講法較有可能打開一個裂隙，讓中國的知識分子比較願意敞開一點對話契機。在這一點上，我覺得是有戰略眼光的。

鄧育仁：沒有錯，大概是這樣的。而且我在想說，如果有一天，中國那邊言論比較自由了，各種多元的價值觀點就會冒出來，於是他們也不得不面對這樣的問題：在命運共同體中，不同的想法、不同故事地位，彼此之間如何調節共存？那在這裡，或許我們可以提供一個可參考的經驗。我也不知道未來會怎麼樣，但就是說你剛才講的，絕不是用西方那一套來要求你，西方有它的優點，也有它的缺點，而古典資源這邊，同樣有它的優點與弱點，在這樣的情況下，要怎麼找出一個對人類文明有意思的做法，這是我感興趣的。從土地、人口、經濟規模來看，臺灣是一個小國，而偏偏它又處在一個很特殊的位置，剛好是全球情勢的折衝點，我們這一代的哲學工作者，可以善用這特殊的處境，來思考與發展對人類文明有貢獻的東

西。

李志桓：聽到這裡，我想做一個釐清或定位。你剛才的回答，可以幫助我們理解「故事地位」這個概念。為什麼在你的寫作裡面，傳統文化和古典資源一直被用進來，因為你已經發現：我們的故事地位的形成，離不開我長大的地方，不管我喜歡或不喜歡這些傳統資源，不管我看不看得到它的好處跟壞處，它已經隱隱約約形塑了我看待世界的方式。所以，當我們在思考民主的時候，也就不再只是「要求平權」這麼抽象和平面的問題，它必須有一個對話的過程，我必須回到我的文化脈絡裡，才能夠比較恰當地思考如何重新編織出新的脈絡。再者，思考臺灣處境的時候，必須放在兩岸的關係裡，甚至放在全球的情勢裡去思考，也就是說，我的故事地位不是現成的、不是絕緣的、不是優先的，它有一個相偶的互動結構，必須透過互動的關係才能疏通我的故事地位。

鄧育仁：你講的沒有錯。但有一點我要澄清一下，平權也不是那麼平面和抽象的，它背後有一套系統性，甚至有不同的政治論述在支撐。在西方，從歐洲開始，一直到美國，關於「自由平等」和「脈絡差異」要怎麼結合在一起的思考，一直在發展中。所以，這裡的重點還是說，我們必須正視持續發生在臺灣這片土地上的幾種文化脈絡的傳承，比如說：中華文化在臺灣一直是根深蒂固的，但臺灣其實也一直處在全球化的浪潮裡，三、四百年間，荷蘭人來了、西班牙人來了、鄭成功來了，日本人、美國人都來了。我的學術訓練是從歐美觀點這一塊過來的，所以，我會去想說他們的優點在哪裡？對平等權的論述在臺灣要怎麼繼續發展？這是我想要試著去做的。

李志桓：說到這裡，我想要銜接一個概念進來。當你說到「故事地位」是可以打開的、是脈絡不斷改寫的，這讓我想到賴老師和何乏筆（Fabian Heubel）他們在講的「跨文化」。相關的意思大概是說，以前我們喜歡講述的是比較文化、比較哲學、比較文學，討論我擅長什麼、你擅長什麼，

各自有什麼優缺點？但是「跨文化」就不一樣了，它比較像是你所說的，故事地位可以重新打開、重新脈絡化，因爲「跨文化」意味著：某一些文化概念是我可以學習的，另一些文化概念是他可以學習的，戰略位置本身就是由不同的東西交織混雜在一起，不再是單一種文化。雖然是拼裝的、非本質的，但它卻能夠提供活路，讓我們找到生存下去的方式。

鄧育仁：也許我把範圍縮小一點，作爲學術研究來講，我會走到這一步。其實我不太在意資源是哪裡來的，如果它可以幫我思考問題、調節問題或解決問題，我會說：這都是好的資源，值得我們善加使用。所以，使用各種不同的資源，並不是要去掉臺灣自己的脈絡，而是臺灣本來就穿梭著各種不同的脈絡。或者也可以這麼說，波柏（Karl Popper）曾經提出 minimize suffering、最小的苦難原則。他用這個講法來對比效益主義的思考，後者認爲我們必須追求最大的效益、最多人的幸福。這個效益主義的傳統，在目前的英美世界裡，影響力還是很大。那波柏就從反面來說，重點不在最大效益，重點在最少的苦難。每次，我在思考這個問題的時候，就會想起儒學或者《老子》的相關說法，當你講到「最」的時候，眼前確實可以看到明顯的效益、可以獲取我們想要的東西，但是它背後好像藏著一個災難性的後果。比如說，追求最大的經濟效益，現在就可以看到環境被破壞、氣候在變遷、海洋到處都是垃圾。我把它叫「最字輩」的困境，其實最大效益，是不太可取的。在政治上不可取、在公共政策上不可取，在文化和思考上也是不可取的。

　　嗯，只是說對比於最大效益，這個「最少苦難」要怎麼思考？其實，我覺得用「最」好像也不是很好，後來想想，應該是說「減少」比較好一點，因爲我們一旦用「最」來思考，它還是在追求一種效益。不知道錫三你會怎麼想這個問題？

賴錫三：我們昨天在海邊喝咖啡時有聊到類似的話題。因爲這個「最」，它背後隱含一個強烈的目的性，有一個比較剛強的「最賢」主體，要求達

到「最大」的效益。這樣的追求方式常常離不開人類中心主義或是自我中心主義，它很容易導致《老子》所說的「爭」。有時是人我之間的好勝爭強，有時是意識型態的鬥爭，有時甚至是人類你死我活的戰爭。長期下來，這種做法反而會導致全盤皆輸，因為你的故事跟他人的故事是連動的，人類的故事跟生物多樣性的故事也是連動的，如果人沒有想到自己是跟整個存在世界相互連動，只看到人類自身的最高利益，那麼就會造成其他物種的災難、生態的浩劫，導致全盤皆輸。在我看來，你所說的這種最小苦難，其實也就是意識到「共生」的問題，它不是要達到某個終極目的，而是一直在「除病」。化除掉那種以自我利益為中心的增強爭勝所導致他人身上的苦難。當你發現別人在受苦時，你就必須調節你的故事，去感受他的感受。過去人們曾經相信，經過大革命之後，樂園就會來臨，經由一個宏大的革命敘事，社會可以走向烏托邦，而波柏（Karl Popper）就批評這種想法最終只會帶來更多的苦難，而我們能做的，其實就是點點滴滴地去減少眼前的苦難。這裡有一個柔軟而且務實的態度。相對於意志的增強，這裡有一個很柔軟的、一直感受到你跟他人的故事共在的共生態度。你剛才的描述，跟我們昨天在海邊聊到《老子》那種「不自是、不自見、不自伐、不自有功」的「柔弱勝剛強」思維，好像是可以呼應的。

鄧育仁：大概是這樣子，就是說我一聽到最有效、最怎麼樣，就會有一個警覺。其實夠好就好了，這樣苦難就可以減少。所以，我盡量不使用「最」這個字，因為物極必反、亢龍有悔啊。

陳慧貞（中山大學中文系博士候選人）：我剛剛一直聽下來，其實蠻有感觸的。當老師您談到臺灣由於特殊的地理位置，以及您個人求學成長的經歷，同時生長和容納和生長著兩邊的文化資源，包括中國傳統文化和美國的民主價值。而您的努力大概是希望把兩邊變成能夠相互溝通的思想資產。

在這裡頭，我瞭解到一個最核心的概念，就是您所強調的「故事地

位」，我們要學會尊重他人作爲個體生命中的主角，尊重他所展演出來的，屬於他自己獨特的人生故事，即便這樣的故事和經驗，跟我的想法不一樣，跟我產生了歧見。我聯想到的是，這些年，臺灣一直在訴求「主體性」，包括我從小受到的教育，也是要形塑中華民族的主體性。在我的感覺裡面，這種關於主體性的論述，一方面當然要突顯自己的「故事地位」，也就是自己作爲主體存在不可被化約的獨特性，另一方面它的敘事又要形成一種很強大的認同感和凝聚力，才能把大家團結在一起。這裡可能就有一些矛盾和弔詭，它既要求獨特性，卻又要形成認同感。我想問，老師所提到的「故事地位」，要怎麼跟這種主體性的論述放在一起思考？

鄧育仁：我先做一個坦白的承認，就是我在論述的過程當中，一直刻意迴避主體性的哲學意識，因爲我的感覺是，我們活得好好的、這就好了，不必刻意去強調我自己的主體性。怎麼說呢？我們有這樣的身體，我們都是天地之間的一種生物，但不需要特別去強調自己的重要性和獨特性。我總覺得，確立主體性，就是在強調自己有多獨特、自己需要被看見。這是我一直迴避談論主體性的原因。在這本書裡，我嘗試講生生、講故事地位、講公民地位，然後講命運共同體，將個體與個體視爲一種連動的關係，不去孤立地談主體性。如果一定要我談主體性的話，我一定會說，先從「人與人之間」談起，不要從「我的主體性」談起，這樣談的話，很容易滑落到一種自以爲了不起，或者排外的那種傾向。也就是說，如果要談主體性的話，就是從相互的主體性談起，承認自己有值得珍惜的東西，別人也有他值得珍惜的東西，而我們就活在「命運共同體」的連動關係裡頭，而且是一個價值多元的共同體。

賴錫三：鄧老師，你用了一個比較原則性的方式回答了這個問題。但我想，慧貞會這麼問，有她背後的關懷和焦慮。昨天我們談到陸生的問題，慧貞就是那種，本來在大陸念書，大學時候對臺灣有仰慕之情，來到這裡交換，研究所在香港那種自由環境底下讀碩士，然後博士班又來到臺灣學

習。而且,她也在臺灣四處遊歷觀察,對八○、九○年代的臺灣有一種懷舊和嚮往的情感。她常常看到,臺灣社會良善質樸的那一面,我經常笑她說,她回中國大陸後有機會變成知臺派。我的觀察是說,像這樣的陸生,他們會帶著臺灣的生活經驗回到大陸。那時候,他們一定會說,臺灣是個很可愛的地方,環境很多元,卻能夠彼此尊重,願意交換意見,和睦共處。原先,我認為他們可以扮演政治語言之外的另一種和平使者,傳達在臺灣的實際生活經驗與人情溫暖。可是這幾年下來,陸生們大概也感覺到了,氣氛正在改變,臺灣在建立主體性故事的時候,因為要斷開與中國大陸或中華文化的連結,出現了一種排外的氛圍。

所以慧貞的問題,有一點像是楊儒賓老師對「中華民國─臺灣」的關係性思考。楊老師大概會認為,臺灣的處境離不開相偶的結構性問題,在「美─臺─中」的交纏關係裡,除了美臺關係之外,兩岸關係更是必須被納入考量。思考臺灣未來的命運,不可能跳開與中國大陸的文化連續性和地緣政治的關係性。如果臺灣只是自顧自地重新敘事自以為的主體性故事,就很容易讓自己落入危險裡頭。慧貞作為一個陸生,她已經敏感地察覺到,有一些奇怪的氣氛正在改變。然後,當她聽到你說,歧見是可以調節溝通的、臺灣處在一個調節美中立場的戰略位置、這裡頭可以談出一種實踐智慧,我想這些說法,慧貞聽了一定很有感,希望讓鄧老師多講一些這方面的思考與觀察。

陳慧貞:我對「故事地位」這個用語的理解,就是說我們要去聆聽他者。當它被放置到一個地區、一個民族的脈絡去思考時,就意味著作為自身故事的主角,我要對我自己的生命,或者對我這個地方有一個承擔。就我觀察,臺灣在建構主體性論述的過程裡,有一部分的故事論述是需要釐清的,或者應該這麼說,其實我們都是從自己的視角出發,去表達自己,在這裡頭不可避免地,會看偏一些東西、會放大一些東西。我好奇的是,臺灣在塑造這種主體性的過程中,是不是有可能為了突顯自己的獨特性,刻

意地強化、渲染了某部分的歷史論述？而如果從老師您所思考的故事地位出發，我們怎麼避免這種自我放大所帶來的盲目？現在聽起來，老師您大概的意思是說，要從一個人的生命歷程去掌握「自我」這個概念，也要把「自我」放在一個更大的範圍裡頭、放在互動的脈絡裡頭來理解，這樣才能反省，單獨談論主體性，所可能帶來的盲目或缺陷。

鄧育仁：沒有錯。我這樣講，可能有一些很重視主體性論述的學者會不太滿意。不過，我想以後遇到了，再來看看可以怎麼談。除了剛才講的之外，我一直覺得，現階段的「政治主體性」論述，總是跟「民族主義」綁在一起。但我會覺得，在中國現階段需不需要這樣談，這可能要由中國的學者來判斷，但至少在臺灣，我認為不應該去發展民族主義。臺灣應該從故事地位、從公民地位來承認多元價值，然後從中展開「共同體」的相關論述。如果把這個講法，放在美中臺或者兩岸關係裡，這個共同體就一定不會只是臺灣，一定不會是說自己比別人更了不起，而是說，我們自己覺得珍惜的是哪些東西，同時也要看到別人珍惜的是什麼東西。如果我有我的獨特性，那我也要注意到別人的獨特性在哪裡，大概是這樣子。

關於民族主義，還有一種談法，civic nationalism，翻作公民民族主義，它的想法和我所思考的共同體，可能比較容易溝通。那實際上，我也一直沒去批判nationalism，因為輕易地批判別人，就沒有機會去溝通調節了。或許可以這樣來看，目前我所做的，就是思考有沒有更好的替代方案，大家來參考一下，如果願意聽聽我們說的話。

陳慧貞：昨天聽老師的演講，尤其在談到聆聽的時候，我覺得老師有一種很柔軟的、同理心的關懷。就是說，這個聆聽，其實不是要聆聽高位者、聆聽占優勢的人，更多時候我們需要聆聽的對象，可能是弱勢或邊緣的群體。那我想問的是說，在聆聽、在協商的時候，具體的互動關係是不是更複雜的？比方說，它可能涉及了妥協，或者代替別人去說出他們不知道怎麼說出來的想法。我再打個比方，如果協商的現場，一邊是農民工，另一

邊是企業家或農場主，兩邊的身分不同，各自能掌握的生產工具和資源不同，在我看來，這個立足點的差異，一開始就決定了相互對話與彼此理解是相當困難的。一般而言，弱勢族群，在表達自己的能力上與表達的空間上，是不足的，甚至是缺乏意識的，或許也不知道這裡頭是不公平的、是能夠協商爭取的。即便感受到了壓迫與苦難，也不知道怎麼使用「合乎理性」的語言（合乎大家期待的語言），來表達自己的訴求，於是往往只是被貼上情緒、野蠻、反理性的標籤，草草收場。所以，我總感覺，對話的現場，是極為複雜難料的。

鄧育仁：是的，不管在哪個地方，弱勢群體的聲音，通常是不會被聽到的，即使他發出了聲音，也是有聽沒有到。我想，在這裡就可以看出「制度」的重要性。擁有權勢和資源的人，可能會做出很可怕的事，就是說，他會認為我這樣做是對的，弱勢的群體應該聽我的，按照我的想法去做，結果對大家都好。在這裡，我會從制度的建立和權力的節制來思考，由制度規範來提醒我們，必須尊重每一個人、必須關照到每一個群族。那當然，在這裡頭，還有你所說的溝通的困難，要瞭解一個人、要瞭解一個族群的處境與心聲，需要長時間的耐心與投入，其中包括：信任與默契的建立、彼此說話方式的學習與調整、甚至需要學者在其中進行研究與分析。所以，我同意你說的，有時候，弱勢群體講不太出來自己的困難，而我們聽了也聽不懂，也不知道該怎麼做。那麼，所謂的聆聽，可能只是一個表態、一個起點和態度，說明我願意去聽、提醒自己必須去聽。那另外，我的感覺是，協商是一個動態的過程，雙方都會彼此學習而有所調整，它未必是張力很大的「妥協」。一般我們會說，「妥協」的意思是，雙方都不願讓步、彼此對抗，在沒有辦法的情況下，才不得不妥協，而內心卻未必服氣。可是，我會覺得，真正的調節溝通，不會停留在妥協的狀態，而是彼此在一定程度上，都被對方給轉化了。

賴錫三：昨天，洪世謙和萬毓澤都隱隱約約地提到這件事情，就是說他們

會認為：調節「深度歧見」，這個做法感覺起來，好像很害怕衝突，是一個非常柔和的態度。你昨天的回答是說「該柔則柔，該剛則剛。」但我覺得這背後還是有它的張力在。對洪世謙和萬毓澤來說，社會運動、衝突和鬥爭，是有正面意涵的，它可以不斷促成改變，是一個必要的行動邏輯。比方說，極端化、polarization有時候不是不好，極端化在某些情況下是必要的，也是策略性的，它可以製造動能，讓少數的聲音願意集結起來，快速被看見。而有時候，我們也必須藉助衝突或鬥爭，才能夠打開邊界，讓那些太過固定的原型論述被重新審視。但是，在你所描述的深度歧見裡面，似乎一直想要以某種更柔軟的方式去調節分歧，讓這些東西不要變成兩極化，可是這是否低估了政治運動的實際狀況。昨天的回答，沒有給你足夠的時間，可以嘗試再做回應嗎？

鄧育仁：嗯，我可能會在下一本書，展開更多說明，在這裡，我先做一些回應。調節不一定都是柔性的，也不是害怕衝突，因為「公民哲學」就是要來調節衝突，怎麼會害怕衝突、害怕兩極化呢？我所在意的，其實是另一種狀況：有時候，明明只是善善衝突，卻被彼此當作是善惡的對立衝突。而這種我對、你錯的狀況一旦發生，就很容易演變成惡惡衝突，手段上越來越不節制，甚至合理化暴力的手段。在美國，一些越演越烈的衝突情況，不就是這樣發生的嗎？人間的善善衝突，有時候就是會惡化，把對方當作是惡意的，一直覺得對方都是不講理的，只是這樣一來，就沒完沒了了。那我會感覺說，很多時候，在衝突背後，只是故事地位的不同，只是善與善的衝突，在歧見出現的時候，就用調節的方式去處理它，避免讓它掉入善惡對立，甚至必須訴諸強力手段的惡惡衝突。

　　面對歧見，西方確實有很多論述資源，比如：civil resistance，公民抵抗。它會說，如果情況惡化到一個程度，我是不是可以破壞公共設施，我不打人、我不搶商號，我只是破壞公共設施，來表達我的不滿。確實有這樣的論述，在香港，陳祖為教授就在思考，這種公民抵抗可以做到什麼程

度。但我自己會覺得，如果「公民哲學」的分析是有效的，在訴諸比較強硬的破壞手段之前，讓大家看到這很可能只是故事地位的差異，只是善與善的衝突，它可以用調節的方式，就獲得解決。當然，我不是說，兩邊一定可以達成共識，而是說，有沒有可能避開惡化的狀況。

賴錫三：你剛才的回答已經更進一步表述，在很不得已的情況下，你沒有排除抗爭活動，但是在一個相對比較理想的狀況下，我們應該做的是預防，讓不得已的情況盡量不要發生。那問題是，要怎麼讓這種極端的情況不要發生？我用夫妻關係來類比，夫妻關係不可能不吵架，不吵架的夫妻關係很可能近乎哀莫大於心死。所以真實的夫妻關係，有時候會小吵，有時候會大吵，「吵架」也是更新彼此關係的turning point。小吵，可能是覺得自己的故事沒被聽見；大吵，可能會帶來雙方關係的死而重生。兩個人的關係經過這樣的小大衝突，也就是一個不斷改寫、不斷進入對方的磨合過程，而這也可以呼應洪世謙和萬毓澤對於「衝突」的重視。不可能沒有衝突，衝突也是變化過程的一部分。但是，如果一對夫妻，無時無刻都在吵架與衝突，這樣的婚姻離戲劇化的收場也就不遠了。講到這裡，我立即想到一部經典電影《玫瑰戰爭》（*The War of the Roses*, 1989），它其實就是在講，一對夫妻從年輕時候相戀很深，到後來形同陌路，仇恨、傷害、報復對方，最終一起將對方逼上毀滅的故事。這是一個令人百感交集的故事，從原本最能夠分享故事的兩人，發展成生活裡到處有歧見，最後變成深度歧見，甚至走向毀滅性故事。我就想說：你要做的事情，所謂的調節歧見，是不是就是要避免這種面對問題的極端解決方式？其實在日常生活中，我們每天都必須面臨各種大小歧見，這本身就是一個不斷微調的學習過程。

鄧育仁：聽你這麼說，我大概可以抓到兩個關鍵。一個就是說，不要以為衝突可以徹底解決，或者徹底調節，這是不太可能的。深度歧見就是深度歧見，你不要以為你可以把它解決掉，如果你要把它徹底解決掉，最後往

往會引來相互毀滅的結局。第二個，如果調節的方案是可取的，面對「深度歧見」的時候，我們不是在解決衝突，我們是在善用衝突，在衝突裡頭，找到彼此故事地位的差異。然後，在面對衝突的時候，我們應該要避免兩件事情，一是不要訴諸暴力，因為一旦能夠理解雙方的歧見，來自於善善衝突，就可以用文明的方式來調節。二是不要變成冷漠，漠視是很可怕的，你要打擊一個人，不是一直去打擾他，而是不把他當一回事，不再把他當作「我們」來看待。

李志桓：最後一個問題，我們知道，會有今天這個訪問、昨天的演講以及在臺大那邊的讀書會，是因為「臺灣莊子學」的社群正在探索發展「公民道家」的可能性。而這幾場活動下來，我們也發現，這裡頭似乎有一些理路，是可以接通，可以相互補充說明的。那現在，我想反過來問你，老師你怎麼看待「公民道家」這個課題的發展？另外，在這一系列的對談之後，對你現階段的思考和寫作，是不是也發生了一些改變？

鄧育仁：我先從對我自己的影響談起。在這之前，其實我是熟讀《莊子》的，只是我不太敢直接去寫，特別是專門地去寫它，比方說，直接討論〈齊物論〉在講什麼。那另外是說，《莊子》的一些表達和它的傳統註釋，有時候真不好理解。可是，《莊子》文獻就是充滿很多智慧跟洞見，在《公民哲學》裡，我就引用在大地上走路的那個譬喻，去反駁自由意志的講法。那也確實是在跟你們往來之後，我才越來越確定，《莊子》在我身上的影響。比方說，就是在這些讀書會的閒談過程和觀念實驗中，我才慢慢理解，傳統註釋裡的「天道」可以放在人間來看待，以前我不太注意這個的，也不知道你們已經做到這個程度了。說起來很有趣，我本來是從儒學出發的，怎麼突然之間，所有的問題意識都接往《莊子》去了？不過，就像前面我在談到美中臺三角關係的時候說，不要有固定的立場，在寫作的時候，就是要善用各種資源。而我自己確實也越來越清楚，我對「公民哲學」的思考與寫作，可能受到我自己過去閱讀《莊子》的影響，

只是我一開始不是很清楚這件事情，反倒是在跟各位的互動過程裡，才逐漸意識到這條線索，這點是我必須承認的。所以，我現在一直想找時間，重新回去閱讀《莊子》。

再來，就是對「公民道家」的觀察。我只有一個想法，就是可以從公民道家出發，但不要執著於「道家」這個名相。會這麼說是因為，以前我在寫《公民儒學》的時候，常常被質疑：你這個講法對儒家有什麼貢獻？我就回答說，對「儒家」本身沒什麼貢獻，但如果我們把「儒學」當作一種從未消失的文化傳承，我想那個書的寫作，就是把傳統的實踐智慧放在當代民主和價值多元的處境底下試驗，看看它能夠展現出什麼樣的意涵，能不能幫助我們面對正在遭遇的深度歧見的困難。

賴錫三：鄧老師，謝謝你接受我們的訪談。我感覺，你很適合這種密集度很高的訪談，在這樣的訪談裡，能夠呈現你思路的敏銳，而且你也把很多思考的細節講得更到位了。如果這是你所說的閒談，這個閒談是很有效果的。

公民哲學與深度歧見：從臺灣「同性婚姻」爭議談起

時　　　間：3月24日（週三），下午2點-5點，8004會議室

講　　　者：鄧育仁（中研院歐美所所長）

與　談　人：楊婉儀、洪世謙、賴錫三、萬毓澤、游淙祺、莫迦南

逐字稿整理：李清水

校訂補注：李志桓

游淙祺（中山大學哲學所）：真的非常榮幸，能夠邀請中央研究院歐美所所長鄧育仁老師。他的學術成就非常高，發表了很多高品質的論文。很榮幸能夠邀請他今天來跟我們分享公民哲學。這也是鄧育仁老師最近幾年努力推行的哲學運動，鼓勵哲學家不要閉鎖在自己的狹小空間裡面，而是要走向社會、走向大眾。那他今天所要談的這些問題，其實是非常嚴肅的問題。等一下，也會有幾位老師來一一地做回應。

在這之前，我也用這個時間表達一下我個人小小的感想。也就是說，在我們現在這個時代，我們每個人常常會遇到一些個人切身的問題，令人感到困擾的問題。比如說，前一陣子我跟賴錫三老師提到家裡面若有長輩過世，家產要怎麼分？唉呀！前一陣子我到戶政事務所申請一個資料，然後看到戶政事務所裡面寫一個牌子，它寫得很冷、很冷靜。意思就是說：「各位要注意，所有子女都有權利分家產」。我看到這個句子，就冒冷汗。為什麼呢？不是只有兒子才有權利，女兒都有權利。這很顯然跟我們的傳統觀念是相牴觸的，過去我們都認為女兒嫁出去了，是沒有權利的。那現在流行這個觀點，或者普遍接受法律所賦予每個人的權利。像是這樣的情況，我們這個年紀的人最尷尬，上一代的人有上一代的遊戲規則。到

了我們這一代，法律告訴你一套規則，傳統觀念又告訴你一套規則，兩個打架了，該怎麼辦？講實在的，真的無所適從。我想這個時候，正好可以開始做哲學思考，反省一下我們的習慣，想想我們心目中理想的、好的規範應該怎麼重新建立。今天，鄧老師就是要來告訴我們這個藥方。現在，我們來歡迎鄧老師。

鄧育仁（中研院歐美所所長）：首先，很感謝邀請我來中山開這個座談。今天，我來談「公民哲學與深度歧見：從臺灣『同性婚姻』爭議談起」。「同性婚姻」這個議題，在臺灣已經爭議了好多年，有一些具體的措施出來了。不過，這個爭議其實還在。除了這個議題的重要性之外，我也用這個議題來檢驗我們做哲學研究的人怎麼思考。以下，我會跟各位談談這個議題的理論與背景，還有相關的方法論，以及從事哲學研究背後的態度和思考。大致上，我會從這裡開始談起，談到一定程度的時候，會借鑑美國的討論來作為一個參照，再切到我們的議題。整體的布局，是這個樣子。

首先，我要跟各位報告，「公民哲學」是最近幾年來我想倡議做哲學的方式，或者至少說是其中的一種方式。這個做哲學的方式，是針對「深度歧見」而來的思考（等一下我會跟各位報告，什麼是「深度歧見」）。然後，今天會來這裡，有一部分就是因為「深度歧見」的問題。錫三以前曾建議我要好好閱讀《莊子》，果然，〈齊物論〉裡面就談了很多「深度歧見」的問題。不過，今天大概不會有多少時間去談我的《莊子》讀後報告，但是會跟各位談怎麼從「深度歧見」看待同性婚姻的爭論。

首先，我先用一個定位，用「多元價值」與「命運共同體」來做這個定位。我發現這麼一個事實，回想過去在臺灣生活這麼多年，常常聽到一種政治想像，就是說「臺灣是價值多元的社會」，這是很重要的政治想像。其實觀察下來，的確，臺灣社會有各種價值觀點在裡頭競爭。多元有它的好處，但一個很基本的人間制度是這樣：沒有一個東西只有好，沒有壞。也就是說，多元價值有它很好的面向，但有時也會引起衝突（等一下

我會跟各位講，這是由「深度歧見」而來的衝突）。第二，我在臺灣生活著，常常聽到以「命運共同體」來作爲臺灣社會的政治想像。「公民哲學」就是企圖把這兩個概念結合在一起。那結合在一起的時候，當然會做一些哲學性的反省，從哲學的角度來反省在臺灣的政治情況下，所謂的多元價值，或者命運共同體，是怎麼一回事。此外，也不能僅限於臺灣，要從全球的局勢來想問題，從全球視野的角度來看臺灣。

　　目前對臺灣的命運而言，最重要的是美中關係。2020年的美國總統大選，可能是指標性的轉振點。選擇這個圖像切入是因爲：美國跟中國之間很明顯有價值衝突，它不只是制度的衝突、經貿的衝突、利益的衝突等等。它背後還有價值觀的衝突，在這個價值觀的衝突當中，各位可以看到，大抵還是在下西洋棋，還是按照美國的遊戲規則在進行。也就是說，是以美國爲主導的、國際既有的現行規範來進行，而不是用中國共產黨，或者中華人民共和國他們想要推展的方式來進行。這是目前的局勢，那臺灣夾在中間，該怎麼辦？我大概是用這樣來定位、來思考問題。在這樣的思考之下，我的想法是這樣：我們不要太從民族主義（nationalism），或者過度強調愛國主義的那種立場下手，而是從公民的角度出發。從公民的角度出發，一開始就會碰到「多元價值」，並且把「命運共同體」納進來思考。結合「多元價值」與「命運共同體」，以公民的視角來展開跟約束，將臺灣的政治想像落實爲具體的理念及論述。這是我目前在進行的工作。

　　什麼是我所謂的「多元價值」或「價值多元」？問題大概是這個樣子，在任何有衝突的議題裡面，你主張什麼、你有怎樣深刻的洞見、你背後有怎樣的論述連結或者理論支撐，只要你抬起頭來，都可以預期你的對手也有他的主張。他的主張與你的主張，是相衝突的。他也有一套論點可供論述，背後也有一票理論來支持。這種衝突，我簡化來講，叫做「深度歧見的衝突」。那進一步怎麼講，等一下談到同性婚姻的時候，再仔細說明。現在我想突顯的是說，這樣的衝突，不只是深度歧見的理由衝突，其

實對當代在做哲學論述的人來講，也是一種理論的困境。深度歧見，不只是一種歧見的衝突而已，它背後是一種理論的困境。這個理論困境是這樣，每一個人不管他的價值觀點如何與我們不同，都可以在歷史上或當代找到一套理論來支持他的觀點。現在，幾乎是這個樣子。你如果活在兩千年前，你提出一套理論，應該是理論匱乏的年代。你能夠提出一套理論，就對學術非常有貢獻。但是在當代呢？問題不是沒有答案，而是有太多答案。而每個答案背後，都可以找到理論來支持它們。我稱之為「深度歧見」，在學術上變成「理論的困境」。在思考理論困境的時候，我們有一些實踐智慧可以拿進來用，將這些實踐智慧，與民主和其他價值放在一起考察論述，可以做出進一步反省。

再來一點，我要說明的是，剛剛提到「多元價值」與「命運共同體」結合起來，然後以「公民的視角」來展開論述，我把這樣的哲學思考稱作「公民哲學」。因為我發現「公民哲學」這個用語，目前沒有人使用，在跟幾個朋友討論之後，就決定使用「公民哲學」來指稱這樣的論述。那第二個就是說，這個「公民哲學」也不是憑空想像出來的，它批判性地承接自德沃金（Ronald Dworkin）關於「政治共同體」的論述，而在公民這個部分，則是批判性地承接羅爾斯（John Rawls）的一些觀點。但這些脈絡詳細講下去，會花不少時間，今天我就把它跳過去，只做這個簡單的交代。

從哲學史的角度怎麼定位「公民哲學」？以西方哲學來講，在古典時期，神話開始從公共論壇中退位，人們開始追求神性般的智慧。那時候的第一哲學是形上學，也是最基礎的哲學。在古典時期，你在生物上是人，但未必擁有人的身分，你的首選也不是自稱為「人」，而是自稱為Spartans。一直到了啟蒙時代，人們才開始意識到：每一個人都應該擁有人的身分。這時哲學的工作就變成了拓展人性的智慧，知識論成為了第一哲學。你若要進行好的哲學論述，就要通過知識理論的考驗或檢驗，才能夠深入地去探討問題。而現在，到了二十一世紀，你不必奮鬥、你不必努

力，大概就能擁有公民的身分。若沒有一個國家的公民身分，現下你就成了難民，會很慘的。原則上，人人皆擁有公民身分，但這也是一個價值觀點多元紛爭的時代，你會接觸我剛才提到的「深度歧見」或「理論困境」。這個時候，我希望打造一種從公民視角出發的在地實踐，來追求公民智慧的哲學。

　　以上，就是針對「公民哲學」這個概念，先跟各位做簡單的理論背景交代，還有它在哲學史上的定位。那能不能做出來，就之後一步一步來看。但在這裡，我還想特別強調，由於是在臺灣做哲學，是以臺灣作爲哲學思考的起點。那麼，我就會想從全球的視野、從美中衝突的視角下來連結相關問題。另外，就臺灣本土而言，我特別注重所謂的「善善衝突」。什麼是「善善衝突」呢？我感覺在多元價值裡頭，這些價值基本上是良善的，有它們值得珍惜的地方。可是，即使是這些良善的價值有它們的長處、有它們的優點、有值得珍惜的觀點，但在具體情境中仍會引起衝突，這種情形就叫做「善善衝突」。從比較樂觀的角度來講，臺灣相對來說是一個高度發展的國家。如果要做惡，你不會明目張膽地去做惡，或者公開說我就是在做惡。現在，沒有人敢這樣做，沒有人會在公開場合、明目張膽地去做壞事。在制度上，我們也會要求尊重每一個人，比如說，你不能公開侮辱別人。這些都是高度文明的反映。但是，即便如此，在現實生活中，我們會遭遇到的衝突還是很多。我要講的，就是這種衝突。在兩千多年來的人類文明裡，「衝突」一直不斷地發生，而在這裡頭很多都屬於「善善衝突」。對我來說，如果你想像不到，或者感受不到，在具體情境中良善的價值有時候會帶來眞實的衝突，那麼你就難以感受「深度歧見」令人可敬可畏的地方。

　　藉著這個問題，我希望讓大家看到，在「善善衝突」裡，有著讓人可敬可畏的地方。有時候，因爲想不到或看不到，我們常常錯誤地把「善善衝突」當作「善惡衝突」。在我看來，發生在臺灣社會裡頭的衝突，甚至那些出現在公開場合上的劇烈衝突，原本都只是「善善衝突」，但是有人

會把它當作「善惡衝突」來處理，這樣一來，衝突往往愈演愈烈，兩邊沒有什麼道理好講，最終就是要把對方擊潰。在今天，如果我們不要把「善善衝突」當作「善惡衝突」看待，又要怎麼應對、怎麼來處理呢？底下，我就用「同婚」議題來說明。

　　同婚議題，不會只是同志的問題，也不會是兩個人的問題。更根源的來說，它是關於「理想家庭」的想像衝突，關於「我們想要怎樣的家庭」、「理想的家庭是什麼」的衝突。然後，它不只是對於家庭理想的想像，其實它會成為一種國家大事，是一種家國的想像。在這裡，就可以引入雷科夫（George Lakoff）對美國政治文化的分析做說明。[1]

　　底下，我們引入美國的爭議來做一個定位，這樣大家會比較清楚。這裡是這樣子的，雷科夫是一位政治語言學家。他分析美國的政治元素裡面，特別是民主黨跟共和黨的競爭。各位在2020年看到美國的總統大選報導，在裡頭，共和黨跟民主黨的衝突很激烈。雷科夫早年就是對這個衝突做分析與討論，不管他的細節分析對不對或有待斟酌，我認為大方向上，是值得參考的。

　　比如說，他問了一個問題：「你的小孩子在半夜哭泣的時候，你會不會把他抱起來、哄一哄？」你對這個問題的回答：你回答「是」或者「不是」，就多少能夠偵測出你的政治態度。按照雷科夫的研究，你若回答會把他抱起來，你會比較支持民主黨。你若回答不會把他抱起來，你大概比較支持共和黨。因為這兩種不同的選擇，背後分別連繫著兩種對家庭與國家應該是什麼樣子的不同想法。

　　舉例來說，為什麼共和黨總在談家庭價值？雷科夫發現，民主黨都在談政策，比如說，他到這個選區，就告訴這些選民，我的政策是對你有利的，啪啪啪地講出來。那共和黨來的時候，就告訴你關於家庭價值，也宣傳家庭價值。這到底發生什麼事？為什麼共和黨比較能夠受到選民的歡

---

[1]　底下，對雷科夫的引述，可以參考鄧育仁《公民哲學》第一章「新啟蒙」。

迎，特別是在大選區，或者總統大選的時候？因為利益在小選區裡頭，才講得通。碰到總統大選的時候，或者在大選區裡，不能講政策、講利益，而是要訴求家庭價值。好的，家國的連繫，家國的想像在這裡展現出來了。

再比如說，為什麼共和黨堅持死刑，死刑不能廢除，而且每個人都應該擁有槍械的權利？為什麼這樣？然後在墮胎議題上，共和黨也主張生命的重要性。這到底發生了什麼事？他們到底在想什麼？尤其，你發現其中的矛盾：在第一個議題上，共和黨說，死刑不能廢除，民眾必須擁有致命性槍械的權利，但是在另一個議題上，共和黨卻說，生命很重要，不能墮胎。雷科夫一開始也覺得：共和黨簡直腦筋不清楚，把整個攪在一起了。可是，在他問了幾個問題之後，他就發現兩邊其實是兩套不同的家庭想像，或者說兩種相互競爭的家庭價值與教養模式。在這裡，我把它翻譯成「嚴父模式」與「親情模式」。共和黨是比較採取嚴父模式，而民主黨是比較採取親情模式。嚴父，不是東方制度下的嚴父，而是企業形象的嚴父、企業家形象的嚴父。美國的嚴父與臺灣的嚴父，兩邊的意思不太一樣。再來就是民主黨是親情模式，它比較重視關懷。但這個親情模式，你也不要想像成臺灣的親情。這個親情模式，包括了溝通，要跟小孩子講道理，不要老是替他做決定，而是要一起做決定。所以，臺灣的親情跟美國的親情，也不太一樣。

這兩套模式，對政府的想像是不一樣的。一個是重視權威與紀律，另一個是重視關懷與溝通。一個是重視在市場上創造財富：你若不能在市場上創造財富的話，你大概是品德不太好，才會這個樣子。另一個則認為，市場要使每個人都過更好的生活，所以要從系統性的角度來處理。在國際上，嚴父模式會去打擊惡棍，親情模式則訴求要盡量溝通協商。我大抵用這個定位來跟各位解釋，在美國社會裡面的同婚議題，既是家庭理想的議題，也是家國想像的問題。而家國想像其實就是一個政治的問題。大概是這樣定位。等一下我們再來看臺灣的情況。

　　在談論臺灣的情況之前，我想先做一個參照，我特別把美國或者西方天主教裡面，在談結婚的時候要注意什麼，提出來看。結婚的時候，他們會有一個盟約：「我某某某願意按照教會的規定，接受你作為我合法的丈夫、合法的妻子。從今以後，無論……」念到這裡，我每一次就覺得很感動！「無論是好是壞，是富貴是貧賤，是健康是疾病，是成功是失敗，同樣誓死與你同甘共苦，親手共建美好的家庭，一直到你離開」。啪啪啪這樣講，這是一個承諾、一個允諾，而且是在上帝面前做下的承諾。按照這樣的精神來看，這是一種契約，在西方，婚約是這樣起來的。

　　但臺灣的婚姻，傳統以來不是這樣的。臺灣社會，在婚姻這個課題上，基本上不是這樣開始思考的。而我之所以把這個拿出來，是因為我們大法官釋憲的時候是採取美國大法官釋憲的方式，來做同婚的大法官主要意見書。也就是說，在臺灣處理同婚議題的時候，一開始是參照了美國式的家國想像。好的，我先把這個背景鋪到這裡。那我要講的是說，在同婚的衝突裡，隱含一種對家庭理想、家國想像的深度歧見。我希望在這裡，能夠把這個「深度歧見」的地方給整個展現出來。

　　大法官釋字第748號：民法有違憲法第22條的自由權、第7條的平權規定。在這裡提到的「自由權」與「平等權」，其實也是美國大法官釋憲的時候，對同婚議題裁示背後的主要法理基礎。那我們的大法官，是直接援用了相同的文字表達：「婚姻是以經營共同生活為目的，具有親密性和排他性的永久結合關係」。這段文字，原本是要在上帝的面前、在神的面前，許下的永久結合關係，所以具有親密性和排他性。再來看另一段文字：「婚姻自由是為了保障人民發展人格與實現人性尊嚴，而選擇配偶之自由乃婚姻自由之核心。所以，同性伴侶結婚的權利受憲法第22條的自由權保障」。不管你是異性或者同性，都不會受影響，按照平等權的要求，等而等之，同性婚姻當然要被允許。如果民法上還是要排斥同性婚姻、不讓同性結婚，就是違憲的，侵犯到自由權與平等權。

　　以上，我做這個定位，就是看看說，能否把這個爭議以及它背後重

要的意義弄得更清楚。在2018年地方首長選舉，大家也知道這個時候有公投。那在國民黨的部分，除了新北市候選人沒有表態支持或反對，其他人通通表態支持用專法來保障同性伴侶及愛家護家的訴求。按照這種說法，反對同性婚姻的人，他們其實也提出了愛家護家的訴求。你們兩個要在一起，用專法給你們，可以叫做「伴侶法」。讓你們去用「伴侶法」在一起，但不要來侵犯到我們在民法下所規定的「婚姻」。原則上，國民黨是支持這一邊的。若從反同的角度來看，國民黨會比較像是共和黨。而民進黨的全部候選人皆表態支持同性婚姻，這樣來看，民進黨比較像是民主黨這一邊。當然這只是一個類比，但就反同與支持同性婚姻來看，在這裡是有相似性在的。我舉這個意思是要說，在臺灣同婚的議題一開始就有家國想像的因素展現開來，只是還沒有像美國民主黨跟共和黨，有兩套完全不一樣的路子在競爭，而且引起非常激烈的衝突。在臺灣，還沒有到那麼激烈。

　　如果進一步分析，就是說大法官的釋憲或者支持同婚這一邊比較從條件的思考來進行：我滿足這個條件，我當然能夠結婚，你憑什麼反對。等則等之，平等權要求，你不能歧視我。這是條件性的思考。相對地，我發現，在臺灣反對同婚的人，比較是愛家護家的那一邊，他們是一種原型的思考。所謂原型的思考，意思是說，有些鳥是鳥，但不太像鳥，比如說，公雞不太像鳥，但在認知裡頭，牠仍然被放進鳥的範疇。主張立專法的人，他們大概是這樣思考的，在他們的想像中，婚姻有一種原型，而且還是典型的、美好的婚姻與家庭。有一些是非典型的，比如說，兩個人結婚，沒有小孩。沒有小孩，就是一種缺憾，就像公雞是鳥，但又不太像鳥。有些婚姻是婚姻，但又不太像婚姻。所以，大法官釋憲裡面說，同性結婚沒有小孩，就像異性結婚裡面，有些人也沒有小孩。這樣的理由，對主張專法的人來說，不是很好的道理。在這背後反映的是一種原型的思考。

　　我以前在大學教書，講到原型思考，舉過一個例子：知更鳥得到一

種鳥類的疾病,那鴨子會不會得到這種疾病?大部分的人都說「會」。但如果反過來問,鴨子會得到一種鳥類的疾病,那知更鳥會不會得到?這時候,回答「不會」的人反而比較多。鴨子是鳥,但不太像鳥,所以牠不能做代表。鴨子得到的疾病,是鴨子的疾病,不是鳥類的疾病。知更鳥是典型的鳥,牠得到的病,當然是鳥的病,而鴨子當然也會得到這樣的疾病。這就是一種原型的思考。若跟隨原型的思考,很可能就會出現,一些非常政治不正確的想法:「某些種類的人是人,但不太像人……」這時候,歧視開始出來了。各位現在就看到「原型思考」推到極致,有這種缺點。但其實「條件思考」推到極致,也有它的缺點,只是我不在這裡講。我想指出的是,在「同婚」衝突裡頭,有兩種不一樣的思考型態。

好,在這裡的話,用這一段話來做總結。我請一位助理,來共同做「同婚」的議題。他幫我整理出,在「同婚」衝突裡,兩邊的不同主張。支持同性婚姻的人,是基於平權的要求,可以叫做「平權的主張」。那反對同婚的,他們的訴求是愛家、護家,可以叫做「家庭的主張」。支持同性婚姻的人,主張平等、反對歧視,用條件性的方式來理解,就是「你們可以這樣,我們也可以這樣」。而另一邊,反對同婚的人,是用故事性的方式來理解婚姻和家庭,他們會說,你要邁入所謂的家庭,就是要有這樣的價值、這樣的理想、這樣的緊密親子關係。

那護家要求的這一邊,是非常重視原型的故事性思考。在這段時間,我剛好看到一本書,叫作《水田裡的媽媽》,這是楊渡寫的。他在寫他家族的故事,從他爸爸、媽媽到他,還有小孩的出生。這段話是他小孩出生那一天所寫的:「我曾許過自己要流浪,到世界的盡頭。我曾希望擺脫這小小的人際,去見天地的開闊。而現在我明白了,即使再怎麼想擺脫疆土的糾纏、想擺脫父母的羈絆、想擺脫家庭的束縛。你看這個孩子,剛剛出生的孩子,宣告我的生命,無論怎麼想遠離,終究是這一命運之線、血緣之脈的連繫,而我是其中的一個,勇敢承續,再也無法脫離」。這種血脈相承的親情關係(親子之間的關係),代表了護家這種原型的故事性思

考。

　　支持同婚是平等的要求，反對同婚的是護家、愛家。我認爲衝突點不是字面上的這個意思，同婚者常常說：「反同者歧視我們」，但反同者說：「我沒有歧視你們，你們要伴侶，我可以給你們專法、可以給你們伴侶法，反而是你們逆向地歧視我們，說我們歧視你們」。其實，雙方都反對歧視，雙方都反對不平等，雙方都支持平等。所以，雙方之爭不在於平等的權利、愛護家庭的爭議，而在於兩種家庭理想之下制度的爭議。也就是，我剛才所提到的，一個是條件思考，另一個是原型的故事性思考。一個是以「伴侶關係」爲主導，也就是我們大法官釋憲所採取的觀點。另外一個是以「親子關係」爲主導，這個是少數大法官的少數意見書所採取的觀點。再來就是，跟隨條件思考，同性婚姻的底線要求是：你可以這樣，我也可以這樣。不然，你就是歧視我。而如果跟隨原型思考，就會說，我們對於親子關係或者血脈相連的這種親情要珍惜，它就落實在民法規章的制度裡面。總的來說，這其實是兩套不同家庭理想的競爭。而大法官的釋憲，最後是採取了以伴侶關係爲主導的家庭想像，然後把它落實爲制度，那這其實是跟契約的想法是相關的。

　　好的，很重要的是說，我希望大家各退一步，來重新框設我們所討論的問題，讓彼此看得更清楚。雙方衝突的核心，其實不在於平權，也不在於大法官的釋憲，而在於家庭理想的制度之爭。到底要採用哪個制度，這不是哲學工作者來替大家說哪一個才是正確的。但是，至少哲學工作者要做一件事，把難以把握但同時清清楚楚覺得對方就是不對的感覺給講出來，比如說，我遇到反對同婚的人說：「我的財產欲予誰人？」其實，在他的親子傳承裡，不只是物質的財產，還有其他的，比如親情感的傳承。只是他們無法用自己的話語，清楚地把這種遭受衝突的感受給講出來。那我的工作，就是把反同婚者清清楚楚覺得對方不對的那種強烈感覺，用條理清晰的方式，把它呈現出來。然後，也要告訴那個支持同婚的人，對方反對你，不是要歧視你，也不是反對平等，因爲他們也認爲歧視是不對

的，他們也是支持平等的。這樣子，使得雙方都能夠從公民的角度，站在反思性的空間，來看彼此的爭議。這就是「公民哲學」要做的其中一件重要的事情。

那接下來要怎麼做呢？我的想法是，至少哲學工作者，或者哲學思考要進行到一定的程度，然後大家一起來共商，我們要建立怎麼樣的制度，才能夠讓這兩種價值觀點（以「親子關係」為主導的家庭理想，或者以「伴侶關係」為主導的家庭理想）都能夠在臺灣的公民共同體裡面，可以有它們的存在，而且可以展現它們的價值內涵。我們需要的是這種制度。那目前我們的制度，還不能承載這些東西，兩方還在爭執。至少哲學工作者，一定要做到這一點。至於接下來，如果再下太多的指導棋，就是過頭了。這是我想要發展的「公民哲學」，那錫三則想要發展「公民道家」，想要引入各種資源和論述。好的，謝謝大家！

游淙祺：謝謝你精采的演講。等一下，順序是怎麼安排，請賴老師幫忙。

賴錫三（中山大學中文所）：照海報的順序，應該是萬老師。

萬毓澤（中山大學社會所）：鄧老師、游院長、各位老師、同學大家好，非常榮幸有這個機會能夠受邀，來跟大家一起討論鄧老師的這本新書。雖然他不是在談這本書本身，而是用其中的一些章節，以同性婚姻的議題為例來說明他的想法，但是已經可以看出他整體的哲學關懷。先講一下，為什麼我覺得特別高興能夠受邀？主要是兩個原因：

第一個，這本書其實花了很多篇幅談一個我很在意或者很感興趣的問題，就是認知框架的問題。我對這個問題的興趣，可以追溯到二、三十年前，當時我在臺大外文系念書的時候，曾在旁聽的課程中接觸到George Lakoff的學說。那時候，就開始對隱喻（metaphor）的問題很感興趣，從此一直延伸到我現在的研究主題之一：當代社會科學兩種主導性的隱喻，一個是戰爭隱喻，另一個是市場隱喻。Lakoff的那本書*Metaphors We Live By*，我一直還放在離我最近的書架上。所以，鄧老師的書處理了很多相關

的問題，讓我感到親近。這是第一個感到高興的原因。

第二個原因是，大家可以看到，鄧老師的核心哲學關懷是要打造一個公民共同體，並試圖用公民哲學的方式來實踐。所以，可以看到公民哲學背後有很強烈的實踐性格。正因爲它有很強烈的實踐性格，在這個意義上，我認爲它非常值得也應該要跟國內外從事審議民主研究與實作的人對話。裡面有非常多相似的、可以交流或者共同面對的問題。

我今天的講題叫〈呼籲系統轉向：我讀《公民哲學》〉（A Call for a "Systemic Turn": Comments on *Civic Philosophy*）。「系統轉向」來自於審議民主理論晚近的發展。我認爲晚近審議民主的發展，剛好也可以回應《公民哲學》裡面的一些問題。

我先引用幾段話，[2]是讓我讀了非常有感的文字。首先這一段討論了「故事地位」跟「故事思考」這件事情，它說：「實踐智慧的起點是故事思考。我們在實踐上、思考上必須要求人人都享有如下的故事地位。」（頁v）底下我不再細唸，重點在「尊重一個人最起碼的要求是承認他開啟新的情節、調節意涵的故事地位。」（頁v）。我認爲這是公民哲學非常重要的規範基礎，就要承認人人平等地開啟故事，訴說自己的故事、訴說自己生命經驗的地位。等一下我會繼續談這個問題。

我再引用一段話。鄧老師接下來談到如何從故事地位過渡到公民地位。書中說：「共同體……是融會感性、智性、實踐理性，以及因果網絡路徑依賴拓展開來中，人與人交會縮合在一起的行動故事與歷史。公民共同體不是智性建構的產物，而是在正視深度歧見中，從故事地位走向公民地位，在民主憲政與自由平等的基準上，秉持關懷弱勢、減少苦難的政策原則，包括底線及政商合宜區隔的原則，以及重視在地智慧、聆聽他者心聲、善解歧見、善用衝突、願意各退一步的行動原則，調節我們既有共同體裡無從迴避的紛爭中所成就的命運共同體。只要多數公民理解並願意正

2　底下所標注的頁碼，爲《公民哲學》書稿底本之頁碼。

視深度歧見，我們就有完善公民共同體的起點。」（頁207）。

　　以上兩段話跟我在政治或社會上的核心關懷非常相關。我做一個簡單的摘要：《公民哲學》強調「實踐智慧的起點是故事思考」、「理解並願意正視深度歧見」、「重視在地智慧、聆聽他者心聲」、「從故事地位走向公民地位」，乃至「關懷弱勢、減少苦難、重視公益與公議」（頁101）。但我讀到這裡，也感到很好奇，這不恰恰都是審議民主（deliberative democracy）長期以來的核心關懷嗎？但我感到疑惑的是，這本書幾乎完全不處理審議民主的理論與實作，審議民主似乎不在這本書的視野當中。

　　以下我要談的是，我認為至少有五個理由，讓這本書應該跟審議民主對話。我指的對話，不是在文獻回顧的意義上對話，不是說沒有處理到某份文獻，因此在學術上有缺陷，不是這個意思。而是兩者在背後的那個規範性的政治倫理學，其實具有高度的共通性。以下，我來談一談我提供的理由。

　　第一個是，《公民哲學》的核心論點（如「看到深度歧見的問題，理解背後的道理，以及其中的調節與緩和之道。」）與審議民主理論有高度的親近性。我願意以一句話總結審議民主理論的核心論點：透過說理與聆聽，找出相互理解與尊重、轉化彼此的偏好、形塑「共識」或「共事」的可能性。我認為兩者有非常高度的親近性。

　　第二個是，審議民主理論四十年來面臨的挑戰，《公民哲學》也一樣必須面對。因為背後它們想要推動的所謂「公民共同體」，其實高度類似。所以，在這個意義上而言，我認為應該要處理審議民主的問題。當然，反過來說，我認為臺灣的審議民主理論研究者或推動者也應該要仔細閱讀鄧老師的這本書，因為臺灣的審議民主推動者比較不習慣進行細膩的哲學思考。很多人都把焦點擺在實作，就是設想一個制度，並推動落實那個制度，但很少去做細膩的概念思辨。我覺得其實雙方可以互補。

　　過去的審議民主理論經常遇到一個挑戰，可能來自於「差異民主」、

「基進民主」（radical democracy）或者Chantal Mouffe最近講的「左翼民粹」（left-wing populism）——她高舉這個旗幟，說：「我們不要共識，我爲什麼要與你有共識，我要的是『左翼民粹』」。比如說，對Mouffe而言，他認爲政治的本質就是「把敵人（enemy）轉化爲對手（adversary）」，而民主的任務就是「把敵對關係轉化爲較量關係」（Chantal Mouffe語），而不是要去弭平歧見。所以，從Mouffe的角度來看，這本書或者審議民主可能都太過天眞了，因爲他們都忽略了，眞正的政治性（the political）是社會中無法被完全根除的差異、衝突與權力關係。在這個問題上，審議民主已經被批評三十年了，《公民哲學》這本書也會遭到類似的挑戰。所以，在這個意義上面，兩者是值得對話的。

　　第三個是，審議民主發展到今天約四十年，已經發展出很多細膩的哲學論證。比如說，我這個學期與李宛儒老師合開一門審議民主的課，我們就帶學生讀了一本*Mapping and Measuring Deliberation: Towards a New Deliberative Quality*（2019），裡面有許多細緻的哲學論證，有對許多概念進行區辨與深化。我認爲這也蠻值得公民哲學參考，是不是可以去深化自己的某些論點。比如說，晚近一個很重要的發展是，審議民主理論家會去非常仔細地區辨審議在不同的脈絡下，到底發揮什麼樣不同的作用？當它發揮不同的作用時，跟整個民主體制，又可以產生怎麼樣的扣連關係？這是晚近的一項重要發展，值得參考。

　　第四個是，九〇年代以後，審議民主有所謂的「制度轉向」跟「經驗轉向」。在制度上，有愈來愈多的學者投入制度的打造；「經驗轉向」指的則是我們去觀察這些制度的創新跟設計，在經驗上做個總結。不管在全球的其他國家或臺灣，我們都累積了非常寶貴的經驗。比如說，臺灣已經推動了快要二十年的公民會議。又比如說，晚近這五年，在各個縣市、各個政府單位，都在推動參與式預算等等，其實在理論或經驗上都可以刺激進一步的思考。我認爲公民哲學如果要扎根在臺灣的土壤裡面，就不應該忽略臺灣累積的經驗。

　　第五個是，審議民主晚近發展出一套「系統轉向」。等一下如果有時間我會再談。我認為這個轉向很值得公民哲學參考。

　　以下我舉幾個例子，來論證為什麼審議民主的研究發現與公民哲學是高度相關的。第一個例子是，我們在國內外看到很多文獻，都告訴我們審議這套東西其實很適合高度分裂、充滿歧見的社會。因為過去有一種說法，說審議只適合於差異不大的社會，大家才能坐下來好好談。但其實不是的，經驗研究發現高度分裂的兩極化社會其實反倒適合使用審議，從南非、土耳其、波士尼亞、比利時到北愛爾蘭都是如此。研究發現，結構嚴謹的微型公眾，比如說公民會議或工作坊，透過一定程序去規範的審議架構，其實在特定條件下能夠促成團體與團體的相互尊重，甚至是和解。這是有可能的，它有經驗證據，不只是哲學家的理想或空想。

　　這類微型公眾不一定要強求「共識」，它最大的貢獻在於能夠對各方的衝突找出彼此能接受的「暫訂協議」（working agreement）。所以，不見得是「共識」（consensus）。我可能還是不贊成你背後那一套的原型思考模式，但在當下，我願意接受某些東西。在一個高度分裂、有歧見的社會，有「暫訂協議」是非常重要的事。審議民主理論已經討論到這個問題了。

　　第二個例子：審議民主理論經常在處理「極化」（polarization）的現象，到底應該怎麼樣去面對它？如果一個社會在重大議題上呈現兩極化的對立，就像我們在美國、臺灣都發現類似的狀況。我們發現，極化的現象通常出現在高度同質的團體內部，也就是同溫層內會不斷地強化自己原來的意見或偏見。透過嚴謹程序的審議，我們有機會讓同溫層接觸到異溫層，有機會聽到異溫層的其他公民訴說自己的生命經驗。所以，不是只有你有生命經驗，其他人也有。這種透過說故事（narrative）的方式，其實經常運用在這種高度極化的審議，且被證明是高度有效的。比如說，故事思考不是只有反同方才有，支持同婚的一方也可講出各式各樣的動人故事，包括我以前在臺大的老師畢安生的故事。重點是能否創造出一個制度

性的管道，讓不同的故事有機會彼此聆聽。

　　此外，我覺得可以給大家思考的一個問題就是：「極化」是否一定是不好的？我認為不見得，因為要看脈絡。「極化」在某些狀況下，可能是受壓迫者試圖凝聚集體的共識跟發聲的方式。所以，對外人來說，你可能很極化、很極端。可是，對受壓迫者來講，那可能是他們唯一的發聲可能性。所以，我不覺得只要是「極化」就一定是錯誤的或者必須要緩解的，還是要扣連到整個脈絡底下，它以什麼樣的形式表現出來。

　　第三個例子：我覺得可以跟公民哲學對話的部分，審議民主理論很強調：審議並不只是一種「討論」（discussion）。審議遠遠不只是討論，重要的是參與討論的人要採取「審議立場」（deliberative stance）。重點是，你要保持心態的開放，要相互的聆聽。所以，我認為所謂的「審議的核心」（deliberative core）大概有兩個面向：一個是reason-giving，你要能夠針對你自己的立場提出理由。這個理由不見得是學術性的理由，也可以是故事性的理由；第二個是要聆聽（listening）。這些「核心」的原則要如何發揮最大的效益？我認為需要藉助精心設計與導引的審議模式。這個就是過去審議民主所謂的「制度轉向」很重要的貢獻，因為它創造出civic publics，讓這種情境有可能出現。所以，我覺得這方面其實有非常多的理論跟實踐上的經驗，公民哲學如果不處理，會錯失掉一些進一步深化論證的可能性。

　　我已經沒有時間了，我先講完這段就好，雖然「系統轉向」的問題沒機會多講。《公民哲學》的頁215，我覺得寫得非常好。鄧老師說：「本文樂觀地相信，只要雙方願意正視，衝突就可緩和，就有希望彼此能在相當程度上瞭解對方的想法、感覺及其真心所珍惜與期待的，並在折衝的過程中從故事地位走向公民地位，建立起彼此包容或容忍的制度性方案」。我非常贊成，而且我認為長年在推動審議民主的人，其實就是在追求這樣的理想價值。我們也許不是想要建立某個「共識」（consensus），但我們想要建立某種的「後設共識」（meta-consensus），也就是說：我們知

道我們沒有共識，但我們在知道當下沒有共識的情境下，仍願意彼此尊重，並找出一個當下可以一起行動的方案。這就是「後設共識」的價值所在，也是我認為審議民主發展三、四十年來很重要的暫時結論。我先講到這邊，謝謝。

賴錫三：各位朋友，很高興鄧老師今天來到中山大學。這一年來，我和林明照透過臺大哲學系和政大的華人文化主體研究中心，舉辦了多次的讀書會來回應鄧老師即將出版的《公民哲學》這本新書。我們也準備六月份在臺大籌辦一個「公民道家與深度歧見」工作坊，發表論文並集結專書，一方面發展公民道家的當代可能性，另一方面以古典思想回應「深度歧見」。今天，我們中山大學除了哲學所的楊婉儀所長、洪世謙教授之外，也邀請了社會所萬毓澤教授，希望不同領域的學者們來共同對話，互相激盪。

　　好，我們今天的討論，分成兩個部分。第一部分，是幾位老師先個別對鄧老師的文章或提出的議題，先進行回應；而第二個部分，我們將進入交叉對話。現在我先把個人的回應、基本的想法，先報告給大家。首先我透過桑塔格（Susan Sontag）《疾病的隱喻》來作為回應的開端，我對鄧老師《公民哲學》這本書的核心概念「深度歧見」，首先從疾病的隱喻角度提出我的觀察。我嘗試用病毒與治療的隱喻，將鄧老師對多元民主所產生的深度歧見之診斷，重新描述如下：從威權到民主，雖然走出威權時代「不必溝通」的寡頭狀態（因為彼時是由上而下、思想一元的一統狀態），走向民主時代而打開了眾聲喧譁的多元活力，整個思想的解放，如剛剛鄧老師談到的「不是沒有理論，而是太多理論」，在看似前景一片大好的民主時代，《公民哲學》這本書診斷出一種我把它叫做「民主的新型病毒」。這種病毒具有瓦解民主本身的一種深層危機，他進一步把這種新型病毒描述為「深度歧見」。弔詭在於，才告別了「不必溝通」的威權舊病毒，民主時代才起步向前沒多久，卻又演化出了讓人舉步維艱的民主新

病毒。而鄧老師認爲這是民主時代目前最困難的核心問題。

　　他呼籲正面承認深度歧見。那什麼叫「正面承認」？從他這本書的討論裡面，他認爲很多人所說的歧見、面對深度歧見，其實並沒有眞正徹底碰到深度歧見的問題，低估了深度歧見的深度與難度。他呼籲正面承認深度歧見，而不是低估輕忽，甚至視而不見。其次，他主張「調解」問題，而不是「解決」問題。在我看來，這裡有個深刻的洞察或者嚴肅的主張，也就是我們沒辦法「終極解決」深度歧見，因爲一旦終極解決深度歧見，同時也就殺死了民主自體。這裡再度有種弔詭存在，殺死深度歧見幾乎等於殺死民主自體。所以，從疾病的隱喻來觀察，他的「調解」說法，反而帶有與病毒和平共生的另類思維，甚至藉由「深度歧見」的病毒，而演化出更好的溝通與調解的修養能力。也就是說，深度歧見雖然可能帶來民主自毀的病毒危機，但同時它也可能促生出更具柔軟與包容力的公民共同體之抗體。我認爲從疾病的隱喻來看這本書，它正是想要催生出「共生」與「調節」的柔性抗體。

　　剛才鄧老師在報告的時候，談到雷科夫（George Lakoff）的「心智多樣性」的觀點。在我的觀察裡面，它涉及了方法論的轉向。雷科夫提出了「新啟蒙」的概念，對照於「啟蒙」時代相信有「普遍理性」、「共通理性」可以終極解決歧見問題，再怎麼深度的歧見總還是可以透過所謂理性（更理性、眞理性），來達成共識而解決問題。那麼，他反省了羅爾斯（John Rawls）的「理性優先」（雖然有所限制，理性仍然作爲優先原則），雷科夫轉而強調「心智多樣性」跟「多元平等性」。在我看來，這裡有個理性解放的哲學轉向。而鄧老師剛才也談了第一哲學，從古典時期的形上學到啟蒙時代的知識論，再到公民時代的政治哲學的更替演變歷程。我認爲這裡有個西方哲學長期以來，那種尋找根本、建立基礎的「奠基性思維」，不管是形上學的奠基，還是知識論的奠基。而「心智多樣性」則轉向一種「水平性思維」，「水平性思維」也可以說是「後形上學的思維」，它強調的是心智多樣性跟維度多面性。這不只是說，每一個人

在這個水平世界的公民時代裡屬於多元的個體存在，而且每一個人身上，包括你我自身的心智狀態也是多樣性的，而不是同一性狀態。因此，我們不必以理性優先，或者以某種思維方式作為解決問題的絕對優先性原則或者奠基性原則。關聯到這一點，我認為很有意思的是，鄧老師特別喜歡提出「故事情境」、「故事連動」，也就是故事對形塑一個人的認同、形塑一個人的觀點，背後深藏著曲曲折折的情感性基礎。這也是為什麼他要把「故事地位」提舉出來。剛剛，萬毓澤也提到這一點，他是從審議式民主的角度說，「聆聽故事」對審議式民主也很重要，有其地位。

我再提供給大家一個角度來做觀察，也就是有關「在地實踐智慧」的參與。鄧老師的前一本書是處理《公民儒學》，而這本書叫做《公民哲學》。這兩本書，鄧老師都一再強調「在地實踐智慧」的參與。萬老師剛剛也提到審議民主在臺灣這些年來所累積的在地實踐經驗與智慧，不該被鄧老師這本書給跳過。看來，他們所提及的在地實踐智慧或經驗，沒有完全重疊。鄧老師強調在地實踐智慧的參與時，請注意，他非常著重古典傳統智慧，在經過時間的歷練跟淘洗之後，依然在我們的生活世界，可以成為參與當前公民時代的資源，甚至思想接枝。不管過去的《公民儒學》，或者現在的《公民哲學》，他不斷運用到傳統的古典智慧，例如儒家、道家、莊子，及其他思想資源。從他的思考脈絡裡，他認為西方的現代性危機，包括民主decay的危機，都不能只依賴西方的理論資源，而是包括臺灣所遺留的漢學傳承智慧，依然可以在價值重估的選擇性繼承之下，成為在地實踐智慧而成為參與時代挑戰的回應方案。

就在這一點上面，依我自己的觀察，當然這跟我自己的專業有關。我認為「深度歧見」不只是現代公民社會的時代現象。從〈齊物論〉的角度來說，「歧見」乃至「深度歧見」，涉及到了「儒墨是非」的問題。對《莊子》來說，「歧見」根本是交互主體性的必然存在現象。我們根本無所逃於歧見的生活事實，而且也沒有一勞永逸解決深度歧見的終極方案。可是，這也絕不表示我們只能停在相對主義而束手無策。在〈齊物論〉裡

面，也談到如何避免「是其所非而非其所是」這種「自師成心」的無窮爭端，例如談到「以明」、「環中」、「兩行」，種種涉及自我反省與轉化修養的概念或隱喻，讓我們在面對深度歧見時，不停留在相對主義的理論競爭，而是將歧見的差異演化成共生的雙贏哲學。在這裡，我暫時沒辦法深談《莊子》和深度歧見的對話潛力，我已經寫了文章在「公民道家與深度歧見」的第二次讀書會中發表，比較完整地進行了實驗性的對話嘗試。

今年六月林明照和我，即將跟臺大哲學系舉辦公民哲學的工作坊。除了道家哲學的專家之外，也找了不同領域的學者。一方面，要把傳統的實踐智慧放在當代脈絡裡面來，才不會成為古董。另一方面，也希望順著鄧老師所搭建的平臺，繼續擴深、擴展而接著說。比如我個人對儒學有更多的批判性反省，而我個人認為在鄧老師所選用的在地實踐智慧的古典資源中，《莊子》的〈齊物論〉、〈人間世〉和〈天下〉篇，對他的「深度歧見」說法，能夠給出的呼應乃至深化，可能遠比他目前所運用的儒學資源，還要更深刻也更相契。當然這是我的個人判斷，也希望將來大家再繼續討論。

最後回到同婚議題。鄧老師以臺灣同婚爭議來作為深度歧見，如何面對、如何調解的試金石，我覺得非常有意義。他以臺灣近年來同婚議題的深度歧見為例，強調他的公民哲學想要提出的邀請，他常常使用「邀請」這個字，不是理論的辯論，而是邀請對方，讓雙方都正視這種不同故事起點導致的深度歧見與價值觀點的衝突。鄧老師樂觀地相信，只要雙方都願意正視，衝突就可緩和，就有希望彼此能相當程度瞭解雙方的想法、感覺，並在折衝過程中，從故事地位走向公民地位。共同建立起彼此包容或容忍的制度性方案。對於書中一些想法和細節，萬老師剛剛從審議式民主的脈絡做了一些回應，認為鄧老師的這本書比較沒有從制度性的方式去思考，我想鄧老師待會兒會回應。我們大約從鄧老師的上述表述中，可以看到他所謂深度歧見的調節，相當程度體現了〈齊物論〉的「和之以是非」。但這個「和」，並不是說歧見被彌平或消失了，也不是compromise

的那個妥協的「和」。他的調節之「和」，是想讓極端的善惡鬥爭，也就是那種認為對方全錯，甚至以對方為惡的戲劇性鬥爭，被轉化為「故事不同」、「視域不同」、「心智不同」的「兩行」對話。換言之，歧見還是存在，可是歧見是為了讓彼此雙方，都在看到自己的同時，保有看見別人的能力。或者說，意識到，自己也是處於「有所見也有所不見」的「一偏」狀態。而這個時候，反而可能打開一個對話跟轉化的空隙，一個兩行對話與共在共生的「虛心空間」。公民哲學建立在「故事地位」的多元差異與不可化約性，「故事地位」是「公民地位」的核心的基礎。可是也不能停留在「故事地位」，一旦停留在「故事地位」，就會有相對主義的陷阱。所以也要走出自己的「故事地位」，保持傾聽對方的「兩行」能力，這樣才更有機會彼此位移、彼此擴大，讓「故事地位」和「公民地位」，交織在一起。

鄧老師嘗試分析臺灣同婚爭議的支持方和反對方，他把雙方立場視為善與善，而非善與惡的衝突。兩者是觀點位置的不同，並分屬不同的家國想像，如何不以真理跟正義自居，而是「退後一步」地去設想，對方也可能有它的合理性脈絡。比如說「伴侶關係」是怎麼建構，除了「條件性思考」，它怎麼建構它的故事敘述。「親子關係」，除了「原型式思考」，也有它的動人故事。而這兩種不同的「關係」敘述與建構，背後也各自反映了出不同的理想類型。面對差異巨大並帶有兩相衝突的認知模式，雙方如何重新設想，並調解出比自己原先設想還更具包容與彈性的更新方案。這是鄧老師的邀請與期待，他不是要提供一個終極的解決，而是邀請兩邊都「退後一步」，以打開傾聽對方的空間，並期待由此「後退」反而帶來迂迴「向前」的弔詭潛力。在我的觀察裡面，「退後一步」，類似《莊子》所講的「虛心」對照於「成心」。也就是不把我的觀點絕對化，而是把我的觀點暫時懸擱起來。「退後一步」的這種懸擱態度與能力，並不只是理性的自我反省而已，同時也具有感同身受對方觀點的柔軟性和情感性。這種態度，不以醫生自居，不以真理自居，不以單向教導和片面批判

來鄙視對方。而這種柔性力量，可能更具有轉化力量。

　　最後，我要結論在回應萬毓澤所提出的制度性問題。正視深度歧見，納入故事脈絡，是希望共享的「間隙」或「餘地」能被打開。可是要打開具有同情共感的虛心態度或傾聽能力，我認為還是得要具備主體性修養。沒有主體性的修養，沒有「自我虛化」的修養能力，觀點的位移，如何可能。故事的分享，談何容易？歧見的寬容空間在哪裡？《公民哲學》的所謂「哲學」，在我的讀法裡，是不能不納入一個主體「修養」的維度。也就是說，如何讓「真理自居」的固執心態被鬆軟，以打開深度歧見的裂隙，讓不同意見找到相互轉化的餘地。不是說制度不重要，我相信萬老師所參與的審議式民主，已經累積很多值得參考的制度性成果。可是單單依靠「制度性設計」（比如哈伯瑪斯所謂理想溝通情境的設立），而想要獲得深度歧見的解決，我認為困難度很高，或者說，可能性很低。制度的設計和落實，有它迫切性和必要性，但我認為一定要再帶入「公民修養」這個自我轉化的向度。也就是逆轉我對他人片面而單向的批判，讓自己的公民身分成為「複數而柔軟」的調解通道。我先回應到這邊。

楊婉儀（中山大學哲學所）：謝謝賴老師，還有在座的各位老師。這議題，其實我應該算是外行。因此，我就僅從我自己的研究跟相關的想法提出幾個問題。第一個，剛剛鄧老師提到支持同婚跟反對同婚的兩個點：一個從伴侶關係為主導，另外一個是以親子關係為主導。可是，我覺得，對我來說，這兩個歸納出來的結論似乎還不是最終極的點。怎麼說呢？比如說，如果是真正以親子關係為主導的話，那事實上不要說同婚的、就算不是同婚的，很多結婚的人都不生小孩。所以，在一個意義上，我覺得以親子關係為主導去展開對於同婚的反對，事實上這只是一個藉口而已。那它背後所涉及的問題是什麼？我覺得是一種恐懼。那個恐懼，包含了一個人對他所不熟悉的、不安的或未知的恐懼。而我覺得或許這其實才是重點。也就是說，恐懼不只存在於今天的同婚議題上，綜觀歷史，只要有新的事

物、新的制度出現，總是會有一批人恐懼於這個新事物的發生和可能性，以致於他們會去反對、抵抗、抵擋它。

　　所以，如果允許我從這個點來開展整個問題的可能性，也就是關注到人類面對新事物的恐懼，我想接下來值得注意的問題將關乎剛剛鄧老師提到兩個善之間的相互對立。我覺得，只有當每一個人都是「理想化的公民」時，我們才可能從兩個善相互對立的向度去談，也就是說：我承認你是善，而我也是善。因為我們已經彼此接受對方是合理的，故而同意我們只是意見不一樣。而如果我們的社會能夠走到這個地步，也才能夠實現剛剛審議民主講的，雖然我不同意你，但我會接受你、尊重你，並因而不再有相互對立的衝突問題。

　　可是，從我個人有限的理解，我覺得大部分的人都沒有走到所謂「理想化的公民」這個地步。那為什麼沒有走到這個地步呢？答案也許關乎某種思考模態：如果我不只覺得我是對的，而且我還必須跟你強調我是對的時候，往往我已經首先假想對方是錯的或惡的。因為我必須改變你，所以我今天要把我想講的講給你聽，也就是透過我陳述的各種道理和理論來改變你。那我為什麼要改變你？因為我覺得你是錯的。所以，這裡有一個根本的問題，就是善惡二元的問題。善惡二元的問題及其衝突與對立，其實不來自於我們理性地區分清楚什麼是善、什麼是惡，正好是我們在情感的恐懼當中走不到理性的層次。當我們為了保護自己而以自身為中心的時候，在我們這種極化狀態、自我防衛當中，對方被預想成惡的。因而，他走不到剛剛所說的這種善與善的衝突關係。所以，我覺得善惡二元的問題根本上來自於恐懼、來自於我們對於新事物的不能接受。而這會成為，比如說，在同婚議題上或其他不同的議題上，我們根本無法聽別人的任何語言的關鍵原因。

　　如果從這個點，我們再進一步去談所謂「共同體」的意涵。將發現，如果整個群體已經進入我剛剛所說的狀態時，當人們發出共同的聲音、共同的聚合在一起，為了捍衛自己的觀點和立場而構成所謂「共同體」時，

不難發現這個時候的主張是不容挑戰的。而所謂「共同」的意思將被詮釋為，你的意見必須跟我一樣，也就是「同溫層」的意涵。所以，我們今天說：「同溫層要走出來」，問題是：它不是這麼容易。當我們假想每一個人都是理性的公民時，我們可以有一套理論說法。可是，別忘了當「我們假想每一個人都是理性的公民，所以我們有一套理論說法」的時候，事實上或者實際上卻不是這樣子。正因為事實不是這樣子，才會有重新來談這個議題的需要。所以，我覺得「共同體」的意涵，是需要被反省的。就如同在剛才的脈絡當中所出現的「共同體」，正是排他的。

所以，是不是有可能在這個點上重新談共同體？至少我們承認我的共同體跟你的共同體是不一樣的。也就是說，在這兩個共同體的差異之間，是否首先有可能從一種情緒互動的意義上展開彼此的關係，然後才進入所謂的「聆聽」。然後，在這個意涵上面，當互動成立的時候，進一步地把所謂的「善惡二元」這個思考重新地解開。意思就是，至少讓彼此接受，我的想法，我不能放棄。但是，我也同意、我也明白、我也理解在你的立場你也是如此思考的。也許只有做到這一點，才有所謂的「善與善之間的兩重對立與可能性」。

所以，我覺得，如果我們今天要談「公民共同體」、談「公民哲學」，我們好像需要一些前在的基礎，先落回到更現實的狀態，就是：並不是每一個人首先都是理性的。所以，在這個情緒層次的交互溝通，還有對於不同的意見和新的事物出現的恐懼之療癒的可能性，對我來說，是更基礎的重點所在。因為在我有限的經驗當中所理解到的是，對很多人來說，他的反對其實不是真正的反對；相反地只要他安心了，他甚至不會反對你。從此向度而言，也許有些人的反對，只是因為他不安而已。而那個不容忽視的不安的力量，往往是非常強大而且暴力的。謝謝。

洪世謙（中山大學哲學所）：院長、鄧老師，謝謝錫三的邀請。很開心可以拜讀鄧老師這本新的著作，雖然還在寫作當中。但是鄧老師所關心的，

其實跟我非常、非常相近，包括「公民」、「共同體」等概念。我將從以下幾點回應鄧老師。當然，今天談的是同婚。

　　第一是「公民身分」的問題，這是研究公民哲學或共同體都必須碰觸的問題。鄧老師剛才說到，好像人人都有公民身分，如果沒有公民身分會很慘，他可能是難民。其實在鄧老師的研究裡一定很清楚，這些都是被賦予的身分，他們是作為消極的公民身分。然而，當我們要談公民哲學時，有沒有可能其實更應該談積極的公民身分，尤其談公民哲學時，其實需要更多的實踐與行動。如果談積極的公民身分，相較於以往消極被賦予身分的公民，那我現在要談的是另外一個：有沒有一種公民其實是「生成─公民」（devenir-citoyen）或「未完成公民身分」（une citoyenneté imparfaite）？即他是透過行動，因此成為公民，而不是因為被賦予身分，所以他是公民。正如Spinoza在《神學政治論》裡面的名言：「沒有人是生而作為公民，而是成為公民」（On ne nait pas citoyen, on le devient.）

　　之所以要這樣說的原因是，如果是一位被賦予身分的公民，他可能是從個體出發的公民，即他不是活在與他人共在，具有社會關係、社會連結的公民。我比較想談的是，如果有一種實踐的公民，他必然會連帶著他者而出現。藉著Balibar的說法，稱之為「跨個體公民」（transindividual citizenship）或所謂「共公民」（co-citoyenneté）。簡言之，任何一個身分都是跨個體的，身分同時涉及個體和集體，而從不會是二者之一。正如同盧梭在《愛彌兒》中的名言：「我們最甜美的存在是關係的和集體的，我們真實的自我，並不全然在我們之中」（Notre plus douce existence est relative et collective, et notre vrai moi n'est pas tout entier en nous）。之所以要強調，思考公民問題必須放在跨個體的脈絡下，是因為我們每一個人之所以能得到個體權利的保障，不光是靠我們個人爭取來的，因為很顯然國家還是會侵害公民的權利。公民的權利之所以可以獲得保障，是因為他和其他人息息相關，方使每個個體獲得所謂「公民權利」的保障。所以，公

民權利的保障不是由個體而來，而是因為我們和其他人聯合並共同爭取、維護的。

於是，這便涉及了「誰是他者」的問題？並間接影響了如何平等地保障每個人的基本權利。例如，我們現在在談移工、偷渡者、非法居留、無國籍、甚至難民。看起來，他們至少在國籍上被認定不是公民，而事實上他們卻和我們活在同一個社群或同一個共同體之中。某個意義上，如果我們要實現「未完成公民」或者「公民主體」（*citizen subject*）這個理念，他們的行動或他們與我們的共同行動，才讓我們的權利能獲得更好的保障。最好的例子是，本勞與外勞的薪資是否應該脫鉤的問題？如果我們今天不捍衛外勞的薪資，讓他們的薪資與本勞同樣的話，事實上本勞的勞動權或薪資一樣會受到影響，因為雇主在成本的考量下，會僱用更廉價的勞動力，且不思改善勞動環境與條件。那對本勞來說，除了一再被壓低工資，甚至面臨失業的風險外，本勞的勞動環境亦處於高風險之中。換句話說，本勞的勞動權保障，是因為我們共同捍衛那些不被視為公民的「他們」，即移工、甚或是失聯移工。所以，我想與鄧老師分享的第一點是，也許「公民」的概念可以更民主化、基進化（radicalise）。公民身分不是被劃定、被指派，公民身分必須是透過民主及參與，才使參與者賦予了自身具有公民身分。即公民身分不是靜態的資格，而是主動的、展開的，在行動中才落實其身分。也因此我們可以將公民身分視為爭議/民主的場域，即其成員並不限於既定成員，而其展開的場域也不僅在既有制度，而是各種異者以及各種議題交會之處。

之所以要談行動或實踐的公民身分，是希望回應鄧老師的第二個觀點，即「善善衝突」的問題。剛剛婉儀其實也說了很多。如果只是把對方預想成「善善衝突」，是否還能談論惡的問題？因為在哲學中，不可能不討論惡是什麼？如果我們都覺得是「善善衝突」，那惡的問題能不能討論？這是一個，但這不是我要談的重點，因為剛剛婉儀其實也說蠻多。我想接續著第一點談到的，將公民身分視為爭議/民主的場域，之所以不要

害怕衝突，之所以需要衝突，包括我們在實踐的過程中所引發的衝突。衝突，並不是爲了單純反對或推翻某些事情，衝突作爲某種介入或轉化（transforme），才有可能打破或挪移某些空間。換句話說，它不是爲了要說明自己的正確，而是它透過介入而產生某種間隙，進而展開對話或至少保留某些改變的可能空間。這個，錫三也有說，介入產生某種間隙，這種間隙有可能模糊（ambiguity）或挪移鄧老師說的原型思考。以同婚的例子來說，性別平權運動作爲一種介入行動，是因爲要模糊某些原型思考，例如，對於家庭的原型思考、對於愛情的原型思考、對於性別的原型思考、對於婚姻的原型思考。這種模糊邊界界線，進而出現的對話空間，才讓我們可以更進一步徹底思考，到底什麼是婚姻、什麼是愛情、什麼是性別等等。如果沒有這種介入，我們便僅能在既定的原型思考中判定善惡是非，無法敞開新的可能性或者另一種傅科意義下的認識論。換句話說，不是要反對以往的人怎麼認定家庭、愛情、婚姻、性別等，並非要一次性地全盤推翻或否定。而是如果沒有介入所產生的間隙，我們無從更細緻地、更情感地、更多元地討論其他可能性。也因此公民作爲「衝突的場域」，才實現了我們前述的積極、主動、展開的公民身分，也就是公民身分的民主化或基進化。

　　此外，之所以要介入、產生空間的另外一個原因，是因爲我想再說明一件事，即一個社會可以同時有好多套制度並存，而不只是某一種必然樣態。譬如說，剛才講的是主張要修改民法的人。但性別平權運動中，還有另外一群最後不得已，接受訂定專法的人。他們的主張是，這個社會以往的婚姻或民法制度，都是在一夫一妻或雙性戀的框架下，並將此視爲合法的婚姻制度。但如果在既有的民法之外，同時出現一套同婚專法，這同婚專法同時保障了鄧老師書上所寫，包括財產、醫療、撫養等權利。換言之，若同婚專法能夠既保障一些基本權利，又可以保障婚姻關係，它便說明了這個社會可以同時有兩套不同的婚姻制度並行，而且不同的人在這裡面都可獲得他想要的。換句話說，之所以要談衝突，是因

爲由它所產生的間隙，讓本來的原型思考可以被挪移，可以產生對話空間，或讓這個世界本來以爲只有單一價值，有另外一個價值系統同時並行的可能性。正如同鄧老師在頁216引述Lakoff所言：「在原型思考裡，類別未必有明確的界線，而且有時界線是可爭議、可商榷、可拓展的」。綜言之，比較傅科式的說法，每一套知識都有其構成的內部秩序，這種知識型圖示（epistomological）決定了知識形式、方法框架和眞理判準。於是我們的工作應該是去考察這些知識分類的標準、規則以及內部構成的結構，並且挖掘在同時期不同的知識型，以重新界定知識和眞理的界閾（threshold）。

其次，關於衝突，也許不必然要擔心。鄧老師強調「善善衝突」，這其實是一個理論上的困擾（前面提過，我們是否可能陷入無法談論「惡」的困擾）。因爲即便是「善惡衝突」，也不盡然是壞事。衝突所產生的空間，反而讓我們能更細緻、更徹底、更多可能性的討論。尤其是，毓澤也提到的審議式民主，他剛好用到Mouffe。審議式民主最常被質疑之處，在於太過強調共識，反而忽略在共識之外，永遠不被聽到聲音的人。如何看待這些無法爲自己發聲或總是被視爲「雜音」的人？這是第三個我想要回應鄧老師的觀點，即關於制度，我非常同意，無論如何，我們都需要制度。這制度可能比較像毓澤剛才所說的「暫訂協議」。顯然地，當我們產生共識的同時，意味著有些人被排除在此共識之外。所以，該思考的不單單是已經被畫入我們或者共同體的這些人，而是在制度設計的同時，那些被排除的人怎麼辦？那些人其實也是跟我們活在一起的人。因此我想指出的第三個概念「翻／譯」，翻／譯意味著翻轉、翻動以及中介，於是它也可以是「翻議」。透過「翻／譯」所造成的改變而形成了一條「介線」（borderland），即一條介入、中介和介紹（introduce）的線。之所以需要這樣的「介線」，除了有積極的介入、中介、介紹的意義外，更重要的是在模糊一切界線的同時，從來都不是不要界線，不要界線除了讓事情變得虛無而無從討論、無從判斷對錯外，還包括無界線會讓有權力的人更加

地擴張界線，而排除更多的「他者」。無界線非但無法解決被排除者的問題，反而讓被排除者的問題無從討論甚或是視而不見。而透過「翻/譯」所撐開的空間，實則是「邊線」或「邊緣」（margin）一個模糊的、未定的空間，因此我稱其為「介線」。我們可以玩一下文字遊戲/歧義，當我們試圖tracing a border時，tracing除了繪製，亦是追蹤，當然也意味著界線只是一套痕跡，它處於一種隨時變動之中而無從論及固定本質。因此，「介線」是空間概念、是變動的，而非作為固定邊界，其目的在於讓主體知道，有一個他者、差異存在。介線的意義在於，既可以看到他者，也可以重新理解主體位置。只有透過這種「翻/譯」、「介線」，我們才有可能「翻議」，也就是在形成共識、制定制度的同時，不斷地重新協議並且看見他者、差異的可能性，讓制度保持著開放性。

　　對我來說，一個制度總是暫時性的協議，並因此保持著開放性與張力。一個比較好的制度，就像多孔縫的石頭。其意味著，群體之中一定會有不同的意見來回穿梭，但是不同意見的人，總能在此制度中找到其安居、生存之處所。多孔縫石頭因其孔縫而能流通，而不是固化地排除了不適合生存之人。因此，不管是制度或共同體（我習慣翻譯為「共通體」），它應是包含著交流、互動、對話、協議、衝突等因素，透過「翻/譯」，我們達成暫時協議，而不是共識。所以，不盡然只能以共識作為設計制度的方式，多孔縫的制度亦是設計制度時可思考的方向。愈是無法形成共識，反而越可能深刻地討論。共識一旦出現，就同時出現排除。

　　我就以「公民身分民主化」、公民身分作為「衝突的場域」以及「翻譯的介線」三個論點，回應鄧老師的「公民身分」、「善善衝突」和「制度設計」，也與鄧老師分享。

賴錫三：游院長請我代為主持，今天第二部分的交叉對話，大概會進行到下午五點。我先邀請鄧老師，就他記憶所及的部分先做回應。再請幾位回應人，做下一波的交叉對話。如果還有時間，我們再邀請在場的朋友們進

來討論。

鄧育仁：我倒著回應好了，從剛才談話的序列倒著回應。第一位就是從洪世謙老師所提到的。我剛才有稍微問一下，他的這幾點是在批評我，還是跟我講同樣的意見？因為我愈聽愈覺得，他好像在跟我講同樣的意見，只是從不同的角度發展同樣的觀點。比如說，他好像覺得不要追求共識。而我所謂的「深度歧見」就是無法建立共識的地方。你一旦要建立共識，就是有權力的人一定要用到強制手段或者收買的手段，又或者其他非武力的方式。剛剛我說，把建立共識擺在第一位，恐怕是欺負弱勢的絕招，而且是義正嚴辭、光明正大的絕招。要建立共識，共識就是我的意見。我這樣子講，有一點過頭，但高度簡化來講，大概就是這個樣子。所以，剛剛提到的時候，我就在想說，到底洪老師是在批評我要追求共識，還是他在贊同我不要把共識擺在第一位。我不知道他的意思，但是我澄清一下，共識不是第一個要被建立的，特別是面對深度歧見的時候。第一個要被建立的是傾心聆聽，如果你把說服當作面對深度歧見的第一步的話，你要人家再來聽你講話，通常是你已經比較有權力了。你要說服別人的時候，才會把建立共識擺在第一步。

　　第二個，被排除的人，怎麼辦？深度歧見就是要重視這樣的人，或者換句話來講，我一直認為傳統以來用「理性」與「非理性」的這種框架來思考問題不是很恰當。所以，我開始用「心智多樣性」來思考、來面對深度歧見的問題。所謂的「心智多樣性」，我常常用比喻的方式來講，人的心智不會只有理性與非理性。人的心智，若用色彩來比喻，不是只有黑白，還有黑白之間的色調。不只是色調的不一樣，還有紅、橙、藍、綠、靛、紫等各種多樣的繽紛色彩。我會覺得，不應該用「理性與非理性」（或理性與情緒）的對立來面對深度歧見的問題。更好的是，用「心智多樣性」的角度來看裡面的差異性。在公民的共同體裡面，所展現出來的就是這樣的多樣性，還有它的動態變化。我想邀請大家注意這個事情，或者我跟幾位的觀點，沒有這麼大的差異。

　　再來是說，在《公民哲學》的論述裡面是否害怕衝突。不是要怕衝突，而是要善用衝突。這是明白寫在上面的，要善用衝突。眞正怕的是什麼呢？錯誤地把「善善衝突」當作「善惡衝突」來處理，怕的是這一個。所以，我們要分析思考，把同婚爭議其實是「善善衝突」的情況給分析出來。不要把雙方的衝突當作「善惡衝突」。這個分析當然有一些細節沒有談進來，有些是在同志和異性之間的，還有一些是剛才所謂的「邊緣人物」。比如說，我的助理幫我找到東海大學趙彥寧老師的「老T的故事」。那個老T遭遇更慘，她是更早的同志。美軍時期，她在做陪酒的工作，不過，她卻是個很有陽剛色彩的女子，她有很多老婆，突然這句話講出來，不要被斷章取義：她在不同階段、有不同的同性朋友、同性親密的朋友。她有她們家的關係網絡。那這個老T，現在生活情形如何？各位可以去看趙彥寧老師三篇關於老T的故事。老T是一群人，讓我印象深刻的是，其中一個老T最後發現她得到癌症，然後她跟她的老婆或者是同志的朋友講，她想要回到原生家庭送終。最後，她還是回到原生家庭去了。這中間已經不是「反同」與「支持同志」之間的衝突而已，有比這更複雜一點的生命故事在裡面。可是，這種生命故事在媒體上、在反同與護家之間的衝突裡、在同意與不同意同性婚姻的意見裡，我們是看不到的。大概是這個樣子，這是回應洪世謙老師的話。

　　在這裡的話，理論的困境的確是一個困境。這個困境的問題，不在於說，這個困境只是一個深度歧見。我認爲，這個困境，在深度歧見裡面，會連結到情緒或情感的問題。我用一個詞語來說明它，叫做「深度故事」。這個「深度故事」是一個美國的社會學家霍希爾德（Arlie Russell Hochschild）提出來的，她去訪談茶黨的聚集地的那些人，去寫出他們的深度故事。[3] 剛剛我們講到，要去瞭解對方或理解對方。而在深度歧見裡

---

[3]　參見霍希爾德，許雅淑、李宗義（譯）：《家鄉裡的異鄉人：美國右派的憤怒與哀愁》（臺北：群學，2020年）。

面，你去理解對方的時候，知道對方跟你不一樣，有時候帶來的是恐懼，甚至是威脅。對方的存在，就是對我的威脅。所以，才會有「世界不再恐同日」這種要求出現。那也是在這裡，我們在面對「深度歧見」的時候，不是在理性地分析對方、理性地理解對方，不是這個樣子的。不能用「理性與非理性」、「理性與情緒」的對立來看這個問題，而是要用「心智多樣性」的角度來理解對方的價值取捨，認識他的長處、他的優點、他值得尊敬的地方在哪裡？而不是理性上的支持或不支持，不是這個意思。特別是說，如果我們用傳統的「理性與非理性」、「理性與情緒」的對立來分析這個話題的話，結果可能會得出剛才的想法：對方的存在就是我的威脅。因爲比如說，用這種冷靜的態度去分析對方想要什麼、他的價值觀點是什麼。分析出來後，意識到另外一批人跟我們不一樣，那就把他們當成分界。分界的下一步是什麼？把他們除掉。除不掉，就把他們圍堵，圍堵不掉怎麼辦？所以，我想說的是，情緒很重要。我們不只要有深度故事，深度故事就是要讓我們感受他們所感受到的東西、感受他們認爲重要的東西。感受到他們認爲重要的東西，到底在哪裡？感受一下，重要性在哪裡？眞實的情況在哪裡？這裡要靠一種深度故事來幫忙。這就是爲什麼我在分析衝突的時候，會以楊渡的文學作品爲考慮，因爲我找不到像那個美國社會學家的分析。我必須以楊渡的作品來反映護家盟所護的是什麼，他們所護的，就是傳承的親情，以親子關係爲主導的親情。

那洪老師提到公民身分，他提出「共公民」的這個問題。我在書裏面，大概區分公民身分與公民地位。「公民身分」是實際上他有這個身分，比如說，他有中國的公民身分或者他有菲律賓的公民身分等等。「公民地位」是從規範性來講，從民主憲政來談公民地位，就是自由平等、互惠合作、公平合理。這三個規範性概念，怎麼來展開、來敘述？我們希望擁有的公民地位的規範性內涵是什麼？這樣的規範性內涵，怎麼把「多元價值」跟「命運共同體」凝聚成「公民共同體」，而不會只是被賦予的、消極的公民身分。從這個角度來說，當然就會涉及洪老師剛才提到的，比

如說外勞跟本勞,特別是外勞的問題。在我寫《公民哲學》這本書的時候,還沒有處理到這個議題。不過,我可以先口頭上回答。就是說,至少在處理美國政治文化的那個章節,有部分處理到民粹的問題。比如說,川普總統不會講「移工」,他會選擇講「非法移民」。而在臺灣,我們會說「無照勞」或「無照移工」,不會把他們稱作「非法移民」。在這裡,公民共同體或公民哲學會怎麼處理,我還沒有深入地分析,但我會承認這是一個重要的問題。然後,「公民共同體」不會排除掉無照移工,也不會無視無照移工,或只是把他們當作非法移民。大概是這樣子。

再來,回答楊老師所提到的恐懼。的確,我相信有很多是恐懼的問題,所以才會有「世界不再恐同日」這樣的設定。首先當然是「不要怕」!然後,如果說強調對與錯、要去說服對方、要去改變對方,我相信這是在面對「深度歧見」的時候,很不好的起點。起點還是要聆聽,那聆聽的話,就會牽涉到等一下要談的,也就是萬老師講的審議民主。聆聽,有時候有聽沒有懂,而且是誤解,這很常見的。是聽了,但是也把對方誤解了。在日常生活中,有些人就是不太會講理由,但他們很有人生的歷練。他們不是學院或者制式教育訓練出來的,我們這些教授、這些研究員講得頭頭是道。但他們不會這樣講道理,他們會一直覺得,你所講的話不太對,那很直接的判斷。在這個情況之下,我會說,公民哲學或哲學的論述,又或者哲學家,能夠做到的事是很有限的,無法化解他們的恐懼。但是,我們能夠做到的是說,從「心智多樣性」的角度進入,去聆聽、去分析、去揣度,然後把雙邊的論述和感受給展開來。畢竟,在公共領域、在社會運動的現場,正反兩邊的論述常常都是被高度簡化的,但仔細去觀察的話,我們會發現其實兩邊內部都還有不一樣的聲音、不一樣的意見。當然,如果是要推行一個社會運動,論述一定要高度簡化。

在高度簡化之下,一邊要平權:你們歧視我,我要平等,我們要保障自由權跟平等權。另一邊則喊說:我要護家、我要愛家。其實話說回來,護家、愛家是很能打動基層民眾的。大家都可以看到,過去的經驗是,大

法官釋憲選擇站在自由權與平等權那一邊，他們對於家庭與婚姻的想像，
直接參考了美國社會。如果我這個分析沒錯的話，兩造的撞擊點不在於
「平等權」跟「護家」，因爲同志也能護家，只是他的家跟你的家的想像
不一樣。只是在社會運動的現場，雙方不得不簡化，然後展現爲社會力量
的衝突，其實真正的問題不在於平等權跟愛家護家，而是在於對兩種家庭
的理想想像。而在這個底下，反同護家的人說：「我給你們伴侶法或專
法」。那同志們不接受，他們是說：「這是另一種歧視」。立一個專法規
範同志是另一種歧視。但我覺得，其實同志也可以去爭取說，我來訂立一
個伴侶法或專法，但不限於同志，異性戀也可以進來。因爲現在民法婚姻
章裡面，對性別還是很不平等的，對女性歧視的那種法規，還是很多的。
你要爭取伴侶法，我們就制定一個超越性別的、真正平等的伴侶法出來，
異性戀要進來也可以，其他性別光譜要進來也可以。性別，不只有兩性、
同志，我們可以要求一種高度的性別法。

　　底下回應萬毓澤老師。明白這個之後，怎麼接到審議民主呢？剛剛
萬老師講了很多點，他講得都很有道理，我不曉得要反對什麼。但是有一
點是這樣，審議民主有很多優點、有很多適用的地方。但我認爲在深度歧
見裡面，它若沒有恰當地前置作業的話，直接進入審議民主，要嘛是強者
主宰著審議過程，要嘛就是造成更激烈的衝突。這樣一來，你想要暫訂協
定不僅達不到，還會爆發更激烈的衝突。我的想像是這樣，若沒有做很好
的前置作業，就直接把支持同婚的人和另一群支持護家的人，把他們放在
一起協商審議，一定會出很大的問題。當然，審議式民主一定會有前置作
業，審議的過程也不是我剛才描述的那樣簡單。

　　公民哲學或哲學能做什麼？哲學家所能做的，真的很有限。在前置
作業裡面，如果我的分析是正確的話，其實彼此的價值衝突點不在於平
權、也不在於護家。兩邊都護家，兩邊也都要求平等、不可歧視對方。那
衝突點在哪裡？公民哲學就是把雙方的觀點展現出來。而對於雙邊觀點的
發掘，不是直接藉由討論就可以找出來的。我找了一個助理幫我做研究，

他是參與同婚運動的、支持同婚的那一邊，一個年輕、剛剛畢業的學生。
一開始，他也很反對我的講法，那時候觀點還沒有形成，但慢慢地他先把
「平權」跟「護家」這兩種主張提出來。然後，我們進一步地分析，才得
到這個結論。我的意思是說，如果我的想法是正確的，這裡頭有一個前置
作業，就是把「價值衝突點在哪裡」給找出來。這需要做研究，而且是長
期的研究，然後才可以搭配審議式民主的相關做法，開始進入審議或協
商。所以，公民哲學並沒有要反對審議民主，就像萬毓澤教授你也沒有要
反對公民哲學。

　　第二個，就是公民哲學所做的事，的確有限。但它在這個階段針對的
是「深度歧見」。有些我會把它推到「公共哲學」，我把「公民哲學」跟
「公共哲學」分開，因為「公民哲學」是我發明的一個詞，我必須把它界
定為「深度歧見」。在這裡的意思是說，它所關心的是「深度歧見」，特
別是放在價值的衝突點。衝突點在哪裡？這是公民哲學需要花時間去做的
工作。這個工作如果可以進入審議民主，那會是它的前置階段，大概是這
個樣子。

　　最後，回到公民道家，回應賴錫三老師。我覺得病毒說很有趣，與
病毒共存這個講法，真的很有趣。一開始，我沒有想到從這個角度來看。
錫三兄，我回去真的有把《莊子》的〈齊物論〉再讀一遍。在這裡的話，
可能未來我們要想想繼續怎麼發展。我來講兩點，就是說，剛才賴老師也
提到，從制度性的角度來談審議民主恐怕是不夠的，而且中國哲學裡面一
直強調修養論，這是很重要的。所以，要有一種公民修養的論述。可是，
這一點的話，我有觸及一些，但還沒有真正的做法。所以，如果從你的角
度來看，「公民哲學」除了「公民共同體」之外，公民修養的論述還沒展
開。我是非常期待看到這一點的，看看我們能不能互補或者互相合作。從
修養論來看，特別是從公民道家的修養論，來看看公民修養要怎麼論述。
那當然，我不認為制度能夠解決問題，從來就不認為。

　　今天中午，我跟賴老師在海誓山盟吃飯，那時候我是這樣講的，如

果大家能夠知道有「深度歧見」這件事情，而且願意面對它或者願意正視它，這樣就很不錯了。如果社會能夠多一點莊子，或者我的說法是有很多的小莊子，那麼一個社會即使有「深度歧見」，通常還會停留在「善善衝突」或善用衝突的「善善衝突」，而不會誤把「善善衝突」變成「善惡衝突」。我認爲美國現在有一點把「善善衝突」當作「善惡衝突」來處理。有不少地方，是這個樣子。但是，希望臺灣不要走到這一步。不過，現在是愈來愈激烈了。我對公民修養有高度的期待，還不曉得那些小莊子在哪裡，希望看到有小莊子出來。

　　第二點，你最後談到「複數而柔軟的調解通道」。「複數」，我想就是多樣性。「柔軟」的話，我打一個問號。就是說，我認爲有些地方必須強硬，這我們彼此再看看。因爲什麼時候該柔軟、什麼時候該強硬，這個要看情境來判斷，不在原則上決定誰是對的、誰是錯的。「複數而柔軟」，但有時候必須強硬。「調解通道」，我個人特別喜歡這個「通」，就是「通道」。剛才，洪老師也提到「通」。我特別注意到「通」，還有一次賴老師跟我提到的耳、目、鼻、口不「通」。就是你的耳、目、鼻、口不「通」的話，就會出問題。你的耳、目、鼻、口「通」的話，就不一樣。即使有問題，問題也會小很多，大概是這個樣子。

賴錫三：這是用了身體的隱喻。《莊子》〈天下〉反諷先秦諸子「各是其所非而非其所是」的「自是非他」現象，就好像耳目口鼻，各有所用，卻不能相通的「一偏」「一曲」之蔽。可是如果我們必然要共存共生於天下，那麼大家若只是各自堅持自己的所見所明，卻不能相互傾聽與溝通，結果不是導致「天下大亂」（無法溝通），就是引向「一統天下」的獨斷（不必溝通）。這個比喻告訴我們，耳、目、口、鼻的差異與歧見，原來是不可也不必消弭的。但是「各偏執一曲，而不能相通」的結果，就會讓不同觀點脈絡的歧見，惡化爲難以並存的深度歧見。而調節這種深度歧見，則是要回到官能之間雖各有所長，但也必須在共同體之中，擁有自我

設限與回應他人的雙重修養。

鄧育仁：好，我大概總體回答，現在跳回洪老師的「惡的問題」。我在寫這本書《公民哲學》的時候，沒有處理惡的問題，先暫時擱置。我之所以暫時擱置，第一個，我認為臺灣的民主有各種問題，但臺灣的民主其實是相當不錯的。我們看到有些人會去批評，但臺灣民主大體上是做得相當不錯。就是說，我認為我們的多元價值的衝突都還在「善善衝突」的階段，有些好像快要變成「善惡衝突」。但我會覺得還在「善善衝突」的階段。所以，我集中精神討論，無論反思上，還是論析上，來處理「善善衝突」的議題。所以在這裡，我不去處理善惡的問題。

賴錫三：我先邀請萬老師，然後幾位朋友可以針對鄧老師回應，也可以拋出你的看法，然後再交叉對話。

萬毓澤：我覺得我可以從婉儀老師講的善惡相互對立的這個問題出發。就是說，我們都希望在臺灣重大的深度歧見是善善之間的交鋒。那為什麼可能會滑落到善惡之間的二元？我覺得跟媒介的改變也有關係。比如說，現在年輕人習慣使用網路來接收資訊。在演算法的制約底下，你可能容易一直看到跟自己意見相同的意見，這是有物質基礎的。就是說，我不太樂觀地認為，在目前媒介發展的態勢底下，我覺得很多重大的議題未來都會朝向善惡二元論的方向發展。就在這個意義上，我覺得審議民主有它值得借鑑的地方。因為審議民主特別強調的是面對面互動，強調人跟人之間同情互感的能力。網路上很難有這種東西。各位在座很多年輕的學生，你在網路上怎麼跟人互動？是不是看到不高興的事情，就急著謾罵了？大家都這個樣子，我使用網路也常常這樣子，你會有一個被拉入深淵的感覺。

除了媒介的問題外，某些重大的道德爭議可能涉及鄧老師剛才提到的：社運團體在呈現問題的時候，被迫要用比較簡化的方式去呈現。這也是完全可以理解的，因為社會運動需要構框（framing）、需要把話講清楚淺白，所以會犧牲複雜度。但是，社會運動有個好處，就是它可以撐出

言論的空間或撐出政策討論的空間。所以，我們不能不需要它。但是，除了這個以外，審議民主可以介入的地方是，它能夠創造一些場合，讓相互聆聽有可能成眞。我認爲這很重要，因爲我們不能只是道德呼籲：「你要相互聆聽、你要聆聽他人」。但是，沒有機會啊！活在網路上的人，沒有機會聆聽他人，怎麼辦？我覺得應該從學校做起、從學校平常的教育（公民課也好，或者是系務上的討論、所務上的討論），就開始帶入更多平常的面對面互動。在這個學習的過程中，你有機會去聽到跟你意見不一樣的人。審議民主只是用更嚴謹的方式去操作這個東西。那在鄧老師講的比較嚴謹的前置作業之下，讓多元觀點可以呈現出來。比如說，我們的操作可能不只是讓人坐下來聊一聊而已，而是在某種程序底下的發言。而且我們可能不只是發言，還可以搭配看紀錄片。很反同的那些人看了紀錄片，可能會打動他：原來支持同婚的人並不是惡魔，是跟我一樣，有血、有肉、有感情的人。所以，要創造一些場合，讓人有機會接觸到這個東西。這就是我講的，公民哲學應該跟審議民主可以對接的地方。

　　我再講得更具體一點，比如說，受過公民哲學的人可以怎麼做？我想到幾個方法。比如說，未來有更多人加入鄧老師的行列，受過公民哲學的訓練，能夠用很清晰的方式把深度歧見給釐清、把背後的邏輯思考給呈現出來。如果我們現在有一群這樣子的人，我們可以擺在哪邊呢？比如說，大家常聽到「公民會議」，如果要辦公民會議，這種人就可以進入公民會議的執行委員會，他可能很知道背後問題的癥結點在哪裡。執委會接下來可以做各種會議的安排，包括會議手冊的撰寫、專家的邀請等。甚至這樣的人也可以進入專家的行列，來跟大家分享：「你們彼此認爲彼此是敵人，也許不是那麼簡單。我從公民哲學的角度來分析給大家聽」。這樣子的人，還可以成爲分組討論的審議員，他可以擔任桌長，也可以擔任大場的主持人，協助大家釐清問題。所以，我覺得有很多機會可以落實在制度的運作上面去，是有施力點的。我講得差不多了。所以，我完全沒有要批評公民哲學的這個意思，它有很強的實踐力道，若能跟我們已經在推行的

事務結合起來，它的力道會更強。

賴錫三：我要接著萬老師，因為按排表，我是在他的後面。首先，萬老師們的努力和工作，我非常佩服。他也強調他跟鄧老師有一個共識，那就是審議式民主在進行的時候，一定要有好的前置作業。問題是，什麼叫做「好的前置作業」？我相信，審議式民主可能累積了不少具參考性的經驗，但是對我來說，這可能更像是終生的功課，而不只技術能事而已，以為我們只要做了某些前置作業，一群立場不同的人坐下來，就可以達到好的溝通效果。我對於這種更傾向技術性的程序操作，不敢這麼樂觀。我認為一個人如果沒有終生培養，而且從日常生活的歷緣對境，就養成與歧見共生的主體自覺，那麼任何的前置作業都可能因為低估自我慣性的成心成見，而難以發揮成效。事實上，我們每天都生活在歧見之中，而且經常把歧見處理成深度歧見，包括感情與婚姻。如果我們連最切身的親密關係，都無法鍛練出與歧見共生，乃至將歧見轉化為豐富人生的功課，那麼我會懷疑我們可能在涉及利益的情況下，能和他人面對歧見而共生共榮。換言之，歧見是交互主體性必然要遭遇的日常事件，我們每天可能都在面臨這種存在難題，但是這些難題也同時在培養我們面對自我與他人的調節能力。所以「前置作業」，對我來說會是終生性的，而且必須在日常性生活不斷模擬與學習的功課。這件事情，也是我認為在落實制度性實驗之前，能不能順暢的關鍵之一。在這裡，我覺得主體修養與制度建立，分則兩傷，合則兩利，兩者沒有絕對衝突，當然兩者之間的關係辯證等細節，還需要有許多討論和溝通。

再回到同婚的議題上，在鄧老師的分析裡，他用了「原型思維」這個概念來描述「反同」的基本思維方式。可是這種「原型思維」的描述方式，是否也有可能造成「反同」觀點的被標籤化？我們知道，鄧老師在書裡，已經儘可能對雙方立場給予脈絡性理解，尤其對「反同方」做了相當同情的敘事與分析。但是「原型思維」這個概念，對我個人，多少類似形

上學的思維方式，並暗示「反同方」永遠堅持一個不可改變的理型。如此一來，「原型思維」就好像跳不出意識型態的框架了。就某些反同立場的朋友來觀察，許多人可能有這種準形上學的意識框架，例如深信《聖經》〈創世紀〉對於亞當、夏娃的人類理型描述，也可能來自《易經》「一陰一陽之謂道」的宇宙論原理，這些宗教話語、宇宙原理被視爲人間世界的原型基礎，當然也就爲婚姻與家庭秩序，奠定了經天緯地一般的倫理價值。這種經常被用來支持傳統婚姻結構的神聖性論述，雖然我不完全反對使用所謂「原型思維」來加以描述與反省，但是我擔心它也可能會簡化「反同方」的差異性。當然我個人要先表明，我並不屬於立場主義式的「反同方」或「同方」，對我而言，任何鮮明的立場主義，都可能把歧見處理成深度歧見。而深度歧見的「成心自師」心態，是更具破壞性的，弔詭的是，它可能來自「反同方」，也可能來自「同方」。我是說，「反同方」可不可以這麼簡單用「原型思維」把它定下來？反過來說，支持同性婚姻的某些朋友們，難道都沒有某種程度的原型思維？他們只有純粹的條件性思維嗎？如果條件性思維裡面也包含有豐富的故事性，我們去分析這些故事敘述時，可不可能也可以挖掘出某些原型思維的成分？我覺得，這個也必須進行雙邊檢證、雙向反省。好，我也把這個問題拋出來。

楊婉儀：其實我剛才提的那些問題，來自於一些親近的朋友與他們父親的對話。他們父親所說的就跟鄧老師所講的一樣：「你如果不結婚，我就沒有孫子了，我的財產怎麼辦？」接著當他告訴他父親：「我會生小孩，你不用擔心，我會找一個代理孕母生小孩」。他父親當下就愣住了，他以爲他已經理性的回覆了父親，父親應該可以同意。他父親當場還是說：「不行，還是不行」。他就問他父親：「不行的原因是什麼？」，但他父親卻說不出來。這樣的經驗不只一個人有。所以，我會覺得，就好像剛剛鄧老師也提到的：如果我們去跟一般人談這些問題，他們也許會覺得：「你們大學教授講的一些道理，我們聽不懂」。

　　所以，爲什麼我一直談人與人關係裡面的療癒問題。我覺得或許對大多數人來說，他們連自己怕什麼都不知道。也就是說，他們並不如同我們所想的，有能力去組織、歸納他們自己恐懼的東西是什麼。他們只是很單純地害怕跟別人不一樣，然後被別人笑。甚至連別人是誰，他們都沒有辦法想像。到底是誰、誰會笑你，他們也說不出來。因而，如果我們今天是從「理想化公民」的向度談問題，將無可避免地跟一般人的想法出現落差。這也是爲什麼我會說，也許公民哲學的實踐還需要有前置的療癒過程。也就是，剛剛世謙講的，很多人跟別人在一起，但其實是躲在一種自己的感受當中與別人相處的。所以，他害怕，因爲所有人對他來說都是輿論的壓力，因而他必須跟別人一樣。從這個點來看，我的關懷還是會落在怎麼樣療癒人內部的不安和恐懼，並以此爲更核心的關鍵點。

鄧育仁：怎麼樣進行？

楊婉儀：如果你問我，我不會再講出另一套道理。我所關心的或許是，透過我的經驗分享讓人放下心防，讓他慢慢明白其實別人跟他所想的不見得是一樣的。比如對於總是覺得別人笑他的人，嘗試讓他知道所謂的別人可能只是他自己的想像不見得眞的存在，這是我的做法。藉著將他人的故事分享給他，讓他發現其實他身上的問題在別人那裡也有。慢慢地、一步一步地解開他心裡面對某一事件的不安。也許他的反對並不是眞的，而只是恐懼。若以我們今天談的同志議題爲例，也許他不是在反對同志議題，癥結只在於內心很怕家裡有一個人跟別人不一樣。至少我這裡有這樣的例子，我遇過這樣的人，我見過這樣的事，而且不下少數。所以，我才會以這個觀點去重新看待這個問題。否則，就好像您剛剛體認到的：「你就是大學教授，不要來跟我說這些道理，沒有用的」。

　　如果我們今天希望的是能夠眞正地進入到、深入到某一個人，也就是一般人的狀態當中的時候，我覺得似乎沒有辦法完全避免這樣的問題。至少我們必須預知這樣的可能性，然後讓它成爲擾動公民哲學的一個可能，

而不是讓公民哲學成爲封合的一套理論。也就是說，讓理論能夠適度地被擾動，適度地保持它跟它所無法解決之問題的關係，以此種方式保有它的彈性。否則，它又會成爲另一套價值，而別人也只會把它看成另一套價值。如此它也就變成多種理論當中的其中一套而已，並因而失去它扎根在地，成爲人與人之間產生穿透性連繫的可能性。

洪世謙：謝謝鄧老師的回應，我也釐清一下。對於鄧老師的觀點，我的重點並不在同意或反對。而是如果我們都共同關注公民哲學，我試圖找尋不同面向來談論這個問題，或者這也和我的訓練有關，即傅柯對知識型的態度。例如剛剛提到善惡的問題，就我的角度來說。第一，鄧老師說現在臺灣的善惡問題，比較多在於臺灣與中國的關係。但我之所以要問善惡問題，是因爲我認爲在臺灣的善惡問題，更迫切地可能在轉型正義的問題上。轉型正義對某些人來說，是政治追殺；但對某些人來說，轉型正義其實是因爲我們可以瞭解自己的歷史，以便我們這整個政治共通體可以往未來走。所以，「善惡」的問題可以理解爲更根本的哲學問題，也就是在當前強調「多（元）」的境況下，我們是否還能討論「眞理」、「普遍性」？還是我們要相信多元選項下，一切都該視爲「善」？這問題讓我們陷入了一種兩難，即如果所有事情都只能單一決定或者二元決定，多元就沒有出現的可能性，那怎麼辦？然而，只強調多元，卻又可能讓我們陷入無從討論的虛無。換言之，我們面臨了單一價值可能的「胡作非爲」以及多元價值可能的「無所作爲」。所以，單一與多元之間，眞的只能一分爲二或者二而一嗎？譬如剛剛毓澤提到的迷因。民粹的原因之一，在於訊息必須大量、快速地散布。所以，資訊必須大量簡化，人們才容易接收，因而它一定會形成二元對立。所以我想問，我們能否提出一種思考，即「一」是否其實包括多元，或者「普遍多元」的概念。亦即「一」與「多」、「普遍」與」「多元」不是二分的兩極，而是它們彼此含攝、生成。如果我們只談「一」，「一」很可能成爲極權，「一」是我們必須避

免的。然而，如果我們只談「多」，「多」本身也是問題，它虛無因此無從討論，亦可能導致極權。因此，之所以要談善惡的問題，其實是想更徹底的問，在「一與多」的問題中，我們怎麼去思考這個「一與多」？如何保持某種多元，但它不會被理解成什麼都是「善」，導致什麼都沒辦法談。我們又如何避免只能往某種單一價值決定？這是我現在之所以追問善惡的問題以及我們怎麼談惡的原因。這是第一個補充。

第二個補充是談聆聽他者。我覺得這可分成兩個部分來談。第一，到底什麼是他者？剛才毓澤也提得很好，如果我們只是從某種主體擴張的方式或者從認識論的方式談論他者，我們就會覺得他者是一個很明確的可辨識對象。然而我們卻忘了，他者也許就在我們日常生活裡。譬如說，反同的人，可能是你我早上起來，街頭巷口遇到的早餐店老闆。他其實不是惡魔形象，但是為什麼我們會有時候把他視為無法溝通的他者？所以，我要講的是，他者也許無法從某種特定的單一形像思考，他者不是一個先在的既定形像，而是因為我們碰觸、遭逢了，因此理解我們跟他是有差異的，所以他者才在我們之中。譬如說，我跟鄧老師其實都認為我們同樣在思考公民權、共同體的問題。但沒想到我們在對談裡，才發現我們其實是有差異的。可是，這個差異並不是因此造成對立，反而這個差異顯現我們彼此有共振但也有微偏。所以，他者其實一直是同一之中存在差異，而差異中又有同。所以，這個他者不是一個特定的對象。

第二：如果他者不是一個特定的對象，我們下一步的問題是，怎麼樣才算是聆聽他者？前一次發言時提過，他者總是與我們共在，因此所謂的聆聽他者，其實是指與我們共振的對象。所以我們之所以要聆聽他者，就像Butler說，聆聽他者，不是我在聆聽別人，而是我正在感受我自己可能曾經受過的傷或曾經遺落過的事物。以致於當我們每一個人都知道我們之所以聆聽他者，並不是我們正在幫助別人或者讓某些受傷的人平復，不是。而是反過頭來，使我們自己本身都可以因為聆聽而重新獲得修復。所以，聆聽不是一種對象式的聆聽，而是因為我們知道我們跟他者常常是共

振的關係。

賴錫三：請鄧老師簡短地回應，然後留一點時間給大家。

鄧育仁：我想從「聆聽」倒回去好了。我畢竟還是做英美哲學訓練出來的。我大概會以歷史來討論這件事情，就是說在政治上聆聽他者的聲音。他者在動態過程中是怎麼出現？應該要懂他人，你不是為了自己去聆聽他人。在政治上的這些弱者，就是需要去聆聽。那聆聽的方式有很多種，不一定是聽他講話，像我剛才提到的社會學家霍希爾德，她就到了那個地區，跟他們一起生活。當然，有一個人帶著她進去，而那個人就是當地人。然後，跟他們坐在一起，融入他們的生活圈。慢慢地在一些場合聊天，不只是聆聽話語，而是聆聽他們的心聲。至於最後怎麼做，再說。她寫了一整本書，為他們寫深度故事。我覺得聆聽，就是像這個樣子去聆聽：「我們這些傾向於民主黨比較左派的人，去聆聽那些極右派的人的故事」。當然，這裡可能還有一個問題，就是說「我到底有沒有弄懂？有沒有弄錯？」但重點還是說，她親身去到了一個弱勢的地方，並且生活在那裡。一般面對弱勢族群，通常我們只是在制度上想說，要怎麼保障他們的尊嚴，在制度上要呈現出他們其實是受到尊重的，而不是真的去接觸他們。在這裡的話，兩種做法的重點不太一樣。另外，我不反對，有時候聆聽他者，就是聆聽自己。這也是一個重要的指標。

再來是說「轉型正義」，我注意過「轉型正義」有一段時間，但沒有展開我個人的論述或分析。但是，我還是要講、高度簡化來講，轉型正義的價值觀點、真實的價值在哪裡？如果已經搞成善惡對立，將轉型正義當作是手段，我就會認為它是過頭了。我覺得，惡的問題往往出現在手段上，尤其是不擇手段。大抵上是這樣。當然，我這樣子講很抽象，還要進入細部的分析才行。

好，再來就是說「公民哲學又是一套理論」，其實，我正是要避免這個東西、避免去建立一個理論。在面對深度歧見與理論困境的時候，永遠

提醒自己：我不是在做一套參與進去的理論，而是要在一種看到差異性、看到多樣性，然後在動態變化中，我們可以怎樣更深刻地重新框設、找出彼此的優點跟爭執的要件在哪裡。我大概在做這些事，然後希望能對衝突的雙方，都提出值得進一步思考的想法，大抵上是這樣。

　　最後，回到那個媒體的問題。其實，我對現代的Fake news滿樂觀的。因為我花過一些時間去研究Fake news，只是沒有特別去寫這個論述。如果我們追蹤十九世紀到二十世紀，在美國剛開始有報紙的時候。那時候也是亂七八糟，紐約的報紙，有一大堆在亂講話，而且是很沒品地在講。然後，慢慢地開始有規範出來了，包含客觀性的要件，要求報紙要怎麼處理等等。我們現在處在新媒體的階段，碰到這些Fake news，再想想美國當年的情況，就不會太訝異了。所以，我也比較樂觀，大家都是聰明人，面對新媒體，慢慢地會有一些新的規範出現。當然，是不是真的這樣，要打一個問號，樂觀期待。

賴錫三：我們只有一點點時間，是否有在場的朋友想要提問或回應？請大家相對簡短。

莫加南（Mark Frederick McConaghy，中山大學中文系）：非常感謝鄧老師很精彩的報告，我覺得這個公民哲學的論述非常有意思。我是莫加南，中文系的助理教授。因為我研究中國二十世紀的人權歷史。所以，我的出發點有一點不一樣。你的公民哲學的這個論述，有沒有對資本主義，有一個分析或者有一個批判？因為製造或創造最深度的歧見的是我們今日的體制，而不是我們的公民身分。誰有權力參加討論？誰的聲音會被聽到？誰可以發表意見？你有中華民國的身分證，你也不一定有權力發言。今天，我們遇到的困難，常常是你有錢、有權、有關係，你才是真正的公民。所以，在你的公民哲學裡頭，有沒有對經濟體制的思考？社會文化當中的許多問題，背後都跟經濟有關係，所以，我會覺得：公民哲學是不是也要對這個文化背後經濟條件進行分析？簡單地講，公民哲學是一個唯心論？還

是一個唯物論？

李志桓（中山大學中文系）：我想要突出一個鄧老師所使用的概念，就是「故事地位」。我一直覺得鄧老師，你可以講的，或者想要講的，應該是從故事地位走向公民哲學。為什麼要突出故事地位？其實就是碰觸到今天一直談的那個「差異」的問題。故事地位，就是每個人都有長大的故事。那你想要處理的問題「溝通中的衝突」，其實就是我們在面對彼此的成長故事的時候，太快地想要把它化約成平權的問題，或者太快地想要把它簡化成共識的問題。我一直認為，你可以突出故事地位，強調差異。謝謝。

賴錫三：是不是請鄧老師小小回應一下？

鄧育仁：我就從莫老師剛剛提到的經濟體制的思考與批判回答，這是一個很大的工程。我大概在這本書的第二章初步處理了對資本主義的批判。就是說，如果把資本主義跟市場經濟做適當的區隔，在現行的市場經濟底下，我們還可以怎樣做社會經濟合作。這個還在研發階段，是好幾個大學聯合在做的，由科技部推動。目前我有參與，我在那邊當司長的時候，規畫過這個大計畫。

　　我現在先這樣講，就是說，分兩個層次來說。第一個，未來我想要論述中國，特別是中國的資本主義問題。至於，在臺灣的話，資本主義對臺灣而言，最大的特色是：它用一套強調經濟效益的方式，把所有的人同步變成公民跟消費者或勞務的提供者。我們基本上是領薪階級，領薪階級的人基本上是無產階級，你是靠勞動來領薪水的。基本上，只有掌握生產工具的大老闆，才是資本家。從十九世紀開始，帶來好處的資本主義，都是同步在做這件事：把鄉民趕到城市，變成消費者、變成勞動者。然後，也把他們變成公民。這個過程非常慘烈，但是，也有它美好的地方，比如說，我們享有愈來愈多的權利，享有一些民主憲政保障的公民義務。當然，在這裡我是高度簡化地講，這其實是一個大時代的**轉換過程**。要怎麼看待它呢？我想就是說，一定有利也有弊。有機會，我們再朝這個方向去

談，那重要的是說，面對中國的時候，資本主義的批判是跑不掉的。我大概很簡短地回答這樣。

　　那第二個，就是說突顯故事地位來看差異性。其實，我不會特別從故事地位來強調差異性。我反而是要提醒說，要尊重每一個人的故事地位。當然我也不會主張共同性，因為我要走到衝突的地方去。我的論述不要強調這一點，但如果要往差異性去發展，我相信也是可以的。只是這本書，沒有在這邊充分地展開。好，我簡短回答。

賴錫三：萬毓澤難得來到文學院，最後要不要再說說你的想法。

萬毓澤：跟資本主義有關的話，我有很多可以講。否則，就沒有其他的了。

賴錫三：好，我就做一個小小總結。在我的觀察裡，鄧老師是很另類的分析哲學家，跟我印象中那種理性、精確、銳利、咄咄逼人，擅長處理細節，卻也容易見樹不見林的分析哲學家，不太相同。鄧老師對我來說，真得滿柔軟的，我們在他的書中經常可以看到感性的字眼，突然之間會介入一段故事。而在那一段故事敘述裡，可以看到他想要設身處地，感同身受地進入到不同人的存在處境，比如他所描述的茶黨故事，比如他今天提到老T的故事。對我來說，這已經是在對歧見進行一種思想的調節實驗了。

　　現在的學術，發展的很專業。我們不太可能要求一個人將一本書寫的完美無缺，也不可能要求一個學者討論到所有的事。社會是分工的，像萬老師對審議民主做了許多理論和實務的探索與付出。這些不同界面的持續探索與對話，也是我們必須面對的歧見，乃至轉化歧見而發現共鳴。大家可能都在尋找能夠對話或者合作的邊界交際處，這些「際而不際」的邊界，確實一直在互動中發生變化。在我看來，今天的對話絕不會只是「各說各話」的雜音而已，我相信許多語境已經進入「兩行」的交織變化的新脈絡中了。如果說，公民地位是比較偏向「一」，故事地位是比較偏向「多」，我們要共同生活在這片土地上，就必須進行「一」與「多」的交

織辯證。作為特殊的個人，每一個人的故事都是獨一無二的，具有不可被同一化的殊異性。但同時我們也是共同體中的公民，我們應該深切意識到，個我的故事和他人的故事之間，具有相互改寫、相互補充的豐富性。因此，我們也必須傾聽他人的故事心聲，乃至把他人的故事和自己的故事，編織成「你中有我，我中有你」的命運共同體故事。

　　有關善惡的問題，我們在臺大的幾次讀書會，也一直碰到類似的問題。我覺得鄧老師的回答，現在還不令人滿意，我個人仍然有許多質疑，也許就期待他的下一本書來為我們提供更精采的見解吧。對於那這一次對話，大家一定還有許多言不盡意的地方，希望將來整理成文字稿的過程，大家可以再稍做補充。感謝大家的參與，也再次感謝鄧老師。

國家圖書館出版品預行編目資料

公民道家的可能／鄧育仁，林明照，賴錫三，
鍾振宇，吳澤玫，羅名珍，李志桓，廖昱
瑋，李雨鍾著. ──初版.──臺北市：五
南圖書出版股份有限公司，2024.07
面；　公分
ISBN 978-626-366-851-5（平裝）

1.公民社會　2.社會哲學　3.中國哲學
4.文集

540.207　　　　　　　　112020694

1XNT

公民道家的可能

作　　　者 ― 鄧育仁、林明照、賴錫三、鍾振宇、吳澤玫
　　　　　　　羅名珍、李志桓、廖昱瑋、李雨鍾

企劃主編 ― 黃惠娟

責任編輯 ― 魯曉玫

封面設計 ― 封怡彤

出 版 者 ― 五南圖書出版股份有限公司

發 行 人 ― 楊榮川

總 經 理 ― 楊士清

總 編 輯 ― 楊秀麗

地　　　址：106台北市大安區和平東路二段339號4樓

電　　　話：(02)2705-5066　　傳　　真：(02)2706-6100

網　　　址：https://www.wunan.com.tw

電子郵件：wunan@wunan.com.tw

劃撥帳號：01068953

戶　　　名：五南圖書出版股份有限公司

法律顧問　林勝安律師

出版日期　2024年7月初版一刷

定　　　價　新臺幣510元

經典永恆・名著常在

五十週年的獻禮——經典名著文庫

五南，五十年了，半個世紀，人生旅程的一大半，走過來了。
思索著，邁向百年的未來歷程，能為知識界、文化學術界作些什麼？
在速食文化的生態下，有什麼值得讓人雋永品味的？

歷代經典・當今名著，經過時間的洗禮，千錘百鍊，流傳至今，光芒耀人；
不僅使我們能領悟前人的智慧，同時也增深加廣我們思考的深度與視野。
我們決心投入巨資，有計畫的系統梳選，成立「經典名著文庫」，
希望收入古今中外思想性的、充滿睿智與獨見的經典、名著。
這是一項理想性的、永續性的巨大出版工程。
不在意讀者的眾寡，只考慮它的學術價值，力求完整展現先哲思想的軌跡；
為知識界開啟一片智慧之窗，營造一座百花綻放的世界文明公園，
任君遨遊、取菁吸蜜、嘉惠學子！